필독 대학 논술 고사 완성

한 권으로 읽는

東洋古典 41選
동양고전 41선

안길환 편저

명문당

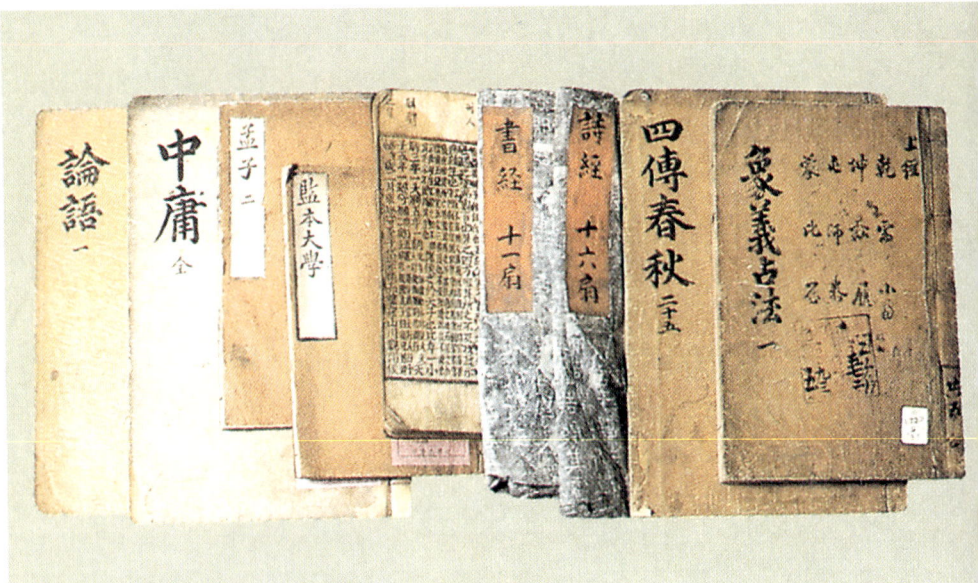

[上] **사서오경**(四書五經) 유교(儒教)의 기본적 경전(經典)으로서 좌(左)로부터 《논어(論語)》《중용(中庸)》《맹자(孟子)》《대학(大學)》《예기(禮記)》《서경(書經)》《시경(詩經)》《춘추(春秋)》《역경(易經)》이다.

[下左] **노자**(老子) 《노자》는 《노자도덕경(老子道德經)》이라고도 한다. 《노자》는 상·하 2편으로 되어 있다.

[下右] **순자**(荀子) 왼쪽부터 영송대주본(影宋台州本)의 표지와 영송대주본의 정명편(正名篇) 첫 페이지, 그리고 명판(明版)이다.

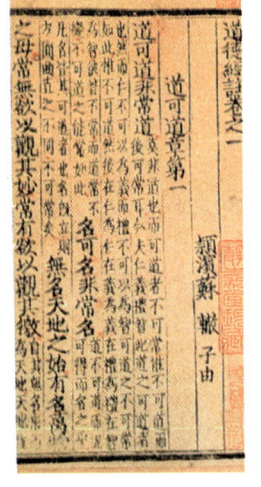
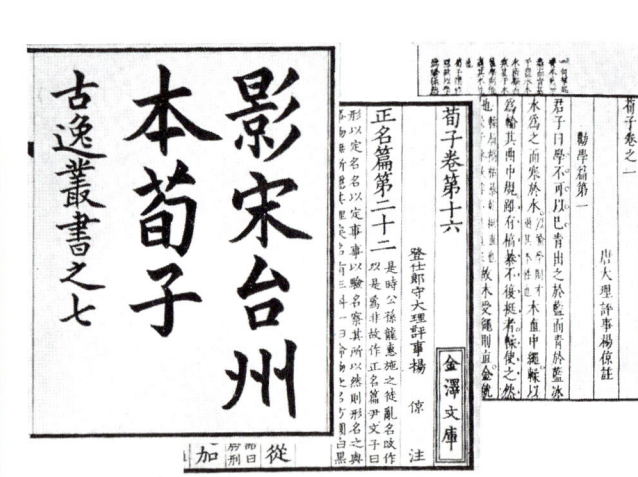

[上左] **맹자**(孟子) 기원전 372~289. 전국시대의 철학가.
[上中] **순자**(荀子) 기원전 298?~238? 전국시대의 사상가. 맹자는 성선설(性善說)에 대항하여 성악설(性惡說)을 주장하였다.
[上右] **장자**(莊子) 기원전 4세기경 전국시대의 사상가. 도가사상의 중심인물.
[下] **공자의 편력** 천하를 편력하던 공자가 큰 나무 밑에서 강습을 하고 있다. 19세기 초의 그림. 파리 국립도서관 소장(부분).

[上] **사마천**(司馬遷)**의 묘**(墓) 사마천은 《사기(史記)》의 저자이다. 기원전 145?~86? 그의 묘는 섬서성 한성현(韓城縣)에 있다.

[下左] **손빈병법**(孫臏兵法)**의 죽간**(竹簡) 1972년 산동성 임기현(臨沂縣) 은작산(銀雀山), 한대(漢代)의 묘에서 출토되었다. 이로써 병법서 《손자(孫子)》가 손무(孫武)의 저서임이 확인되었다.

[下右] **관중도**(管仲圖) 《관자(管子)》의 저자인 관중(오른쪽). 춘추시대 제(齊)나라 환공(桓公)을 도와 부국강병에 힘썼다. 이 그림은 32명의 성인(聖人)·현인(賢人)·명신(名臣)을 그린 것으로서 왼쪽은 당(唐)나라의 시인인 유우석(劉禹錫)이다.

[上][中] **홍문지회**(鴻門之會) 《사기(史記)》에 기록되어 있는 드라마틱한 장면. 진말(秦末) 천하를 놓고 다투던 항우(項羽)와 유방(劉邦)은 진나라 도읍 함양(咸陽)에 먼저 입성하는 자가 관중(關中) 땅을 차지하기로 약속했는데 병력이 열세였던 유방이 먼저 입성했다. 항우는 유방을 홍문(鴻門)으로 불러내어 죽이려고 했는데 장량(張良)·번쾌(樊噲) 등의 기략으로 실패했다. 위는 그 회담 장면의 인형이고 아래는 섬서성 서안시(西安市) 동쪽 30km에 있는 유적지.

[下] **진승**(陳勝)·**오광**(吳廣)**의 반란** 진(秦)나라의 학정에 제일 먼저 반기를 든 자는 진승과 오광이었다. 중국 역사박물관 소장.

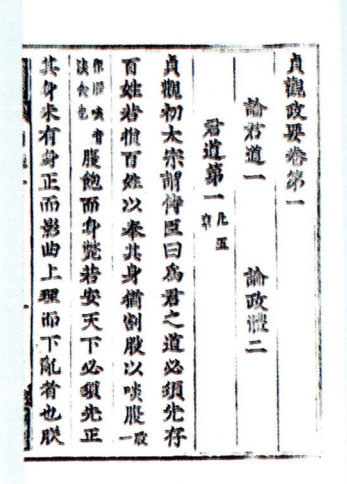

[上左] **당태종**(唐太宗) **이세민**(李世民) 태종과 중신들 사이에 있었던 문답을 사관(史官) 오극(吳兢)이 편찬해 놓은 책이 《정관정요》이다.

[上右] **정관정요**(貞觀政要) **권두**(卷頭) 개권(開卷) 제1은 태종이 근신들에게 말한 내용으로부터 시작된다. 모두 10권으로 되어 있다.

[下左] **송신종**(宋神宗) 북송(北宋) 제6대 황제. 신종은 《통사(通史)》라고 불리던 책에 《자치통감(資治通鑑)》이란 제목을 붙였다.

[下右] **자치통감**(資治通鑑) 자치통감이란 '정치에 도움을 주는 통대(通代)의 거울[鑑]'이란 뜻이다.

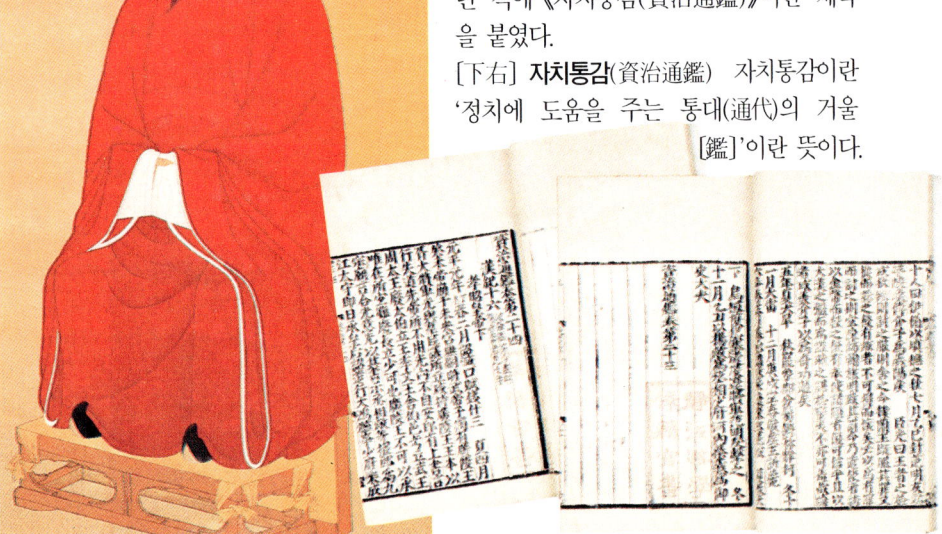

[上] **현장취경도**(玄奘取經圖) 《서유기(西遊記)》의 한 장면. 현장 일행이 대하(大河)를 만났는데 제자인 손오공은 구름을 불러 그것을 타고 건너려고 한다. 현장의 머리는 광배(光背)를 띠고 말의 등 연좌(蓮座)에 실린 경전(經典)도 성광(聖光)을 띠고 있다. 서하(西夏) 왕국 말기 유림굴(楡林窟)에 그려진 벽화.

[中] **화염산**(火焰山) 《서유기》 59~61회에 나오는 화염산. 토울판분지 사막의 이 구릉은 명대(明代) 이후 화염산이라고 불린다.

[下] **수호전**(水滸傳) 명대(明代) 말기에 간행된 《수호전》의 삽화. 왼쪽은 서문경을 죽이는 무송(武松), 가운데는 처형당하기 직전인 송강(宋江)을 구하는 장면, 오른쪽은 조정에 귀순하기 전, 양산박에서 백성들에게 재물을 나눠 주는 장면.

[上左] **조조**(曹操) 《삼국지연의(三國志演義)》의 주인공인 그는 '난세의 영웅'이란 별명을 얻었었다.

[上右] **춘추루**(春秋樓) 유비의 군단은 서기 200년, 조조군에게 대패했다. 포로가 된 관우는 조조의 배려로 이 춘추루에 머물다가 조조의 신세를 갚고 유비에게로 도망쳤다. 관우는 이곳에서 《춘추》를 읽었다고 한다.

[下] **적벽**(赤壁) 《삼국지연의》의 적벽대전은 서기 208년, 남하한 조조군과 유비·손권 연합군과의 대전인데 수전(水戰)에 약했던 조조군의 대패로 끝났다.

머리말

길게는 수천 년간이나, 살아 숨쉬어 온 동서양의 고전(古典)들이기에, 해마다 대학 논술 고사 문제 출제의 대상이 되고 있다. 어디 그뿐인가. 특히 중국의 고전은 근래에 이르러 폭넓은 독자층을 확보하고 있는 것 또한 사실이다. 왜 그럴까?

중국 고전은 인간학(人間學)의 보고(寶庫)이기 때문이다. 인생을 어떻게 살아가야 할 것인가, 인간관계에는 어떻게 대처해 나가야 하는가, 인간 자체를 어떻게 파악해야 할 것인가, 그리고 윗자리에서 일하는 사람은 어떠해야 하는가 등등, 인간학의 광범위한 테마를, 이 중국 고전에서는 여러 각도로 설명하고 있다.

이런 고전들을 단지 옛 것이라며 쓸모가 없다고 생각하는 사람이 있다면 그것은 큰 잘못이다. 왜 그럴까? 오늘날 우리는 격변하는 시대를 살아가고 있는 것은 사실이다. 새로운 정보를 받아들이지 않는다면 시대의 변화에 발맞추어 나갈 수 없을 것이다. 그러나 새것만 추구하다가는 오히려 변화의 물결에 떠밀려 나갈 우려가 있는 것 또한 사실이다.

사회는 분명 격변해가는 것처럼 보이지만 그 바닥에는 변화하지 않는 것이 엄연히 존재한다. 인간학은 그 변하지 않는 부분의 대표적인 것이리라. 그리고 중국 고전의 인간학은 원리원칙을 설파하고 있다. 원리원칙이기에 시대의 변화에는 거의 영향을 받지 않는다. 지금이 시대에 읽더라도 신선한 매력이 있으며 고개가 절로 끄덕여지는 면도 많다. 변화의 시대이기에 더욱 원리원칙을 파악할 필요가 있는 것이다.

그러므로 중국 고전은 지혜의 책이라고도 한다. 그러나 중국 고전은 워낙 방대한 양이므로 그것을 모두 완독한다는 것은 결코 쉬운 일이 아니다.

그런 점을 감안하여 이 책에서는 1.《서경(書經)》《관자(管子)》《논어(論語)》 등 사상서(思想書) 11권과 2.《좌전(左傳)》《춘추(春秋)》《사기(史記)》 등 역사서(歷史書) 11권, 3.《노자(老子)》《장자(莊子)》《열자(列子)》 등 신선(神仙)·도가서(道家書) 6권, 4.《손자(孫子)》《오자(吳子)》《위료자(尉繚子)》 등 병법서(兵法書) 4권, 5.《시경(詩經)》《세설신어(世說新語)》《채근담(菜根譚)》 등 문학(文學)·수양서(修養書) 9권 등 총 41권을 망라하여, 그 주요 내용을 요약해서 해설해 놓았다.

대학 논술 고사 수험생은 물론, 각계각층의 지도자 및 간부로 일하는 사람이면 누구나 필독해야 할 것이고 참고가 될 것을 믿어 의심치 않는다. 미흡한 점에 대해서는 강호 제현의 질정을 기다리겠으며, 이 졸편저를 허물치 않고 상재(上梓)해 주신 명문당(明文堂) 김동구(金東求) 사장님과 관계직원 여러분께 심심한 감사를 드린다.

2000년   월
編著者 識

차 례

3 머리말

사상서(思想書)

11 서경(書經)
17 역경(易經)
28 관자(管子)
33 논어(論語)
47 효경(孝經)
54 맹자(孟子)
65 순자(荀子)
77 대학(大學)
83 중용(中庸)
88 한비자(韓非子)
100 묵자(墨子)

| 역사서(歷史書) |

115 좌전(左傳)
128 춘추(春秋)
139 국어(國語)
150 사기(史記)
166 전국책(戰國策)
184 한서(漢書)
190 십팔사략(十八史略)
200 삼국지(三國志)
206 후한서(後漢書)
212 자치통감(資治通鑑)
218 정관정요(貞觀政要)

신선(神仙)·도가서(道家書)

235 노자(老子)
247 장자(莊子)
260 열자(列子)
266 포박자(抱朴子)
272 열선전(列仙傳)
278 산해경(山海經)

병법서(兵法書)

287 손자(孫子)
300 오자(吳子)
305 손빈병법(孫臏兵法)
310 위료자(尉繚子)

| 문학(文學)·수양서(修養書) |

319 시경(詩經)
329 삼국지연의(三國志演義)
345 세설신어(世說新語)
356 수호전(水滸傳)
370 서유기(西遊記)
386 설원(說苑)
391 안씨가훈(顏氏家訓)
399 몽구(蒙求)
403 채근담(菜根譚)

사 상 서
思 想 書
● ● ●

書經　서경

易經　역경

管子　관자

論語　논어

孝經　효경

孟子　맹자

荀子　순자

大學　대학

中庸　중용

韓非子　한비자

墨子　묵자

서경(書經)

오경(五經)의 하나. 성왕(聖王)·명군(名君)·현신(賢臣)이 남긴 어록과 선언집(選言集)이며 중국 정치의 규범으로서 기원전 600년경에 이루어졌다는 책이다.

먼 옛날에는 《서(書)》, 또는 《상서(尙書)》라고 불렸는데, 주(周)나라 사관(史官)이 기록한 왕자(王者)의 언사(言辭)가 근간을 이루고 있다 하여 '쓰여진 것 가운데 가장 순정(純精)한 것'이란 의미로 《서경》이라 하였다. 위로는 전설상의 성왕(聖王)인 요(堯)·순(舜)으로부터 아래로는 춘추시대 진(秦)나라 목공(穆公)에 이르기까지 모두 58편이 집록되어 있다.

《서경》의 주요 내용

우하서(虞夏書)
—— 요·순·우(禹)임금 등의 치세를 중심으로 하여 하왕조(夏王朝) 중기에 이르기까지의 중요사항에 대한 기록이다. 여기에서는 〈요전(堯典)〉〈순전(舜典)〉에서 제위(帝位) 선양(禪讓)에 관한 부분을 발췌해 본다.

요임금은 말했다.

"아아, 사악(四岳:諸侯의 長)이여, 짐(朕)은 제위에 앉아 있기 70

년, 그 사이에 그대는 짐의 명령을 잘 받들어 천하를 다스려 주었소. 이제 짐 대신 그대가 제위에 올라주오."

"아니되옵니다. 이 부덕한 몸으로는 제위를 욕되게 할 뿐이니이다."

"그렇다면 야(野)에 묻혀 있는 현인(賢人)을 천거해 주오."

사람들은 순(舜)을 천거했다.

"맹인(盲人)의 아들로서 그 아버지는 완우(頑愚)하고 어머니는 악설(惡舌), 동생은 오만하옵니다만 순은 그 한가족을 용케도 화목하게 만들어 나가오며 부모에게는 효심으로 봉양하옵고, 동생을 이끌어 악에 빠지지 않도록 하고 있나이다."

그래서 요임금은 자기의 두 딸을 순에게 하가시키고, 다시 백관의 통솔, 빈객의 접대, 신들에 대한 제사를 맡겼던바, 백관들은 모두 순을 따르고, 빈객들은 그를 존경했으며, 풍우(風雨)는 때를 맞추어 불고 내려서 오곡이 풍성하게 여무는 것이었다.

요임금이 순을 불러놓고 말했다.

"그대 순이여, 그대가 하는 일과, 하는 말을 보고 듣기를 3년, 그 성과는 아주 훌륭했도다. 이제 짐을 대신하여 제위에 오를지어다."

순은 부덕함을 이유로 사양했으나 요임금은 허락하지 않았다. 그리하여 정월 길일을 택하여 새로이 제위에 올랐다.

〈우하서〉에는 이밖에 홍수를 다스린 우(禹)가 순임금으로부터 선양받은 내용을 기록한 〈대우모(大禹謨)〉, 우임금의 현신(賢臣)인 고요(皐陶)의 진언인 〈고요모(皐陶謨)〉, 전국의 지리와 산물을 기록한 〈우공(禹貢)〉 등 9편이 실려 있다.

상서(商書)

── 하왕조(夏王朝)를 타도하고 은왕조(殷王朝)를 수립한 상(商)

나라 탕왕(湯王)의 서사(誓詞)로 시작되고 은(殷 : 商)나라 최후의 왕 주(紂)의 폭정을 비판하며 멸망이 가까웠음을 한탄하는 미자(微子) 계(啓)의 말까지, 은왕조 일대(一代)의 중요 언론집이다. 여기서는 탕왕이 명조(鳴條) 땅에서 하왕(夏王) 걸(桀)과 싸울 때 장병들에게 서(誓)한 말 〈탕서(湯誓)〉를 초역해 본다.

탕왕은 말했다.

"따라오라, 그대들이여! 그리고 내 말을 잘 들으라. 나는 난(亂)을 일으키려는 것이 아니다. 하왕의 죄가 너무 많아서 하늘이 나에게 그를 주벌(誅罰)하라는 명령을 내리시었다. 그대들 가운데는 '우리 임금이 우리로 하여금 농사짓는 일을 돌보지 않고 어찌하여 전쟁 따위를 일으키자는 것일까'라며 불평하는 사람이 있음을 나는 잘 알고 있다. 그러나 나는 하늘의 명령을 두려워하기 때문에 이처럼 정벌(征伐)의 군사를 일으키는 것이다. 하왕은 백성들의 힘을 모두 짜내고, 도읍을 폐허화시켰다. 나는 정벌하러 가지 않으면 안 된다. 그대들은 나를 도와서 천주(天誅)를 하기 바란다. 훈공(勳功)에 따라 충분한 포상을 하리라. 나를 믿으라. 내 말에는 거짓이 없다!"

〈상서〉에는 이밖에 도읍을 옮기는 데 반대하는 백성들을 타이른 〈반경(盤慶)〉, 탕왕의 아들 태갑(太甲)의 폭정을 경계한 재상 이윤(伊尹)의 말을 기록한 〈태갑〉 등 17편이 실려 있다.

주서(周書)

— 《서경》의 근간이 되는 것으로서 분량도 제일 많다. 〈상서〉와 마찬가지로 은왕(殷王) 주(紂)의 폭정에 대하여 군사를 일으킨 주(周)나라 무왕(武王)의 서사(誓詞)인 〈태서(泰誓)〉 〈목서(牧誓)〉로부터 시작하여 진(秦)나라 목공(穆公)이 정(鄭)나라를 공격할 때의 〈진

서(秦誓)〉에 이르기까지, 주나라 초기에서 춘추시대에 이르는 동안의 32편이 실려 있다. 이 가운데서 가장 중요한 것은 '홍범(洪範)'인데 은나라 왕족이면서도 주왕에게 반항했던 기자(箕子)가 우왕(禹王)으로부터 전해온 천지의 대법(大法), 정치·도덕의 근본을 설명하고 있다. 9개조[九疇]로 나뉘어진 그 대법이란 다음과 같다.

1. 오행(五行 : 자연계의 原素인 水·火·木·金·土)에 대하여.
2. 오사(五事 : 貌·言·視·聽·思)를 신중히 할 것.
3. 팔정(八政 : 정치의 기본이 되는 食·貨·祀, 최고 관직인 司空·司徒·司寇·賓·師)에 힘쓸 것.
4. 오기(五紀 : 曆法의 근본이 되는 歲·月·日·星辰·曆數)를 정돈할 것.
5. 황극(皇極 : 王者의 政·德의 준비)을 세워 대중지정(大中至正)을 지키며 몸소 모범을 보일 것.
6. 삼덕(三德 : 正直·剛克·柔克)을 닦을 것.
7. 계의(稽疑 : 卜筮에 의해 의문나는 것을 밝힐 것)에 대하여.
8. 서징(庶徵 : 기후의 갖가지 조짐)을 상세히 보살필 것.
9. 오복(五福 : 壽·富·康寧·好德·終命)이 선행(善行)에 주어지며 육극(六極 : 凶短折·疾·憂·貧·惡·弱)이 악행(惡行)에 주어진다는 것.

《서경》의 명언집

야무유현(野無遺賢) **만방함녕**(萬邦咸寧)
초야에 어진 이가 묻혀 있지 않고, 만방이 다 평안하게 된다는 의미이다. 즉, 재능이 있으면서 등용되지 못하여 헛되이 썩어가는 인물이 많은 사회는 불건전하며, 현인을 남김없이 흡수해야만 정치의 권위가

확립되는 법이다.(大禹謨)

빈계지신(牝鷄之晨) 유가지삭(惟家之索)

암탉이 아침을 알리면 집안이 망한다는 의미이다. 즉 여자가 남편을 무시한다면 그 집안은 이윽고 멸망하고 말 것이다. 은나라 주왕이 그의 애첩 달기(妲己)의 말을 듣고 포학음란을 마음대로 저지른 것에 대하여 옛 속담인 이 말을 인용하면서 비판했던 것이다.(牧誓)

《서경》 해설

《서경》은 선진시대(先秦時代)에는 단지 《서(書)》라고 불렸었다. 그 유명한 '모조리 서(書)를 믿는다면 서(書)는 없는 것과 같다'라는 《맹자(孟子)》의 말 가운데의 서(書)는 바로 이 《서경》을 가리켜 한 말이다. 후에 〈서〉는 일반적으로 책이란 의미가 되었는데, 원래 기록했다는 것은 궁중의 사관(史官)이 임금의 언행을 기록하는 것이었다.

이 고대 사관들의 기록이 춘추전국시대에 이르면 차츰 정치의 규범인 경전(經典)을 가리키게 되었으며 내용도 확대되었다. 전설에 의하면 공자(孔子)가 고대의 기록 3천240편 가운데서 102편을 선정하여 편찬한 것이라고 하는데 실제로는 춘추전국시대에 서서히 그 모양이 갖추어진 것이리라. 현재 100편을 기록한 목록이 남아있지만 본문이 현존하는 것은 58편뿐이다.

이 가운데 진(秦)나라 박사였던 복생(伏生)이 전한 33편은 당시 통용되고 있던 문자로 쓰여졌다고 하여 〈금문상서(今文尚書)〉라고 불리며, 이것에 대하여 공자의 후손 집안 벽 속에서 나왔다고 하는 25편은 고체의 문자로 기록되어 있다고 해서 〈고문상서(古文尚書)〉

라고 불린다. 양자는 엄격히 구별되는 것은 아니고, 오랜 세월동안 경서(經書)로 존중되어 왔는데, 시대가 흐름에 따라서 〈고문상서〉의 내용에 의문이 생겼다.

그러다가 청나라 초기 염약거(閻若璩)의 《고문상서소증(古文尙書疏証)》에 이르러 〈고문상서〉의 내용이 후세의 위작(僞作)임이 결정적으로 증명되었고, 오늘날에 이르러서는 이 25편을 '위고문상서(僞古文尙書)'라 부르고 있다. 이처럼 문헌학적으로는 의문이 많이 있고, 또 난해한 책이긴 하지만 천명(天命)에 따르고, 유덕자(有德者)를 존중하며, 덕에 의해 백성을 편안히 살게 한다는 유가(儒家)의 정치이념을 가장 잘 나타내고 있어서, 예로부터 '정치의 본보기'로 존중해 왔던 것이다.

역경(易經)

점술(占術)의 원리이자 동시에 중국 전통 사상에 있어, 자연철학과 실천이론의 근거로서 기원전 700년경에 이루어졌다고 하는 책이다.

옛날에는 《주역(周易)》, 혹은 그저 《역(易)》이라고 불렀었다. '역(易)'은 도마뱀의 상형문자로서 바뀌어 '변화'를 의미한다. 《주역》이란 '두루 변화를 설명한 책', 또는 '주(周)나라 시대에 행해진 역점(易占)의 책'이란 의미이다. 《역경》이라고 불리게 된 것은 송(宋)나라 시대 이후이다.

《역경》의 주요 내용

《역경》에는 모든 사상(事象)을 64가지로 나누고, 점치는 자가 놓여져 있는 위치와 그 방향을 나타내어, 운명 개척의 노력을 돕는 것으로서, 64괘(卦)를 설명하는 〈경(經)〉과, 그 해석학(解釋學)인 〈십익(十翼 : 易을 돕는 10편의 책, 그 가운데는 易의 철리를 설명한 '繫辭傳'이 가장 중요하다)〉으로 이루어진다.

역의 기본은 음(陰 : --)과 양(陽 : —)으로서 음은 여성·유순·소극을 상징하고, 양은 남성·강강(剛强)·적극을 상징한다. 이 --[陰爻]와 —[陽爻]를 3개씩 조합해가면 ☰(乾)·☱(兌)·☲(離)·☳

(震)·☴(巽)·☵(坎)·☶(艮)·☷(坤)이라는 8종류의 것이 된다. 이것이 팔괘(八卦)이다. 그리고 이 팔괘를 두 개씩 조합하면 8의 제곱인 64괘(각각 6개의 爻를 갖는다)가 되는 것이다.

〈경(經)〉

〈경〉은 각 64괘에 대하여 괘 전체의 설명[卦辭]과, 각 6효(六爻)의 설명[爻辭]이 붙여져 있는데 그 말은 지극히 상징적이어서 이해하기 어렵다. 예를 들면 처음의 건괘(乾卦) 괘사는 '원형리정(元亨利貞)'의 네 글자뿐이다. 그러므로 여기서는 〈십익〉의 해석 및 후세 학자들의 주석에 근거하여 괘가 의미하는 바를 간단히 설명해 나가겠다.

- 건(乾)☰ 강건(強健)·충실의 정점. 성운(盛運)이기는 하지만 정도가 지나치면 전락하게 된다.
- 곤(坤)☷ 유정(柔靜)한 가운데 풍요한 힘을 비장한다. 부드럽게 강(剛)을 제어하는 길을 제시한다.
- 둔(屯)☵☳ 곤란한 창업기(創業期). 생명력은 있는데 충분히 뻗지를 못한다. 인내와 노력이 중요하다.
- 몽(蒙)☶☵ 무심한 유아(幼兒)의 상태. 무한한 가능성을 개발하려면 주위의 지도에 따를 것.
- 수(需)☵☰ 위험을 앞에 두고 은인자중하는 형국. 시기가 도래할 때까지 예기(銳氣)를 기르며 기다린다.
- 송(訟)☰☵ 분쟁 때문에 괴롭다. 쓸데없는 외고집을 버리고 협조하도록 마음쓰지 않으면 안된다.
- 사(師)☷☵ 싸움을 할 때는 대의(大義)를 밝히고 부하의 마음을 잡는 일이 중요하다.
- 비(比)☵☷ 친화(親和)의 마음으로 많은 협력을 얻어 순조롭다. 여성에 있어서는 연적(戀敵)의 출현으로 위험하다.

- 소축(小畜)☰☴ 외유내강의 형국. 속의 강(剛)을 함부로 발휘해서는 안된다. 정체(停滯)를 견디어 내라.
- 이(履)☰☱ 호랑이 꼬리를 밟는 위험한 괘(卦). 분수를 깨닫고 착실하게 나아가라.
- 태(泰)☷☰ 화합·안정을 나타내는 이상적인 형국. 단 대길(大吉)은 흉(凶)으로 바뀐다. 자계(自戒)가 필요하다.
- 비(否)☰☷ 불안정·어긋남·막힘 등의 상태. 형체뿐이며 실속은 약하다.
- 동인(同人)☰☲ 풍부한 지성(知性)과 두드러진 실행력을 나타낸다. 널리 협력자를 구해 나가면 대길(大吉).
- 대유(大有)☲☰ 중천에 높이 뜬 태양. 성대(盛大)·풍유(豊有)를 나타낸다. 적극적으로 행동할 때이다.
- 겸(謙)☷☶ 겸허·겸양의 필요성을 설명한다. 나를 비우고 남에게 양보해야 길이 열린다.
- 예(豫)☳☷ 춘뢰(春雷)의 계절. 오랜 겨울이 지나가고 다시 활동하는 때이다.
- 수(隨)☱☳ 성기(盛氣)가 쇠하는 가을. 자신을 억제하고 남을 따르는 마음이 중요하다. 힘을 내부에 비축하라.
- 고(蠱)☶☴ 부패 혼란의 상(象). 화근을 끊도록 노력하면 길은 열린다.
- 임(臨)☷☱ 운기(運氣)는 차츰 융성해 간다. 그러나 급속하게 다시 쇠해진 것이므로 손떼는 때를 잘 택하도록.
- 관(觀)☴☷ 태풍이 몰아치는 어려운 때. 함부로 움직이지 말고 냉정하게 사태를 관망할 것.
- 서합(噬嗑)☲☳ 아주 힘든 장해에 부딪치게 되는데 전력을 기울이어 정면돌파할 필요가 있다.

- 비(賁)≡≡≡ 아름다운 황혼, 퇴폐의 아름다움이다. 외면의 허식을 버리고 내면을 충실히 하도록 마음 쓸 것.
- 박(剝)≡≡≡ 쇠멸(衰滅)의 위기. 함부로 힘을 쓰지 말고 시기가 오기까지 기다리라.
- 복(復)≡≡≡ 일양래복(一陽來復). 봄이 다시 돌아오지만 서둘러 뛰쳐나가면 위험하다. 복연(復緣)이 좋다.
- 무망(无妄)≡≡≡ 좋은 일이건 나쁜 일이건 뜻밖의 사태가 일어난다. 허심(虛心)에 몸을 맡기라.
- 대축(大畜)≡≡≡ 이미 축적은 이루어졌다. 위험을 두려워하지 말고 크게 활동하는 게 좋다.
- 이(頤)≡≡≡ 턱을 상징한다. 입은 길러내는 근본이고 양성하는 길이다. 언어와 음식에는 특별히 주의하라.
- 대과(大過)≡≡≡ 무거운 임무를 맡았지만 실력이 그것에 미치지 못한다. 신중하지 않으면 위험하다.
- 습감(習坎)≡≡≡ 중대한 위기에 빠지며 거기서 용이하게 빠져나오지 못한다. 용기와 성의로 참아낼 것.
- 이(離)≡≡≡ 빛나는 태양. 지성과 정열의 상징이다. 그러나 분수에 지나칠 경향도 있으니 요주의.
- 함(咸)≡≡≡ 젊은 남녀의 애무를 상징한다. 마음의 융합이 중요한데 감정에 흐르는 것은 흉(凶)하게 된다.
- 항(恒)≡≡≡ 안정된 생활. 그 속에 위험한 유혹이 깃든다. 초심(初心)을 잊어서는 안된다.
- 둔(遯)≡≡≡ 은둔의 도(道)를 나타낸다. 지금은 시기가 나쁘다. 저자세로 쇠운(衰運)이 지나가기를 기다리라.
- 대장(大壯)≡≡≡ 양기성대(陽氣盛大)이니 맹진할 때이다. 그러나 외견(外見)만큼 실질이 갖추어져 있지 않다.

- 진(晋) ☲☷ 떠오르기 시작한 태양. 모두가 순조롭다. 이런 때는 도리어 서서히 나갈 것.
- 명이(明夷) ☷☲ 암흑이 지배한다. 억지로 국면 타개를 꾀하다가는 혼이 난다. 도회(韜晦)의 시기이다.
- 가인(家人) ☴☲ 가정을 화목하게 이끌어가는 현모양처. 무슨 일이든 분수에 넘는 것은 금물이다.
- 규(睽) ☲☱ 여성끼리 음울한 반목과 대립. 느긋하게 화해할 수 있는 길을 찾을 일이다.
- 건(蹇) ☵☶ 사방팔방이 막혀서 꼼짝도 할 수 없는 상태. 무리를 하지 말고 여유를 찾는 것이 중요하다.
- 해(解) ☳☵ 눈이 녹는 상(象). 어려운 문제가 어떻게든 해결되어 심기일전, 새로이 호기(好機)를 잡는다.
- 손(損) ☶☱ 눈앞의 이익을 버리고 미래를 내다보는 마음가짐이 중요하다. 손해를 본 다음 이득을 취하라.
- 익(益) ☴☳ 넓은 마음으로 사람들을 대하라. 민심을 얻은 다음에는 무슨 일이든 적극적으로 나가도 좋다.
- 쾌(夬) ☱☰ 머리를 짓누르고 있는 것이 있다. 일대 용맹심으로 이것을 극복하면 길하다.
- 구(姤) ☰☴ 만만치 않은 여성. 남성에 대한 혼담은 안좋다. 일찌감치 거절하면 길하다.
- 췌(萃) ☱☷ 사막의 오아시스. 천혜(天惠)에 감사하는 마음이 중요하다. 입시와 취직, 인사(人事) 등에 길하다.
- 승(升) ☷☴ 뻗어나가는 어린 나무. 순조로운 성장이 기대된다. 방위는 남쪽이 좋다.
- 곤(困) ☱☵ 시련을 당하는 때이다. 늪이 가뭄으로 마른 형국으로서 만사가 잘 안풀린다. 와신상담이 필요하다.

- 정(井)≡≡ 조용한 가운데 풍성한 생명력을 채운다. 항상 신선한 기분으로 남에게 윤택하게 베풀라.
- 혁(革)≡≡ 혁신 혁명의 상(象). 다소의 혼란은 있지만 사욕을 버리고 대처하면 길은 열린다.
- 정(鼎)≡≡ 가마솥을 상징한다. 중후(重厚)·안정(安定)·협화(協和)를 나타낸다. 협력관계를 잃지 않으면 순조롭다.
- 진(震)≡≡ 천둥이 치는 상(象). 경천동지(驚天動地)의 상태가 일어나더라도 침착 냉정하게 행동하라.
- 간(艮)≡≡ 태연하게 움직이지 않는 상. 경솔한 행동은 삼간다. 내 길을 걸어가라. 의뢰심은 금물이다.
- 점(漸)≡≡ 착실하게 성장한다. 서두르지 말고 당황하지 말고 수순을 밟으며 나가는 것이 좋다. 여성의 혼담은 길하다.
- 귀매(歸妹)≡≡ 윤리에 어긋나는 사랑. 화려하게 보이지만 오래 가지는 못한다. 내면의 충실이 필요하다.
- 풍(豊)≡≡ 극성(極盛)에 달한 상태. 그러나 성하면 반드시 쇠해진다. 상당한 자계(自戒)가 바람직하다.
- 여(旅)≡≡ 고독한 나그네. 고난 속에서도 목적을 잊지 않고 한결음씩 전진하는 마음가짐을 가지라.
- 손(巽)≡≡ 산들바람. 유연·겸손·순응을 나타낸다. 그것들이 지나쳐서 우유부단이 안되도록 하라.
- 태(兌)≡≡ 화합 열락을 상징한다. 더구나 속은 꽉 차있다. 절차탁마(切磋琢磨)로 길운(吉運)을 얻는다.
- 환(渙)≡≡ 분열·이산(離散)의 위기. 사당(私黨)을 해체하고 대동단결을 꾀하면 큰 사업이 가능하다.
- 절(節)≡≡ 절도를 지킨다. 어떤 일에든 평형감각을 잃지 말며 착실하게 마무리 하라.

- 중부(中孚) ☴☱ 성실함이 무엇보다도 중요하다. 꾹 참으며 따뜻한 인간관계를 만들면 만사가 순조롭다.
- 소과(小過) ☳☶ 대립·반목에 의해 난처한 일에 직면한다. 큰 문제는 피해가면서 일상 업무에 전심하라.
- 기제(旣濟) ☵☲ 만사가 성취되어 안정된다. 그 이상을 바라지 말고 현상유지에 철저하라.
- 미제(未濟) ☲☵ 곤경을 벗어나려고 해도 한걸음 남겨놓고 좌절한다. 일치 협력하여 타개를 도모하라.

〈계사전(繫辭傳)〉

〈계사전〉은 역의 해설이라기보다 오히려 역을 소재로 해서 독자적인 철학을 전개한 것이라는 편이 옳겠다. 이것에 의해 역은 단순한 점술의 책이 아니라 자연철학과 실천윤리를 짜맞추어 설명한 경전(經典)이 되는 것이다.

〈계사전〉이 설명하는 역철학의 핵심은 음(陰)과 양(陽 : 剛과 柔, 乾과 坤)의 대립과 통일이라고 하는 음양이원론(陰陽二元論)이다.

'하늘은 높고 땅은 낮으니, 건괘(乾卦)와 곤괘(坤卦)가 정해졌다(天尊地卑 乾坤定矣)'

하늘은 위에 있어서 능동적이며, 땅은 아래에 있어서 수동적이다. 양자는 대립을 통하여 통일되어 있다. 음과 양의 대립과 통일, 이것이 우주 구성의 근본원리이며 모든 변화는 여기서 생겨나는 것이다.

음은 대지(大地)·여성적·소극적이고, 양은 하늘·남성적·적극적인 것들의 상징으로서, 양자는 정반대의 성격을 가지는데, 그러나 그것은 고정적·절대적인 것이 아니라 항상 상호 전화(轉化)한다.

'역은 궁하면 변하고, 변하면 통한다(易窮則變 變則通).'

혹은,

'해가 가면 달이 오고 달이 가면 해가 온다(日往則月來 月往則日來). 해와 달이 서로 추진하여 밝은 빛이 생긴다(日月相推而明生焉). 추위가 가면 더위가 오고 더위가 가면 추위가 온다(寒往則暑來 暑往則寒來). 추위와 더위가 서로 추진하여 1년이 이루어진다(寒暑相推而歲成焉).'

모든 사상(事象)은 구극(究極)에 달하면 변화하고, 변화함으로써 새로운 전개를 나타내는 등 소장(消長) 교체한다. 음이 양으로, 양이 음으로 변하는 것이다. 이 순환이 역에 있어 그 변화의 기본이다(一陰一陽, 이를 道라고 한다). 이런 순환 외에 음양의 상호작용에 의한 변화 발전도 있다.

'천지의 음·양, 두 기운이 밀접하게 화합하여 만물이 순화(醇化)하고, 남성과 여성이 정기(精氣)를 합하여 만물이 변화 생성한다(天地絪縕 萬物化醇 男女構精 萬物化生).'

천지의 기가 교감하여 비로소 만물이 형태를 이루고 남녀의 정(精)이 일체가 되어 비로소 생명이 생겨난다는 것이다.

우주 만물은 이 음양의 소장(消長) 교체와 상호작용에 의하여 부단히 변화되고 발전한다. 이것이 역철학의 우주 인식이다.

이 우주 변화의 법칙은 물론 인간세계도 지배한다.

'해가 하늘 한가운데에 오면 기울어지고 달은 차면 이지러진다. 천지(天地)도 차고 비어, 때와 함께 자라고 사라지거늘 하물며 사람이겠느냐?(日中則昃 月盈則食 天地盈虛 與時消息 而況於人乎)'

인간은 이 우주의 법칙을 벗어나 피할 수가 없다. 극영(極盈)에 달한 자는 이윽고 멸망한다. 안태(安泰)한 다음에는 반드시 혼란이 찾아온다. 그러나 인간은 단지 이런 법칙에 지배당하기만 하는 것은 아니다. 그것을 내 것으로 만듦으로써 변전하는 가운데서도 내 운명을 헤쳐나갈 수도 있는 것이다.

'군자는 편안해도 위태함을 잊지 않고 생존해도 멸망할 것을 잊지 않으며(君子安而不忘危 存而不忘亡), 다스려져도 어지러울 것을 잊지 않는다(治而不忘亂). 이 때문에 몸이 편안하여 국가를 보전할 수 있다(是以身安而國家 可保也).'

이때 인간에게 있어 가장 중요한 행동원리는 '중(中 : 中庸)'이다. 그것은 결코 '넉넉하게 둘로 나눈다'는 식의 타협이 아니다. 한때의 현상에 움직여지는 것이 아니라 변화하는 사태의 본질을 간파하고 행동하는 것이다.

이런 우주의 법칙과 인간행동의 원리를 남김없이 밝혀놓은 책이 《역경》이다.

《역경》의 명언집

간직하는 물건을 소홀히 하면 도적을 가르치는 일이 되고, 화장하는 것은 음탕한 일을 가르치는 결과가 된다(慢藏誨盜 冶容誨淫)

문단속을 태만히 하는 것은 도둑질을 가르치는 일이며, 멋스럽게 꾸미는 화장은 음욕을 도발케 하는 짓에 지나지 않는다. 즉 도적도 치한도 스스로 불러들이는 것이니 불운을 한탄하기 전에 내 몸을 돌아보며 반성하지 않으면 안된다.

금란지교(金蘭之交)

굳게 맺어진 우정. 〈계사전(繫辭典)〉 '동인괘(同人卦)'의 해설에 '동인(同人)은 먼저 울다가 나중에는 웃는다(同人先號咷而後笑)'가 출전(出典)이다. 군자의 길을 가는 사람은, 종종 고독에 우는 수가 있는데 '두 사람의 마음이 같으면 그 날카로움이 금(金)이라도 자르고, 마음이 같은 말은 그 냄새가 난초와 같다(二人同心 其利斷金 同心之

言 其臭如蘭)'로서 이런 벗을 얻게 되면 마음으로 웃을 수 있게 되는 것이다. '단금지교(斷金之交)'라고도 하는데 뜻은 '금란지교'와 같다.

군자표변(君子豹變)

일반적으로는 지금까지의 태도라든가 입장을 180도로 바꾸는 경우의 변명 혹은 야유 등으로 사용되는데 원래는 혁명 완성의 단계에서 사회의 지도층(군자)이 종래의 면목을 일신하고 새 사회 건설에 노력하는 것을 가리킴이다. 표변이란 가을철이 되어 표범이 털을 갈아서 선명한 무늬와 색깔을 띠는 것 ─. '혁괘(革卦)'에 있는 말이다.

'혁괘'는 혁명을 상징하는 괘로서 '대인(大人)이 호랑이처럼 변한다(大人虎變)', 즉 혁명의 주역(主役)이 위풍당당하게 등장하고 '군자표변(君子豹變)'에 이어 '소인(小人)이 얼굴빛을 고친다(小人革面)', 즉 일반서민들도 그에 따른다고 했다.

적선지가필유여경(積善之家必有餘慶) 적불선지가필유여앙(積不善之家必有餘殃)

큰 행복도, 큰 불행도 모두 오랫동안 그 사람이 쌓아온 결과가 나타난 것이라는 의미이다. 인과응보(因果應報)와는 다소 뉘앙스가 다르다. '곤괘(坤卦)'의 '서리를 밟고 굳은 얼음에 이르다(履霜堅氷)', 즉 '서리가 내리는 계절을 지나면 얼음이 어는 계절이 온다'의 내용을 해설한 〈문언전(文言傳)〉의 말이다. 조짐이 나타났을 때 처치를 하지 않고 타성에 젖어 있으면 큰 불상사를 당하게 된다는 것이다.

《역경》 해설

《역경》은 고대 중국의 점서(占書) 원전으로서 그 원형이 정리된 것은 서주(西周) 말기든가 춘추시대 초기(기원전 8세기)로 추정된다.
　은(殷)나라 시대에는 귀갑(龜甲) 또는 수골(獸骨)을 불태워서 그 금이 간 부분을 살펴보는 귀점(龜占)이 성행되었는데 주나라 시대에 들어선 다음에는 그것과 병행하여 서죽(筮竹)을 헤아려 보는 점서(占筮)가 행해지게 되었다. 그리고 그 결과를 비단 천에 기록하여 조정 안에 소중히 보관했었다.
　이렇게 해서 집적된 '서사(筮辭)' 가운데서 적중한 것, 특히 각 괘(卦) 각 효(爻)에 어울리는 것을 선발하여 편집한 것이 오늘날의 《역경》의 원형일 것으로 생각한다. 원형이 성립되자 점서(占筮)는 조정의 독점을 떠나 각지의 제후(諸侯)와 사대부 계급에까지 보급되었는데 이렇게 해서 점이 유행되기에 이르렀다.
　이처럼 널리 보급되자 아무래도 해석서(解釋書)가 필요해졌다. 역의 말은 난해한 데다가 점을 치는 각 사례에 적용시키기 위한 통일적 이론이 없으면 그 해석이 구구각색으로 변하겠기 때문이다. 그것을 위해 전국시대 말기로부터 전한(前漢) 초기에 걸쳐 이른바 〈십익(十翼)〉, 즉 단전(彖傳) 상·하, 상전(象傳) 상·하, 계사전 상·하, 문언전, 설괘전(說卦傳), 서괘전(序卦傳), 잡괘전(雜卦傳) 등등이 차례로 작성되어, 역철학을 완성시켰다.
　그리고 마침내 유교가 국가 정통의 학문으로 자리잡자 《역경》은 유교의 경전으로 채택되어 '육경(六經 : 易·詩·書·禮·樂·春秋)'의 첫자리를 차지하게 되었고 중국 전통학술의 근본이 되기까지에 이르렀다. 그리고 송(宋)나라 시대 신유학(新儒學)이 발흥되자 그 형이상학의 대들보로 중시되었다.
　한편 전설로는 팔괘(八卦)·육십사괘(六十四卦)·괘효사(卦爻辭)·십익(十翼)의 작자로, 각각 복희(伏羲)·신농(神農)·문왕(文王)과 주공(周公)·공자(孔子) 등을 꼽고 있다.

관자(管子)

공자가 태어나기 백 년 전의 대정치가인 관중(管仲)과 그 계열 학자들의 언행록으로 기원전 600년대(代)의 사적(事蹟)이다.

《관자》는 춘추시대 제(齊)나라 환공(桓公 : 春秋 五覇의 한 사람)을 섬겼던 재상인 관중과 그 계열 학자들의 언행을 정리해 놓은 책이다. 한(漢)나라 시대의 유향(劉向)이 그때까지 있었던 기록의 중복된 부분을 빼고 86편으로 정리했는데 현존하는 것은 그중 76편뿐이다.

《관자》의 주요 내용

의식이 족해야 예절을 안다(衣食足而知禮節)

한 나라의 지배자가 된 사람은 사계절을 통하여 생산계획을 원만히 추진시키어 경제를 풍요롭게 하도록 배려하지 않으면 안된다.

물자가 풍부한 나라에는 아무리 먼곳에서라도 백성들이 모여드는 법이며, 개발이 잘된 나라에서는 도망가는 백성이 한명도 없다. 하루하루를 살아가기 어려운데 예의 따위를 가르친들 무슨 소용이겠는가. 생활에 여유가 생기기만 한다면 도덕의식은 저절로 높아지는 법이다.

군주가 재정상 무리를 하지 말 것. 이것이 민생안정의 근본이다. 백성은 예(禮)·의(義)·염(廉)·치(恥)의 덕을 잘 지키는데 이렇게 해서 군주의 위령(威令)이 나라 구석구석까지 퍼진다.

지배자가 된 사람은 무엇보다도 경제를 중시하지 않으면 안된다. 형벌 따위는 제이의적(第二義的)인 것에 지나지 않는다. 우선 민생을 안정시키고 도덕적 의식을 고양시키는 것, 이것이 국가 존립의 기초이다. 그 위에 신령과 종묘, 조상을 숭배한다. 즉 종교심을 함양하여 백성들을 교화시킬 일이다.(牧民篇)

시황(市況)과 세상(世相)(市者貨之準)

시황은 물자의 수요상황을 나타내는 것이다. 물가를 내리면 상업 이윤은 박해진다. 상업 이윤이 박해지면 백성들은 장사에 손을 대지 않고 농업 생산에 힘을 쏟게 된다. 백성의 대다수가 농업으로 생업을 삼고자 하고 노력을 경주한다면 사회의 기풍이 실질화되고 국가의 재정은 안정된다.

본디 국가의 재정은 계획에 의해 움직이며 노력이 있을 때 안정되고 방심하면 파탄에 이른다. 계획성이 없으면 성립되지 아니한다. 노력이 없어도 안정되지 않는다. 그리고 방심만 하지 않으면 파탄에 이르지는 않는다. 시황에 주의하면 그 나라 정치의 소장(消長)을 살필 수가 있다. 시장에 사치품이 나돌 때면 인심이 들뜨고, 실용품이 많을 때는 정치가 안정되어 있다고 판단해도 좋다. 왜냐하면 시장에 나도는 상품의 종류와 수량은 세상(世相)을 직접 반영하는 것이며, 시장이 제멋대로 만들어 낸 것이 아니기 때문이다.

시황을 보고 사회의 상태를 판단한다. 그래야만 도(道)를 얻었다고 할 수 있는 것이다.(乘馬篇)

임금이 임금답지 못하면 신하도 그 직분을 다하지 않는다(君不君則臣不臣)

태만한 자는 무엇을 해도 실패한다. 인력(人力)을 초월한 능력도 알고 보면 노력의 축적일 뿐이다. 인력을 초월한 능력이란, 그 사람 속에서 길러지고 축적된 역량을 가리킴이다. 따라서 노력을 아니하는 자는 자신의 힘에 기댈 수 없기 때문에 외부로부터의 도움만을 기대한다. 자기 속에 힘을 비축하고 있으면 그것은 믿고 의지할 수가 있지만 밖으로부터 받는 도움은 믿을 수가 없어서 불안하다.

아침에 눈을 뜨면 '게으름을 피는 것은 아닐까?'라며 스스로 경계할 일이다. 우물쭈물하면 기회를 놓치며 화를 불러들인다. 아침에 스스로 경계하며 격려하지 않으면 저녁때는 이미 돌이킬 수 없는 실패가 기다린다. 나쁜 병에 걸리면 자연히 안색도 나빠지듯이, 마음에 여유가 생기면 태도에 그것이 나타나는 법이다. 윗자리에 있는 사람일수록 명심해야 할 일이다.

군주가 군주로서의 책임을 다하지 않는다면 신하는 맡은 직분을 잊게 마련이다(君不君則臣不臣). 아비가 아비로서의 책임을 다하지 못하면 자식은 자기 본분을 잊는다. 윗자리에 있는 자가 그 지위에 어울리도록 행동하지 않는다면 아랫자리에 있는 자가 분에 넘치는 짓을 한다. 상하(上下)의 마음이 일치되지 않는다면 명령이 지켜지지 않는다. 주인이 위엄을 갖추지 못했다면 손님은 경의를 표하지 않는다. 군주의 진퇴가 법도에 맞지 않는다면 정령(政令)이 밑에까지 하달되지 않는다.

한편으로는 은혜를 베풀어서 민심을 잡고, 다른 한편으로는 위엄을 갖추어 백성을 지배한다. 이것이야말로 군주의 지위를 안태하게 하는 길이다. 생활을 즐겁게 해주지 않으면 백성들은 군주를 위해 충성할 생각을 하지 않는다.

군주가 살게 해준다는 느낌을 줄 때, 백성들은 그 군주를 위해 목숨까지 바치겠다는 각오를 하는 것이다. 군주된 책무를 다하지 않으면서 백성들로부터 보답 받기를 기대하더라도 그것은 불가능한 것이다.
(形執篇)

귀족 · 백성 · 부자(富者) 다루는 법

군주는 귀족과 백성, 그리고 부자 다루는 법에 신중을 기해야 한다. 귀족을 신중히 다루려면 공로에만 치중하지 말고 현인(賢人)을 발탁하여야 한다. 백성을 신중하게 다루는 법은 관원을 두어 감시시킬 일이다. 부자를 신중히 다루는 법은 생산을 장려, 그들이 부(富)를 독점하지 못하도록 할 일이다. 군주가 신하들로부터 모욕을 받느냐, 존경을 받느냐는 이 세 부류를 어떻게 다루느냐에 달려 있다. 이들을 다루는 데 있어서는 상당한 신중을 기하지 않으면 안된다.(樞言篇)

이(利)와 덕(德)

옛날의 명군(名君)은 이(利)를 가지고 다른 나라와 동맹을 맺고, 덕을 가지고 사람들을 불러모았다. 이 이와 덕, 두 가지를 가지고 하지 않으면 나라와 나라, 사람과 사람과의 교제에도 원활을 기할 수 없다.(樞言篇)

신상필벌

정당한 포상은 낭비가 아니다. 정당한 형벌은 횡포가 아니다. 신상필벌이야말로 최고의 덕이다.(樞言篇)

《관자》 해설

춘추시대(기원전 722~기원전 481년), 오늘날의 산동성 일대에서는 제(齊)나라가 번영하고 있었다. 이 제나라는 환공(桓公 : 재위 기원전 685~기원전 643년) 때에 가장 강성했는데 실질적으로 그렇게 만든 것은 당시의 재상이었던 관중(管仲)이다. 이 관중의 언행을 주로 정리해 놓은 것을 《관자》라고 한다.

관중의 이름은 이오(夷吾), 자(字)를 중(仲)이라고 했다. 영상(潁上 : 안휘성)에서 태어났다고 한다. 청소년 시절은 친구인 포숙(鮑叔)과 친하게 지내면서 그로부터 여러 가지로 도움을 받았는데, 그래서 '관포지교(管鮑之交)'란 고사로도 유명하다.

책으로서의 《관자》는 아주 잡연(雜然)하며, 관중이 쓴 것으로 보이는 9편을 빼고, 그밖의 여러 편은 한(漢)나라 시대 초기에 이르는 수백 년 사이에 서서히 집대성된 것이라고 한다. 한나라 시대 사람 유향(劉向)이 조사한 바에 의하면 관중의 저작은 564편이나 있으며, 구성이 난잡하여 중복되는 것도 많았다는 것이다. 그래서 86편으로 정리했다. 그러나 그후 11편이 산일되어 현행본에서는 75편으로 되어 있다.

《관자》의 사상은 《한서(漢書)》 〈예문지(藝文志)〉에서는 도가(道家)의 부류 속에 넣었는데 그후 《수서(隋書)》 〈경적지(經籍志)〉에서는 법가(法家)에 포함시키고 있다. 그 이후로는 일반적으로 법가로 다루고 있는데, 법가 또는 도가의 범주 밖의 내용도 지니고 있다.

직접 했던 정치 경험에서 생겨난 현실주의적인 경제정책, 지배정책을 열거하고 있으며 거기에 법가적 사상이 강하게 반영되어 있다고 해야 할 것이다.

논어(論語)

공자(孔子)의 언행록. 공자를 중심으로 하여 그 문인과 제후들과의 문장 등을 기록한 책으로 기원전 450년경에 이루어진 책이다.

《논어》란 '어록(語錄)'이란 정도의 의미이다. 공자와 그 제자들의 다양한 말과 행동이 무려 5백 개 가까운 아주 짧은 문장으로 기록되어 있다. 〈학이편(學而篇)〉에서부터 〈요왈편(堯曰篇)〉까지 전 20편이다.

《논어》의 주요 내용

학이편(學而篇 : 전 16장)
'벗이 있어 멀리서 찾아오니 즐겁지 아니하냐.'
이 말은 어느 책에 기록되어 있는지, 또는 누가 한 말인지를 떠나서, 한번 들어본 적이 없는 사람은 드물 것 같다. 실은 《논어》를 펴면 제일 앞머리에 나오는 말이 바로 이 말이다.
이 장의 전체는,
'배우고 때에 익히니 기쁘지 아니하냐(學而時習 不亦說乎). 벗이 있어 멀리서 찾아오니 또한 즐겁지 아니하냐(有朋自遠來 不亦樂乎). 남이 나를 알아주지 않아도 노여워하지 않으니 참으로 군자가

아니겠는가(人不知不慍 不亦君子乎).'
라고 하는, 학문에 대한 기쁨에 대하여 공자가 말한 내용이다.

  이 말은 그 장(章) 전체가 잘 알려져 있는데 그중에서도 우리는 '벗이 있어……'란 구절만 외워가지고 친한 벗에 대한 감회를 표현할 때 흔히 쓰기도 한다. 그 숱한 중국 고전들 가운데서도 《논어》에는 이처럼 우리가 일상생활에 응용하고 있는 말이 많다. 예를 든다면,

  '번지르르한 말이라든가 그럴듯한 표정을 짓는 자는 인애(仁愛)로움이 적다(巧言令色 鮮矣仁).'

  '잘못했으면 그즉시 꺼리지 말고 고치라(過則勿憚改).'

등등이 그것이다. 이런 말들은 '자왈(子曰)' 즉 공자가 한 말들을 단독으로 기재해 놓은 것들이다. 그러나 《논어》에는,

  '증자(曾子)가 말했다. 나는 하루에 세 차례 자신을 반성한다(曾子曰 吾日三省吾身).'

란 구절처럼 공자의 제자가 한 말을 기록해 놓은 장도 적지 않다. 또 체재로 말한다면 단독형이 아닌 문답체도 있다. 〈학이편〉 속에 있는 공자와 자공(子貢)과의 문답을 살펴보도록 하자.

  '자공이 물었다. "가난해도 아첨하지 않고 부유해도 교만하지 않으면 어떻겠습니까?"(子貢曰, 貧而無諂 富而無驕 何如). 공자가 대답했다. "괜찮다. 그러나 가난하면서도 도를 즐기고 부유하면서도 예를 좋아하는 사람만 못하다"(子曰, 可也. 未若貧而樂 富而好禮者也). 자공이 말했다. "《시경(詩經)》에 절차탁마(切磋琢磨)란 바로 그것을 뜻하는 것이로군요"(子貢曰, 詩云, 如切如磋 如琢如磨 其斯之謂與). 공자가 말했다. "사(賜 : 자공)야, 비로소 너와 함께 《시경》을 논할 수 있게 되었구나. 과거를 말해주면 미래를 알게 되었으니 말이다"(子曰, 賜也 始可與言詩已矣 告諸往而知來者).'

  자공은 공자의 고제자(高弟子) 중 한 사람이다. 웅변에 뛰어났고

재기발랄했으며 거기에다가 상술(商術)에도 빼어난 실업가이기도 했다. 그러한 자공이었기에 '부유해도 교만하지 않다면 어떻겠습니까?' 하고 감히 물었던 것이다.

공자는 그것을 '괜찮다(可也)'라고 응답해 준 다음 '그러나 한걸음 더 나가서'라며 격려해 준 것이다. 그러자 얼른 《시경》에 있는 구절을 인용하면서 되묻는 자공 ──. 과연 자공다운 발상으로 시작되는 두 사람의 대화가 생생하게 손에 잡히는 것 같지 아니한가.

《논어》의 문장은 단독형도, 문답체도 그 이상 자를 수 없을 만큼 짧다. 그때문에 의미를 파악하기 어려운 경우도 있는데 이것저것 검토하며 짜맞추어 나가노라면 그 짧은 것이 도리어 매력이 있게 된다. 《논어》가 고전으로서 오래 두고 생명력을 가지고 있는 큰 이유 중 하나는 이런 문장 자체의 매력에 있는 것이다.

위정편(爲政篇 : 전 24장)

'공자가 말했다. 덕으로 다스림은……(子曰, 爲政以德……).'

〈위정편〉 제1장의 서두에 있는 글이다. 편명은 이 최초의 두 글자 (子曰은 빼고)를 딴 것으로서 《논어》 20편의 편명은 모두 이런 요령으로 붙여졌다. 이런 사실은 《논어》가 상호간에 관련성이 없는 짧은 장구(章句)를 늘어놓은 잡찬서(雜纂書)임을 상징적으로 나타내고 있다 하겠다.

그런데 이 편에는 공자의 자서전이라고도 할 수 있는 유명한 장이 있으므로 그것을 소개하기로 한다.

'공자가 말했다. "나는 열다섯 살 때 학문에 뜻을 두었고(子曰, 吾十有五而志于學), 서른 살에 독립했으며(三十而立), 마흔 살에 망설이지 않게 되었고(四十而不惑), 쉰 살에 천명을 알게 되었으며 (五十而知天命), 예순 살에 남의 말을 순순히 듣게 되었고(六十而

耳順), 일흔 살에 마음내키는 대로 좇아도 법도를 넘어서지 않게 되었다"(七十而從心所欲不踰矩).'

공자는 자신이 품고 있던 계급 조화적(調和的)인 이상을 실제 정치에 살려보고자 하여 부심했다. 그리고 50대 중반부터 조국 노(魯)나라를 떠나 제국 편력의 길에 나섰다. 그러나 그를 받아서 써주는 나라는 없었다.

공자를 우원(迂遠)하고 비현실적인 이상주의자라고 비웃을 뿐이었다. 혹은 제자들 중에서도 그렇게 보는 이가 있었다. 공자 자신도 마음속으로는 초조감을 느낀 일이 한두 번이 아니었다. 공자는 세속적으로는 실패자였다고밖에 할 수 없는데 그런 사실을 공자도 자각하고 있었다.

공자는 70세가 다 되어서야 노나라로 돌아왔고 그곳에 머무르면서 제자들의 교육과 고전 정리에 힘을 기울였다. 이러한 자기 생애를 돌아다보면서 그 내면의 편력을 술회한 것이 '오십유오이(吾十有五而)' 장이다.

한편 '불혹(不惑)'이 40세를, '이순(耳順)'이 60세를 가리키는 이칭(異稱)이 된 것은 그 출전이 바로 이 대목이다.

'지난 학문을 충분히 습득하고 나아가서 새로운 것을 알아야 스승이 될 수 있다(溫故而知新 可以爲師矣).'

'배우기만 하고 사색하지 않으면 어둡고, 독단적으로 사색만 하고 배우지 않으면 바탕이 굳지 못하다(學而不思則罔 思而不學則殆).'

'내가 모셔야 할 귀신도 아닌데 무턱대고 제사 지내는 것은 아첨이요, 정의를 보고도 나서서 실천하지 않는 것은 용기가 없는 것이다(非其鬼而祭之諂也, 見義不爲無勇也).'

등은 모두 이 〈위정편〉에 실려 있는 공자의 말이며, 사람들 입에 자주 회자되는 구절이기도 하다.

팔일편(八佾篇 : 전 26장)

본편은 예에 관한 문장이 많다. 예란 물론 예절·예의의 예다. 국가적 수준의 외교, 내정(內政), 개인 수준의 사회생활, 가정생활 등등에는 모두 지켜야 하는 예의 규범이 있다. 공자 시대에는 중앙집권체인 주왕조(周王朝)가 지방정권으로 전락하여 유력한 제후(諸侯)가 패권(覇權)을 다투는 춘추시대의 말기였으며, 제후들의 나라에서도 하극상(下剋上)의 풍조가 성행했었다.

'공자가 계씨(季氏 : 魯나라에서 세도를 부리던 家臣)를 탓하며 말했다. "팔일(八佾) 춤을 자기네 뜰안에서 추게 하다니, 이런 짓을 마구 한다면 무슨 짓인들 못하겠는가"(孔子謂季氏, 八佾舞於庭 是可忍也 孰不可忍也).'

팔일(八佾)이란 $8 \times 8 = 64$, 64명이 추는 천자(天子 : 周王宮)의 무악(舞樂)이다. 참고로 $6 \times 6 = 36$, 36명이 추는 무악은 제후 수준, 그 가신인 계씨(季氏)의 경우는 $4 \times 4 = 16$, 16명이 추는 무악이라야 예의 규범에 맞는다. 이것을 계씨가 깼다는 것은 주가(主家)의 권위 실추를 의미하는데, 공자는 그것을 예에 비추어 용서할 수 없는 행위라고 탓한 것이다.

이인편(里仁篇 : 전 26장)

첫머리의 7장은 모두 인(仁)에 대한 구절들이다. 공자가 제일 힘을 들이어 설파한, 인간으로서 구하고 지켜야 하는 최고의 덕목이 인(仁)이다. 《논어》에는 인에 대하여 언급한 장이 무려 60장이나 되어 전체의 1할 이상을 차지하는데, 이것을 계통을 세워서 정의해 놓은 것은 없다. 다만 그때그때마다, 그리고 상대에 따라서 수단을 바꾸고 방법을 바꾸어 인을 체득하는 것이 얼마나 중요한지를 설명하고 있다.

인이란 그 눈에 비친 지배층의 부패와 대치해야 하도록 제출한, 공자의 슬로건이었다고도 할 수 있겠다. 인을 목표로 하여 어디까지나 향상할 것을 꾀한다. 그것이야말로 인민에 대한 치자(治者), 즉 군자(君子)로서의 책임을 다하는 것이라고 공자는 생각했었다.

'군자가 인(仁)을 버리면 어찌 군자로서의 이름을 지키겠는가(君子去仁 惡乎成名). 군자는 밥 먹는 시간일지라도 인을 어기지 말고 다급한 때라도 반드시 인을 의지하고, 넘어져 뒤집히는 때라 할지라도 반드시 인에 의지해야 한다(君子 無終食之間 違仁 造次必於是 顚沛必於是).'

참고로 '잠시동안' '아주 짧은 시간'이란 뜻으로 '조차전패(造次顚沛)'란 말을 쓰는데 그 어원은 바로 이 구절이다. 그밖에 유명한 구절을 소개하면,

'공자가 말했다. "아침에 도를 들어 깨달으면 저녁에 죽어도 좋다"(朝聞道 夕死可矣).'

'공자가 말했다. "덕은 외롭지 않다. 반드시 이웃이 있다"(德不孤 必有隣).'

등이 있다.

공야장편(公冶長篇 : 전 28장)
본편은 거의가 인물 비평이다.

'공자가 공야장(제자의 이름)을 평하여 "공야장은 사위로 삼을 만하다. 비록 그가 감옥에 구속되었어도 그의 죄는 아니다"라 하고 자기 딸을 그의 아내로 삼게 하였다(子謂公冶長, 可妻也 雖在縷絏之中 非其罪也. 以其子 妻之).'

양자(兩者)의 혼인에 관한 사실(史實)은 명확하지 않은데 고개가 끄덕여지는 이야기이다. 다음은 자공(子貢)과 안회(顔回)에 대한 공자의 비평이다.

'공자가 자공에게 물었다. "너와 안회는 누가 더 나으냐?"(子謂子貢曰, 女與回也 孰愈) 자공이 대답했다. "제가 어찌 안회를 따를 수 있겠습니까. 안회는 하나를 들으면 열을 알지만 저는 하나를 듣고 둘을 알 따름입니다"(對曰, 賜也何敢望回, 回也聞一以知十 賜也聞一以知二) 공자가 말했다. "안회만 못하리라. 나와 네가 다같이 그만 못하다"(子曰, 弗如也, 吾與女 弗如也).'

자공이 안회에게는 미치지 못한다고 말하자 공자도 '네 말이 옳다. 실은 나도 안회에게는 미치지 못한다'라며 감탄했다는 것이다. 안회는 한평생동안 쓰러져가는 집에서 가난하게 살았던 사람이라고 하니 자공과는 아주 대조적인 인물이었다.

옹야편(雍也篇 : 전 30장)

'공자가 말했다. "참으로 안회는 어질도다. 한그릇 밥과 한쪽박의 물을 먹으며 누추한 거리에 살고 보면, 남들은 그 괴로움을 참지 못하겠거늘 안회는 그의 즐거움이 변치 않으니 참으로 안회는 어질도다!"(子曰, 賢哉回也 一簞食一瓢飲 在陋巷 人不堪其憂 回也不改其樂 賢哉回也).'

'번지(제자의 이름)가 지혜에 대하여 묻자, 공자가 대답했다. "사람이 지켜나갈 도의에 힘을 쓰고 귀신을 공손히 다루되, 멀리하면 지혜롭다 하겠다"(樊遲問知 子曰, 務民之義 敬鬼神而遠之 可謂知矣).'

'경원(敬遠)'이란 단어의 어원은 바로 이 장이다.

술이편(述而篇 : 전 38장)

'공자가 말했다. "참으로 심히 노쇠했구나. 이토록 오랫동안 주공(周公)을 다시 꿈에 보지 못하게 되었으니!"(子曰, 甚矣吾衰也. 久

矣吾不復夢見周公).'

주공은 주(周)나라 건국 때의 공로자로서 공자가 항상 이상(理想)으로 여겨왔던 인물이다.

'공자가 말했다. "속수(束脩)의 예(禮) 이상을 치른 사람들에게 나는 일찍이 가르치지 않은 바가 없다"(子曰, 自行束脩以上 吾未嘗無誨焉).'

속수란 스승을 찾아가 입문을 원할 때 바치던 육포 묶음이다. 일종의 입학금인데 당시에도 속수는 가장 싼 것이었을 것이다.

'공자가 말했다. "알지 못하여 분발하지 않으면 계발해 주지 않고, 표현하지 못하여 더듬거린다면 말을 일러주지 않는다. 한 모퉁이를 가르치면 나머지 세 모퉁이를 알만큼 반응하지 않으면 더는 가르치지 않는다"(子曰, 不憤不啓 不悱不發 擧一隅 不以三隅反 則不復也).'

여기에서 '계발(啓發)'이란 말이 생겨난 것이다.

'공자가 말했다. "거친 밥을 먹고 물을 마신 다음, 팔을 굽혀 베개 삼아도, 즐거움은 그 가운데에 있다. 의롭지 못하게 부귀해진들 내게는 뜬구름과 같다"(子曰, 飯疏食飮水 曲肱而枕之, 樂亦在其中矣. 不義而富且貴 於我如浮雲).'

앞에서 소개한 '안회는 어질도다'와 조응(照應)하는 구절이다.

'공자는 괴변·폭력·난동·귀신 등에 대해서는 별로 말하지 않았다(子不語 怪·力·亂·神).'

이 구절은 공자가 한 말이 아니다. 공자의 태도에 대하여 제삼자가 본 바를 기록한 것이다. '경원(敬遠)'의 구절이 떠오르는 내용이다.

태백편(泰伯篇 : 전 21장)

3~7장은 증자(曾子)의 말, 18~21장은 요(堯)·순(舜)·우(禹)를

찬미한 공자의 말인 점이 눈길을 끈다. 하루에 자기자신에 대하여 세 번 반성한다는 사람이 증자이며, 그의 말은 실로 당당하다.

'증자가 말했다. "선비는 반드시 넓고 꿋꿋해야 한다. 임무는 무겁고 갈 길은 멀다. 인(仁)을 제 임무로 삼고 있으니 무겁지 않겠는가. 죽어야 비로소 가는 것을 멈추니 또한 길이 멀지 않겠는가"(曾子曰, 士不可不弘毅 任重而道遠. 仁以爲己任 不亦重乎 死而後已 不亦遠乎).'

다음은 공자가 한 말이다.

'공자가 말했다. "시(詩)로써 감흥을 일으키고, 예(禮)로써 행동규준을 세우고, 음악으로써 성정을 완성시킨다"(子曰, 興於詩 立於禮 成於樂).'

공자는 이 세 가지를 공히 군자에 있어 필수적인 교양과목으로 삼았다. 공자를 둘러쌌던 교실 풍경을 상상케 해주는 장이다. 음악에 대해서 말한다면 공자 자신도 대단한 연주가이며 감상하는 안목도 갖추고 있었다. 일찍이 제(齊)나라에 체재하고 있을 때 고전음악을 듣고 감동한 나머지 음식 맛도 모르게 되었다는 기록이 있다.(述而篇)

'공자가 말했다. "백성들은 좇아 따르게 할 것이로되 알게 할 것이 아니다"(子曰, 民可使由之 不可使知之).'

자한편(子罕篇 : 전 31장)

'공자가 흐르는 냇가에서 말했다. "지나가는 것들은 흐르는 물과 같구나! 밤낮없이 쉬지를 않는도다"(子在川上曰 逝者如斯夫 不舍晝夜).'

그 어느 세상 사람에게 있어서도 변하지 않는, 유수와 같이 흘러가는 세월에 대한 영탄(咏嘆)의 말이다.

'공자가 말했다. "젊은 후배들을 두려워 하라. 장래에 그들이 오늘의 우리만 못할 것이라고 말할 수 있겠는가. 그러나 40, 50세가 되어도 이름이 나지 않는다면 역시 두려워할 바가 아니로다"(子曰, 後生可畏 焉知來者之不如今也. 四十五十而無聞焉 斯亦不足畏也已).'

향당편(鄕黨篇)

본편은 다른 편과 달라서 공자의 말을 기록한 것이 아니라 공사(公私) 양면에 걸친 공자의 일상적 행동의 기록이다. 이것에 의해 당시, 예(禮)의 구체적인 내용을 살펴볼 수가 있다.

또 일설에는 본편 모두가 공자에 대한 기록이 아니라 예의 일반적 규정을 설명한 부분이 많다고도 한다. 본디 전1장인데 편의상 27절 정도로 나누어 읽는다.

선진편(先進篇 : 전 26장)

'공자가 말했다.(자로가 거문고 뜯는 소리를 듣고) "저렇게 거문고를 칠 바에야 어쩌자고 우리집에서 치는고". 그러자 제자들은 자로를 존경하지 않게 되었다. 이에 공자가 말했다. "자로의 학문은 그만하면 당(堂)에는 오를 수 있다. 그러나 아직 실(室)에 들 만하지는 못하다"(子曰, 由之鼓瑟 奚爲於丘之門. 門人不敬子路. 子曰, 由也升堂矣 未入於室也).'

유(由)는 자로(子路)로서 공자 문하의 최고 제자인데 무골(武骨)이었다. 본편에는 공자가 자로의 성격으로 볼 때 천수를 누리기 어려울지도 모르겠다는 의구심을 나타낸 장(章)이 있다(자로는 후일 衛나라에서 戰死한다). 그 자로조차도 음악에 대한 소질은 '당에 오를 정도이지 실에 들지는 못할 정도'라고 말했던 것이다.

'자공이 물었다. "사(師 : 子張)와 상(商 : 子夏)은 누가 더 현명합니까?"(子貢問, 師與商也 孰賢). 공자가 말했다. "사는 지나치고 상은 옹졸하여 모자란다"(子曰, 師也過 商也不及). 자공이 "그렇다면 사가 좀 낫습니까?"라고 물었다(曰, 然則 師愈與). 공자가 말했다. "지나친 것은 모자라는 것과 같다"(子曰, 過猶不及).'

본편의 최종장(最終章)은 염유(冉有)·공서화(公西華)·자로(子路)·증석(曾晳) 등 네 명이 공자를 둘러싸고 있으면서 각각 자기 포부를 말하는 장인데 무려 315 글자에 이르며, 《논어》속에서 제일 긴 장이다.

안연편(顏淵篇 : 전 24장)

안연(顏淵 : 顏回)이 인(仁)에 대해서 묻는 제1장, 중궁(仲弓)이 인에 대해서 묻는 제2장, 사마우(司馬牛)가 인에 대해서 묻는 제3장 등, 인에 대해서 묻는 장이 세 군데 있고, 이에 대한 공자의 대답에 차이가 보인다.

그 다음에는 자로에 대한 인물평이 실려 있다.

'공자가 말했다. "한마디 말로 재판의 판결을 내릴 수 있는 사람은 유(由 : 子路)일 것이다. 자로는 승낙한 것을 묵히는 일이 없다"(子曰, 片言 可以折獄者 其由也與. 子路無宿諾).'

지레짐작으로 실패하는 수도 있지만 행동력·결단력에 있어서는 남에게 뒤지지 않았던 자로의 특징이 교묘하게 표현되어 있다.

자로편(子路篇 : 전 30장)

'공자가 말했다. "강직하고 과감하고 질박하고 말이 무거운 사람은 인(仁)에 가깝다"(子曰, 剛毅木訥近仁).'

'공자가 말했다. "백성들을 가르치지 않고 전쟁을 시키는 것은 바로 백성을 버리는 것이라 하겠다"(子曰, 以不敎民戰 是謂棄之).'

헌문편(憲問篇 : 전 46장)

공자가 역방(歷訪)한 나라의 군주와 그 신하들과의 문답이 두드러지게 그려져 있으며 역사적 인물을 둘러싼 인물평 등을 화제로 삼고 있다. 또 은자(隱者)일 것으로 보이는 인물이 공자를 평한 이야기가 눈에 띈다.

위령공편(衛靈公篇 : 전 42장)

'공자가 말했다. "인(仁)을 행함에 있어서는 스승에게도 양보하지 않느니라"(子曰, 當仁不讓於師).'
'공자가 말했다. "가르치지도 분류하지도 말라"(子曰, 有敎無類).'
'공자가 말했다. "말과 글은 뜻을 통달하면 그만이다"(子曰, 辭達而已矣).'

계씨편(季氏篇 : 전 14장)

이 편에서는, 공자가 한 말이 모두 '공자왈(孔子曰)'로 기록되어 있다는 점, 그리고 삼계(三戒)·삼사(三思)·구사(九思) 등 숫자로 형식을 갖춘 말들이 있다는 점이 다른 편과 다르다.

양화편(陽貨篇 : 전 26장)

'닭을 잡는 데 어찌 소 잡는 칼을 쓰느냐(割鷄焉用牛刀).'
문제상응(問題相應)의 수단을 사용하라는 뜻의 말이다.
공자가 무성(武城)이라는 작은 읍에 가보니 이곳저곳에서 음악 소리가 들려왔다. 그곳 읍장으로 있는 공자의 제자 자유(子游)에게 이 정도의 작은 읍(닭에 비유)을 다스리는 데 음악(소 잡는 칼에 비유)을 사용할 것까지는 없지 않겠느냐고 농담을 한 것이다. 그러나 자유가 정면으로 반론을 펴자 공자는 그 말을 중도에서 취소한다는 구성으로 되어 있다.
　‘공자가 말했다. "길가에서 듣고 그것을 길가에서 말하는 것은 덕을 버리는 것이다"(子曰, 道聽而塗說 德之棄也).'
　‘공자가 말했다. "유독 여자와 소인은 다루기 어렵다"(子曰, 唯女子 與小人 爲難養也).'

미자편(微子篇 : 전 11장)
　‘자왈(子曰)' '공자왈(孔子曰)'로 시작되는 장(章)이 없고 공자의 행동을 기록한 부분과 역사적 인물에 대한 기록이 많다. 또 은자(隱者)와 공자와의 대비를 묘사한 장으로서 흥미가 있다.

자장편(子張篇 : 전 25장)
　여러 제자들의 말을 수록하고 있다.

요왈편(堯曰篇 : 전 5장)
　제1장은 유가(儒家)가 성인(聖人)으로 추앙하는 요(堯)임금의 말, 2장과 3장은 발언자를 기록하지 않고 있으며, 4장은 자장(子張)과 공자의 문답, 그리고 5장은 공자의 말이다. 1~3장을 하나로 묶는 분류법도 있다. 본편은 전체를 20편(篇)으로 맞추기 위해서 덧붙였다고 하는 설도 있다.

《논어》 해설

　자장(子張)이란 제자가 공자의 말을 잊지 않기 위하여 자기가 매고 있던 띠에 적었다(子張書諸紳)는 말이 《논어》에 있다. 《논어》는 예컨대 이처럼 문인들이 듣고 전해준, 공자와 관계되는 갖가지 기록들이 이윽고는 오늘날의 형태로 정리된 책이다.

그 시기는 한(漢)나라 초 무렵(기원전 2세기)일 것으로 생각된다. 이런 유래에서 《논어》는 잡다한 내용을 가지는 단편구(斷片句)들의 모음이어서 일관성을 지니고 있지는 않다. 그러나 공자가 생전에 가장 힘을 들이어 말하고, 후세의 인간들에게도 강한 인상을 남겼을 것임에 틀림없는 테마를 찾는다면 그것은 역시 '인(仁)'이다.

인은 예컨대 보편적인 인간애(人間愛)라는 측면을 가지고 있지만 공자에게 있어서는 그것은 군자(君子 : 治者)가 갖춰야 할 덕이었다.

효경(孝經)

개인의 수양으로부터 천하의 질서에 이르기까지 도덕적 근원으로서의 '효(孝)'를 설명한 책으로, 기원전 430년경에 이루어졌다고 한다.

《효경》이란 효에 대하여 불멸의 진리를 설명한 책이란 의미로서, 공자(孔子)가 제자인 증삼(曾參)에게 효에 대하여 포괄적으로 들려준 것을 기록한 형태로 만들어졌다. 18장(古文《효경》은 22장)으로 나뉘며, 전문 1천8백여 자의 짧은 것인데 윤리 도덕의 근간으로서 예로부터 존중받아왔다.

《효경》의 주요 내용

작게는 가족으로부터 많게는 천하에 이르기까지의 모든 사회질서의 원리를 '효'에 의해 통일적으로 다루고, 또 이 '효'가 천지자연에 바탕을 둔 근본원리라는 것이 《효경》의 사상이다. 구성은 먼저 근본적인 의의를 설명한 다음, 천자(天子) 이하 각 사회계급에 있어 효의 구체적인 실천의 도(道)를 기록하고, 또 효에 대한 원리적 설명이 덧붙여져 있다. 서술은 공자와 그 고제(高弟)인 증삼의 문답체로 진행되어 있다.

개종명의장(開宗明義章 : 要義를 분명히 한다)
공자가 한가히 있을 때 옆에서 증자가 대기하고 있었다. 공자가 말했다.

"옛날의 성왕은 지덕(至德 : 최고의 德)과 요도(要道 : 근본적 道)를 갖추고 있어서, 천하를 안정시켰고, 백성들은 서로 화목했는데 상하 간에 원한 따위는 전혀 없었다. 이 일에 대해서 아는 바가 있느냐?"
증자는 자리에서 일어나 공손하게 대답했다.
"저는 불민하여 그런 것에 대해서는 아는 바가 없습니다."
"효야말로 은덕(恩德)의 근본이요, 교화의 근원이다. 게 앉거라, 천천히 얘기해 주마. 인간의 신체는 머리털 한 개까지도 모두 부모로부터 받은 것, 이것을 손상시키지 않도록 세심한 주의를 하는 것이 효의 첫걸음이니라.(身體髮膚受之父母, 不敢毁損孝之始也)"
공자의 설명은 이어진다.
"입신(立身)하고 도를 행하여 명성을 후세에 떨침으로써 부모의 이름을 드날리는 것, 이것이 효의 구극이다. 즉 효란 부모를 섬기는 것에서부터 시작되며, 임금을 섬기는 것이 그 다음 차례이니라. 그리고 입신양명하는 것으로 끝이 난다."

천자장(天子章)

'부모를 사랑하는 자는 남을 미워하는 짓 따위는 하지 않는다. 부모를 공경하는 자는 남을 경멸하지는 않는다. 사랑과 공경을 다하여 부모를 섬김으로써 그 덕화(德化)가 모든 백성들에게 두루 퍼지고 사해(四海)의 모범이 되는 것, 이것이 천자(天子)의 효이다. 《서경(書經)》에도 이런 글이 있다. '천자가 선(善)을 행하면 만민이 그 은혜를 입는다.''

제후장(諸侯章)

'오만과 사치를 경계하는 겸허와 절검(節儉)을 마음에 새겨야만 나라를 유지해 나가고 백성들을 평화롭게 살도록 할 수 있다. 이렇게 해서 조상 전래(傳來)의 부귀를 길게 유지해 나가는 것, 이것이 제후의 효이다.'

경대부장(卿大夫章)
'선왕(先王)이 정한 복장과 남긴 말, 나타낸 덕행(德行) 등을 오로지 따르면서 언행을 신중히 하면 과오가 없고, 백성들의 원망을 사는 일도 없으며, 오래도록 지위를 보전하여 조상의 사랑을 지킬 수 있다. 이것이 경대부의 효이다.'
경대부란 높은 벼슬아치를 뜻한다.

사인장(士人章)
'부모에 대한 효의 마음으로 군주를 섬기면 충(忠), 경(敬)의 마음으로 연장자를 섬기면 순(順)이다. 충순의 마음을 잃지 않으면 녹위(祿位)를 오래 보전하여 조상의 제사를 지낼 수 있다. 이것이 사인의 효이다.'

서인장(庶人章)
'주어진 일을 열심히 하고 소질을 살리어 부모를 봉양하는 것, 이것이 서민의 효이다.'
'이상 천자로부터 서민에 이르기까지 효는 일관되는 것이어서 신분의 고하에 따라 효를 다하지 못할까 걱정할 필요는 없다.'

삼재장(三才章)
'효는 천지인(天地人)을 일관하는 불변의 원리이며 이것에 따르면 천하는 자연히 다스려진다.'

효치장(孝治章)
'효를 바탕으로 하여 천하를 다스리면 만민 모두가 심복하며 재해라든가 화란(禍亂)도 생기지 않는다.'
효는 윗사람부터 행하며 모범을 보이라고 했다.

성치장(聖治章)
성인의 치세도 효도에 의해 행해지는 것이고, 부자(父子)의 도와 군신(君臣)의 의(義)는 일체이다. 따라서 효도와 정교(政敎)는 일치인 것을 설명하고 있다.

기효행장(紀孝行章)
효의 실천에는 부모의 생전(生前) 사후(死後)의 효양(孝養)은 말할 것도 없고 자신의 수양 또한 빼놓을 수가 없다.

오형장(五刑章)
불효는 최대의 죄임을 설명하고 있다.

광요도장(廣要道章)
개종명의장(開宗明義章)의 '요도(要道)'란 말의 해석을 하고 있다.

광지덕장(廣至德章)
마찬가지로 '지덕(至德)'이란 말에 대하여 해석하고 있다.

광양명장(廣揚名章)
마찬가지로 '양명(揚名)'이란 말에 대하여 설명하고 있다.

간쟁장(諫爭章)

무도한 아비의 말에도 따라야 하느냐는 증자의 질문에 대하여 아비가 불의(不義)하다면 간하는 것이 참된 효라고 설명한다.

응감장(應感章)

천자(天子)가 효도를 다한다면 천지 귀신들도 이에 감응하여 천하 구석구석까지 다스려진다는 설명이다.

사군장(事君章)

군주를 섬기는 마음자세를 설명하고 있다.

상친장(喪親章)

부모가 세상을 떠난 다음에는 그 장례와 제례(祭禮)를 성심껏 치르고 지내야 한다는 것을 설명하고, 생전의 경애와 사후의 애도를 다하는 것이야말로 효를 다하는 것임을 설명한다.

《효경》의 명언집

신체발부수지부모(身體髮膚受之父母) **불감훼손효지시야**(不敢毀損孝之始也)

내 몸은 머리털 하나까지도 부모가 주신 것인즉 그러한 내 몸을 조금도 훼손하지 않는 것이 효의 시작이란 뜻이다. 여기서 훼손이란 부주의하여 상처가 나게 하는 것말고도, 나쁜 짓을 하여 형벌을 받는 것까지도 포함된다.

이처럼 몸조심을 하면서 입신양명(立身揚名)하여 부모 이름을 빛내는 것이 곧 효도라고 했다. 한편 《논어》에는 증삼의 말로서, 그는 자기 몸을 상하지 않게 하기 위하여 평생동안 '전전긍긍하며…… 박빙을 밟는 것처럼 처신했다……'고 되어 있다.

천경지의(天經地義)

영원한 진리란 의미이다. 삼재장(三才章)의 '천지경야(天之經也) 지지의야(地之義也) 민지행야(民之行也)', 즉 '하늘의 법도이며 땅의 의리이고 백성의 행실이 되는 것'에서 나온 말이다.

오형지속삼천(五刑之屬三千) **이죄막대어불효**(而罪莫大於不孝)

오형이란 묵형(墨刑 : 入墨하는 형벌), 의형(劓刑 : 코를 베는 형벌), 비형(剕刑 : 다리를 잘라내는 형벌), 궁형(宮刑 : 생식기를 자르는 형벌), 대벽(大辟 : 목을 치는 형벌) 등 다섯 가지 형벌이다. 숱한 형벌 가운데 불효가 가장 중대한 것은 대란(大亂)의 근원이 되기 때문이다.(五刑章)

쟁신(爭臣) · **쟁우**(爭友) · **쟁자**(爭子)

상대가 무도한 때 이를 과감하게 간할 수 있는 신하 · 친구 · 아들 등을 가리킨다. 이런 사람이야말로 참된 의미에서의 충신 · 친우 · 효자이다.(諫爭章)

《효경》해설

《효경》은 공자(孔子) 자신이 쓴 것이라고 하는 설과, 증삼 및 그 문인들이 쓴 것이라는 설 등이 전해 왔는데, 실은 전국시대가 되어 증자학파(曾子學派) 사람들에 의해 쓰여진 것으로 추정된다. 이 책이 유가(儒家)의 기본 문헌인 '오경(五經)'에 들어가지 못했는데도 불구

하고 '뜻은 《춘추(春秋)》에 있고 행동은 《효경》에 있다《孝經緯》'
고 한 것처럼 '오경'과 똑같이 다루어져 왔던 것은 역대 황제가 치국·
교화의 요구(要具)로 존중했었기 때문이다.

특히 당(唐)나라 현종(玄宗)은 그때까지 있었던 두 종류의 텍스트
인 《금문효경(今文孝經)》과 《고문효경(古文孝經)》의 우열을 학자들
에게 논의토록 하여 금문을 중심으로 하고 고문의 해석도 넣어서 꾸
미되 스스로 주석을 달아 널리 세상에 보급시켰다. 이것이 《어주효경
(御注孝經)》이라고 하는 것으로서 《십삼경주소(十三經注疏)》에 들
어있다.

그후 현종이 안녹산(安祿山)의 난(亂)으로 고초를 당한 것은 《고문
효경》을 배척했기 때문이라는 말이 떠돌게 된 것이라든가, 농민반란
에 조우한 관원이 《효경》을 암송하면 진압된다고 주장했다든가 하는,
미신 같은 이야기가 생겨난 것도 《효경》이 치란(治亂)의 근거로서 얼
마나 존숭되었는가를 나타내고 있다.

맹자(孟子)

유가(儒家)에 속하는 사상가인 맹자의 언행을 기록한 것으로서 인의(仁義)의 도덕을 주장한 책이며, 기원전 280년경에 이루어졌다고 한다.

《맹자》는 〈양혜왕편(梁惠王篇)〉〈공손추편(公孫丑篇)〉〈등문공편(滕文公篇)〉〈이루편(離婁篇)〉〈만장편(萬章篇)〉〈고자편(告子篇)〉〈진심편(盡心篇)〉 등 7편 260장(章)으로 이루어져 있다. 각 편을 상하(上下)로 나누어 14편으로 꾸민 책도 있다. 7편 중 전반(前半) 3편은 주로 맹자가 여러 나라를 유세하던 중에 있었던 언행이며, 후반 4편은 은둔한 이후의 언설(言說)로 짐작된다.

《맹자》의 주요 내용

제(齊)나라 선왕(宣王)이 맹자에게 물었다.
"제나라 환공(桓公), 진(晋)나라 문공(文公)의 패업(覇業)에 대해서 이야기를 듣고 싶습니다."
"예, 전하, 공자(孔子)의 문하로서 패업에 대하여 논한 사람은 없나이다. 따라서 외신(外臣)은 패업에 대해서는 무엇 한가지 들은 것이 없사옵니다. 꼭 말하라고 하신다면 왕업(王業)에 대해서 말씀드리겠나이다."

"좋습니다. 그럼 왕자(王者)가 되려면 많은 덕을 필요로 합니까?"
"민생을 안정시키면 되는 것이옵니다. 그렇게 하시면 전하 앞에 맞설 적(敵)이 없습지요."
"과인도 그렇게 할 수 있겠습니까?"
"하시고 말고요."
"그것을 어떻게 아십니까?"
"호흘(胡齕:宣王의 신하)의 말에 의하면 전하께서 어전에 계실 때, 끌려가는 소를 보시고, '저 소를 어디로 끌고 가느냐?'라고 물으셨다 하옵니다. '삽혈(歃血:제후들이 맹약을 할 때 짐승의 피를 입가에 바르는 일)의식을 위해 죽이러 가는 것입니다'라고 대답하자, 전하께서는 '살려주어라. 저 겁먹은 모습을 차마 볼 수가 없구나. 죄도 없는데 죽음을 당하러 가다니'라며 동정하셨다 하옵니다. '그럼 삽혈의식은 취소하시는 것입니까?' 신하가 이렇게 묻자, '무슨 말을 하는 게야. 그만두다니…… 소 대신 양을 잡아라'고 대답하셨다 하는데 그게 사실이옵니까?"
"그렇습니다. 분명 그런 일이 있었습니다."
"그런 마음이야말로 왕자가 되시기에 어울리는 마음이옵니다. 백성들은 전하께서 인색하시다며 수군대고 있나이다. 물론 이 외신은 전하께서 소를 불쌍히 여기시어 그러셨다는 것을 금방 알아차렸사옵니다만……"
"그렇습니다. 바로 보셨습니다. 나도 백성들의 소문을 들어 알고 있습니다. 우리 제나라는 보잘것없는 나라이긴 하지만 소 한 마리쯤을 아까워하지는 않습니다. 무서워서 벌벌 떨며 끌려가는 소가 불쌍해서 견딜 수 없었던 것입니다. 그래서 대신 양을 잡으라고 말했던 것이지요."
"하온데 전하, 백성들이 수군대는 것도 무리는 아니니이다. 소 대신

양을 잡으라고 하신 것은 사실이니까요. 왜 그런 명령을 내리셨는지, 그 마음속까지 백성들이 알 리는 없사옵니다. 그리고 아무 죄도 없이 죽는 것이 불쌍하다는 점에서는 소도 양도 한가지이니까요."
선왕은 웃으면서 말했다.
"대체 과인은 그때 무엇을 생각했던 것일까요. 물자를 아끼기 위해서 양으로 바꾼 것이 아님은 분명한데…… 알겠습니다. 그것도 무리는 아닐 것입니다. 백성들이 과인을 인색하다고 한 것도……."
"그런 일에 신경쓰실 필요는 없나이다. 그것이야말로 인(仁)의 도(道)이니까요. 전하께서는 소는 보셨지만 양은 보시지 아니하셨나이다. 사람의 정(情)이란 비록 금수(禽獸)라 하더라도, 살아있을 때 그 모습을 본 이상, 죽는 것을 볼 수는 없는 법입지요. 죽을 때 지르는 목소리를 들은 이상, 그 고기를 먹을 수도 없나이다. 군자(君子)가 조리장(調理場)에 가까이 가지 않는 것은 이런 이유에서입지요."
선왕은 기뻐했다.
"《시경(詩經)》에 '남의 생각을 내가 짐작한다'란 구절이 있는데 이것이야말로 선생과 같은 분을 일컬어 읊은 말임에 틀림없습니다. 과인이 그렇게 하고서도 왜 그랬는지 과인은 납득하지 못했습니다. 그것을 선생이 맞춰주셨습니다. 그때 과인의 심정은 선생의 말 그대로였습니다. 그야 어찌되었든 그것이 왕자(王者)된 자의 마음가짐이라니 그것은 또 무슨 뜻입니까?"
"예, 어떤 사나이가 '내 힘은 백균(百鈞)의 물건도 들어올릴 수 있는데, 수레 가득 실은 장작은 보이지 않는다'라고 말했다 하더이다. 전하께서는 그 말을 신용하실 수 있겠나이까?"
"신용 못하겠는데요."
"그럼 묻사옵겠는데 전하의 자애심은 금수에게까지 미칠 정도이신

데 백성들이 이해하지 못하는 것은 왜일까요? 깃털 한 개를 들어올 리 수 없는 것은, 들어올리려고 하지 않기 때문이니이다. 수레 가득 실려 있는 장작을 볼 수 없는 것은 보려고 하지를 않기 때문이옵지요. 민생(民生)이 안정되지 않는 것은 자애(慈愛)를 펴고자 하지 않기 때문이옵니다. 이와 똑같은 이유로 전하께서 왕자(王者)가 되시지 못하는 것은 되시고자 하지 않기 때문이니이다. 될 수 없기 때문이 아니옵니다."

"'하지 않는 것'과 '할 수 없는 것'은 구체적으로 어느 점이 다른 겁니까?"

"'태산을 옆구리에 끼고 북해(北海)를 뛰어넘으라'고 하면 '할 수 없다'고 대답하옵니다. 그것은 사실로 '할 수 없는 일'이옵지요. '손윗사람에게 인사를 하라'는 말을 듣고 '할 수 없다'고 대답한다면 그것은 실은 '하지 않는 것'이지 '할 수 없는 것'은 아니옵니다. 즉 전하께서 왕자(王者)가 되지 못하시는 것은, 전하께서 '태산을 옆구리에 끼고 북해를 뛰어넘는 쪽'이 아니오라 '손윗사람에게 인사를 하시지 않는' 쪽을 택하시기 때문이니이다.

자기 집의 노인을 소중히 여기되 그런 마음을 이웃집 노인에게까지 파급되도록 하여야 하는 것이옵니다. 내 자녀를 귀여워하되 그런 마음이 이웃집 자녀에게까지 미치도록 하옵니다. 그렇게 하면 천하는 어렵지 않게 다스려지옵지요. 《시경》에 이런 말이 있나이다.

'아내에게 모범을, 나아가서는 형제에게, 더 나아가서는 나라에게' 이것은 노인이나 자녀에 대한, 자신의 자애를 남에게까지 펼쳐나가라는 의미이옵니다. 즉 자애심을 이처럼 펼쳐나간다면 세상은 안정되는 법이옵지요. 이와는 반대로 펼쳐나가지 아니하면 처자로부터도 신용을 받지 못하옵니다. 옛날의 왕이 뛰어나게 위대했던 것은 다름이 아니오라 이런 당연한 이치를 실행했었기 때문이니이다.
　전하의 자애심이 금수에까지 미치고 있건만 백성들에게는 그것이 미치지 못하고 있는 것은 왜이겠나이까? 저울에 올려놓지 않는다면 그 무게는 알 수가 없사옵니다. 자로 재보지 않고서는 그 길이를 알 수 없습고요. 만사가 모두 이런 것처럼, 특히 사람의 마음을 저울질한다는 것은 곤란하옵니다. 바라옵건대 전하께서는 전하의 마음을 헤아리소서.
　전하께서는 전쟁을 일으키시고 신하들의 생명을 위태롭게 하시며, 이웃나라로부터 원한을 사고 계신데 어쩌자고 그러시나이까? 그러시고도 마음이 편하신가요?"
"아닙니다. 편하지 않습니다. 다만 과인에게는 대망(大望)이 있을 뿐입니다."
"그 대망이란 것을 듣고 싶나이다."
왕은 웃으면서 대답을 하지 않았다. 맹자가 계속 말한다.
"산해진미가 부족하시나이까? 의복과 장식품을 이에서 더 여러 가지 가지고 싶으시옵니까? 아니면 미녀나 악사(樂士), 궁인(宮人)들을 더 많이 거느리고 싶으시나이까? 그런 것들은 여러 신하들이 충분할 만큼 조달해 드릴 것이옵니다. 설마 그런 것들을 원하시어 전쟁을 일으키시는 것은 아니겠습지요."
"물론입니다."
"그러시다면 전하의 대망(大望)은 틀림없이 영토를 확장하시고, 강대국인 진(秦)나라·초(楚)나라 등을 속국으로 만드시어 천하에 군림하시고, 사방의 만족(蠻族)들을 회유하시려는 것이겠습지요. 하오나 전쟁으로 그런 것들을 얻으시어 그 대망을 이루시려는 것은 나무에서 물고기를 구하는 것(緣木求魚)과 같사옵니다."
"그토록 바보스런 일입니까?"

"아니, 그 이상이옵니다. 나무 위에 올라가서 물고기를 구하려는 것은 그래도 나은 편입지요. 물고기를 잡지 못할 뿐, 재난은 당하지 아니하나이다. 하오나 전하와 같은 방법으로 대망을 이루시고자 하신다면 전력을 다 기울이시고도 심한 재난을 당하시기 십상이옵니다."

"왜 그렇게 된다는 것입니까?"

"만약 소국인 추(鄒)나라와 대국인 초(楚)나라가 싸운다면 어느 나라가 이길 것으로 생각하시옵니까?"

"그야 초나라가 이기겠지요."

"그러하옵니다. 즉 소(小)는 대(大)에게 견뎌낼 수 없고, 과(寡)는 중(衆)에 견딜 수 없사오며, 약(弱)은 강(强)에게 견딜 수 없다는 것은 누구나 다 아는 터이옵지요. 천하에는 지금 사방 천리의 대국이 아홉 나라나 있나이다. 전하의 나라는 그중 한 나라에 지나지 아니하옵니다. 그 한 나라가 여덟 나라를 정복코자 하는 것은 추나라가 초나라를 상대로 하여 싸우는 것과 같나이다.

그러는 것보다는 우선 정치의 근본을 바르게 하는 것이 중요하옵니다. 이제 전하께서 인정(仁政)을 펴신다면 사관(仕官)을 원하는 자들은 누구나 전하의 조정에 찾아와 사관하기를 청할 것이니이다. 농민들은 전하의 나라에서 경작하기를 원하고, 상인(商人)은 전하의 나라에서 장사하기를 원하여 멀리 타국으로부터 몰려올 것이옵니다. 나그네들은 전하의 영내(領內)를 지나가고자 할 것이오며, 자기 나라 군주에게 불만을 품은 자는 모두 전하께 상담코자 몰려들 것이니이다. 이렇게 되면 전하께 대항하는 자는 한사람도 없게 될 것이옵고요."

"아무래도 과인은 자신감이 없습니다. 바라건대 과인의 상담 상대가 되어 지도해 주십시오. 그러면 미력이나마 기울이어 인정(仁政)

을 펴보겠습니다."

"생활이 불안정해도 양심을 잃지 않는 사람은 지극히 한정되어 있나이다. 일반 사람들은 생활이 안정되지 않으면 양심을 잃게 되옵지요(無恒産者無恒心). 그리고 일단 타락하면 사람들은 차츰 멋대로 굴게 되는데 무슨 짓을 할지 전혀 모르옵니다. 당연히 죄도 범하나이다. 죄를 범하게 만든 다음 그 사람을 붙잡아서 처벌하는 것은 백성을 올무에 걸리도록 하는 짓이옵니다. 인덕(仁德)이 있는 위정자가 백성들을 올무에 걸리도록 정치를 해도 되는 일이니이까.

따라서 명군(名君)이라면 백성들로 하여금 그 부모들이 만족스럽게 살아갈 수 있도록 보살피게 하고, 처자도 충분히 양육할 수 있도록 하는 정치를 펴는 법이니이다. 풍년이 든 해는 말할 것도 없고 흉년이 든 해라도 아사자(餓死者)가 생기지 않도록 하옵니다. 그런 연후에 백성들을 이끌고 나가옵지요. 이렇게 되면 백성들도 기꺼이 따라오게 되나이다.

하온데 지금의 현상은 어떠하옵니까? 아무리 보아도 부모에게 만족을 주는 생활을 보장해 주지 않으며, 처자를 충분히 양육할 수 있는 정치를 펴고 계시지 않으시나이다. 풍년이 든 해에도 생활고에 허덕이고 있을 정도이오니 흉년이 든 해에는 죽는 자가 속출하고 있사옵니다. 비록 죽음은 면한다 하더라도 겨우 목구멍에 풀칠하는 것이 고작이니 예를 지키고 의(義)를 행할 여유가 있을 리 만무하나이다. 만약 천하의 왕자(王者)가 되실 것을 원하신다면 먼저 정치의 근본을 바르게 하실 일이옵니다.

5묘(畝)의 택지(宅地)를 이용하여 뽕나무를 심도록 권장하신다면 50세가 넘은 노인에게는 비단옷을 지어 입힐 수가 있나이다. 가축이 번식하도록 사육법을 지도하신다면 70세가 넘은 노인에게 고기 반찬을 갖춰 줄 수 있게 될 것이옵니다. 농번기에 농민을 징용에 내몰지 않으신다면 백묘(百畝)의 밭으로 8인 가족이 굶는 일은 없을 것이니이다.

   그 위에 교육을 중시하고 효제(孝悌)의 도덕을 철저하게 지키도록 한다면 백발이 성성한 노인이 무거운 짐을 지고 다니는 상태는 없을 것이옵니다. 노인은 비단옷을 입고 고기를 먹으며, 백성은 굶지 않는 정치, 그런 정치를 하고도 왕자(王者)가 되지 못했다는 예는 없나이다."(梁惠王篇)

양혜왕편(梁惠王篇)

이 편은 맹자가 양(梁 : 魏)나라·제(齊)나라·추(鄒)나라 순으로 유세했을 때의 기록이며 각 제후들에게 인정(仁政)을 설파하고 있다.

공손추편(公孫丑篇)

이 편은 맹자가 제(齊)나라에 체재하고 있을 때의 기록이 대부분이며, 선왕(宣王)과의 문답이라든가 맹자가 제나라를 떠날 때의 정황이 기록되어 있다. '사단설(四端說 : 사람에게는 惻隱·羞惡·辭讓·是非의 마음이 있으며 그것은 인의예지의 싹이 된다는 설)'이 기록되어 있는 것도 이 편이다.

등문공편(滕文公篇)

묵가(墨家)·농가(農家)·종횡가(縱橫家) 등 각 학파의 사상가들과 나눈 문답이 있으며 그들의 사상과 유가(儒家)로서의 맹자가 주장한 사상이 드러나 있다.

이루편(離婁篇)

이 편은 짧은 장구(章句)의 모음집으로 되어 있으며 '인의(仁義)'

'효양(孝養)' '반성(反省)' 등을 설명하고 있다.

만장편(萬章篇)

이 편은 대부분 만장과 나눈 문답으로 되어 있는데 주로 고대(古代)의 성인으로 일컬어지는 요(堯)·순(舜)의 전설과 공자(孔子)의 언행을 말하고, 유가가 이상으로 꼽는 인물상이 설명되어 있다.

고자편(告子篇)

이 편은 주로 인간의 본성을 논하고 있는데, 맹자는 고자와의 문답 속에서 인간은 태어나면서부터 도덕성을 가지고 있다는 '성선설(性善說)'을 주장하고 있다.

진심편(盡心篇)

이 편은 천명(天命), 마음, 인간의 본성에 대하여 한 말이 많다. 맹자가 은퇴한 다음에 한 말일 것으로 생각된다.

《맹자》의 명언집

호연지기(浩然之氣)

맹자가 제자인 공손추(公孫丑)와 용기를 기르는 방법에 대하여 문답을 나눈 가운데 '호연지기를 기르고 있다'라고 말한 다음, 그 의미를 '더없이 광대(廣大)하고 더없이 강건한 것, 이것을 올바르게 잘 기르면 천지간에 충만하게 된다. 그러나 그것은 도(道)와 의(義)와 함께 존재하는 것으로서 의를 반복하여 계속 행하는 사이에 자연히 얻어지는 것이며, 마음속에 사심(邪心)이 있으면 소멸된다'라고 설명한다. (公孫丑篇)

오십보백보(五十步百步)

맹자에게 양혜왕(梁惠王)이 '과인은 국정에 전력을 쏟고 있는데도 우리나라 인구가 늘어나지 않는 이유는 무엇입니까?'라고 물었을 때, 맹자는, '전쟁 이야기에 비유해 보겠나이다. 진격하라는 북소리가 울리고 접전이 벌어지려고 할 때, 갑옷을 벗어던지고 도망친 병사가 있었사옵니다. 한 병사는 백보(百步)를 도망치다가 멈춰섰고, 또 한 병사는 오십보(五十步)를 도망치다가 멈췄습지요. 이때 오십보 도망친 녀석이 백보 도망친 녀석에게 겁쟁이라면서 비웃었다면 전하께서는 이 일을 어떻게 생각하시겠나이까?(본문은 五十步笑百步)'라며 물었다. 양혜왕이 '백보를 도망친 놈이나 오십보를 도망친 놈이나 도망치기는 마찬가지가 아니겠소?'라고 말하자 맹자는 '전하께서도 그정도의 선정(善政)을 베푸시고 인구가 불어나기를 바라시는데 그것은 이웃나라보다 크게 나은 선정이 아닌즉, 이 이야기와 비슷하나이다'라고 대답한 데서 연유하는 명언이다.(梁惠王篇)

《맹자》해설

맹자는 기원전 372년(異說도 있음), 전국시대 중기(中期)에 추(鄒)나라(산동성 鄒縣)의 사(士) 계급 가문에서 태어났다. 이름을 가(軻)라 했다. 자(字)를 자여(子輿), 자거(子車), 또는 자거(子居)라고도 했다. 공자(孔子)의 손자인 자사(子思)의 문인이 되어 학업을 이수했다고 한다.

공자의 유학사상을 계승한 맹자는 42, 3세경부터 송(宋)·등(滕)·양(梁:魏)·임(任)·제(齊)·노(魯)·설(薛)나라 등 여러 나라를 유세하면서 제후들에게 인의(仁義)를 바탕으로 하여 왕도정치(王道政治)를 펼 것을 설명했다. 제나라에서 체류한 기간이 제일 길어서 무려

8년에 걸쳐 중신의 대우를 받은 일도 있다.

다른 학파의 사상가들과 나눈 문답에서 그는 유가(儒家)로서의 자설(自說)을 강조했는데 그것도 이무렵의 일이다. 약 20년간의 유세를 끝내고 추나라로 돌아온 것은 63세경으로서 그후 은둔생활로 세월을 보내다가 기원전 289년 84세(異說도 있음)에 세상을 떠났다고 한다.

《맹자》 7편은 맹자가 조국인 추나라에 은둔하고 있으면서 제자인 만장(萬章)과 함께 만든 것으로 짐작된다. 《맹자》 7편의 문장이 처음부터 끝까지 일관되어 있다는 점에서 맹자 자신의 저술이라고 하는 설도 있다. 그밖에 맹자가 세상을 떠난 다음 만장이라든가 공손추가 맹자의 언행을 기록한 것이라는 설도 있다.

《맹자》는 진(秦)·한(漢)·당(唐)나라 시대에는 유교의 경전으로 다루어지지 않았으며 《한서(漢書)》〈예문지(藝文志)〉에서는 '제자(諸子)'로 분류하고 있다. 그후 송(宋)나라 시대가 되어 유학이 성행하게 되자 유학자인 주자(朱子)가 《맹자》를 《대학(大學)》《중용(中庸)》《논어(論語)》와 함께 '사서(四書)'로 다루었고 《맹자집주(孟子集注)》를 저술했는데 그 이후로 《맹자》는 유교사상의 중요서가 되었다.

패도(霸道)를 부정하고 왕도(王道)를 설명한 맹자의 정치론에는 휴머니즘의 강조가 있으며, 인간관(人間觀)은 인간신뢰에 대한 확신이 있다. 《맹자》 7편은 강력한 문장, 교묘한 비유, 뛰어난 입론(立論)에 의해 맹자의 언행을 박력있게 표현하고 있으며 문답체의 문장은 특히 맹자의 선명한 변론술을 나타내고 있다.

순자(荀子)

동란의 세상에서, 천하통일의 사상적 준비를 가져다 준 책으로, 기원전 230년경에 이루어졌다는 책이다.

'순자'란 순선생(荀先生) 정도의 의미이다. 고전 사상서의 통례에서는 이른바 이런 존칭이 책 제목으로 함께 쓰인다. 현행 텍스트는 〈권학편(勸學篇)〉에서부터 〈요문편(堯問篇)〉까지 모두 32편으로 이루어져 있으며 각편마다 다른 특정 테마를 둘러싸고 광범위하게 의논이 전개되어 있다.

《순자》의 주요 내용

권학편(勸學篇)

——《순자》 모두(冒頭)의 편으로서 후천적인 교육이 인간 형성에 얼마나 큰 영향을 주는지에 대해서 서술하고, 학문의 중요성, 학문의 방법과 내용, 자신을 연마하는 중요성을 설명한다. 《순자》의 기조를 나타내고 있음과 동시에 《순자》의 저자인 순황(荀況)의 사람 됨됨이를 엿보게 해주는 편이기도 하다.

푸른빛은 남빛에서 취하지만 남빛보다 더욱 푸르다(靑取之於藍 而靑於藍)

푸른빛은 남초(藍草)로 염색하지만 남초보다 더 푸르다. 얼음은 물에서 생겨나는 것이지만 물보다 더 차갑다. 먹줄을 친 것처럼 곧은 나무도 구부리면 둥근 수레바퀴가 된다. 그렇게 된 다음에는 건조시켜도 본디의 모습으로 되돌아가지 않는다. 나무는 먹줄을 치고 깎으면 곧아지고, 금속은 숫돌에 갈면 날카로워진다.

이와 마찬가지로 군자도 날마다 반성을 반복하며 노력하면 지혜가 명석해져서 그릇된 행위를 범하지 않게 된다. 동서남북 어느 지방에서 태어난 아이더라도 태어날 때의 울음소리는 다를 바가 없다. 그러나 자라나면서 풍속이 달라져 간다. 교육에 의해서 그렇게 되는 것이다.

다북쑥도 삼밭 속에서 나면 막대를 세워주지 않아도 곧게 자란다
(蓬生麻中 不扶而直)

높은 곳에 올라가서 손을 흔들면, 팔이 늘어난 것도 아니건만, 먼 곳에 있는 사람들에게도 잘 보인다. 수레나 말을 타면 준족(駿足)이 된 것도 아니건만 천리 길도 하루에 간다. 군자라고 해서 선천적으로 뛰어난 것은 아니다. 사물의 이용방법이 교묘할 따름이다.

예컨대 몽구(蒙鳩)라는 새는 깃털로 둥지를 만들고 그것을 풀로 갈대 끝에 매단다. 그런데 바람이 불면 갈대가 부러져서 알이 깨지고 새끼는 죽는다. 그러나 그것은 둥지가 허술해서가 아니다. 갈대 끝이 연하기 때문이다.

야간(射干)이란 나무는 줄기의 길이가 네 치밖에 되지 않건만 높은 산에 나있기 때문에 천인(千仞) 골짜기를 내려다보고 있다. 그것은 줄기가 길기 때문이 아니라 나있는 장소가 높기 때문이다. 다북쑥은 삼밭에 섞여서 나면 받침대가 없어도 똑바로 뻗는다. 하얀 모래도 진흙탕과 섞이면 어느새 검게 물들고 만다.

그러므로 군자는 반드시 고장을 선택해서 주거지를 정하며, 훌륭한 인물만을 사귀려고 한다. 해로운 것은 멀리하고 올바른 것을 가까이

하기 위함이다.

반 걸음씩이라도 걷지 않으면 천리 길을 갈 수 없다(千里蹞步不至)
천리 길도 한걸음 한걸음 걸어감으로써 갈 수 있는 것이며, 아무리 넓은 대하(大河)나 바다라 하더라도 시냇물이 모이기에 이루어지는 것이다. 비록 보잘것없는 말이라 하더라도 열흘 동안 간다면 명마가 하루에 간 거리를 갈 수가 있다. 중도에서 멈추지만 않는다면 말이다.

눈에 보이지 않는 노력을 쌓아나가지 않는 자에게는 영예가 찾아올 리 만무하고, 눈에 띄지 않는 곳이라 하여 하던 일을 멈추는 자에게는 빛나는 성과가 오를 리 만무하다.

배우는 자는 원래, 배워서 하나가 된다(學也者固學一之也)
학문이란 전심으로 노력해야 하는 것이다. 철저하게 하지도 않고 순수하지도 않은 학문은 학문이라고 할 수조차 없다. 그러기에 군자는 학문을 함에 있어 안광(眼光)이 지배(紙背)에 철두철미해질 때까지 읽고 납득이 될 때까지 사색을 거듭한다. 뛰어난 지도자를 찾아 도(道)를 실천한다. 학문에 방해가 되는 것을 마음속에서 몰아내고 학문의 향상에 힘을 쏟는다. 그리하여 마침내는 도와 일체화된 경지에까지 자신을 단련한다.

이렇게 함으로써 학문이 인생 최고의 기쁨이 된 사람은, 권세나 이욕(利欲) 따위에 흔들리는 일이 없고, 다수의 힘에 굴복하는 일도 없으며 사회의 조류에 따라가는 일도 없다. 삶의 의미도 죽음의 의미도 모두 학문에 있는 것이다.

 * 순자가 말하는 학문이란 이른바 경서(經書), 즉 시(詩)·서(書)·예(禮)·악(樂)·춘추(春秋) 등의 학습에서 시작되고, 예(禮)의 체득(體得)을 최

후로 삼는데 이것은 당시의 기본적 과목이다.

천론편(天論篇)

──자연계의 움직임을 천명(天命)이라며 그저 손을 놓고 자연에만 맡길 것이 아니라 인간이 주체적으로 자연계를 작용시키어 자연계를 이용하라고 설파한다. 깨달은 인식과 함께 인간의 능력에 대한 신뢰를 나타내는 편(篇)이다.

천도(天道)는 일정불변의 것일 뿐 요(堯)임금을 위해서 존재하는 것이 아니다(王行有常 不爲堯存)

하늘은 일정한 법칙에 따라 운행하고 있다. 성왕(聖王)이 나타나건 폭군이 나타나건 하늘의 운행에는 변함이 없다. 그런데도 불구하고 인간계에 길흉이 있는 것은 인간 쪽에 그 원인이 있는 것이다. 생산에 힘쓰고 검약하게 사는 자에게는 하늘도 빈핍(貧乏)을 가져다 줄 수 없다. 섭생(攝生)에 힘을 기울이고 열심히 운동을 하는 자에게는 하늘도 질병을 가져다 줄 수 없다.

이와는 반대로 생산을 태만히 하고 사치에 빠져 있는 자에게는 하늘도 부귀를 가져다 주지 못한다. 섭생을 잊고 운동도 하지 않는 자에게는 하늘도 건강을 가져다 줄 수 없는 것이다.

천시(天時)는 똑같은 조건이건만 문란한 나라는 잘 다스려지는 나라와 비교하면 재난을 많이 입는다. 그렇다고 해서 하늘을 원망하는 것은 큰 잘못이다. 왜냐하면 인간이 스스로 뿌린 씨앗이기 때문이다.

하늘에는 사계절의 변화가 있으며 땅에는 물품을 생산해 내는 힘이 있다. 그리고 인간들에게는 그 양쪽을 이용하는 힘이 있다. 이 천지인(天地人)의 삼자(三者)가 각각 다른 역할을 떠맡음으로써 우주의 질서는 유지된다. 인간이 인간의 역할을 잊고 천지가 하는 역할을 침범코자 하는 것은 어리석은 일이다. 참으로 교묘하다 함은 인간의 영역을 벗어나 행동하지 않는 데에 있다. 참된 지혜란 인간의 영역을 벗어나 고려하지 않는 데에 있다.

군자는 자신에게 있는 것을 믿을 뿐, 하늘에 있는 것을 구하지 않는다(君子敬其在己者 而不慕在天者)

인간이 추위를 싫어한다고 해서 하늘이 겨울을 없애지는 않는다. 인간이 가는 길이 멀다며 싫어한다고 해서 땅은 그 거리를 좁혀주지는 않는다. 이와 마찬가지로 소인(小人)의 입이 시끄럽다고 해서 군자는 실천을 중단하지 않는다. 하늘에는 불변의 법칙이 있으며 땅에도 불변의 법칙이 있다. 이와 마찬가지로 군자에게는 불변의 윤리가 있다.

그러나 소인은 인간의 능력을 믿지 아니하고 하늘에 의지하려고만 한다. 군자도 소인도 보다 잘 살고자 바라는 점에서는 똑같지만 군자는 날로 향상하고 소인은 날로 타락한다. 그 원인은 바로 여기에 있는 것이다.

* 군자란 사회에서 지도적 역할을 하는 뛰어난 인물을 가리킨다. 고지식한 사람이란 뜻이 아니다.

인간으로 인한 재앙을 두려워하라(人祆則可畏)

별이 떨어진다든가 숲이 울면 사람들은 공포에 사로잡힌다. 그러나 그것은 단지 진기한 현상이 일어난 것에 지나지 않는다. 이상하다고 생각하는 것은 괜찮지만 두려워하는 것은 잘못이다.

일식이라든가 월식, 계절에 안맞는 폭풍우, 요성(妖星)의 출현 등은 어느 시대에도 있었던 일이다. 만약 군자가 총명하고 올바른 정치를 하고 있다면, 가령 이런 현상들이 일시에 일어났다 하더라도 아무 피해도 없을 것이다.

 무엇이 무섭다 무섭다 해도 인재(人災)만큼 무서운 것이 없다(物之已至者 人祅則可畏也). 예컨대 경작을 소홀히 하면 농작물이 잘 자라지 못한다. 김매기를 하는둥 마는둥 하면 논밭이 황폐된다. 농지가 황폐되면 농작물은 자라지 못하며 따라서 곡물값이 치솟는다. 그때문에 백성들은 굶주리어 길바닥에 뒹굴게 된다. 이것이 인재이다. 인재는 지극히 가까운 곳에서 일어난다. 그런 만큼 그로 인한 재화(災禍)는 비참하다. 이상하게 여길 정도가 아니라 실로 두려워하지 않으면 안되는 것이다.

하늘에 순종하며 찬양하기보다 하늘이 준 것을 이용하라(從天而頌之 孰與制天命而用之)

 일식이나 월식이 일어나면 기도를 한다. 가뭄이 계속되면 기우제를 지낸다. 그러나 그것은 정말로 소원이 이루어질 것으로 생각해서가 아니라, 행위를 그럴듯하게 꾸미는 것에 지나지 않는다. 기우제를 지내지 않더라도 비는 올 때가 되면 오는 법이다.

 하늘을 지상(至上)의 것으로 생각하고 앙모하기보다는 하늘도 일체로 보고 마음껏 이용하는 게 좋다. 하늘에 추종하여 하늘을 노래부르기보다 천명(天命)을 인간에게 유리하게 작용시키는 것이 좋다. 사계절의 은택을 손을 비비며 기다리기보다는 계절의 변화를 이용하여 생산을 높이는 것이 좋다. 인간의 힘을 잊고 하늘을 앙모하고만 있으면 결국 만물의 실태를 잃고 마는 법이다.

성악편(性惡篇)

　── 인간의 천성을 악(惡)이라고 단정하되, 그러나 올바르게 목표를 설정하고 적절한 지도를 받으며 끊임없는 노력을 쌓아나간다면 그 본

성을 선(善)으로 바꿀 수 있다고 설파한다. 맹자(孟子)의 성선설(性善說)에 대립하는 논쟁적인 편(篇)이다.

인간의 성(性)은 악이다. 이를 선이라고 하는 것은 인위(人爲)이다
(人之性惡 其善者僞也)

인간의 천성은 악이다. 그것을 선하다고 하는 것은 인위적 소산에 지나지 않는다.

인간에게는 태어나면서부터 이익에 의해 좌우되는 일면이 있다. 상대를 미워하는 일면이 있다. 감각의 충족을 구하는 일면이 있다. 이런 천성들과 감정인 채로 행동하면 반드시 다툼이 일어나고 질서라든가 도덕도 파괴되어 사회가 혼란에 빠진다.

그래서 아무래도 지도자와 법에 의한 지도가 필요하며 예(禮)라든가 의(義 : 儒敎的 사회규범인데 순자는 법에 가까운 것으로 생각하고 있다)에 의한 교화가 필요하다. 그렇게 하면 자기 억제를 할 수 있어서 질서와 도덕이 지켜지기 때문에 사회가 안정되는 것이다. 구부러진 재목을 똑바로 펴려면 바로잡는 나무가 필요하다. 무뎌진 칼에 날을 세우려면 숫돌에 갈 필요가 있다. 인간의 경우도 마찬가지이다.

천성이란 태어나면서부터 지니고 있는 것이며, 배워서 얻어지는 것도 아니려니와 인력으로 만들어지는 것도 아니다. 이에 비하여 예와 의는 성인(聖人)이 만들어 낸 것으로서 배우면 몸에 익힐 수가 있고 인력으로 만들어 낼 수도 있다. 배우면 몸에 익혀지며 만들면 만들어지는 것, 그것이 인위(人爲)이다.

성인이 보통사람과 달리 뛰어난 것은 인위적인 노력 때문이다(聖人……異過衆者僞也)

천성이란 점에서는 성인도 보통사람과 다를 바 없다. 성인이 보통

사람보다 뛰어나고 보통사람과 다른 점을 든다면 그것은 인위(人爲)의 측면이다.

옛날의 성인은 백성들을 감독하기 위해, 군주의 권세를 확립하고, 백성들을 교화시키기 위해 예와 의의 규범을 설파했다. 또 백성들을 다스리기 위해 법을 정하고 백성들을 통제하기 위해 형벌을 과했다. 그때문에 백성들은 모두 규율을 지키는 선량한 인간이 되었다.

만약 그것과는 반대로 군주의 권세도, 예와 의에 의한 교화도, 법에 의한 지배도 통제도 없애고, 군주가 아무 일도 하지 않은 채 백성들의 생활을 방관하고 있다면 어떻게 될 것인가. 아마도 강한 자가 약한 자를 괴롭히고 도당을 만든 다수의 패거리가 선량한 자들을 위협하여 사회 질서는 금방 무너지고 말았을 것이다. 가령 인간의 천성이 정의와 질서에 합치되는 것이라면 어찌 성인이 필요했겠는가. 어찌 예와 의가 필요했겠는가.

성인이란 보통사람이 쌓아서 극치에 이른 사람이다(聖人者人之所積而致矣)

예컨대 우(禹)임금이 왜 성인인가 하면 인(仁)·의(義)·예(禮)·법(法)을 몸에 익혔기 때문이다. 인·의·예·법에는 사람들이 이해할 수 있고 실천할 수 있는 논리가 갖추어져 있는 것이며, 한편으로 사람들에게는 그것을 이해하는 소질, 그것을 실천하는 조건이 갖추어져 있는 것이다.

만약 사람들의, 그것을 이해하는 소질과 실천할 조건을, 적절하게 지도해 나간다면 누구나 성인이 될 수 있을 것이다.

어떤 사람이라도 한눈 팔지 않고 길을 걸어나가되 학문에 힘쓰고 깊이 생각하면서 어디까지나 선행을 쌓아나가기만 한다면 이윽고는 훌륭한 영지(英知)가 몸에 익어서 위대한 인물이 될 수 있다. 평범한 인간이 인위적으로 쌓아올리어 완성시킨 인격, 그것이 성인인 것이다.

그밖의 편(篇)들의 개요

비십이자편(非十二子篇) ─ 12명의 사상가를 비평한 내용이다. 전국시대에 화려한 활동을 했던 12명의 사상가를 6파로 나누고, 마구 나무란 다음, 지식인의 처신법을 논하고 당대 학자들의 추태를 비판하고 있다.

유효편(儒效篇) ─ 유가(儒家)의 입장에서 유자(儒者)들이 천하를 안정시키는 데 얼마나 크게 공헌했는가를 말하고, 이에 덧붙이어 개인의 수양을 설명함과 동시에 성인(聖人)을 정점으로 하는 사회질서에 대해서 논한다. 덕치(德治)라고 하는 이상 속에 강권에 의한 무력행사라고 하는 현실론이 섞여 있으며, 정치가로서의 성인들 성격이 나타나 있다.

왕제편(王制篇) ─ 예와 의를 근간으로 하는 정치의 구체상을 나타내고 있다. 사회에 있어서의 계급 구분, 조직에 있어서 개인적 직분을 명확하게 할 필요성을 설명하고 또 군주의 세 가지 자세(王者·霸者·强者)에 대하여 논한 다음 왕자의 우월성을 제시하고 군주가 져야 하는 책임의 중대성을 설파한다.

부국편(富國篇) ─ 주로 왕자(王者)의 경제론이 전개된다. 재정을 아끼어 백성들에게 여유를 주는 것이 나라를 부하게 만드는 근본이라는 점, 생산을 효과적으로 조직하기 위한 마음가짐, 국력을 충실히 하여 나라의 안정을 유지하기 위한 군주의 마음가짐 등등을 설명한다. 백성들 자신의 충족을 출발점으로 하는데 '분(分)'에 의해 신분적 질서를 고정화시키고자 한다.

의병편(議兵篇) ─ 군사론·전략론이 전개된다. 왕자(王者)·인

군(仁君)의 병법을 논하고 참된 전략이란 군사적 관점에 의한 것이 아니라, 군주의 덕을 기본으로 하는 정치라고 설파한다.

해폐편(解蔽篇) — 사람의 마음은 어떻게 움직이는가? 인심을 잃었을 때 얼마나 무서운 재화(災禍)를 초래하게 되는지를 설명하고 올바른 판단을 내리기 위해 민심의 움직임을 어떻게 잡아나가는지를, 정치와 사회에 관련시키어 설파한다. 심리학·인식론의 영역에 걸친 논리를 전개해 나간다.

정명편(正名篇) — 정명이란, 언어의 문란함을 바로잡는 것을 뜻한다. 언어는 어떻게 해서 성립되는가? 사회라고 하는 집단이 기능하기 위해 언어는 어떤 역할을 가지고 있는가? 등등을 설명함과 동시에 인간의 욕망을 여하히 선도해 나갈 것인지를 논한다.

《순자》의 명언집

사람이 가지고자 욕심낼 때, 그것만이 슬며시 와주는 것은 아니다
(人之取也 所欲未嘗粹而來也)

'또 싫어하는 것이 있어 그것을 버리려고 할 때 그것만이 고스란히 가주지는 않는다(其去也 所惡未嘗粹而往也)'란 내용이 이어진다. 무언가를 구하여 실현하더라도 구했던 것, 그것만이 오는 것은 아니다. 싫은 것을 제거하고자 해도 싫어하는 것, 그것만이 사라지는 것은 아니다. 플러스의 이면에는 마이너스가 붙어다닌다. 무엇을 취하고 무엇을 버릴 것인가. 플러스와 마이너스를 충분히 검토할 필요가 있다.(正名篇)

정도(正道)**를 따를 뿐, 임금을 따르지는 않는다**(從道不從君)

신하가 군주를 섬기는 것은 정치의 정점인 군주에게 충성하며 섬기는 것인데 그 정치는 사회 정의의 집약인 '도(道)'에 바탕을 두지 않으면 안된다. 군주가 도에서 벗어났을 때, 때로는 거친 수단을 취해서라도 간하고자 하는 신하의 각오를 논한다.(臣道篇)

사람이 태어나면 공동생활을 해야 한다(人生不能無群)
　인간은 선천적으로 사회생활을 영위하도록 되어 있다. 즉 사회적 동물이란 뜻이다. 단, 사회에 질서가 결여되어 있으면 살아가는 것 자체조차 어려워지므로 예와 의의 규범이 필요하다고 순자는 설파한다.(王制篇)

백성이 빈궁하면 임금도 빈궁하고, 백성이 부유하면 임금도 부유하다(下貧則上貧 下富則上富)
　백성이 빈곤해지면 군주도 빈곤해지고, 백성이 풍요로워지면 그 군주도 풍요로워진다. 즉 백성들의 풍요한 생활이야말로 국력의 기본이며 그렇게 되기를 꾀하는 것이 위정자의 임무라고 설명한다.(富國篇)

군주는 배요, 백성은 물이다. 물은 배를 띄워주기도 하고 뒤집기도 한다(君者舟也 庶人者水也. 水則載舟 水則覆舟)
　비유한다면 군주는 배고, 백성은 물이라고 한다. 배를 띄워주는 것도, 그리고 그 배를 가라앉게 하는 것도 모두 물의 뜻이다. 백성들이 정치에 불만을 가지는 한, 군주의 지위는 결코 안전할 수 없다고 설파한다.(王制篇)

《순자》 해설

　《순자》는 전국시대의 뛰어난 사상가 순황(荀況)의 저서로서 《손경자(孫卿子)》란 이름으로 불려진 때도 있었다.

순자, 즉 순황은 기원전 4세기 말경부터 기원전 3세기에 걸쳐 산 사람이며, 조(趙)나라에서 태어나 제(齊)나라에 유학하고 제나라에 모여든 학자들의 수석이 되었다. 그리고 이어서 초(楚)나라로 가서 난릉현(蘭陵縣) 현령이 되었다. 그러는 사이에 진(秦)나라와 조국인 조나라에도 여행한 적이 있다.

언론과 사상인(思想人)일 뿐 아니라 행정경험도 갖추고 있었던 것인데, 그의 관심은 정치에 참여하는 것보다도 정치를 사색의 대상으로 삼았던 듯하다.

순자는 춘추전국시대의 사상가군(思想家群), 다시 말해서 제자백가로 불리는 사람들이 다채롭게 발전시킨 사상을 집대성한 사람이다. 《순자》32편 중 대부분은 순자 자신의 집필이며 그 내용은 교양과 수양, 정치·문학·음악·군사·경제로부터 인식론과 논리학 등, 철학적 영역에 이르기까지 실로 광범위하다. 대상의 폭과 논의의 깊이로 볼 때, 당시의 것으로는 따를 만한 것이 없다.

그의 논의 전체를 통하여 그 근저에 흐르고 있는 것은, 천하의 안정과 질서의 확립이며 그것들을 위한 인격의 도야이다. 그는 자기자신을, 공자(孔子)의 계승자로 생각했으며 사상사상(思想史上)으로도 대표적인 유가(儒家) 중 한 사람으로 꼽아왔다. 그러나 그는 여러 가지 점에서 공자를 수정했고 맹자(孟子)에 반대했었다. 따라서 유가의 범주에는 넣지 아니한다.

예컨대 '예(禮)'를 외재적(外在的)인 규범으로 간주하는 주장, 천명(天命)을 부정하고 인간을 주체에 두는 주장, 인식은 감각기관을 통하고 경험을 통하여 행해진다는 주장, 정치 방법을 둘러싼 갖가지 주장 등 모두가 당시 신흥 지주계급을 배경으로 하는 현실주의적 주장이었는데 이것은 진(秦)나라에 의한 천하통일에 이론적 근거를 제공한 것으로 생각된다.

대학(大學)

수신(修身) · **제가**(齊家) · **치국**(治國) · **평천하**(平天下)의 정치철학과 학문을 직결시킨 유학의 정수(精髓)로 기원전 430년경에 이루어졌다고 하는 책이다.

《대학》이란 대인(大人)의 학문, 나아가서는 군주·재상이 되어 천하를 이끌어 나가도록 수학하는 학문을 가리킨다. 전문 1천7백50여 자의 짧은 책인데 송나라 시대에 주자학이 일어나자 '학(學) · 용(庸) · 논(論) · 맹(孟)'이라고 하는 것처럼 '사서(四書)'의 첫머리에 놓고 존중했었다.

《대학》의 주요 내용

송나라 주희(朱熹)는 《대학》을 공자의 사상을 제시한 '경(經)' 부분과 증삼(曾參)이 그것을 해설한 '전(傳)' 부분으로 나뉘어 있다고 생각하고, 이 원칙에 따라 원문을 고쳐서 정리해 놓았다. 다음은 주희가 정리 교정한 《대학장구(大學章句)》의 요약이다.

삼강령(三綱領)
'대학의 도(道)는 명덕(明德)을 밝히는 데 있으며, 백성을 새롭게 하는 데 있으며, 지선(至善)에 머물도록 하는 데 있다.

이 목적을 명확하게 인식해야만 뜻이 정해져서 그 어느 것에도 마음을 뺏기지 않는데 그래야만 마음 편안하게 깊은 고찰이 가능하여 목적을 달성할 수 있는 것이다. 무릇 사물에는 반드시 본말(本末)과 시종(始終)이 있다. 무엇을 먼저 하고, 무엇을 나중에 할 것인가를 변별하여야만 진리에 도달할 수가 있다.'

'대학의 도'란 최고의 학문이 목표로 하는 것이다. 천하의 지도자가 되어야 하는 사람들이 배우는 학문의 구극적 목적은 사람들에게 천성의 덕을 발휘케 하고, 민심을 쇄신케 하여 선(善)의 극치인 세계를 구축하는 것이며, 그렇게 하기 위하여 올바른 단계를 따라 배우지 않으면 안된다는 것이다.

이 '명명덕(明明德)' '신민(新民)' '지어지선(止於至善)'을 《대학》의 삼강령'이라고 하는데 이것은 학문의 대원칙이었다.

팔조목(八條目)

'옛날 명덕(明德)을 천하에 밝히고자 했던 사람들은 먼저 그 나라를 다스렸다. 나라를 다스리고자 한 사람은 먼저 그 집안을 단속하였다. 집안을 단속하고자 한 사람은 먼저 그 몸을 바로했다. 몸을 바로 가지려는 자는 먼저 그 마음을 바르게 했다. 마음을 바르게 하려는 사람은 먼저 그 의지를 성실하게 했다. 의지를 성실하게 하려는 사람은 먼저 그 이지(理知)를 지극히 높은 곳에 달하게 했다. 이지를 지극히 높은 곳에 달하도록 한 사람은 사물을 궁구(窮究)하게 되는 것이다.

사물을 궁구한 후에라야 이지에 이르고, 이지에 이른 후에라야 의지가 성실해지며, 의지가 성실해진 다음에야 마음이 바르게 되고, 마음이 바르게 된 다음에라야 몸이 닦여지며, 몸이 닦여진 후에라야 집안이 단속되고, 집안이 단속된 후에라야 나라가 다스려지며,

나라가 다스려진 다음에라야 천하가 태평해진다.

　천자(天子)로부터 서민에 이르기까지 모두 그 몸을 닦는 것이 근본이다. 근본이 문란해졌는데 말단이 다스려지는 일은 있을 수 없다. 힘을 기울여야 하는 일을 적당히 해치우고, 적절히 해야 하는 일에 열중해서는 안되는 것이다.'

앞서 소개한 삼강령이 학문의 구극적 목적이라고 한다면 이 팔조목, 즉 원문 그대로 소개하면 격물(格物) 치지(致知) 성의(誠意) 정심(正心) 수신(修身) 제가(齊家) 치국(治國) 평천하(平天下)는 그 목적에 도달하기 위한 순서를 나타낸다.

천하를 평안(평화·공평)하게 하여 지선(至善)의 세계를 구축하는 데는, 무엇보다도 '수신(修身 : 그 앞의 네 가지도 포함하여)'에서부터 출발하지 않으면 안된다. 여기에 유교의 학문론 및 정치철학이 전형적으로 나타나 있다.

유교의 정치철학의 기본은 이른바 '덕치주의(德治主義)'이다. 통치의 근거는 덕에 있으며, 법률이나 제도가 아무리 완비되어 있다 하더라도 윗자리에 있는 사람에게 덕이 없으면 통치는 불가능한 것으로 생각한다.

'수신'이라고 하는 개인의 도덕적 수양이 '평천하(平天下)'라고 하는 정치 목적과 일직선으로 연결되어 있는 것은 그 때문이며 또 학문이 개별(個別) 진리의 추구라든가 기술이 아니라 도덕적 인격의 완성 및 그것이 가져다 주는 '지선의 세계'의 실현을 목표로 한다는 이유이기도 하다.

전(傳)

이상(원문으로 205字)이 '경(經)'의 부분이며 그 다음의 1천5백여 자는 '전(傳)', 즉 '경'의 중요한 어구(語句)를 상세하게 설명하는 부문이다. 예컨대 주희가 초학자에게 제일 중요하다고 한 '성의(誠意)'의 설명(傳의 6章)은 다음과 같이 되어 있다.

　'여기서 의(意)를 성(誠)하게 한다는 것은 자기 기만을 없애는 것이다. 마치 감각적 본능이 악취를 싫어하고 미색(美色)을 좋아하는 것처럼, 거짓된 것을 버리고 오로지 선(善)으로 향하는 것이다. 그런 까닭에 군자는 내 마음속 깊은 곳을 살피는 법이다……'

　또 '치국평천하(治國平天下)'의 설명(傳의 10章)은 이렇게 되어 있다.

　'윗자리에 있는 사람이 노인을 소중히 대하면 백성들은 효(孝)에 힘쓰게 된다. 연장자를 소중히 대하면 백성들은 제(悌)에 힘쓰게 된다. 고아를 궁휼히 여기면 백성들은 반역 따위를 생각하지 않게 된다. 그런 까닭에 군자는 결구지도(絜矩之道 : 자신의 마음을 들여다보아 남의 마음을 살피되 자기가 싫은 것은 남에게 시키지 아니한다)를 소중히 한다……'

《대학》의 명언집

수부중불원의(雖不中不遠矣)
　완전하지는 않지만 거의 그것에 가깝다는 의미이다. 원문에서는 다음과 같이 사용되고 있다.

　'《서경(書經)》〈강고(康誥)〉에 백성을 다루는 데 갓난아기를 기르듯 하라고 되어 있는데 성심성의껏 소중하게 한다면 '중간은 못되더라도 멀어지지는 않는다(雖不中不遠矣)'여서, 그것은 마치 처녀가 육아법을 배워 가지고 시집을 가지 않더라도 아기를 잘 기르는 것과 같다(傳의 9章).'

심부재언(心不在焉) **시이불견**(視而不見)

'정심(正心)'의 설명(傳의 8章)에서 마음을 바르게 하려면 분노·공포·유혹·고뇌 등을 끊어야 하는데 '마음이 그런 것에 있지 않으면 보아도 보이지 않는다(心不在焉 視而不見)'는 것이다. 즉 분노와 공포·유혹·고뇌 등에 마음을 두지 않을 때 비로소 정심을 얻게 된다는 내용이다.

《대학》 해설

《대학》은 원래《예기(禮記)》가운데의 한 편(篇)으로서 아마도 한무제(漢武帝)가 유교를 국교로 정하고 대학을 설치했을 때, 그 교육 이념을 제시했던 것으로 생각된다. 그러나 그 작자는 불명이다.

이 편이 특별히 중시되었던 것은 송나라 시대 이후의 일로서, 주희는 앞에서 설명한 것처럼, 이것을 공자의 생각을 바탕으로 하여 증삼(曾參) 및 그 문인이 만든 것이라고 단정하고, 원문을 대폭 개정(改訂)하는 한편, 자신의 주석을 더하여《대학장구(大學章句)》를 만들고《논어》《맹자》《중용》과 합쳐서 '사서(四書)'라고 명명하여 초학자의 필독서로 삼았다.

주자학이 융성해짐에 따라서 이것이 널리 보급되어,《대학》이라고 하면《대학장구》를 가리키게 되었는데 명(明)나라 때, 왕양명(王陽明)이 이에 반대하면서 원문으로 돌아가야 한다며《대학고본방주(大學古本旁註)》를 만들었다.

주자학과 양명학의 분기점의 하나는《대학》의 '격물치지(格物致知)'의 해석 차이(주희는 '物에 접하여 그 이치를 궁구하고 그 知를 찾아낸다'고 해석했으며, 양명학은 '내 마음의 良知를 사물 위에 顯現시킨다'라고 설명했다)였다는 데서 이 텍스트 문제는 양 학파의 대립을 가장 선명하게 하는 것이었다.

그야 어찌되었든 《대학》은 근세 유학(儒學)에 있어 중요한 지위를 차지하고 있는 것이어서 종합철학이 된 유교의 정화(精華)라고 할 수 있다.

근대 중국의 아버지라고 하는 쑨원(孫文)도 《대학》의 8조목을 세계에 자랑할 만한 정치철학의 보물이라 하였고, 새 중국의 정치적 근본으로 삼아야 한다고 말한 바 있다.

중용(中庸)

'성(誠)'과 '중(中)'을 기본 개념으로 하여 천인일리(天人一理)를 설명한 형이상철학의 책으로서, 기원전 430년경에 이루어졌다고 한다.

'중(中)'이란 치우치지 않는 것, '용(庸)'이란 영구불변인 것을 가리킨다. 따라서 천하의 올바르고 변하는 일이 없는 도리를 설명한 책이란 의미이다. 원래는 《예기(禮記)》의 한 편(篇)이었던 것인데 독립시켜 한 책으로 만든 것이며 송(宋)나라의 주희(朱熹)는 이것을 33절(節)로 나누었다.

《중용》의 주요 내용

본디 '중(中)'이란 편향(偏向)이 없는 것, '성(誠)'이란 거짓이 없는 마음으로서, 예로부터 인간의 행동규범으로 삼아오던 것인데, 《중용》에서는 세계의 본질을 나타내는 고차원적 철학 개념으로 사용하고 있다.

제1장 [天·性·道·中]
'하늘이 인간에게 부여한 것, 이것을 성(性)이라고 한다(天命之謂性). 이 본성에 따라 행동할 때의 궤적(軌跡), 이것이 도(道)이다.

이 도를 구체적 규범으로 제시한 것, 이것이 교(敎)이다.
　도는 인간이 잠시도 떠나서는 안되는 것이며, 떠나도 좋은 것이라면 그것은 도라고 할 수 없다. 그런 까닭에 군자는 눈에 보이지 않고 귀에도 들리지 않는 이 도에 대하여 항상 경계 근신하며 떠나지 않도록 마음쓴다. 어두움 속에서도 드러나지 않는 것이 없고, 미세한 것일수록 밝혀지지 않는 것이 없다. 그런 까닭에 군자는 내 마음의 움직임을 깊이 살핀다.
　희노애락의 감정이 아직 발동하지 않은 정적의 상태, 이것을 중(中)이라고 한다. 이것이 발동하더라도 모두 절도에 따르는 것, 이것을 화(和)라고 한다. 중이야말로 천하의 대본(大本)이며 화야말로 천하의 달도(達道)이다. 중과 화를 극치에까지 이르게 했을 때, 천지의 질서는 정해지고 만물은 생생하게 발전한다.'
　이 모두(冒頭)의 한 장은 중국 철학적 사유(思惟)의 역사 속에서 제일 유명하고 중요한 부분이다. 여기서 말하는 '중(中)'이란 희노애락이 아직 나타나지 않은(喜怒哀樂之未發) 상태, 즉 정(情)의 본체인 '성(性 : 인간성의 본질)'을 가리키며, 또 그것은 하늘이 부여한 것이므로 하늘의 본질이기도 하며 우주만물의 구극적 원리로 되어 있다.
　제2장 이하 제20장까지에서는 이 '중'의 원리에 근거한 도덕적 실천에 대하여, 혹은 옛 성인 순(舜)·문왕(文王)·무왕(武王)의 실례를 들면서 구체적인 기록을 계속 해나가고 있다. 그리고 제20장 중반에서 '성(誠)'의 개념을 제시하고 있다.

제20장 후반 [誠]

　'천하의 달도(達道 : 최고의 道)가 다섯 가지, 그것을 실천하기 위한 달덕(達德 : 최고의 德)이 세 가지 있다. 군신(君臣)·부자(父子)·부부(夫婦)·형제(兄弟)·붕우(朋友), 이 다섯 가지가 천하의

달도이며 지(智)·인(仁)·용(勇), 이 세 가지가 천하의 달덕이다. 그러나 그 실천의 근원은 하나이다.'
라고 한 다음, 또,
'천하 국가를 다스리는 아홉 가지 원칙이 있다. 몸을 닦는 것, 현인(賢人)을 존경하는 것, 친족과 친하게 지내는 것, 중신을 공경하는 것, 군신(群臣)과 마음을 합치는 것, 농민을 내 자식처럼 사랑하는 것, 공민(工民)의 마음을 사로잡는 것, 멀리 있는 나라의 백성에게 사랑으로 대하는 것, 제후(諸侯)를 복속시키는 것 등인데 이것을 실천하는 근원은 하나이다.'
라며 그것이 '성(誠)'이라고 강조했다. 그리고,
'성(誠)은 하늘의 도이며 이것을 실행하는 것이 인간의 도이다(誠者天之道也 誠之者 人之道也).'
라 하여, 이런 인륜 도덕 및 국가 경륜의 원칙들이 하늘에서 유래하는 것임을 설명한 다음, 성(誠)이야말로 인간성의 본질이며 동시에 천도(天道)의 본질이라고 했다.

제21장 이하 [誠과 聖人의 道]

'지성(至誠)의 도는 쉬는 일 없이 활동하여 만물을 생성(生成)하고 영구·박후(博厚)·고명(高明)하다.'
'천지의 도는 한마디로 말한다면 〈그것은 일점의 거짓도 없고 무한한 사물을 생성하는 것〉이다.'
그리하여,
'이 지성의 도를 완전히 발휘할 수가 있으며 나아가서는 남의 성(性), 물(物)의 성(性)까지도 완전하게 발휘시키어 천지의 조화를 도울 수가 있으며, 그렇게 함으로써 천지와 함께 지위를 차지하는 것이다.'

성(誠)은 시간과 공간을 꿰뚫는 근본 원리이며 만물을 생성하는 근원이므로 그것에 바탕을 둔 '성인(聖人)의 도' 역시 보편타당성을 갖는다는 것이다. 여기서 말하는 '성'은 서두에서 설명한 '중(中)'과 거의 같은 내용인데(中=忠=誠), 한층 더 높은 추상성(抽象性)을 가지며 '천인일리(天人一理)'라고 하는 형이상철학의 기본개념에 어울리는 것이다.

유교는 원래 '예(禮)'를 근간(根幹)으로 하는 가르침이었다. '예'는 관습적 생활규범이므로 그것이 왜 지켜지지 않으면 안되느냐를 설명하는 일이 없다.

《맹자》의 성선설에 이르러 보편적 인간성에서 그 근거를 찾으려고 했는데 《맹자》 속에 여러 차례 기록되어 있는 것처럼 수많은 의문이 제기되어, 만인을 납득시킬 수는 없었다.

《중용》이 유교의 가르침을 '중' 혹은 '성'을 매개로 하여 천지의 무한성, 영원성과 연결지어 비로소 그 보편타당성을 주장하는 논리로 태어난 것인데, 이것은 유교 사상사상(思想史上) 대서특필할 일이다.

《중용》의 명언집

막견호은(莫見乎隱)

사람들에게 알려지지 않을 것이라고 생각하는 것일수록 실은 널리 알려지는 법이다란 뜻이다. 그러므로 군자는 아무도 보지 않는 곳에서의 행동을 조심한다라고 이어진다.

주희는 '은(隱)'을 마음속의 미세한 움직임이라고 해석하고 그것을 미연에 경계·근신하는 의미라고 했다.(제1장)

박학(博學) · **심문**(審問) · **신사**(愼思) · **명변**(明辨) · **독행**(篤行)

성(誠)의 도를 수양하는 방법이다. 널리 배우고, 자세하게 물으며,

깊이 고찰(考察)하고, 행동의 원칙을 깊이 인식하며, 독실하게 실행한다.(제20장)

《중용》 해설

《중용》의 작자는 공자(孔子)의 손자인 공급(孔伋 : 子思)이라고 전해지는데, 실제로는 전국시대 말기로부터 진(秦)·한(漢)나라경에 성립된 것으로 보인다.

원래 《예기》 속의 한 편(篇)이었던 《중용》을 독립된 한 권의 책으로 만든 것은 일찍이 남북조시대에서 시작되었다. 유학(儒學)의 중요 문헌으로서 존숭하게 된 것은 송나라 때부터이며, 특히 주희가 《논어》《맹자》《대학》과 함께 사서(四書)로 간주한 이후, 유학 입문의 필독서가 되었고 중국 형이상학의 최고봉으로 꼽히기에 이르렀다.

주희가 우주만물에서부터 인간 심리의 깊은 속까지를 포괄하는 일대(一大) 철학체계(이른바 주자학)를 구축함에 있어 《중용》은 '천인일리(天人一理)'의 전거(典據)로서 중요한 기둥이 되었고, 주자학의 기본 강령인 '성즉리(性卽理)'도 여기서 도출된 것이다. 한편 그가 만든 주석에 《중용장구(中庸章句)》《중용혹문(中庸或問)》이 있다.

문헌학적으로 볼 때 《중용》은 두 가지 부분으로 나뉘어진다는 것이 정설이다. 즉 제2장부터 제20장 전반부까지의 중(中 : 군자의 過不及이 없는 행동)을 설명한 부분이 《중용》의 원형(原型)이며, 제1장 및 제20장 후반부 이후의 '천인일리(天人一理)'를 설명한 부분은 후대의 해설이라고 보는 것이다.

한비자(韓非子)

법가의 사상을 진시황(秦始皇)에게 제공한 반유가(反儒家)의 선봉이며 법가의 제1인자로서, 기원전 230년경에 이루어진 책이다.

《한비자》는 한(韓)나라 공자(公子 : 귀족)였던 한비(韓非)의 저작이다. 순자(荀子) 밑에서 배운 다음, 조국 한나라의 흥륭을 꾀하면서 법가사상을 대성했다. 원래는 인명(人名)·책명(冊名) 모두 '한자(韓子)'라고 했었는데, 후세에 당(唐)나라 한유(韓愈)를 한자(韓子)라고 불렀기 때문에 혼동을 피하기 위하여 '한비자'라는 풀네임으로 부르게 되었다.

《한비자》의 주요 내용

법(法)과 술(術)

약육강식의 전국시대에 있어 망국(亡國)을 면하기 위해서는, 스스로 부국강병을 달성하여 다른 나라를 공격하고 승리하지 않으면 안되었다. 그러기 위해서는 무엇보다도 먼저 군주가 강력한 통치력을 가져야 한다. 군주가 힘에 의지하지 아니하고 개인적인 감화력(感化力 : 德)으로 백성들 한사람 한사람에게까지 보살핌이 미치게 하고 그것에 의하여 통치하고자 하는 우원한 사고방식은 이런 난세에는 통용되지 아니한다.

　확고부동한 체계를 만들어 내고 군주 자신이 요소요소를 확실하게 장악하고 있어야 한다. 이렇게 하면 아무리 범용한 군주라 하더라도 그 군주가 아무 일을 하지 않고서도(無爲로 있어도) 나라는 제대로 다스려진다.

　이 체계적인 방법이야말로 '법술(法術)'이다. 법술의 '법'이란 명문화하여 백성들에게 제시해야 하는 것, 즉 법률을 의미한다. 법은 철저하게 주지시켜야 한다. 그런 연후에 '술'을 사용한다. 이것은 군주가 가슴속에 비장하고 있어서 남이 눈치채지 못하게끔 사용해야 한다. 그 속이 간파되면 효과는 제로에 가까워진다.

　'술'이란 한마디로 말하면 군주에 의한 신하 통어술(統御術)이다. 이 경우 신하란 군주를 섬기는 자들의 총칭이라고 생각해도 좋다. 위로는 대신(大臣)으로부터 아래로는 하급 관리, 때로는 일반 백성들까지 포함하는 것이다. 군주된 자는 그들 신하가 경애하는 마음으로 자기를 섬기고 있다는 생각 따위는 꿈에라도 해서는 아니된다.

　신하란 자기자신의 이익밖에 그 안중에 없는 법이다. 그들은 군주가 권력을 장악하고 있기 때문에 하는 수 없이 신하된 도리를 하는 것에 지나지 않는다. 따라서 일단 군주의 권력 약화를 눈치채게 되면 군주의 지배를 배제하려고까지 한다. 그것이 보다 큰 이익 추구의 길이기 때문이다.

　그렇다면 군주가 가장 경계해야 하는 사람은 자기 아내이자 자기 자식이다. 그들은 군주의 총애와 인가(認可)를 받고 있기에 후(后)이며 세자인데, 군주의 총애가 끊어지고 말면, 후도 아니고 세자도 아닌 일반 백성으로 환원되는 법이다. 그러기에 그들은 언제나 불안감 속에 긴장하고 있다.

　군주의 마음이 변하기 전에 어서 자기가 원하는 지위를 손에 넣고 싶다. 이런 일념이 자라나서 마침내는 독약이라든가 자객을 사용한다. 역사상 헤아릴 수 없는 골육상쟁은 모두 이런 단서에서 시작된 사건들이다.

그렇다면 이러한 군신관계를 고려하면서 신하를 어떻게 통어하는 게 좋을까? 먼저 신하의 실태를 파악하는 것이 중요하다. 그들은 자기가 유능하고 성과를 착착 올리는 것처럼 가장하는 한편 서로 앞다투어 군주의 이목을 막으려고 한다. 이런 일에 대해서는 군주라 하더라도 대항책이 필요하다. 상호간 밀고(密告)를 장려하고 스파이를 써서 정보를 모으는 한편 개별적으로 능력을 시험하기 위해 불의의 질문을 던지고 그 반응을 본다. 또 헛된 질문을 던지고 그 반응을 보는 등의 테스트를 시도해 볼 필요가 있다.

이렇게 해서 실태를 장악한 다음 두 개의 자루[二柄]를 손에 들고 신하를 자기 뜻대로 조종하는 것이다.

두 개의 자루란 무엇인가? 상(賞)과 벌(罰)이다. 군주는 이 상벌의 집행권을 남에게 맡겨서는 안된다. 아무리 가까운 사람일지라도 그에게 이 상벌의 집행권을 맡기지 말아야 하는 것이다. 호랑이는 엄니가 있기에 백수의 왕으로서 군림한다. 호랑이의 엄니를 개에게 준다면 그 개가 백수의 왕이 될 것이다.

이와 마찬가지로 상벌의 집행권을 가지고 있음으로써 군주로 행세할 수 있는 것이다. 그렇지 못하면 군주는 명목만의 존재로 전락되어 그 존재를 위협받게 된다.

그러나 상벌도 단지 기분내키는 대로 처리한다면 그것은 무의미해질 것이다. 명확한 기준과 엄격한 운용이 있어야 비로소 상벌의 효과가 오르는 법이다. 그러기 위해 군주는 '형명참동(形名參同 : 刑名參同)'의 방법을 사용하지 않으면 안된다. 형(形)은 형(刑)이라고도 쓰는데 사물의 실체를 말한다. 명(名)이란 그 형에 붙어있는 명칭(말)

이다.
 '형명참동'의 구체적 적용법은 다음과 같다. 신하에게 어떤 일을 시키는 경우, 사전에 '이정도는 하겠습니다'라며 신고케 한다. 이 말이 '명'이다. 그리고 일이 끝난 단계에서 그 성과를 조사한다. 이것이 명(名 : 申告)에 대한 형(形 : 실제의 성적)이 되는 것이다. '형'과 '명'을 '참동(參同 : 맞추는 것)'한다 — 이것이 '형명참동'의 의미이다.
 형명참동의 좋은 예로서 한(韓)나라 소후(昭侯)의 일화가 있다. 어느 때 소후는 술에 만취했고 그자리에 쓰러져 잠이 들고 말았다. 감기가 들면 큰일이기에, 옆에 있던 관(冠) 담당관이 조심조심 옷을 입혀주었다. 눈을 뜬 소후는 마음속으로 기특하다는 생각을 했으나 옷을 입혀준 자가 관 담당관이었다는 사실을 알자 미간을 찌푸렸다. 이윽고 소후는 처분을 내렸다.

1. 의복 담당관에게는 벌을 내린다. 자신의 직분(즉 이것만큼은 하겠습니다라고 한 약속＝名)을 다하지 못했기 때문이다.
2. 관 담당관에게도 벌을 내린다. 자기 직분을 월권했기(形이 名을 넘었다) 때문이다.

 1의 경우는 어찌되었든, 2의 경우, 즉 신고한 내용 이상의 성과를 올린 경우에 대개는 이를 벌하지 않을 뿐 아니라 반대로 상을 주는 경우가 많다. 그러나 이 경우의 해독도 1의 경우에 뒤지지 않는다는 것을 명심해야겠다. 명(名)과 형(形)이 일치하지 않는다는 점에서는 양자 모두가 똑같은 죄이며 월권행위의 해는 다소의 성과로 상쇄되는 것이 아니다.
 이처럼 형과 명과의 완전일치를 꾀하는 것이 '형명참동'의 요점이다. 중요한 것은 성과의 다소(多少)가 아니라 신하의 통어인 것이다. 이것이 철두철미하게 행해져야만 군권(君權)이 확립되고 불패(不敗)의 강국이 실현된다.(二柄篇·備內篇, 기타)

유가(儒家) 비판

유가는 요(堯)·순(舜)·탕(湯)·무(武) 등 고대의 성인(聖人)을 칭송하고 그들로부터 배우는 것이, 위정자로서 취해야 할 길이라고 가르친다. 그러나 과연 그러한 것일까?

예를 들면 유가는 고대의 성인이 군위(君位)에 연연하지 않았던 점을 칭송하고 있다. 그러나 고대에는 위정자도 조의조식(粗衣粗食)을 당연한 일로 받아들이면서 스스로 백성의 선두에 서서 일을 했었다. 왕이라 하더라도 문지기의 생활을 했고, 노예처럼 일을 한 것이다. 그러나 현재는 왕뿐 아니라 현령(縣令)만 되더라도 자기자신은 말할 것도 없고 자손들에 이르기까지 비단옷을 입히고 수레에 태우고 다닌다.

그렇다면 옛날의 왕들이 헌신짝처럼 왕위를 버리고, 오늘날의 현령이 그 자리를 좀처럼 내놓지 않으려고 하는 것은 그 자리의 실익(實益)이 다르기 때문이다. 이와 마찬가지로 옛날에는 재물을 가벼이 여기고 오늘날에는 재물을 다투는데 이것 역시 유가에서 주장하는, 도덕의 저하가 원인이 아니다. 옛날에는 재물이 남아돌았지만 오늘날에는 재물이 부족되기 때문이다.

따라서 지금, 새시대의 정치는 양(量)과 실익의 다소를 기준으로 해야 할 일이지, 고대의 성인에게서 배우자는 것은 시대적 착오인 어리석음에 지나지 않는다.

또 유가는 전쟁도 정치도 힘에 의존하지 말고 '인의(仁義)'에 의해 수행해야 한다고 주장한다. 이건 또 무슨 말인가?

전쟁에 대해서 말한다면 순(舜)임금이나 문왕(文王)의 경우, 무력을 사용하지 않고 적을 귀순시켰던 예가 있기는 하다. 그러나 시대가 흐름에 따라 무력은 확대일로를 걸어왔고, 무력이 열세인데도 입으로만 '인의'를 내세우던 자들은 멸망되었다. 제국(諸國) 항쟁의 역사를 뒤돌아보면 옛날에는 도덕을 내세우며 서로 싸웠고, 마침내는 지모를 내세우며 싸우더니 현재에는 힘을 내세우며 서로 경합하고 있다.

아무리 '인의'를 내세워도 상대에서 힘을 앞세우며 쳐들어 온다면 견디어 낼 수 없다. 이쪽에서도 힘을 사용하는 길밖에 다른 대응책이란 없는 것이다.

정치에 대해서도 똑같은 말을 할 수 있다.

유가에서 외치는 '인의'에 의한 정치란 두말할 것도 없이 사랑과 정의에 의한 정치이다. 그러나 생각해 보라. 사랑이라고 하면 그 근원은 부모 자식간의 사랑이다. 그러나 현실을 살펴보면 알 수 있듯이 그 부모 자식 사이에서조차 사랑의 관계는 제대로 이루어지지 않는 것이다. 사랑이란 그것이 아무리 깊더라도 그것에 의해 정치가 되어지는 것은 아니다.

또 백성은 정의만으로는 움직이지 않는다. 그 유명한 공자(孔子)가 자신의 설(說)을 설파하면서 천하를 주유(周遊)했을 때조차도 그를 따르며 그의 제자가 되었던 사람은 70명에 불과했다.

한편 노(魯)나라 애공(哀公)은 범용한 군주였지만 일단 군위에 오르자 모든 백성을 지배할 수 있었다. 백성들은 애공의 권위에 복종했던 것이다. 공자까지도 예외없이 애공의 신하가 되었다. '인의'란 점에서는 애공은 공자의 발뒤꿈치에도 따르지 못한다. 그러나 군주가 되어 권위의 힘에 의지하기로는 전영토를 복종시키었고, 공자까지도 신하로 만들 수가 있었던 것이다.

그런데도 유가는 군주에게 권위의 힘을 사용하라고 권하지 않고 '인의'에 힘쓰면 천하의 왕이 될 것이라는 등의 말을 한다. 이것은 모든 군주에게 공자와 같이 되라는 말이며, 백성들 모두에게 공자의 제자와 같이 되라는 것이다. 즉 실현 불가능한 공론에 지나지 않는다.

법을 강화하여 군주의 권위를 확립하는 것 말고, 난세를 살아가며 뻗어나갈 길은 없다. 그런데도 유가의 학자들은 잘못된 언설(言說)을 미사여구로 위장하여 세상을 혼미하게 만들고 있다. 그 결과 입으로만 나불거릴 뿐, 실행을 중시하지 않는 풍조가 생겨났다. 책을 읽고 의논에 빠지는 자만 있을 뿐 실제로 쟁기와 가래를 들려고 하지 않고 혹은 무기를 들려고도 하지 않는다. 나라는 혼란해지고 약화 일로에 빠질 뿐이다.

이런 풍조를 근절하기 위해서는 법을 기준으로 해야 한다. 성인이 아니라 관리를 교사(教師)로 삼아야 한다. 이렇게 해야만 왕업(王業)의 기초가 완성된다.(五蠹篇, 기타)

임기응변

법술(法術)을 주장하는 개혁자는 끊임없이 반대세력의 방해를 받고 있다. 반대세력이란 군주를 둘러싸고 있는 중신들이다. 그 중신들은 패거리를 지어 군주를 귀머거리로 만들어 놓고 나라의 실권을 잡고 있다. 법술이 채용되어 군주의 권위가 확립되면 이런 중신들은 제일 먼저 배제될 것이다. 그들은 법술을 주장하는 개혁자를 눈엣가시처럼 보고 있다.

이렇게 해서 법술의 선비와 중신들 사이에는 숨막히는 투쟁이 반복되며 펼쳐지고 있다. 과연 법술의 선비에게 승리할 가능성이 있는 것일까? 자기는 군주로부터 배척을 당하고, 상대는 총애를 받고 있다. 또 이쪽은 신참이고 상대방은 고참이다. 이쪽은 군주에게 직언을 하고 상대방은 군주의 비위를 맞춘다. 이쪽은 하급 관리이고, 상대방은 위력자이다. 이쪽의 무기는 세치 혀 하나이고, 상대방은 나라 전체를 업고 있다.

이런 상대와 부딪친다면 어디로 보든 승산은 없다. 법술의 선비로서는 군주에게 직접 진언하는 방법에서 활로를 찾을 수밖에 없다. 그러나 그것은 실로 어렵다. 상대가 보통사람이 아니라 군주이기 때문에 이런 어려움이 생긴다. 군주는 절대권력을 가지며 모든 신하의 생사여탈권까지 쥐고 있다. 더구나 권력의 정점(頂點)에 있으면서 끊임없이 불안감을 느끼고 있기 때문에 소심한데다가 잔인하다.

이런 대상에 대한 진언은 충분한 주의를 하지 않으면 안된다. 지식과 표현력, 직언하는 용기보다도, 상대방의 마음을 읽어내고 그런 다음에 이쪽의 의견을 그것에 대응시키는 비결이 필요하다 하겠다.

상대(군주)가 명성을 좋아하는지, 실리를 좋아하는지 또는 진짜 마음은 딴 데 있는 것은 아닌지…… 이런 점들을 간파한 다음에 진언할 일이다. 상대가 비밀계획을 가지고 있다면 그 일에 대한 이야기는 하지 말아야 한다. 이쪽의 지식을 모두 내보여서는 안된다. 상대의 능력 이상의 것을 실행하라고 설득하려 덤벼서는 안된다. 상대의 자존심을 상하게 하지 말고 자신감을 가지도록 하며 때로는 완곡하게, 때로는 직접적으로, 때로는 예화를 인용하면서 임기응변으로 진언할 일이다. (孤憤篇·說難篇, 기타)

《한비자》의 명언집

역린(逆鱗)

용(龍)은 공상상의 동물이며 천자(天子)에 비유되는 일이 많다. 한비자는 이 용이란 동물은 성질이 온순하여 조련을 잘하면 사람을 등에 태우고 다닐 정도라고 했다. '그러나'라고 전제한 다음 그는 이런 이야기를 덧붙였다.

이 용의 목구멍에는 역린경척(逆鱗徑尺)이 있다. 만약 사람이 이것을 건드리면 용은 반드시 그 사람을 죽인다.

한비는 이 용을 진언할 상대(즉, 군주)에 비유하고 있다. '군주에게도 이 역린이 있다. 이것을 건드리지 않고 진언을 할 수 있다면 급제

했다고 할 수 있다.' 이 한 구절이 진언의 어려움을 설명한 〈설난편(說難篇)〉의 결론이다. 일반적으로는 손윗사람을 노하게 만드는 것을 가리켜 '누구누구의 역린을 건드렸다'라고 한다.(說難篇)

수주(守株)

지난날의 방법만을 고집하여 새로운 상황에 적응하지 못하는 것을 비유하는 말이다. '수주대토(守株待兎)'에서 생겨난 고사성어이다.

송(宋)나라에 한 사나이가 있었다. 그는 어느 날 밭을 파고 있었다. 그러자 그때 토끼 한 마리가 달려오더니 그 사나이 옆에 있는 나무 그루터기를 들이받았고 목뼈가 부러져서 그만 죽고 말았다. 사나이는 아무 수고도 하지 않고 토끼를 손에 넣었던 것이다.

그로부터 이 사나이는 밭 가는 일을 집어치우고 날마다 그 나무 그루터기만 지켜보고 있었다. 그러나 토끼가 또 와서 그것을 들이받고 죽을 리 만무하다. 사나이는 온나라 안의 웃음거리가 되었다고 한다.

한비자는 이 비유 이야기에 의해 고대 성인의 방법만을 고집하는 유가(儒家)의 어리석음을 비웃었던 것이다.(五蠹篇)

모순(矛盾)

창(矛)과 방패(盾), 즉 창은 공격용 무기이고 방패는 방어용 무기이다. 그런데 초(楚)나라에 창과 방패를 파는 장사꾼이 있었다. 그는 먼저 방패를 꺼내 보이면서,

"이 방패는 어찌나 튼튼한지 어떤 것으로 찔러도 뚫리지 않는답니다!"

라고 말했다.

그리고 이어서 이번에는 창을 꺼내 보이면서,

"이 창은 어찌나 예리한지 어떤 것이라도 찔러서 뚫을 수 있습

니다!"
라고 말했다. 장사꾼의 설명을 듣고 있던 손님 중 한 사람이 물었다.
"그 창으로 그 방패를 찌르면 어떻게 되오?"
장사꾼은 그만 대답을 하지 못했다고 한다.
이 비유 이야기는 한비가 유가의 주장을 반박할 때 사용했다. 유가에서는 고대의 성왕인 순(舜)임금을 칭송하면서 '요(堯)임금이 천자로서 천하를 다스릴 때 순(舜)은 몸소 각지에 돌아다니며 노동을 실천하여 모범을 보였고, 백성들의 다툼을 일소했다. 이것이야말로 성인의 덕(德)이다'라고 말했다. 이에 대하여 한비는 '요임금이 성인이었다면 천하는 완전하게 잘 다스려졌을 것이며, 그렇다면 순이 활동해야 할 필요가 있었겠는가. 반면 순이 잘못을 바로잡았다면 요임금에게 실정(失政)이 있었다는 것인즉 요임금을 성인이라고 말할 수 없지요'라며 이 비유 이야기를 덧붙였던 것이다.
그리고 '요와 순, 어느 쪽도 모두 성인이라고 하는 것은 모순이오'라며 결론을 내렸던 것이다.(說難篇)

여도함군(餘桃啗君)

자기가 먹다 남은 복숭아를 임금에게 먹였다는 의미이다. 미자하(彌子瑕)라는 미소년이 있었다. 그는 위(衛)나라 영공(靈公)의 총애를 받았다. 어느 날 영공과 함께 과수원에 갔다가 복숭아를 땄는데 미자하가 먹어보니 맛이 시원치 않았다. 그는 반쯤 먹다가 남은 복숭아를 영공에게 내밀었다. 영공은,
'저도 먹고 싶으련만 과인을 생각하고 주다니……'
라며 기특해했다.
그리고 몇해가 지났다. 미자하의 미색이 시들해지자 영공은 그를 멀리하게 되었다. 어느 날 영공은 예의 과수원에서 있었던 일을 기억

해내고 버럭 화를 내면서 미자하를 욕하는 것이었다.

"그놈은 먹다 남은 복숭아[餘桃]를 과인에게 먹였으렷다!"

미자하의 행위는 한가지뿐이다. 그러나 영공의 애정이 증오로 바뀌어짐에 따라서 그 행위의 평가는 정반대가 되었다.

군주를 설득하는 데는 자기자신을 상대방이 어떻게 생각하느냐에 대하여 곰곰이 생각하지 않으면 안된다. 또 군주라고 하는 권력자가 얼마나 변덕스러운지도 고려하지 않으면 안된다. 그런 비유 이야기로 한비는 이 일화를 인용했던 것이다.(說難篇)

《한비자》 해설

《사기(史記)》의 〈한비전(韓非傳)〉에 의하면 한비(韓非 : ?~기원전 233년)는 소국인 한(韓)나라의 서공자(庶公子)로 태어났다. 한나라는 전국칠웅(戰國七雄) 중 하나로 꼽히는데, 국토는 좁고, 중원에 위치하고 있어서 서쪽의 강대국 진(秦)나라, 남쪽의 강대국 초(楚)나라 등으로부터 위압을 받게 되어 그 존립조차 위태로웠다. 한비는 부국강병을 위한 학문을 익히기 위해 당시의 대표적 학자였던 순자(荀子 : 荀況)에게 가서 배웠다.

이 순자 밑에서 동문수학한 사람에는 후일 진(秦)나라 재상을 지낸 이사(李斯)도 있었다. 한비는 순자의 '성악설(性惡說)', 노자(老子)의 '무위(無爲)'에서 철학적 계시를 받고, 그 위에 상자(商子 : 商鞅)의 '법(法)'과 신불해(申不害)의 '술(術)'을 종합하여 독자적 통치이론인 '법술(法術)'을 만들어 냈다.

한비는 이 '법술'이야말로 부국강병의 유일한 도(道)라 했고, 한왕(韓王)에게 진언했으나 받아들여지지 않았다. 한나라는 이때 이미 천하통일을 목표로 삼을 만한 힘이 없었던 것이다. 그의 이 '법술'을 채용한 사람은 진왕(秦王) 정(政 : 후의 시황제)이었다.

  어느 날, 정은 한비의 저작을 읽고 깊이 탄식했다. '이 저자를 만나면 얼마나 좋을까!' 그때 이사가 헌책했는데 진나라는 그 헌책을 받아들이어 한나라를 공격했다. 한나라에서는 과연 한비를 사신으로 보내어 화의할 것을 청했다.

  진왕 정은 한비를 인견했는데 그를 등용하지는 않았다. 한편 이사는 지난날 동문수학하던 한비의 실력을 잘 알고 있는지라 그가 등용되면 자신의 지위가 위협받을 것 같아서 큰 걱정이었다. 그리하여 그는 동료인 요가(姚賈)와 공모하여 한비를 진왕에게 참언했고 마침내 한비는 하옥되었다. 이사는 곧 옥중으로 독을 보내어 한비에게 자결하라 했고 한비는 진왕 정에게 억울함을 호소하지도 못한 채 스스로 독을 마시고 죽었다.

  그후 3년만에 한나라는 멸망했고 다시 10년 후에는 진나라가 천하통일을 이룩했으며 진왕 정은 시황제라고 칭했다. 시황제의 정책은 모두 이 한비의 이론에 따라 수립되었으니 사실상 시황제는 한비의 제자였다고 한다.

  《한비자》는 전 55편인데 한비가 직접 썼는지 어떤지는 불명이다. 그러나 전체적으로 법가사상이며 한비의 주장을 전하는 것이라고 할 수 있다.

묵자(墨子)

난세에서 겸애(兼愛)·비공(非攻)을 주창하며 동분서주한 묵가(墨家)를 위한 실천강령으로 기원전 390년경 이루어졌다는 책이다.

전국시대에, 유가(儒家)에 대항했던 묵자의 언행을 모은 책이다. 71편으로 되어 있으며 〈상현(尙賢)〉〈상동(尙同)〉〈겸애(兼愛)〉〈비공(非攻)〉〈절용(節用)〉〈절장(節葬)〉〈천지(天志)〉〈명귀(明鬼)〉〈비악(非樂)〉〈비명(非命)〉 등 10대 주장과 묵자의 인물상을 전해주는 〈공수(公輸)〉, 후기 묵가의 윤리학적 사유(思惟)인 〈경(經)〉〈경설(經說)〉〈잡수(雜守)〉에 이르기까지 53편이 현존한다.

《묵자》의 주요 내용

귀머거리를 악사(樂師)로 고용한다

오늘날 군자(君子)라는 사람들은 입으로는 항상 능력있는 사람을 칭송하고 있다. 그런데 입으로는 그렇게 말을 하면서도 막상 위정자가 되어 나라를 다스리게 되면 그런 인물을 등용코자 하지 않는다. 내가 보기에 그들은 작은 도리는 변별하면서도 큰 도리는 변별하지 못한다. 왜 그럴까?

예를 들면 위정자는 가축을 잡아서 요리를 하고자 할 때는 자기자신이 그 가축을 잡을 수 없으므로 반드시 솜씨좋은 요리사를 고용하고 있다. 또 옷을 지을 때도 반드시 솜씨좋은 재봉사를 고용하고 있다. 즉 가축을 잡거나 옷을 지을 때, 위정자는 연고관계라든가 재산·신분·용모 따위에 사로잡히어 능력이 없는 자를 쓰는 일은 절대 없다. 귀중한 재료를 버리지 않을까 걱정이 되기 때문이다. 다시 말해서 이럴 때, 위정자는 능력이 있는 인물을 써야 한다는 마음가짐을 잊지 않는 것이다.

그런데 국가를 다스리게 되면 사정은 일변한다. 연고관계와 재산·신분·용모가 중시되며 그런 조건에 맞는 사람만을 등용한다. 위정자에게 있어 나라일은 옷이나 요리 따위에 비하면 아무것도 아니란 말인가?

작은 도리는 변별하면서도 큰 도리는 변별하지 못한다는 나의 비판은 이 점을 지적한 것이다. 이런 위정자의 태도는 벙어리를 사신에 명하고, 귀머거리를 악사(樂師)로 고용하는 것과 같은 것이다.(尚賢 下)

겸애(兼愛)인가, 별애(別愛)인가

'천하지해(天下之害)'를 배제하고 '천하지리(天下之利)'를 추구한다 — 이것이 인자(仁者)의 사명이다. '천하지해' 가운데 가장 눈에 두드러지는 것은 무엇일까?

대국(大國)이 소국(小國)을 공격하고, 큰 씨족(氏族)이 작은 씨족을 해치고, 강자가 약자를 괴롭히고, 다수가 소수를 무시하고, 가짜 군자가 백성들을 속이고, 귀족이 평민을 깔보고……

군주가 횡포하는 것, 신하가 불충하는 것, 부모에게 애정이 결핍되는 것, 자식이 효양을 다하지 않는 것…… 이런 것들도 '천하지해'이다.

무기를 손에 들고 독약을 칠하며, 물과 불로 공격하되 수단을 가리지 않으며 서로 살육하는 것······. 이런 것들도 '천하지해'이다.

이처럼 많은 해(害)는 어디서 생기는 것일까? 그것은 우리가 남을 사랑하고 남에게 이익을 주기 위해서 살지 못하고, 남에게 불이익을 주기 위해 살고 있기 때문이다.

남을 미워하고 남에게 불이익을 주는 행위, 그것은 '사람에게 평등히 대하라'고 하는 견해, 즉 겸애에서 생기는 것일까, 아니면 '남에게는 차별을 두라'는 견해, 즉 별애(別愛)에서 생기는 것일까? 두말할 것도 없이 후자(後者)이리라.

그렇다면 별애야말로 '천하지해'를 가져다 주는 근원이다. 내가 별애에 대신하여 겸애를 주장하는 것은 왜일까?

만약 제후(諸侯)들이 자기 나라와 마찬가지로 남의 나라를 위해 전심전력한다면 전쟁은 일어나지 않는다. 왜냐하면 상대방을 내 몸처럼 생각하기 때문이다.

만약 경대부(卿大夫)가 자기네 일족(一族)을 대하듯이 남의 씨족(氏族)을 위해 전심전력을 기울인다면 분쟁은 일어나지 않을 것이다. 왜냐하면 상대방을 내 몸처럼 생각하기 때문이다.

전쟁이나 분쟁이 일어나지 않는 상태, 그것은 천하지리인가, 천하지해인가? 두말할 것도 없이 '천하지리'이다.

이처럼 수많은 '이(利)'는 어디서 생기는 것일까? 그것은 남을 미워하고 남에게 불이익을 주기 위하는 데서 생기는 것일까? 물론 그렇지 않다. 남을 사랑하고 남에게 이익을 주었기 때문에 생기는 것이다.

그렇다면 겸애야말로 '천하지리'를 가져다 주는 근원이다. 그런데도 겸애에 반대하는 의견은 뒤를 이으며 그칠 줄을 모른다. 그들은 이렇게 주장한다.

'겸애의 입장은 내 부모의 이익을 해치는 것으로서 효도를 하는 데

지장이 있을 것이 아닌가.'

그렇다면 묻겠는데 부모를 소중히 모시겠다는 자식으로서, 자기 부모를 남들이 정성껏 받들어 주기를 바라겠는가, 아니면 함부로 취급해 주기를 바라겠는가. 그의 마음은 당연히 전자(前者)일 것이다.

그럼 남들도 정성껏 받들어 주기를 원한다면 어떻게 하는 것이 좋겠는가. 먼저 나 자신이 남의 부모를 정성껏 받드는 게 좋을까, 아니면 함부로 대하는 게 좋을까. 두말할 것도 없이 전자이다. 먼저 나 자신이 남의 부모를 소중히 정성껏 받들었을 때, 비로소 남들에게서도 같은 일을 기대할 수 있는 것이다.

그렇다면 내 부모에게 효도를 다하기 위해서도 먼저 남의 부모를 소중히 받들지 않으면 안된다.

《시경(詩經)》〈대아편(大雅篇)〉에서는 이렇게 읊고 있다.

'어떤 말에든 대답이 있고(無言不讎)

어떤 덕에든 응보가 있다(無德不報)

내가 복숭아를 던져주면(投我以桃)

오얏으로 갚는다 하였네(報之以李)'

즉 남을 사랑하면 반드시 남으로부터도 사랑을 받으며, 남을 미워하면 반드시 남으로부터도 미움을 받게 되는 것이다. 천하의 선비가 겸애라고 하면 금방 반대하는 것은 앞뒤가 안맞는 이야기이다.(兼愛 下)

도둑질은 불의(不義), 침략은 의(義)?

여기 한 사나이가 있다.

이 사나이가 남의 과수원에 몰래 들어가서 복숭아와 오얏을 훔쳤다고 하자. 만약 이 사실이 발각되면 누구나 이 사나이를 비난할 것이다. 관원은 이 사나이를 잡아다가 처벌할 것이다. 왜냐하면 이 사나이는 자기 이익을 위해 남에게 해를 입혔기 때문이다.
 만약 이 사나이가 남의 개나 양, 닭이나 돼지를 훔쳤다면 어떻게 될까? 그 불의(不義)는 과수원에 몰래 들어가서 복숭아나 오얏을 훔친 것보다 더하다. 왜냐하면 이 사나이는 남에게 보다 많은 해를 끼쳤기 때문이다. 그런 행위는 더 큰 불인(不仁)이며 따라서 그 죄는 더욱 무거워지지 않으면 안된다.
 만약 이 사나이가 아무 죄도 없는 사람을 죽이고 그 옷과 칼을 뺏었다면 어떨까? 그 불의는 남의 축사에 들어가서 말이나 소를 훔친 것보다 더 심하다. 왜냐하면 이 사나이는 보다 많은 해를 남에게 끼쳤기 때문이다. 그 행위는 심히 불인(不仁)스러우며 따라서 그 죄는 아주 무거워지지 않으면 안된다.
 이상과 같은 경우, 천하의 군자들은 모두 그 사나이를 비난하고 불의를 인정할 것이다.
 그러나 그런 군자라 하더라도 남의 나라를 침략하는 아주 큰 불의에 대해서는 비난을 하려고 하지 않는다. 어디 그뿐인가. 도리어 칭찬을 하며 타국 침략을 의(義)로 인정한다. 그렇다면 그들은 정말로 의와 불의를 변별하고 있는 것일까?
 한 사람을 죽이면 불의라며 반드시 사형에 처한다. 만약 이런 논리에 따른다면 10명의 사람을 죽였을 때는 불의를 열 번 범한 것이니 열 차례나 사형에 처해야 할 것이다. 백 명을 죽였다면 백 번 사형에 처해야 할 것이고 —.
 이런 범죄에 대해서 천하의 군자들은 한결같이 이를 비난하면서 불의로 인정한다. 그런데 타국 침략이라는 큰 불의에 대해서는 비난하고자 하지 않는다. 도리어 그것을 의(義)로 보고 있다.
 그들은 침략행위가 불의라는 이치를 변별하지 못하고 있는 것이다. 그러기에 전쟁의 사적(事蹟)을 써서 후세에 전하려고 한다. 만약 불의라는 것을 변별하고 있다면 전쟁의 사적을 써서 후세에까지 전하고자 할 리가 없다.

작은 불의에 대해서는 비난을 하면서 타국 침략이라고 하는 엄청난 불의에 대해서는 비난코자 하지 않고, 도리어 이것을 의(義)로 간주하는 자, 이런 자들은 의와 불의를 분별하지 못하는 사람이 아니겠는가. 이것이 오늘날의 군자이다. 그들은 의와 불의의 구별을 애매하게 하고 있는 것이다.(非攻 上)

유가(儒家)의 예악(禮樂)에 반대한다

고대의 성왕(聖王)이 몰(沒)하자 천하에 의(義)가 행해지지 않게 되었다. 그리고 후세의 군자들 사이에 죽은 자를 후하게 장사지내고 장기간 복상(服喪)하는 것이 인(仁)과 의(義)의 도에 합당하며 효자가 할 길이라고 주장하게 되었다. 그래서 오늘날, 사회의 대다수 지배층에서는 후장구상(厚葬久喪)의 풍습이 있게 되었다.

즉 관곽(棺槨)은 반드시 이중(二重) 구조인 것을 사용한다. 매장할 때는 반드시 땅속 깊이 매장한다. 망인에게는 반드시 여러 벌의 수의를 지어 입히는데 그 모양을 아름답게 하기 위하여 수놓은 장식품으로 치장시킨다. 그리고 매장한 장소는 반드시 높직하게 흙을 쌓아서 구릉(丘陵)처럼 만든다.

신분이 높은 사람들이 이런 짓을 하니 평민이나 천민인 경우, 후장의 풍습에 의해 재산 하나 남는 게 없다.

제후가 죽은 경우에는 국고가 바닥이 난다. 즉 국고에 있던 재물 모두가 망인을 장식하는 금은주옥(金銀珠玉)에 충당되며, 관을 아름답게 싸는 관바(관을 묶는 밧줄)와 거마 등의 비용으로 쓰인다. 또 장막과 솥, 제기, 책상과 깔개, 물병과 수반(水盤), 창과 검(劍), 새의 깃털과 쇠꼬리로 장식한 깃발, 상아, 물소 가죽 따위가 망인과 함께 묻혀 버린다.

죽은 망인을 보낼 때는 또 큰 희생이 따른다. 천자의 경우 순장자(殉葬者)는 많을 때는 수백 명, 적을 때도 수십 명에 이른다. 장군과 대부인 경우에도 많을 때는 수십 명, 적을 때는 몇명이 함께 묻힌다.

그 결과는 어떻게 될까?

위정자는 조정에서 소송사건이라든가 기타 정치를 할 수 없게 된다. 사대부는 오관육부(五官六府)의 행정을 위시하여 개간사업에 의한 국고의 충실을 기할 수 없다. 농부의 경우에는 이른 아침부터 늦은 밤까지 경작을 해야 하는데 그것을 할 수 없게 되고, 직공은 배와 수레, 기구류 등의 제조에 종사할 수 없게 된다. 심지어 아낙네들까지도 이른 아침부터 밤늦게까지 실을 잣고 천을 짜는 작업을 못하게 된다.

요컨대 후장구상(厚葬久喪)의 풍습이 정치에 받아들여지면 국가는 빈곤해지고 인구가 감소되며 질서는 문란해진다. 이러한 풍습은 역시 성왕(聖王)의 도라고 할 수 없는 것이다.(節葬 下)

유가(儒家)의 본질을 파헤친다

유자(儒者)는 숙명론을 주장한다. 장수(長壽)와 단명(短命), 빈(貧)과 부(富), 치(治)와 난(亂), 이런 모든 것들은 하늘이 결정하는 것이어서, 사람의 힘으로는 그것을 변경할 수 없다고 한다. 곤궁과 영달, 상과 벌, 행과 불행, 이런 것들은 모두가 정해져 있는 것이어서 사람의 지력(知力)으로는 어쩔 수 없는 것이라고 주장한다.

이 설을 믿는다면 어떻게 될까? 무슨 일을 하더라도 소용이 없은즉, 관리는 직무를 태만히 하고 농민은 일을 하고자 하지 않는다. 관리가 직무를 태만히 하면 나라는 문란해진다. 농민이 게으름을 피면 나라는 빈곤해진다. 빈곤과 무질서는 정치의 기초를 느슨하게 만드는 법이다. 유자는 이런 숙명론을 '도(道)'라든가 '교(教)'라고 하는데 이것만큼 천하에 해(害)를 주는 것이 없다.

그뿐만이 아니다. 유자는 예(禮)를 번잡하게 만들고 악(樂)을 화려하게 만들어 사람들을 타락시킨다. 장기간동안 복상(服喪)하며 슬픈 언행을 하여 망자의 영(靈)을 모독한다. 사람의 운명은 천성적으로 결정되는 것이라 하여 빈궁 속에서 탈출코자 하지 않으며 도리어 그러는 것을 고결하다고 생각한다. 할일을 하지 않고 빈둥거리는 주제에 으스대기까지 한다. 실컷 먹고 마시면서도 노동 자체를 멸시하니 세월이 흘러도 굶주림과 추위를 면하지 못한다.

마치 거지가 생쥐처럼 먹을 것을 챙기고, 양(羊)처럼 두 눈을 두리번거리며 거세한 수퇘지처럼 칠칠치 못한 것과 같다. 사람들이 그런 꼴을 비웃으면 그들은,

"너 따위가 무엇을 이해하겠느냐. 어찌 위대한 내 마음을 알 수 있으리요."

라며 귀를 막는다.

그러나 실제로 그들은 여름이 되면 곡식을 구걸하러 돌아다니고, 추수가 끝나면 이번에는 장사지내는 집을 찾아다닌다. 그것도 일족이 모두 따라다니면서 실컷 먹고 마신다. 이렇게 해서 몇몇 초상집을 돌아다니면 그런대로 먹고 살아간다. 즉 그들은 남에게 기생(寄生)하며 먹고 마시며, 남의 밭만 믿고 으스대는 것이다.

유자는 또 이런 말도 한다.

"군자는 종(鐘)과 같다. 치면 울리지만 치지 않으면 울리지 아니한다."

즉, 이 말은, 알고 있더라도 가르치지 아니하고, 힘이 있더라도 쓰기를 아끼며, 모르는 체하고 남이 질문해 오기를 기다린다는 것이다. 군주와 부모에게 아무리 이익이 되는 일이라 해도 묻지 않으면 발언을 하지 않겠다는 것일까?

당장에 반란이 일어나려고 한다. 도적이 들어오려고 한다. 더구나 그런 것을 알고 있는 사람은 자기 한 사람뿐이다. 이런 경우에도 군주나 부모가 묻지 않는다면 말을 하지 않겠다는 것인가? 그렇다면 신하로서는 불충이요, 자식으로서는 불효요, 형에 대해서는 불제(不悌)요, 친구에 대해서는 부정(不貞)이라고 하지 않을 수 없다.

만사 헛된 것을 미덕(美德)이라 하며 적극적으로 진언을 하지 않으면서도, 자신에게 이익이 될 것으로 생각되면 앞다투어 말을 한다. 군주가 무엇을 묻더라도 자신에게 득이 안될 것으로 생각되면 손을 모은 채, 목구멍에 가시라도 낀 것처럼,

"황공하오나 신은 아직 그것에 대해서는 배운 바가 없나이다."
라며 꽁무니를 뺀다. 국가의 중대사에 대하여 모른 체하며 먼곳으로 몸을 피한다. 이것이 유자의 상투수단인 것이다.(非儒 下)

《묵자》의 명언집

신묘하게 다스리는 자의 공을 민중들은 알지 못하고, 드러내고 싸우는 자만 민중들은 알아준다(治於神者 衆人不知其功. 爭於明者 衆人知之)
성인의 다스림은 민중들의 눈에 띄지 않는 형태로 행해진다. 따라서 그 공적이 알려지는 일은 없다. 그러나 명예심에 사로잡힌 자는 자기야말로 구국(救國)의 영웅이라며 그 공적을 선전해대는 까닭에 나라 전체에 그 이름이 알려진다.

불언역행(不言力行)의 사람인 묵자의 술회이다. 초(楚)나라의 침략을 방어한 묵자가 송(宋)나라 성으로 돌아왔을 때, 도리어 그곳 위병으로부터 추방을 당했다는 고사(故事)에 근거한다.(公輸篇)

힘있는 자는 잽싸게 남을 돕고, 재물이 있는 자는 힘써 남에게 나눠 주고, 도(道)를 지닌 자는 권하여 남을 가르친다(有力者疾以助人 有財者勉以分人 有道者勸以敎人)

　힘이 있는 사람은 그 힘으로 남을 돕고, 재물이 있는 사람은 그 재물을 나누어 남을 도우며, 학문을 몸에 익힌 사람은 남에게 권하여 가르친다. 이처럼 각각 사회에 공헌하는 것이 바람직한 사회상(社會像)이란 뜻이다.(尙賢 下)

관리라고 해서 언제나 귀한 것이 아니고, 백성이라고 해서 끝내 천한 것은 아니다(官無常貴 民無終賤)

　귀족이 언제까지나 귀족이어서 좋을 까닭은 없고, 백성이 언제까지나 비천해서 좋을 까닭이 없다. 세습적 귀족정치에 대한 비판이다.(尙賢 上)

만든 것이 사람들에게 이로운 것이면 교(巧)라 하고, 사람에게 이롭지 못한 것이면 졸(拙)이라 한다(爲功利於人 謂之巧 不利於人 謂之拙)

　공수자(公輸子)가 대나무와 나무를 깎아서 장난감 까치를 만들었다. 그것을 날려보니 3일간이나 계속 날았다. 이것을 공수자가 자랑한 말에 대하여 묵자가 대꾸한 내용이다.

　"까치를 아무리 정교하게 만들었다 해도 수레의 비녀장 만드는 재주에는 미치지 못하오. 목공은 순식간에 길이 세 치의 나무를 깎아서 비녀장을 만든다오. 더구나 그 비녀장은 무게가 50석이 되는 짐을 싣고도 견디어 내지요. 사람을 이롭게 하는 기술이 '교(巧)'이며 사람을 이롭게 하지 못하는 기술은 '졸(拙)'이라고 하는 법이외다." (魯問篇)

《묵자》해설

묵자는 이름이 적(翟)이며 기원전 5세기 중반에 태어나 기원전 4세기 전반에 세상을 떠났다. 전국시대 초기의 사상가로 일설에 의하면 묵(墨)은 입묵형(入墨刑)을 받은 죄수를 뜻하며, 세상 사람들은 그런 그를 묵(墨)이라고 불렀는데 그것이 학파 이름이 되었다고 한다.

그가 태어난 나라는 노(魯)나라라고 한다. 처음에는 유학(儒學)을 공부했으나, 이윽고 유가(儒家)의 예악(禮樂) 존중주의에 회의를 느끼고 독자적인 사상체계를 세우기에 이르렀다. 그의 사상은 겸애주의(兼愛主義)로 요약된다. 유가가 주장하는 인(仁)은 먼저 자기 부모를 사랑하고 그 사랑을 가족이라든가 남에게도 미치게 한다면 사회질서는 유지된다는 것인데, 그는 이것을 별애(別愛 : 差別愛)라며 배척하고, 평등 무차별적인 사랑[兼愛]을 주장했다.

인류의 행동을 감시하고 상벌과 화복(禍福)을 주는 천제(天帝)와 귀신의 존재를 믿고, 하늘의 뜻을 받드는 일종의 종교적·계급정치를 이상으로 꼽았다.

혈통에 의한 왕공귀족(王公貴族)의 정치지배를 인정하지 않고, 빈부귀천에 관계없이 도덕이라든가 재능이 뛰어난 자가 사회의 지배적 지위에 올라야 한다고 주장했다.

또 이(利)를 중시하고 인류 전체의 이익이 되지 않는 것은 모두 유해(有害)하다고 했으며 근로와 절약을 강조하고 절장(節葬 : 厚葬久喪의 반대)과 비악(非樂 : 음악을 부정)의 설을 주창했다.

유가들로부터 '묵자는 실용성을 중시하는 나머지 장식성(裝飾性)을 잃었다', '겸애설은 부모를 무시하는 금수와 같은 사상이다'라는 등의 비난을 받았는데, 그 귀족의 부패정치라든가 세습제에 대한 비판 및 유가의 예악 존중과 비행동성(非行動性)에 대한 비판은 사회 하층부로부터 지지를 얻어, 신봉자가 급격하게 불어나서 유가와 대항하여 양대세력을 형성했다.

'묵돌부득검(墨突不得黔 : 묵자가 도를 전하기 위하여 천하를 바쁘게 돌아다녔기 때문에 그 집의 굴뚝은 검어질 틈이 없었다)'이란 형용도 있는 것처럼 묵자는 단지 자기 이상을 설파했을 뿐만 아니라, 실천궁행주의(實踐躬行主義)에 철저하여, 때로는 문도 3백 명을 이끌고 대국의 침략을 저지하기 위해 일어섰던 적도 있었다. 그 전투적 평화주의는 오늘날에도 높이 평가된다.

루쉰(魯迅)의 《고사신편(故事新編)》에 실려 있는 단편소설 〈비공(非攻)〉은 이러한 묵자의 생활태도에 공감한 작품이다.

묵가의 활동은 전국시대가 끝남과 동시에 급속히 쇠퇴해지다가 한(漢)나라 시대에 접어들어 유교가 국교(國敎)의 자리를 확립하게 되자 사상계에서 완전히 말살되고 마는 비운을 맞았다.

대문호(大文豪)인 톨스토이는 《묵자》〈겸애편〉을 읽고 '중국 사회가 묵자의 가르침을 따르지 않고 공자와 맹자의 가르침을 따랐던 것은 심히 애석한 일이다'라고 말한 바 있다.

역사서
歷史書
● ● ●

左傳	좌전
春秋	춘추
國語	국어
史記	사기
戰國策	전국책
漢書	한서
十八史略	십팔사략
三國志	삼국지
後漢書	후한서
資治通鑑	자치통감
貞觀政要	정관정요

좌전(左傳)

열국(列國)의 흥망, 패권의 추이 ─. 춘추시대(春秋時代)의 인간 군상(群像)을 생생하게 그려냈으며, 기원전 350년경에 이루어졌다는 책이다.

《좌전》은 정식으로는 《춘추좌씨전(春秋左氏傳)》이다. 《춘추》란 책에 좌씨(左氏)가 주석을 단 책이란 의미이다. 《춘추》의 경문(經文) 다음에 전(傳 : 해석)이 붙는다는 체재로서 기원전 7백년경부터 약 250년간의 역사적 사적을 편년체(編年體)로 기록하고 있다. 전 30권.

《좌전》의 주요 내용

정(鄭)나라 가문의 소동

──《춘추》의 본문은 심히 간결한데 예를 들면 본장(本章)에서는 '은공(隱公) 원년(元年) 하(夏) 오월(五月), 정백(鄭伯) 극단우언(克段于鄢)'이라고 쓰여 있을 뿐이다. 그런데 《좌전》은 이 본문을 부연하여 다음과 같은 사화(史話)를 전개하고 있다.

정나라 무공(武公)은 신국(申國)에서 무강(武姜)이란 부인을 맞아들였다. 무강은 장공(莊公)과 공숙단(共叔段)을 낳았다. 장공은 역산(逆産)으로 태어났기 때문에 무강을 놀라게 했으며, 이름도 '오생(寤

生 : 逆子란 뜻)'이라 했다.

무강은 오생을 미워하고 공숙단을 편애하는 나머지 그를 태자로 세우고 싶어서 무공에게 자주 속삭였다. 그러나 무공은 받아들이지 않았다. 이윽고 무공이 세상을 떠나고 장공이 위(位)에 오르자 무강은 장공에게 제읍(制邑)을 공숙단에게 주라며 강요했다. 그러나 장공은 거절했다.

"제 땅은 요해지이며 견고한 성읍입니다. 그것이 도리어 화근이 되어 괵숙(虢叔)은 멸망당했습니다. 다른 성읍을 주라시면 말씀에 따르겠습니다."

"그럼 경성(京城)을 내주도록 하오."

장공은 어머니의 분부대로 경성을 동생에게 내주어 그 영주(領主)가 되게 하였다. 이후 공숙단은 '경성의 제군(弟君)'이라고 불렀다. 대부 채중(蔡仲)이 장공에게 간했다.

"국도(國都) 이외의 성읍 중, 성벽의 길이가 3백 장(丈)을 넘는 것은 국가에 있어 유해하옵니다. 예로부터 내려오는 제도에서는 아무리 길더라도 국도의 3분지 1을 넘어서는 안되며, 보통 성읍이라면 5분지 1, 작은 성읍은 9분지 1로 정하고 있나이다. 하온데 경성의 성벽은 특별히 길어서 고래의 제도에 어긋나옵니다. 이대로 방치한다면 큰 화가 될 것이니이다."

"하지만 그것은 모후(母后)의 소망이오. 하는 수 없지 않겠소."

"모후의 소망임에는 틀림이 없사옵니다. 하오나 모후의 소망에는 한이 없을 것이니이다. 이쯤에서 어떤 조처가 있어야 할 것으로 사료되옵니다. 무엇이나 다 들어드려서는 아니되나이다. 나중에는 도저히 손을 쓸 수조차 없는 처지가 되고 말 것이옵니다. 잡초라 하더라도 무성해지면 뽑아내기가 아주 어려운 법입지요. 하물며 사랑하시는 아우님에 대해서이리이까?"

"옳지 못한 짓을 하는 자는 반드시 자멸하고 마는 법이오. 이대로 두고 보십시다."

그러는 사이에 공숙단은 정나라 서부와 북부 지방 백성들로 하여금 장공에게 반기(叛旗)를 들게 하고 자신을 섬기도록 만들었다. 대부인 공자(公子) 여(呂)는 장공을 책망했다.

"두 분의 주군(主君)을 섬겨야 한다면 백성들은 견딜 수가 없나이다. 주공(主公)께서는 어찌하시렵니까? 아우에게 양위(讓位)하실 생각이라면 신(臣)은 그 사람을 섬기겠나이다. 양위하지 않을 생각이라면 어서 화의 씨를 없애소서. 백성들에게 두 마음을 품도록 해주어서는 아니되옵니다."

"그렇게까지 할 것은 없을 것 같소이다. 머지않아서 스스로 화를 입게 될 것이오."

공숙단은 형과의 공유지(共有地)를 완전히 자기 영지로 만들고 다시 늠연(廩延) 지방에까지 손을 뻗쳤다. 자봉(子封 : 公子 呂의 字)이 말했다.

"이제 손을 써야 할 시기이니이다. 영지가 넓어지면 세력도 커지는 법이옵니다."

그러나 장공은 받아들이지 않았다.

"백성들은 부정을 행하는 자로부터는 떠나는 법이오. 비록 영지가 넓어졌다 하더라도 머지않아 자멸할 것이 분명하외다."

공숙단은 성곽을 수리하고 물자를 모으는 한편 무기를 손질하고 보병·병거(兵車)까지 완전히 준비하여 하시라도 정나라 국도를 급습할 태세를 갖추었다. 무강은 공숙단이 쳐들어오면 내응할 생각이었다. 그런 계획을 알게 된 장공은,

"일이 이쯤 되었다면……."

이라며, 자봉에게 병거 2백 승을 내주어 경성을 급습토록 했다. 경성

의 백성들은 공숙단에게 반기를 들었고 공숙단은 언(鄢) 땅으로 도망쳤다. 장공은 이를 추격하여 언성으로 쳐들어갔다. 5월 23일, 공숙단은 마침내 공국(共國)으로 도망쳤다.

'정백이 언 땅에서 단(段)을 극(克)했다(鄭伯 克段于鄢)'라는 식으로 《춘추》에 이 사건을 기록하고 있는 것은 왜일까? '동생(弟)'이라고 쓰여 있지 않은 것은 공숙단이 형에 대하여 동생답게 섬기지 않았기 때문이다. 또 대등한 적에게 겨우 이겼다는 의미인 '극(克)'이란 자를 사용한 것은 동생의 힘이 강하여 한 나라에 두 임금이 있는 것과 같은 상태였기 때문이다. '정백(鄭伯)'이라고 쓴 것은 장공이 형이면서 동생을 가르쳐 인도해야 하는데 그것을 잘못했음을 비난하는 의미가 숨어 있다.

동생을 불의(不義)의 구렁텅이에 빠뜨린 후에 죽이려고 한 것이 정백의 속셈이었다. 실제로는 도망했는데도 '도망'이라고 쓰지 않은 것은 공숙단을 도망치게 한 것이 정백의 본의가 아니라, 가급적이면 죽이고자 했었던 것을 표현한 것으로서 정백을 힐난하는 의미가 포함되어 있다.(隱公 元年)

장작지전(長勺之戰)

10년(莊公 10년 : 기원전 684년)의 일이다. 제(齊)나라가 우리 노(魯)나라에 군사를 진격시켰다. 장공(莊公)이 응전할 준비를 하고 있는데 조예(曹劌)란 자가 장공에게 알현을 청했다. 조예의 고향 사람들은 그를 말리며 말했다.

"어르신네들이 하시는 일일세. 우리 같은 서민들이 나서서 왈가왈부할 처지가 아니야."

그러나 조예는,

"어르신들은 시야가 좁아서 제대로 보지를 못해."

라며 장공을 알현했다. 그는 우선 이렇게 허두를 뗐다.
"전하, 무엇을 믿으시고 전쟁을 하시려는 것이니이까?"
장공은 대답했다.
"백성들이야. 평소에 과인은 사리(私利)를 취하지 않고 백성들의 생활이 안정되도록 노력을 경주했고 그래서 의식(衣食)을 충분히 제공했었어."
"그런 은혜를 실체로 입었던 사람은 일부에 지나지 아니하옵니다. 따라서 백성들 모두가 따를 것으로 생각되지 아니하나이다."
"그렇다면 신(神)이야. 과인은 언제나 신에게 희생과 보물을 바쳐 왔었어. 틀림없이 과인을 도우실 것임이야."
"그런 신뢰는 진실의 것이 아니니이다. 그런 일로 신이 도와주시리라고 생각되지 아니하옵니다."
"그렇다면 지금까지 과인이 해왔던, 공평한 재판이나 소송사건은 대소를 불문하고 반드시 정성을 다해서 재판해 왔었어."
"그것은 맞는 말씀이시니이다. 그처럼 진심을 다하셨다면 전쟁을 일으키심에 있어 믿을 만한 힘이 되실 것이옵니다. 전쟁에 응하시오소서. 그때는 신도 전하를 모실 수 있게 해주시옵구요."
장공은 그를 병거에 동승시키어 장작(長勺 : 노나라 땅)으로 가서 제나라 군사와 대치했다. 장공이 북을 치려고 하자 조예는,
"아직 이르옵니다."
라며 말했다. 그리고 적군이 세 차례나 북을 울렸을 때,
"이제 때가 되었나이다."
라며 장공을 부추겼다. 장공이 북을 두드리고 진군시키자 제나라 군사는 크게 무너졌다. 문란해진 적군에게 장공이 추격을 감행코자 했다. 그러자 조예가 말했다.
"전하, 기다리시오소서."

그리고 병거 위에서 적군 병거의 수레바퀴 자국을 내려다보며 조사한 다음, 식(軾 : 수레 앞의 가로대) 위에 서서 적군을 노려보더니, 장공에서 아뢰었다.

"좋사옵니다."

그래서 노나라 군사는 제나라 군사를 추격했다.

이렇게 해서 승리를 거둔 다음 장공은 조예에게 왜 말렸느냐고 그 이유를 물었다. 그러자 조예는 이렇게 대답했다.

"전쟁의 승패를 좌우하는 것은 용기이니이다. 용기는 첫 번째 북소리로 용솟음치고, 두 번째 북소리로 쇠해지며, 세 번째 북소리로 사라지는 법입지요. 적의 용기가 사라졌을 때 아군의 용기가 용솟음쳤으므로 승리할 수 있었던 것이니이다. 또 적국은 대국이오매 방심은 금물이옵지요. 어느 곳에 복병(伏兵)을 두었는지 모를 일이었나이다. 그래서 신은 적군의 병거 자국과 깃발의 움직임을 살폈던 것이니이다. 그리고 적군의 복병이 없다는 것을 확인한 다음 추격시키시라고 아뢰었던 것이옵니다."(莊公 10年)

삼사(三舍)를 물러가다

아버지 헌공(獻公)의 총희(寵姬)인 여희(驪姬)의 간계에 의해, 본국에서 쫓겨났던 진(晋)나라 공자(公子) 중이(重耳 : 후의 文公)가 여러 나라를 유랑하던 중, 초(楚)나라를 찾아왔다. 초나라 성왕(成王)은 성대한 잔치를 벌이어 일행을 대접했다. 그 자리에서 있었던 일이다.

성왕은 중이에게,

"그대가 본국에 돌아간 다음, 답례로 무엇을 주시겠소?"

라고 물었다.

"미녀라든가 보옥·비단 등은 얼마든지 가지고 계실 것이니이다. 또한 새의 깃털, 짐승의 모피(毛皮), 상아 등은 귀국의 특산물이 아니니이까. 그런 것들은 외신(外臣)의 나라에서 도리어 얻어갈 정도 입지요. 그러니 무엇을 바치겠나이까."
"그야 그렇겠소만 과인은 무엇이든지 한가지쯤은 받고 싶소이다."
"그러시다면 이렇게 하겠나이다. 만약 대왕의 힘으로 외신이 본국에 귀국하여 군위(君位)에 오를 수 있다면…… 그리고 우리 진나라와 귀국이 중원 땅에서 군사를 대치하고 싸우게 된다면 외신은 우리 군사를 삼사(三舍 : 약 90리)쯤 후퇴시키겠사옵니다. 이 정도면 대왕께서도 납득하실 것으로 사료하나이다. 만약 이 정도로 납득하시지 않으신다면 더는 할 길이 없사옵니다. 외람되오나 외신은 활을 들고 상대해 드리는 수밖에 없을 것 같나이다."

옆에서 듣고 있던 초나라 영윤(令尹 : 재상)인 자옥(子玉)은 이 중이야말로 장차 강력한 적이 될 것이라며 이 기회에 그를 암살해 버리라고 성왕에게 아뢰었다. 그러나 성왕은,

"진나라 공자는 큰 이상(理想)을 품고 있으면서도 그 언행이 신중하오. 그에 비하여 지금의 진후(晉侯 : 重耳의 이복 동생)는 간신들에게 둘러싸여 있으면서 국내외적으로 원망을 사고 있소이다. 저 중이야말로 진나라 국력을 강성하게 만들 위인임에 틀림없소. 하늘이 돕고 있는 터에 누가 감히 그것을 막을 수 있으리요. 하늘의 뜻을 거역했다가는 반드시 천벌을 받을 것이오."

이렇게 말하면서 중이를 서쪽 진(秦)나라로 보냈다.(僖公 23년)

진(晉)나라 조둔(趙盾), 영공(靈公)을 시해하다

진나라 영공은 군주답지 않은 짓을 많이 했다. 백성들에게 무거운 부역(賦役)을 부과하고 왕궁의 벽을 어마어마하게 장식했다. 그런가 하면 망루(望樓) 위에서 그 밑을 지나가는 행인을 향하여 활을 쏘고는, 깜짝 놀라서 도망치는 모습을 보고 깔깔대며 재미있어 했다.

어느 때 주방장이 곰 발바닥을 반쯤 쪄서 상에 올린 적이 있었다. 영공은 화를 내며 즉석에서 그 주방장을 죽여 버렸다. 그리고 그 시체를 삼태기에 담은 다음 여관(女官)에게 명하여 수레에 싣고 조정 밖으로 나가 거리에 매달라고 하였다.

때마침 그 여관을 만난 사람이 대부 조둔과 사계(士季) 등이었다. 삼태기 속에서 시체의 손이 나온 것을 본 두 사람은 여관에게 물었다. 그것은 과연 영공의 짓이었다. 두 사람은 영공에게 간해야겠다고 생각했다.

"……하지만 우리 두 사람이 함께 가서 간했다가 받아들여지지 않는다면 우리는 모두 죽을 것이니 우리 뒤를 이을 사람이 없게 될 것이오. 그런즉 내가 먼저 간할 것이니 내가 실패하거든 그대가 뒤를 이어주시오."

사계는 이렇게 말한 다음 입궐했다. 영공은 사계가 온 것을 보고도 처음에는 모르는 척하고 있었는데 세 번씩이나 간하매 나중에는 하는 수 없이 돌아다보았다.

"과인이 나빴다고 생각하오. 앞으로는 조심하리다."

그러나 영공은 조금도 달라지는 것이 없었다. 사계 대신 이번에는 조둔이 몇번이나 간했다. 귀찮아진 영공은 어느 사이에 그를 암살해야겠다고 생각했다.

가을 9월, 영공은 무장한 병사를 숨겨두고 주연을 베풀었다. 그리고 조둔을 초대했다. 조둔의 차우(車右 : 병거 오른쪽에 타는 호위)인 제미명(提彌明)이 복병(伏兵) 바로 앞에 있다가 그 음모를 알아차렸다. 그는 연석에 달려 올라가서,

"신하의 신분으로 주군 앞에서 석 잔 이상의 술을 마시는 것은 예에 어긋나옵니다."

라고 외치면서 조둔을 잡아끌고 당(堂)에서 내려왔다. 발각당했다고

생각한 영공은 두 사람을 물어 죽이도록 맹견(猛犬)을 풀어 놓았다. 그러나 제미명이 개를 때려죽였다.

"나를 죽이기 위해, 인간이 아닌 개를 사용하다니…… 해도 너무 하는군. 아무리 사납다 하더라도 짐승과 같은 것이 무슨 일을 할 수 있으리요."

조둔은 그렇게 외친 다음 복병을 죽이고 궁궐 밖으로 도망쳤다.

을축일(乙丑日), 조둔의 일족인 조천(趙穿)이 도원(桃園)으로 영공을 공격해 들어갔고 마침내 죽이고 말았다. 조둔은 망명하던 도중 아직 국경(國境)의 산을 넘지 않은 곳에서 이 소식을 접하고는 급거 돌아왔다. 그러자 태사(太史)인 동호(董狐)가,

'조둔, 그 군(君)을 시(弑)하다.'

라고 기록하여 조정 안에 공시했다.

"그게 아니야! 그것은 사실무근이라구!"

조둔은 항의했지만 태사 동호는 기록을 고치려고 하지 않았다. 그 이유는 이러했다.

"당신은 정경(正卿 : 재상)의 신분으로 도망했었소. 그런데 아직 망명을 하기 전, 즉 국경을 넘지 않은 채 되돌아왔습니다. 그렇다면 아직 정경의 신분은 잃지 않았을 것인즉 반역자 조천을 토벌했어야 하오. 그렇건만 토벌하지 않았으니 주군을 시해한 책임자는 바로 당신이오."

조둔은 이렇게 말하며 탄식했다.

"아아, '깊은 생각은 도리어 슬픔의 근원'이라더니 그것은 바로 나를 가리켜 한 말이로다."

후일 공자(孔子)는 이 두 사람을 다음과 같이 평했다.

"동호는 훌륭한 사관(史官)이었다. 법을 굽히지 않고 직서(直書)했다. 조둔은 훌륭한 대부였다. 법을 지키기 위해 즐거이 오명(汚名)

을 받았다. 하지만 조둔은 아쉽다. 국경을 넘기만 했더라면 오명을 피할 수 있었을 것인데……."(宣公 2년)

정(鄭)나라 자산(子産)의 정치

정나라에서는 사람들이 마을 학교에 모여서 정치 담론을 나누는 습관이 있었다. 연명(然明)이라는 관원이 상경(上卿 : 재상)인 자산에게 이런 풍조를 없애 버리기 위해 학교를 폐지해야겠다고 진언했다. 그러자 자산은 말했다.

"아니오. 그럴 필요 없소이다. 그들은 조석으로 할일을 마친 다음 학교에 모여서 우리네 정치를 비판하고 있소. 나는 그들의 의견을 참고로 하여 평이 좋은 의견은 즉시 정책에 반영하며, 평이 나쁜 정책은 고치도록 하고 있소이다. 말하자면 그들은 내 은사요. 학교를 폐지하다니 말도 안되는 소리외다.

'성실하기만 하다면 남의 원망을 사지 않는다'란 말이 있소. 탄압에 의해 남의 원망을 막을 수는 없는 법 ──. 어찌 탄압으로 그들의 언론을 무리로 봉쇄하리이까. 그것은 마치 강물의 흐름을 막으려는 것과 같소. 마침내는 강물이 둑을 터뜨리고 넘쳐서 큰 홍수가 되어 무수한 사상자를 내게 될 것임에 틀림없소. 이렇게 되면 손을 쓸 수가 없을 것이외다. 그러는 것보다는 조금씩 물이 흐르도록 수로(水路)로 이끌어 내는 것이 더 좋소이다. 백성들의 언론도 이와 똑같은 것 ──. 탄압보다는, 들을 것은 들어서 이쪽의 약으로 삼는 편이 좋은 것이오."

연명은 감탄했다.

"이제 알았습니다. 대감이야말로 참된 정치가이십니다. 저는 이제 눈이 뜨인 것 같습니다. 대감의 생각하시는 바가 실행된다면 대감께서는 두세 사람의 신하들뿐만 아니라 모든 백성들의 신뢰를 얻으실 수 있을 것입니다."
후일, 공자는 자산의 말을 전해 듣고 이렇게 말했다.
"이 말을 들은 이상, 누가 자산을 가리켜 불인(不仁)하다 하더라도 나는 그 말을 믿지 않을 것이다."(襄公 31년)

《좌전》의 명언집

문정경중(問鼎輕重)
주왕실(周王室)에 전해오던 정(鼎)은 왕위의 심벌이었다. 주왕실의 권위가 쇠해졌을 때 초(楚)나라 장왕(莊王)이 이 정의 크기와 무게를 물었다는 데서, 어떤 지위에 있는 인물에 대하여, 그 자격을 묻고 퇴임을 요구한다는 비유로 쓰이게 되었다.(宣公 3년)

식지동(食指動)
식지(食指)란 집게손가락을 가리킨다. 정나라 공자(公子)인 자송(子宋)에게는 한 가지 특기가 있었다. 그의 식지가 움직일 때는 반드시 진미(珍味)를 먹게 된다는 것이었다. 여기서 식욕이 생긴다든가 혹은 어떤 것에 욕망을 가질 때 '식지동(식지가 움직인다)'이라고 하게 되었다.(宣公 4년)

대의멸친(大義滅親)
대의를 위해서는 부모 자식간의 정도 끊는다는 뜻이다.
정나라의 석작(石碏)이란 인물이 있었다. 그는 반란을 일으키어 군위에 오른 공자(公子) 주우(州吁)를 미워하던 중 주우의 측근이자 자기 아들인 석후(石厚) 등을, 다른 나라의 힘을 빌어 모두 죽였다는 데서 생긴 말이다.(隱公 4년)

병입고맹(病入膏盲)

고(膏)는 가슴 아래의 명치, 맹(盲)은 가슴 위의 박막(薄膜)인데 그곳에 병이 생기면 치료의 효험이 없다는 데서, 전(轉)하여 도락 따위에 빠지면 빠져나올 수 없다는 뜻으로 쓰인다.(成公 10년)

《좌전》 해설

《춘추》의 주석서로서 제일 오래되고 가장 기본적인 것 중 하나이다. 이《좌전》과《공양전(公羊傳)》《곡량전(穀梁傳)》등을 보통 '춘추삼전(春秋三傳)'이라고 한다.

그중에서도《좌전》은 다른 두 전(傳)과 달리 역사적 입장에서 쓰여진 것으로 유명하다. 풍부한 사료(史料)를 구사하여 경문(經文:《춘추》본문)의 배후에 있는 사실을 상술하고, 경문과는 직접 관계가 없는 설화까지도 많이 다루고 있으며 전체의 자수(字數)도 다른 두 전보다 4배 이상이나 된다.

따라서《좌전》은 유가(儒家)의 경전 중 하나인데 사상서(思想書)라고 하기보다는 오히려 사서(史書)라고 해야 할 것이다. 열국(列國)의 치란흥망(治亂興亡), 패권의 행방 등 큼직큼직한 사실뿐 아니라 사회제도·군사·종교·경제·문화 등 춘추시대를 아는 데 귀중한 자료들이 풍부하게 실려 있다.

그런데《좌전》의 작자는 좌구명(左丘明)이라고 전해 온다. 그러나 이 사람의 사적에 대해서는 아무것도 밝혀진 것이 없다. 좌(左)가 성이고 구명(丘明)이 이름인지, 좌구(左丘)가 성이고 명(明)이 이름인지조차도 알려져 있지 않다.

또 그 제작연대에 대해서도 여러 가지 설이 있으며, 지금까지도 노나라 애공(哀公) 27년(기원전 468년) 이후, 사마천(司馬遷:기원전

145?~기원전 90년?) 이전이라고 추정할 뿐이다.

《좌전》의 주석 중 대표적인 것으로는 장두예(將杜預 : 222~284년)에 의해 쓰여진 《춘추좌씨경전집해(春秋左氏經傳集解)》를 든다. 후세의 《좌전》 연구는 모두 이것을 기점으로 하고 있다.

춘추(春秋) : 公羊傳·穀梁傳

춘추시대, 노(魯)나라의 연대기(年代記)로 사서오경의 하나인데 공양전·곡량전은 그 주석서이며, 기원전 5세기~기원전 2세기에 완성된 책이다.

《춘추》란 원래 노나라의 연대기를 말함이다. 노나라 사관(史官)이 남긴 기록을 공자(孔子)가 정리한 것이라고 전해진다. 노나라 은공(隱公) 원년(기원전 722년)에서부터 애공(哀公) 14년(기원전 481년)까지를 기록했다. 중국 역사의 시대구분에 춘추시대(기원전 771~기원전 403년)가 있는 것은 이《춘추》에 근거한다.

《춘추》의 주요 내용

원년(元年) 봄, 왕(王) 정월(正月)
《춘추》의 서두, 노나라 은공 원년 춘(春) 정월 조(條)이다.《춘추》의 본문(本文 : 經)은 이처럼 간단한 글을 적어 나가고 있을 뿐이다. 이에 대하여《춘추》3전(傳)'으로 불리는〈좌전(左傳)〉〈공양전〉〈곡량전〉의 주석[傳]이 붙는다.

참고로〈좌전〉에서는 이 본문 다음에 '원년(元年) 춘(春) 주왕(周王) 정월(正月 : 이것은 노나라가 주나라의 曆을 사용하고 있었으며, 따라서 주왕실을 받들고 있었음을 나타낸다), (은공의) 즉위에 대해서 기록하고 있지 않은 것은 섭정이었기 때문이다'라고 주를 달고 있는데, 〈공양전〉이나 〈곡량전〉에서는 문답체를 사용하여 다음과 같은 논(論)을 전개하고 있다.

[**공양전**(公羊傳)]
"원년이란 무엇인가?"
"군주(君主)의 시년(始年)이다."
"춘(春)이란 무엇인가?"
"세(歲)의 시작이다."
"왕이란 누구를 가리킴인가?"
"문왕(文王 : 周나라의)을 가리킴이다."
"왜 앞에 왕(王)이라 쓰고 뒤에 정월(正月)이라고 썼는가?"

이것은 그밖에도 '추(秋) 칠월(七月), 천왕(天王)……'이라는 식으로 월(月)을 앞에, 왕(王)을 뒤에 쓴 곳이 있는 곳과 비교해서 했던 질문이다. 이런 표현의 차이 속에서 〈공양전〉의 저자는 공자의 의도를 읽어내고자 하는 것이다.

"왕의 정월이기 때문이다."

여기서 말하는 왕이란 주(周)나라 왕이다. 노나라가 주나라의 역(曆)을 사용하고 있었다는 점, 즉 주나라에 복속하고 있었음을 강조하고 있다.

"왜 왕의 정월이라고 했는가?"
"통일을 강조했기 때문이다."
"공(公 : 隱公)에 대해서는 왜 즉위라고 하지 않았는가?"
"공(公)의 의지를 성취시키기 위함이다."
"(즉위에 대해서 말하지 않으면) 어찌하여 공의 의지를 성취하는 것이 되는가?"

"공은 노나라를 평화롭게 하여, 그것을 환공(桓公)에게 되돌리려고 했기 때문이다."

"왜 환공에게 되돌리고자 했는가?"

"환공은 연소(年少)하지만 신분이 높고, 은공은 연장(年長)이긴 하지만 신분이 낮다. 그 신분의 차이는 약간이지만 노나라 백성들은 이 사실을 모른다. 은공은 연장인데다가 또 현명했다. 중신들은 그를 세워 군주로 삼았다. 은공은 이 시점에서 자기가 즉위할 것을 사양한다 하더라도 환공이 반드시 즉위할 수 있을 것인지 어떨지 알 수 없었고, 만약 환공이 즉위한다 하더라도 중신들이 유군(幼君)을 보좌하지 않을 것을 두려워 했다. 그러므로 은공이 즉위한 것은 모두 환공을 위해서였던 것이다."

"은공은 연장인데다가 더구나 현명하다. 왜 즉위하면 안되는 것인가?"

"정부인(正夫人)의 아들들 가운데서 다음 군주를 정하는 경우에는 장유(長幼)를 기준으로 하고 현우는 기준으로 삼지 않는다. 그 이하의 아들들에서 군주를 낼 경우에는 신분의 상하가 기준이 되며 장유는 기준이 안된다."

"환공은 어찌하여 신분이 높은가?"

"어머니의 신분이 높기 때문이다."

"어머니의 신분이 높으면 어찌하여 그 아들의 신분이 높아지는가?"

"아들은 어머니의 신분 때문에 신분이 높아지며, 어머니는 아들의 신분 덕택에 신분이 올라간다."

이상이 '원년 춘, 왕의 정월'에 대한 〈공양전〉의 주석이다. 같은 글에 대하여 〈곡량전〉에서는, 다음과 같이 기록하고 있다.

[곡량전(穀梁傳)]

"아무 사건도 없었는데 정월이라고 쓰여 있는 것은 처음이 중요하기 때문이다."
"공(公)에 대해서는 왜 즉위했다고 기록하고 있지 아니했는가?"
"공의 뜻을 성취시키기 위함이다."
"어떻게 하여 공의 뜻이 이루어지는가?"
"은공 자신은 공(公)의 지위를 취할 생각이 없었기 때문이다."
"은공 자신은 공의 지위를 취할 생각이 없었다는 것은 무슨 뜻인가?"
"환공(桓公)에게 양보할 생각이란 말이다."
"환공에게 양보한다는 것은 올바른 것인가?"
"올바르지 않다."
"원래 《춘추》는 사람의 좋은 행위에 대해서는 그 성취를 적극적으로 기록하는데, 사람의 나쁜 행위에 대해서는 그렇게 하지 않는다. 은공은 올바르지 않은데 그 뜻을 이룬다는 것은 무슨 이유인가?"
"환공을 증오하기 때문이다."
"환공을 증오하는 것은 왜인가?"
"은공이 군위(君位)를 양보했는데도 환공은 은공을 죽였다. 그러므로 환공은 나쁘다."
"환공은 은공을 죽였다. 그리고 은공은 군위를 양보하고자 했었다. 그렇다면 은공은 선(善)이다. 선이라면 은공이 올바르지 않다는 것은 무슨 이유인가?"
"원래 《춘추》는 의(義)를 중요시하되 감정에 흐르는 호의(好意) 따위는 중시하지 않는다. 정도(正道)를 발전시키고 사도(邪道)는 발전시키지 않는다는 입장에서 쓰여졌다. 효자는 아비의 장점을 들되, 단점을 거론하지는 않는다. 선군(先君 : 惠公)이 환공에게 군위를 양위코자 한 것은 올바른 것이 아니다. 사도(邪道)이다. 그러면서도 그는 자신의 사심(邪心)을 물리치고 은공에게 군위를 양위했다.

 그렇건만 은공 자신이 선군의 사심을 알면서도 끝내 환공에게 군위를 양위했다면 이것은 아버지의 사심을 완성시키는 일이 된다. 형제는 하늘이 정해준 순서이다. 아들은 그 지위를 아버지로부터 받고, 제후(諸侯)는 그 지위를 군주(君主 : 周나라 왕)로부터 받는 것이다. 스스로 하늘이 정해준 순서를 문란케 하며, 군주나 아버지를 잊고서 감정에 흐르는 호의(好意)를 이루는 것은 소도(小道)이다. 은공과 같은 사람은 제후로서의 책임을 충분히 이행하지 못했다고 해야 할 것이다. 정도를 충분히 이행했다고는 말할 수 없다."

하오월(夏五月), 정백(鄭伯) 극단우언(克段于鄢)

 이것은 은공 원년 하오월조(夏五月條)이다. 본문은 단지 이것밖에 기록하고 있지 않은데, 이 사건은 실은 정(鄭)나라의 여러 해에 걸친 가문(家門) 소동의 결말이다. 이 가문 소동의 내용은 〈좌전〉에 자세히 기록되어 있다.

 〈공양전〉〈곡량전〉에서는 다음과 같은 주석을 달고 있다.

[공양전(公羊傳)]
"극(克)이란 어떤 것인가?"
"죽이는 것이다."
"죽였다면 왜 굳이 극(克)이라고 했는가?"
"정백(鄭伯)의 나쁜 점을 강조하기 위해서이다."
"왜 정백의 나쁜 점을 강조하려는 것인가?"
"어머니가 단(段)을 즉위시키려는 것을 죽였기 때문이다. 즉위하지 못하게만 하는 편이 좋았을 것이다."

"단이란 누구인가?"
"정백의 동생이다."
"왜 동생이라고 하지 않는 건가?"
"나라를 통치하고 있었기 때문이다."
"사건이 있던 지명이 쓰여 있는 것은 왜인가?"
"나라를 통치하고 있었기 때문이다."
"그렇다면 제(齊)나라 사람이 무지(無知:人名)를 죽였을 때는 왜 그 사건이 있었던 지명을 쓰지 않았는가?"
"도읍 안에서 사건이 있었기 때문이다. 도읍에 있으면 나라를 다스리고 있다 하더라도 사건이 있었던 지명은 쓰지 않는다. 나라를 통치하고 있지 않을 경우는 도읍 밖에 있었다 하더라도 지명을 적지 않는다."

[**곡량전**(穀梁傳)]
"극(克)이란 무엇인가?"
"되었다는 의미이다."
"무엇이 되었다는 것인가?"
"살해(殺害)가 되었다는 것이다."
"왜 죽였다고 하지 않는가?"
"단(段)에게 숱한 사람이 있었다는 것을 나타내기 때문이다. 단은 정백의 동생이다."
"어찌하여 동생이란 것을 알 수 있는가?"
"세자(世子)의 친동생을 죽이는 데 그 죽인 상대를 군주로 취급하고 있다. 이와 같은 군주 취급에서 단이 동생이란 것을 알 수 있다. 단이 동생이건만 동생이라고 하지 않고, 공자(公子)이건만 공자라고 하지 않은 것은 단을 깎아내리기 위해서이다. 단은 동생의 도

(道)를 걷지 않았다. 단의 나쁜 점과 정백의 지나친 점을 나타내기 위해 이처럼 적고 있는 것이다."
"왜 정백을 지나치다고 하는가?"
"정백이 여러 가지를 생각한 나머지 죽이기까지 한 점을 지나치다고 말하는 것이다. '언(鄢)에서'라고 쓴 것은 멀기 때문이다. 마치 어린아이를 어미의 품속에서 뺏어다가 죽이는 것과 같다. 이런 점을 지나치다고 하는 것이다."
"그렇다면 정백은 어떻게 했더라면 좋았을까?"
"추궁의 도(度)를 낮추어 적(賊)이 도망치도록 해주는 것이 친족으로서의 도리이다."

이상에서 본 것처럼 〈공양전〉이나 〈곡량전〉의 저자는 《춘추》의, 간결한 본문의 표현 속에서 여러 가지 문제점을 인출하여, 거기에 숨겨져 있는 공자(孔子)의 세계관·인생관을 읽어내고자 하고 있다.

십유사년춘(十有四年春), **서수**(西狩) **획린**(獲麟)
이것은 애공(哀公) 14년의 일이며, 《춘추》의 맺음말과 같은 구절이다. 이것에 대하여 〈공양전〉은 다음과 같은 주석을 달고 있다.

[**공양전**(公羊傳)]
"왜 이것을 기록했는가?"
"이상한 일이기에 기록한 것이다."
"왜 이상한가?"
"중국에 있는 짐승이 아니기 때문이다."
"그렇다면 누가 이것을 잡았는가?"
"나무꾼이다."

"나무꾼은 빈궁한 법이다. 그런데 왜 '수(狩)' 자(狩는 원래 천자나 제후 등 고귀한 사람의 행위를 가리키는 문자이다)를 사용했는가?"
"이 일을 크게 다루기 위해서이다."
"왜 크게 다루는가?"
"인(麟)을 포획했기 때문에 크게 다룬 것이다."
"왜, 인을 획득한 것이 큰 사건이 되는가?"
"인은 인수(仁獸)이다. 덕이 높은 군주가 있으면 오고, 덕이 높은 군주가 없으면 오지 않는다. 공자(孔子)에게 이 일을 보고한 자가 있었는데 '균(麕 : 몸체가 작고 뿔이 없는 사슴)으로서 뿔이 있는 것이 있었습니다'라고 전했다. 공자는 '(인은) 누구를 위해 왔는고? 누구를 위해 왔는고?(지금은 인이 올 만한 태평성대가 아닌데)'라면서 옷소매로 얼굴을 가렸는데 눈물이 저고리를 적셨다. 안연(顔淵)이 죽자 공자는 '아아, 하늘은 나를 버리셨도다'라고 말했다. 자로(子路)가 죽자 공자는 '아아, 하늘은 나를 끊으셨도다'라고 말했다. 서쪽으로 수렵을 나가 인을 포획했다. 공자는 '나의 도(道)는 이제 막혔도다'라고 말했다."
"《춘추》는 왜 은공 때부터 시작되었는가?"
"그것은 조부(祖父)가 들을 수 있었던 범위 안에서 집필했기 때문이다. 《춘추》는 자기가 본 시대, 자기가 당시 사람으로부터 들은 시대, 들은 사람으로부터 다시 들은 시대의 사건 등으로서 각각 그 표현이 다르다."
"왜 애공(哀公) 14년에서 끝나는 것인가?"
"일단은 다 기록했기 때문이다."
"공자(孔子)는 왜 《춘추》를 만들었는가?"
"난세를 다스리되 올바른 상태로 되돌려 놓는 것은 《춘추》가 가장 가까운 도(道)이기 때문이다. 그렇기 때문에 만들었든지 혹은 공자가 요(堯)·순(舜)의 도(道)를 논하기 좋아했기 때문일까? 요·순이, 공자를 예지(豫知)했던 것과 같은 일을 후세에도 기대할 수 없었을 것인가. (공자의 후계자가 나올 것을 기대하는) 공자는 《춘추》의 의(義)를 만들어 후세의 성인(聖人)을 기다렸다. 공자가 《춘추》를 만든 것은 이런 기대가 있었기 때문이다."

이처럼 〈공양전〉은 이 '획린(獲麟)'의 조(條)에 큰 의미를 부여하고 있는데 〈곡량전〉에서는 다음과 같은 주석을 달았다.

[곡량전(穀梁傳)]

'춘(春), 서쪽에 수렵하여 인(麟)을 포획한 것은 인이 나와 있는 것을 잡은 것이다. 수렵에서는 지명을 기록한다. 지명이 기록되어 있지 않은 것은 수렵이 아니었기 때문이다. '수(狩)'란 '인을 포획한 것'을 큰 사건이라고 보기 때문이다. 따라서 그곳에 간 것 자체가 큰 사건이며 그래서 '수(狩)'라고 한 것이다. '오다'라고 아니한 것은 인(麟)은 중국 외(外)에 있는 것으로 보지 않기 때문이다. '있다'라고 아니한 것은 인이 중국에 언제나 있지는 않은 것으로 보기 때문이다.'

참고로 〈좌전〉에서는 이 '획린'의 조에 대하여 다음과 같이 기록하고 있다.

'춘(春)에, 서쪽 대야(大野)라는 곳에서 수렵을 했다. 숙손씨(叔孫氏 : 魯나라의 중신)의 수레 관리인인 저상(鉏商)이 인을 잡았다. 불길하다고 생각한 그는 그것을 숲의 관리인에게 주었다. 공자가 그것을 보고 '인이다'라고 말하자 사관(史官)이 얼른 기록했다.'

이처럼 《춘추》의 3전은 그 기록하는 방법이 각각 다른 데에 역점을 두고 있으며 일정하지 아니하다.

《춘추》 해설

노나라의 연대기를 공자가 정리해서 만들었다고 전해지는 《춘추》는 그 본문(本文 : 經)은 대체적으로 간결한 글로만 쓰여져 있다. 그러나 유가는 이 간결한 표현 방법《춘추》의 筆法) 속에 공자의 역사 사실에 대한 평가, 나아가서는 공자의 세계관[微言大義]이 포함되어 있다며 그것을 독취(讀取)하려고 한다.

그 때문에 《춘추》의 본문을 어떻게 해석하느냐가 큰 문제가 되었으며, 한(漢)나라 시대에 이미 '춘추삼전(春秋三傳)'이라고 하는 3종의 주석서가 만들어졌다.

즉 노(魯)나라의 좌구명(左丘明)이 쓴 것으로 전해지는 〈좌전〉, 전국시대 제(齊)나라의 공양고(公羊高)가 썼다는 〈공양전〉, 춘추시대 노나라의 곡량적(穀梁赤)이 썼다는 〈곡량전〉 등 세 가지가 그것이다. 이 가운데 〈좌전〉은 사실(史實)을 중시하고, 《춘추》의 경문에 대하여 그 배경이 되는 상세한 역사 사실을 보완하고, 거기에서 어떤 평가를 도출해내는 방법을 채택하고 있다.

이에 비하여 〈공양전〉과 〈곡량전〉은 '춘추의 필법'을 중시하고 경문의 소소한 표현의 차이 속에서 공자가 주장하는 대의(大義)를 독취하는 방법을 채택하고 있다. 특히 〈공양전〉은 '획린'의 조에서 볼 수 있는 것처럼 《춘추》를 공자가 미래에 기대를 가졌던 혁명서(革命書)로 썼다는 생각까지 할 수도 있는 해석 방법을 취하고 있다.

이것이 청조(淸朝) 말기의 공양학자(公羊學者 : 예컨대 康有爲)에 의해 〈공양전〉이 변혁의 책이라고 하면서 '변혁운동'의 이론적 근거로 삼았던 원인이다.

〈공양전〉의 주석으로는 후한(後漢)의 하휴(何休)에 의한 《춘추공양전해화(春秋公羊傳解話)》가, 그리고 〈곡량전〉의 주석으로는 진(晋)나라 범녕(范甯)의 《춘추곡량전집해(春秋穀梁傳集解)》가 우선적으로 꼽힌다.

그리고 당(唐)나라 서언(徐彦)의 《춘추공양전소(春秋公羊傳疏)》와 역시 당나라 양사훈(楊士勛)의 《춘추곡량전소》가 있다. 이것들은 모두 앞에 나왔던 주석에 다시 주(注:疏)를 단 것들이다. 일반적으로 〈좌전〉에는 여러 주석서가 있는 데 비하여 〈공양전〉 〈곡량전〉은 그다지 없다.

국어(國語)

《좌전(左傳)》과 쌍벽을 이루는, 춘추시대 열국사(列國史)의 고전(古典)으로, 기원전 350년경에 이루어진 책이다.

춘추시대 열국들의 사건을 나라별로 정리해 놓은 책이다. 〈주어(周語)〉〈노어(魯語)〉〈제어(齊語)〉〈진어(晉語)〉〈정어(鄭語)〉〈초어(楚語)〉〈오어(吳語)〉〈월어(越語)〉 등 8개국의 역사로 이루어졌다. 전21권. 《좌전(춘추좌씨전)》이 '춘추내전(春秋內傳)'이라고 하는 데 비하여 '춘추외전(春秋外傳)'이라고도 한다.

《국어》의 주요 내용

방민지구심어방수(防民之口甚於防水)

주(周)나라 여왕(厲王)은 심히 포학했으므로 사람들이 왕을 욕했다. 그러자 소공(邵公)이 왕에게 아뢰었다.

"백성들은 대왕의 어명을 감당치 못하여 따르지 않고 있나이다."

왕은 크게 노하여 위(衛)나라에서 왕자를 데려다가 욕하는 자를 감시케 하고 고발토록 하였으며 고발된 자는 모조리 죽였다. 그러자 백성들은 욕을 입밖으로 내지는 못하고 서로 지나다가 눈과 눈으로 신호를 하기에 이르렀다. 왕은 크게 기뻐하며 소공에게 말했다.

"과인은 백성들로 하여금 과인의 욕을 못하게 만들었소. 이제 그 어느 놈도 욕을 하지 못할 것이오."
소공이 아뢰었다.
"그것은 막은 것일 뿐이니이다. 백성의 입을 막는 것은 강물을 막는 것보다 더 어렵습지요(防民之口甚於防水). 막혔던 강물이 붕괴되면 숱한 사람이 반드시 상하게 되옵니다. 백성도 이와 똑같습지요. 강물을 다스리는 자는 강물을 터놓아서 이를 인도하옵니다. 백성을 다스리는 자는 백성들로 하여금 실컷 말을 하도록 시키나이다.

따라서 천자(天子)가 정치를 하는 데는 우선 왕이 공경대부에게 시(詩)를 지어 올리게 하고, 고(瞽)에게는 곡(曲)을, 사관(史官)에게는 책을 바치게 하옵지요. 또 사(師)는 왕에게 간언하고, 수(瞍)는 읊으며, 몽(矇)은 송(誦)하고, 백공(百工)은 왕을 간하며, 서민은 관원의 손을 통하여 왕에게 의견을 상신토록 하나이다. 근신에게는 일이 규정대로 행해지는지 어떤지를 조사케 하고, 왕의 친척은 왕의 과오를 보완하며 정치를 감찰하옵니다. 악관(樂官)과 사관(史官)의 장(長)은 왕을 교회(教誨)하고, 사부(師傅)는 그것에 근거하여 왕을 계도하도록 시킵지요.

그리고 왕 자신이 그런 것들을 취사선택하면 일은 순조롭게 되어가며 무리가 없나이다. 백성에게 입이 있는 것은 대지에 산천(山川)이 있는 것과 같은 것이며 재화(財貨)는 이곳으로부터 나오는 것이니이다. 또 들이나 습지가 펼쳐져 있는 속에 비옥한 전답이 있는 것과 같아서 의식(衣食)이 이곳으로부터 생산되고 있사옵니다. 말하는 것이 자유로워지면 세상 속의 좋은 면도 나쁜 면도 언론 속으로 떠오르게 마련입지요. 좋은 면은 신장시키고 나쁜 면에 대비하는 것이야말로 재화와 의식(衣食)을 풍요롭게 만드는 길이니이다.

　원래 백성들은 깊이 생각한 다음에 그 입에서 말을 내는 법이옵니다. 발언을 많이 하도록 시키실 일이지, 어찌 그 입을 막으시려 하시옵니까. 만약 막으신다면 머지않아서 파국을 맞게 되실 것이옵니다."

여왕은 받아들이지 않았다. 그래서 백성들은 아무 발언도 하지 않았는데, 3년이 지나자 왕은 체(彘) 땅으로 내쫓겼다.(周語 上)

진문공(晉文公)의 유랑

　진나라 문공은 제(齊)나라 환공(桓公)과 쌍벽을 이루는 패자(霸者)인데, 그 전반생은 결코 순조롭지 못했다. 그는 가문(家門)의 소란과 골육상쟁에 휘말리어 진나라에서 도망을 쳤고 여러 나라를 유랑하지 않을 수 없었다. 그 가문의 소동이란 대략 이런 것이었다.

　진문공(이름은 重耳)의 아버지인 헌공(獻公)은 이적(夷狄)으로부터 잡아다가 후궁으로 삼았던 여희(驪姬)를 총애했었다. 여희는 헌공의 정부인 소생으로 태자 자리에 있는 신생(申生)을 폐태자하고 자기 소생인 해제(奚齊)를 태자로 세우려는 계책을 세웠다. 그녀는 외지에 나가 있던 태자 신생이 아버지 헌공에게 바친 제육(祭肉) 속에 독약을 섞어두었다가 헌공이 지켜보는 가운데 그것을 개에게 먹이어, 헌공 암살음모라는 엄청난 죄를 신생에게 뒤집어씌웠다.

　효성이 지극했던 신생은 죄를 추궁당하게 되자 자살하고 말았다. 이 사건을 목도한 해제의 이복형 중이는 신변의 위험을 느끼고 고민하다가 간일발의 차이로 용케 국경을 넘어 탈출한다. 이렇게 해서 중이의 20년간에 걸친 유랑생활은 시작되었던 것이다. 여기에 소개하는 것은 그가 유랑생활 중 겪은 한토막의 이야기이다.

　문공(중이)이 적(狄)나라로 망명한 지 12년이 되던 해 어느 날의 일이다. 호언(狐偃)이라는 중신이 말했다.

"우리가 이곳에 온 것은 적나라가 쾌적하다고 생각해서가 아니라 진나라로 돌아가기 위해서였습니다. 이전에 저는 '적나라는 망명하기에 가깝고 곤궁한 때에 물자를 보급할 수 있으며, 휴양을 하면서 힘을 비축하기에 썩 좋은 곳이니 이곳에 머물러야겠다'고 아뢰었습니다. 그런데 지금은 이곳에 너무 오래 머물렀습니다. 오래 있으면 그곳에 안주하고 싶어집니다. 안주하고 안일함을 즐기게 되면 누가 분발하여 이 일을 이루겠습니까. 어서 출발토록 하십시오.

우리가 제(齊)나라나 초(楚)나라에 가지 않았던 것은 그 나라들이 너무 멀기 때문입니다. 이제 12년 동안이나 힘을 비축했으니 먼 나라에도 갈 수가 있습니다. 제후(齊侯)는 나이가 많아서 진나라와 친밀하게 지내기를 원하고 있습니다. 관중(管仲)이 죽은 다음에는 그 측근에 어리석은 자들만 많이 모인 터라 함께 정책을 세워도 잘 다스려지지 않아서, 제후는 옛일을 그리워하고 있다 합니다.

틀림없이 관중의 말을 떠올리면서 가까이에 있는 사람을 싫어하고 먼 곳의 사람을 찾고 있을 것이니 우리가 가서 제후에게 따른다면 나쁘게 대하지는 않을 것입니다. 제후가 만년(晚年)을 맞았다는 것은 우리에게 천만다행한 일입니다. 제나라야말로 의지하면서 친하게 지낼 나라입니다."

모두가 동의했다. 그래서 출발했다. 오록(五鹿)이란 땅을 지나갈 때다. 농부에게 먹을 것을 좀 달라고 청했다. 그러자 농부는 흙덩어리를 내밀었다. 중이는 화를 내며 채찍으로 때리려고 했다. 호언이 말했다.

"이것은 하늘이 내리시는 것입니다. 백성이 흙을 내밀면서 공자(公子)님께 복종한 것입니다. 그 위에 무엇을 더 바라겠습니까. 하늘이 정하시는 일에는 반드시 전조(前兆)가 있는 법입니다. 12년 후에는 틀림없이 이 토지가 공자님의 손에 들어올 것입니다. 여러분, 잘 기억해 두십시오.

세성(歲星)이 수성(壽星)에서 순미(鶉尾)로 옮겨지면 이 땅을 손에 넣을 수 있을 것입니다. 하늘이 지금 우리에게 고하시는 바입니다. 세성이 또 수성의 위치로 돌아오면 반드시 제후들을 거느리고 패자(覇者)가 될 것입니다. 이것은 하늘의 도(道)입니다. 이 흙덩어리를 얻는 데서부터 시작되는 것입니다. 이 오록의 땅을 얻는 것은 무신일(戊申日)부터입니다. 무(戊)는 토(土)요 신(申)은 신(伸)이니 토지가 넓혀집니다."

그들은 재배 돈수하고 그 흙을 받아 수레에 싣고 제나라로 향했다. 제후는 공자 중이에게 자기 딸을 주어 결혼시키고 후대했다. 중이는 말을 80필이나 가질 정도로 부유하게 지냈으며, 제나라에서 생애를 끝냈으면 하는 생각이었다. 그는 말했다.

"사람은 생활이 안락해지기만 하면…… 다른 일은 어찌 되든 상관이 없어……."

제나라에서는 환공(桓公)이 죽고 효공(孝公)이 그 뒤를 이었다. 그러자 제후들은 제나라에 반기를 들었다. 호언은 이렇게 된 이상 제나라의 힘을 빌어서 진나라로 돌아가는 것은 틀렸다고 생각했다. 또 중이가 제나라에 눌러앉아 이곳에서 생애를 마감해야겠다고 생각한다는 것을 알게 되자 한시바삐 제나라에서 떠나야겠다고 생각했다. 그러나 그 말을 직접 공자 중이에게 말하면 틀림없이 반대할 것이므로 중이의 부하들인, 자기 동료들과 뽕나무밭 속에서 이 일을 상의했다.

그런데 누에에게 먹일 뽕을 따기 위해 뽕나무 위에 올라가 있던 여인이 그들의 대화를 모두 듣고 말았다. 하지만 호언과 그의 동료들은 누구 한사람, 자기네들의 대화를 엿듣고 있는 여자가 있다는 것을 알아차리지 못했다. 그 여인은 강씨(姜氏 : 제후의 딸로서 중이의 처)에게 가서 이 사실을 알려주었다. 강씨는 그자리에서 그녀를 죽여 없앤 다음, 곧 공자 중이에게 말했다.

"공자님의 부하들이 공자님을 모시고 이곳을 떠나기로 의견을 모았다 합니다. 그 말을 들은 자가 있는데 그 사람은 제가 이미 처치해 버렸습니다. 공자님은 아무 말 마시고 부하들의 말을 따르십시오. 천명(天命)을 의심하시면 안됩니다. 의심하시면 천명을 성취할 수 없게 됩니다. 시(詩)에도 '상제(上帝)가 그대를 보호하고 있다. 마음에 의심을 가지지 말라'고 했지 않습니까.

선왕(先王)께서는 천명을 알고 계셨습니다. 어찌 의심하실 수 있겠습니까. 공자님은 진나라에서 난을 피하여 이곳에 오셨습니다. 공자님이 진나라에서 떠나신 후로 진나라는 평화로운 때가 없었으며 진나라 백성들은 정해진 군주를 모시지 못하고 있는 터입니다. 그렇건만 아직도 하늘은 진나라를 멸망시키지 않았습니다.

진나라에 공자(公子)는 이제 공자님 한 분뿐이십니다. 진나라를 맡으시고 다스리실 분은 공자님말고는 없습니다. 정신차리십시오. 상제(上帝)님께서 공자님을 보호하고 계십니다. 의심하시면 반드시 벌을 받게 되십니다."

공자는 말했다.

"나는 안 움직일 거요. 반드시 이곳에서 죽겠소."

강씨의 말이 계속되었다.

"아니됩니다. 주(周)나라 시(詩)에도 '군주의 명령을 받고 떠나는 무리는, 자기의 즐거움을 바라다가는, 도저히 기간에 맞출 수 없다'라고 했습니다. 조석으로 길을 서두르고, 앉아서 쉴 틈도 없이 강행군을 해도 늦어질까 두렵습니다. 더구나 자기 마음대로 욕망을 채우고 안락함을 원한다면 어찌 늦지 않을 수 있겠습니까.

세월은 가만히 있지 아니합니다. 해와 달조차도 정지하고 있지 않는 걸요. 항차 인간의 몸으로서 그 누구가 안락하게 있을 수 있단 말입니까. 서방(西方:周나라)의 책에도 이런 말이 있습니다. '안락을 원하면 큰일을 해친다.' 또 정(鄭)나라 시에도 '중(仲)은 사랑스런 사람이지만 소문나는 것이 두렵다'라고 되어 있습니다.

옛날 관경중(管敬仲:管仲)이 다음과 같이 말한 것을 들은 적이 있습니다. '위엄을 두려워하기 병(病)처럼 하는 자는 백성의 상부(上部)에 있는 사람이다. 욕망에 따르기 물 흐르듯이 하는 자는 백성의 하부(下部)에 있는 사람이다. 욕망을 보고 위엄을 생각하는 자는 백성의 중부(中部)에 있는 사람이다. 위엄을 두려워하기를 병(病)처럼 하면 백성에게 위엄을 나타낼 수가 있다. 위엄을 나타내면 백성들 위에 설 수 있고, 위엄을 두려워하지 않으면 벌을 받는다. 욕망에 따르기를 물이 흐르듯 하는 자는 위엄으로부터 아주 멀어진다. 따라서 하부(下部)의 사람이라고 하는 것이다. 그러다가 벌을 받는다. 나는 중부(中部)에 따른다. 나는 정(鄭)나라 시어(詩語)에 따른다.'

이것이 관중이 제나라를 통치하고 선군(先君)을 보좌하여 패업을 완성시킨 도입니다. 공자님이 관중의 말을 무시하신다면 성공하기가 어려울 것입니다. 제나라의 정치는 지금 문란해졌습니다. 그리고 진나라는 이미 오랫동안 무도(無道)한 상태입니다. 그래도 공자님의 부하들은 충의로운 마음으로 여러 가지 계획을 세우고 있습니다. 따라서 공자님이 귀국할 시기는 가까이 다가온 것입니다.

나라의 군주는 백성들을 구제하지 않으면 안됩니다. 그것을 하지 않는다면 인간이라고도 할 수 없습니다. 정치가 문란해진 제나라에 머물러 있어서는 아니됩니다. 시기를 놓쳐서도 아니되구요. 부하들의 충의심을 모른 체해서도 안됩니다. 욕망에 흘러서는 아니됩니다. 공자님은 어서 떠나십시오.

제가 듣기로는 진나라가 처음으로 제후에 봉해졌을 때, 세성(歲星)이 대화(大火)에 자리하고 있었다고 합니다. 대화는 관백(關伯)의 성(星)이며 은(殷)나라 사람을 지배했던 성이었습니다. 은나라는 31대(代)나 계속되었습니다. 고사(瞽史)의 기록에는 '당숙(唐叔)의 세(世 : 晉나라)는 은왕조와 같은 정도까지 계속될 것이다'라 했습니다. 지금은 아직 그 반(半)도 되지 않았습니다. 진나라 공자는 공자님 한 분이십니다. 어찌하여 안락만을 즐기시려고 하십니까?"

공자 중이는 강씨의 말에 따르지 않았다. 강씨는 호언과 상의한 다음, 공자에게 술을 먹이어 취하게 했고, 곧이어 수레에 태워 출발시켰다. 눈을 뜬 공자 중이는 창을 비껴들고 호언을 뒤쫓으며 말했다.

"일이 잘 되지 않으면 네 살을 떼어먹을 것이야! 아니다. 그것만으로는 부족해!"

호언은 도망치면서 대답했다.

"일이 잘 되지 않는다면 그때는 내가 죽은 곳도 알 사람이 없을 것입니다. 살쾡이나 이리가 다투어 내 살을 먹게 되겠지요. 일이 성공되었을 때라면 공자님은 진나라에서 산해진미를 드실 것인즉 내 살점 따위를 잡수실 리 없겠구요."

그들은 마침내 멀고 먼 여행길에 나섰다.(晉語 4)

그러나 중이 일행은 그길로 진나라에 간 것은 아니고, 그들의 유랑은 계속된다. 중이가 진나라에 돌아와서 문공(文公)이 된 것은 그로부터 몇년 후의 일이다.

오안현오동문지상(吾眼懸吳東門之上)

오왕(吳王) 부차(夫差)가 제(齊)나라를 정벌하고 돌아와서 신서(申胥 : 伍子胥를 가리킨다)를 책망하며 말했다.

"지난날 우리 선왕(先王)께서는 덕을 몸에 익히신 성명(聖明)한 분이시었소. 그 일은 상제(上帝)에게까지 알려졌던 바외다. 예컨대 두 농부가 밭을 갈다가 사방의 쑥을 뽑아 버리듯, 초(楚)나라를 쳐부수고 명성을 떨치시었소. 이는 대부(大夫 : 오자서를 가리킨다)의 공이기도 하오.

 그러나 이제 대부는 늙었음에도 불구하고 조용히 여생을 즐길 생각은 아니하고 집안에서는 나쁜 일을 꾸미고 외출을 하면 우리 백성들을 죄 속에 빠뜨리며 법도를 문란케 하고 우리 오나라에 불길한 요언(妖言)을 퍼뜨리고 다니는구려. 지금 하늘의 축복은 오나라에 내려져서 제나라는 우리에게 항복했소이다. 과인은 자신의 힘을 과시하고자 하지는 않소이다만…… 이는 선왕의 신령하신 음덕이외다. 이같은 사실을 대부에게 말해 주겠소.”
신서(오자서)는 검을 뽑아놓고 대답했다.
“지난날 우리 선왕께서는 대를 이으며 보좌하는 신하가 있어서 문제를 현명하게 해결해 나가시었나이다. 그리하여 악정(惡政)을 제거하고 대난(大難)에 빠지지 않고 오늘에 이르렀사옵니다. 지금 전하께서는 노인을 버리고 어린아이와 같은 것들을 측근에 두시고 상의하시면서 ‘과인의 명령을 거역하는 자는 없다’며 자랑하시나이다. 거역하지 않는 것은 대도(大道)에 반(反)하는 일이옵지요. 또 거역하지 않는 것은 멸망으로 내딛는 첫걸음이기도 하나이다.

 하늘이 버릴 때에는 우선 작은 기쁨을 주어, 문제의 본질을 잊도록 하는 법이니이다. 전하께서 만약 제나라를 마음대로 휘두르지 못하시고, 그로 인하여 전하께서 일의 본질을 깨달으신다면 오나라는 앞으로도 대를 이어져 나가게 될 것이옵니다. 우리 선군께서 성공하신 데는 나름대로의 노력이 있었사옵고 실패에는 나름대로의 원인이 있었나이다. 그리고 성공하신 바를 잘 유지해 나가시고 언제나 시기를 잃지 않으셨으며 실패는 곧 만회하였던 것이옵니다.

지금 전하께서는 이렇다할 노력도 하지 않으셨건만 하늘의 축복을 몇번씩이나 받으셨나이다. 이는 오나라의 명맥이 얼마 안남았다는 조짐이옵니다. 원(員 : 오자서의 이름)은 몸이 아프다 핑계하고 물러날 수도 있습니다만 전하께서 월(越)나라에 사로잡혀 가시는 것은 볼 수가 없사온즉 차라리 신을 죽여주소서."
라며 자살했다. 그는 죽기 전에 이렇게 말했다.
"내 눈을 동문에 걸어다오(吾眼懸吳東門之上). 월나라 오랑캐가 쳐들어와서, 오나라가 멸망하는 것을 볼 수 있도록(以觀越寇之入滅吳也)."(吳語)

《국어》 해설

《국어》는 춘추시대의 각 사적을 나라별로 정리해 놓은 책이다. 같은 시대를 다룬《좌전(左傳 : 춘추좌씨전)》을 '춘추내전(春秋內傳)'이라고 하는 데 비하여, '춘추외전(春秋外傳)'이라고도 부른다. 그러나《좌전》처럼 유교의 경전으로 쓰였던 것은 아니다. 또 '좌국사한(左國史漢 :《좌전》《국어》《사기》《한서》)'이라 칭하여 사서(史書)의 고전 중 하나로 중시되었다.

필자는《좌전》과 같은, 노(魯)나라의 태사(太史)인 좌구명(左丘明)이라고 전해오는데 이것 역시《좌전》의 경우와 마찬가지로 전언(傳言)의 영역을 벗어나지 못하고 있다.

《국어》가 대상으로 하고 있는 시대는 주(周)나라 목왕(穆王) 35년(기원전 967년)부터 정정왕(貞定王) 56년(기원전 453년)까지로서,《춘추》가 대상으로 하고 있는 시대(기원전 722~기원전 481년)보다 훨씬 길 뿐 아니라, 춘추시대보다 이전인 서주시대(西周時代)까지 포함시키고 있다. 그러나《국어》는 역사상·정치상의 에피소드를 모은 단편집이란 냄새가 강하며, 이 5백여년의 시대를 모두 망라한 체계적 기록을 하고 있는 것은 아니다. 다음에 그 대요(大要)를 적어본다.

- 〈주어(周語)〉 – 상중하(上中下) 3권의 단편집이다. 상은 그 대부분이 서주시대의 기록으로 되어 있다.
- 〈노어(魯語)〉 – 상하 2권으로 되어 있는 단편집이다.
- 〈제어(齊語)〉 – 1권. 제나라 환공(桓公)의 일대기이다. 내용은 《관자》의 〈소광편(小匡篇)〉과 거의 같다.
- 〈진어(晉語)〉 – 《국어》 전 21권 중 9권을 차지한다. 단편집에 진문공(晉文公)의 일대기가 더해져 있다.
- 〈정어(鄭語)〉 – 1권. 서주시대, 정나라 환공(桓公)의 시대를 기록한 단편이다.
- 〈초어(楚語)〉 – 2권의 단편집이다.
- 〈오어(吳語)〉 – 1권이며 오왕 부차(夫差)의 일대기이다.
- 〈월어(越語)〉 – 2권. 월왕 구천(勾踐)의 일대기이다.

150 역사서(歷史書)

사기(史記)

중국 고대의 치란흥망(治亂興亡)을 무대로 하여 '역사와 인간'을 추구한 사마천(司馬遷)의 명저로, 기원전 90년경에 편찬되었다고 한다.

이《사기》전 130권은 〈본기(本紀)〉 12권, 〈표(表)〉 10권, 〈서(書)〉 8권, 〈세가(世家)〉 30권, 〈열전(列傳)〉 70권 등, 5부로 나누어졌는데, 단지 연차(年次)를 따라 평면적으로 기록하는 편년체(編年體)가 아니라 입체적으로 역사의 모습을 부상시키는 구성을 취하고 있다. 이것을 기전체(紀傳體)라고 한다.

《사기》의 주요 내용

1. 〈본기(本紀)〉

본기는 전설시대로부터 한대(漢代)에 이르기까지의 왕조 흥망사가 수록되어 있다. 즉 〈오제본기(五帝本紀)〉〈하본기(夏本紀)〉〈은본기(殷本紀)〉〈주본기(周本紀)〉〈진본기(秦本紀)〉〈진시황본기(秦始皇本紀)〉〈항우본기(項羽本紀)〉, 한나라의 〈고조본기(高祖本紀)〉〈여후본기(呂后本紀)〉〈효문본기(孝文本紀)〉〈효경본기(孝景本紀)〉〈효무본기(孝武本紀)〉 등 12권이다.

여기서는 진왕조를 무너뜨리기는 했으나 기원전 202년 한고조

(漢高祖) 유방(劉邦)에게 멸망당한 항우의 마지막 장면을 소개한다. 항우는 왕조를 수립하지는 못했지만 특별히 이 〈본기〉 속에서 다루었다.

사면초가(四面楚歌)

기원전 206년 시황제가 죽은 지 4년이 되던 해에 진나라는 멸망했는데 진나라 토벌의 최고 실력자였던 초(楚)의 항우와 한의 유방은 결렬하여 중원 땅을 놓고 싸우기 4년, 형세는 차츰 항우에게 불리해졌다.

항우의 군단은 해하(垓下 : 安徽省 靈壁縣)에 진을 쳤는데 이미 병력은 얼마 안남았고, 식량도 바닥이 났다. 주위는 한군(漢軍)과 제후들의 연합군에 의해 완전 포위되었다.

밤이 되자 항우는, 사방의 적진 속에서 자기 고향인 초나라 노랫소리가 들려오는 것을 듣고 경악하지 않을 수 없었다.(사면초가란 고사성어는 여기서 나왔다)

"이제 초나라 땅은 한군에게 완전히 함락당하고 말았단 말인가. 이렇게도 많은 초나라 군사가 적군에게 항복을 했단 말인가!"

항우는 잠을 이루지 못한 채 장막 안에서 술을 마셨다. 한편 이 항우에게는 언제나 따라다니던 미녀 첩이 있었다. 이름을 우(虞)라고 했다. 또 그는 추(騅)란 이름의 준마(駿馬)를 늘 타고 다녔다.

술이 거나하게 취하자 항우는 슬픔과 분노에 몸을 떨면서 애첩과 애마(愛馬)를 주제로 하여 즉흥시를 지어 노래불렀다.

힘은 산을 뽑아내고 기세는 세상을 뒤엎었도다
(그러나) 때는 불리하여 (사랑하는 말) '추'는 가지를 않는구나.
'추'가 가지를 않으니 이를 어쩐다?

'우'여 '우'여, 그대를 어찌할까나?
(力拔山兮氣蓋世
時不利兮騅不逝
騅不逝兮可奈何
虞兮虞兮奈若何)

항우는 이 노래를 반복해서 불렀다. 우희(虞姬)도 그 곡조에 맞추어 따라 불렀다. 항우의 뺨에는 눈물이 흘러내렸다. 부하들도 얼굴을 돌리며 울었다.

이윽고 항우는 말을 집어탔다. 따르는 부하는 정예 8백여 기(騎)뿐이었다. 그들은 순식간에 포위망을 뚫고 남쪽을 향하여 도망쳤다.

날이 새기 직전에서야 한군은 그것을 눈치채고 기병대장 관영(灌嬰)이 5천 기를 이끌고 항우의 뒤를 쫓았다.

항우는 회수(淮水)를 건넜다. 따르는 자는 1백여 기밖에 안남았다.

이윽고 항우는 음릉(陰陵) 부근에까지 달려왔으나 그만 길을 잃고 말았다. 그곳에서 만난 농부에게 길을 묻자 그 농부는 거짓으로 가르쳐 주었다.

"왼쪽으로 가십시오."

그때문에 항우 일행은 대습지(大濕地)로 들어가게 되었고 한군은 그사이에 추격해 왔다. 이제 남은 부하는 28기 ― . 각오를 한 항우는 부하에게 명했다.

"진나라 타도를 위해 군사를 일으킨 지 8년, 직접 나아가 싸우기 70여 회, 상대해오는 적은 모조리 죽였었다. 그리고 나는 천하에 패(覇)를 외쳤건만 이제는 이렇게 영락하고 말았구나. 이는 내 전술이 잘못되어서가 아니야. 하늘이 나를 버리심이지. 죽기를 각오한 나이니 이제 너희를 위하여 포위망을 뚫고 한바탕 접전을 벌이리

라. 내 전술이 나빴던 것이 아니라 하늘이 버리셨음을 증명해 보이겠다!"

그리고 항우는 최후의 결전을 벌인 결과, 부하 2기를 잃었을 뿐으로 1백 명 가까운 적군을 베고 장강(長江)으로 향했다. 장강의 나루터에서는 그 지방의 유력자가 배를 준비해 놓고 항우를 맞자, 우선 고향 땅 강남으로 건너가서 재기를 꾀하라고 권했는데 항우는 듣지 않았다.

"일찍이 고향 땅에서 남의 자제 8천 명을 뽑아 함께 진군했다가 다 죽이고 온 나인데 이런 몰골로 어찌 고향에 돌아갈 수 있으리요. 어찌 그 자제들의 부모를 대할 수 있겠소."

항우는 끝내 장강을 건너지 않고 추격군을 맞아 분전을 하다가 자살하고 말았다. 한군 장병들은 항우의 시신을 서로 다투었다고 기록한 다음 저자 사마천은 항우의 인물평을 이렇게 기록하고 있다.

태사공왈(太史公曰 : 사마천을 가리킴), 목적을 달성하지는 못했다 하더라도 항우만한 인물은 이 수백년 동안 나오지 않았었다고 말해도 좋다. 그러나 고향 땅 초나라만 생각하고 중앙의 경영을 소홀히 했고, 또 초나라 군주였던 의제(義帝)를 추방한 다음 자신이 제위(帝位)에 올랐으면서도 도리어 제후들의 이반을 원망하고 공격한 것은 모순이다. 자신의 공로를 너무 자랑한 나머지 독선에 빠져들었고, 무력에만 의지했던 결과 나라를 멸망시키고 자기자신도 동성(東城)에서 죽고 말았다. 더구나 자신의 실패를 인정치 아니하고 '하늘이 나를 버리심이지, 내 전술이 잘못된 것은 아니다'라고 주장한 것은 지나친 과오라고 아니할 수 없다.(項羽本紀)

2. 〈표(表)〉

연표(年表)이다. 이것도 평면적인 기록이 아니라 왕조, 춘추시대(春

秋時代) 이전의 제후들, 전국시대(戰國時代)의 7국, 한대(漢代)의 제후·왕족·중신 등등, 10권으로 분류했으며 다른 관계가 부감(俯瞰)되도록 연구되어 있다. 특히 진나라가 멸망하고 한나라가 일어서기까지(기원전 209~기원전 202년)의 8년간은 1권에 수록할 정도로 그 배려에 세심한 노력을 기울였다.

1972년 봄, 장사시(長沙市) 교외에서 발견한 마왕퇴고분(馬王堆古墳) 속 유체(遺體)의 신원이 판명된 것도 이 〈표〉의 기록과 부합되었기 때문이다.

3. 〈서(書)〉

예제(禮制), 역법(曆法), 천문(天文), 법제(法制), 치수공사(治水工事), 경제 등등, 제도 연혁을 8권으로 나누어 기록하고 있다.

4. 〈세가(世家)〉

고대 중국은 왕조 아래에 여러 제후들이 각지에 봉해지는 형태를 취하고 있었다. 기원전 8세기 이후가 되면 주왕조(周王朝)의 통제력은 차츰 쇠약해지고 제후의 영토는 사실상 독립국이 되어 서로 대립하고 항쟁하며 패권을 다투게 된다.

이 제후들의 계보와 역사를 개별적으로 기록한 것이 〈세가〉 30권이다. 한편 공자(孔子)는 제후는 아니지만 특히 〈공자세가〉를 한 권으로 정리해 놓았다.

여기서는 '제(帝)나라 태공망(太公望)'과 '송양공(宋襄公)' 부분을 초역해 둔다.

태공망과 문왕(文王)

오늘날의 산동성(山東省) 일대에 9백년 가까이나 번영했던 제

(齊)나라는 기원전 11세기, 주왕조 창건의 공신인 여상(呂尙)이 그 공적에 의해 봉해졌던 것이 시초라고 전해진다. 이 여상을 태공망이라고도 불렀으며, 후세에 낚시꾼의 대명사가 된 계기가 〈제태공세가(齊太公世家)〉의 모두(冒頭)에 실려 있다.

태공망이라고 하는 여상은 동방(東方) 해변 사람이다. 이 여상은 노년기가 될 때까지 빈궁하게 살았는데 낚시질이 인연이 되어 주나라 문왕의 발탁을 받게 된다.

즉 어느 때 문왕이 사냥을 나가기 위해 점을 쳐보았던바,

"오늘의 사냥감은 호랑이도 아니고 큰 곰도 아니라 대왕의 패업을 돕게 될 인물이니이다."

라는 점괘가 나왔다. 과연 문왕은 위수(渭水) 북안(北岸)에서 한 낚시꾼을 만났다. 그 사람이 여상이었다. 여상과 대화를 하던 중, 문왕은 그가 마음에 들었다.

"우리 선군(先君) 태공(太公)께서는 '머지않아 성인이 나타나서 주나라를 융성케 해줄 것이다'라고 말씀하셨는데 태공께서 기다리시던 분은 바로 선생이셨소이다."

그리고 여상에게 태공이 기다리던 사람이라 하여 '태공망(太公望)'이란 칭호를 내리고 수레에 동승하여 돌아오자 그를 군사(軍師)로 받들었다.

문왕은 은밀히 이 여상과 의논하면서 선정을 베푸는 한편 은(殷)나라 타도를 꾀했다. 태공망의 헌책은 군사와 기략(奇略)이 주였다. 후세에 병법이나 권모술수를 논하는 자가 태공망을 시조로 삼는 것은 이런 까닭에서이다.

태공망은 문왕이 세상을 떠난 후, 그 아들 무왕(武王)을 섬기면서 헌책하여, 마침내 은나라를 멸망시키고 주나라에 의한 천하통일을 이루었다. 그리고 그 공로로 제나라에 봉해졌으며 그 자손 대대로

제나라 군주가 된다. 〈제태공세가〉 말미에 사마천은 이렇게 기록하고 있다.

태사공왈, 나는 제나라를 방문한 적이 있는데, 옥야(沃野) 2천 리, 그 백성들은 마음씨가 너글너글하고 영지(英智)가 풍부했다. 태공망이 인덕(人德)에 의해 국가의 기초를 만들고 후에 환공(桓公)의 번성시에 선정을 펴서 제후들의 맹주(盟主)가 되었던 것은 당연한 일이었다.

송양지인(宋襄之仁)

송나라는 하남(河南)의 소국이었는데 양공(襄公 : 재위 기원전 650~기원전 637년)은 제후들의 맹주가 되어 패(覇)를 외치겠다는 야심을 가지고 초(楚)나라와 전쟁을 했다.
양공이 이끄는 송군(宋軍)은 홍수(泓水) 가에서 초군과 조우했다. 적이 강을 건너기 시작하는 것을 보고 재상인 목이(目夷)가,
"적은 다수이고 아군은 소수이옵니다. 초군이 강을 건너기 전에 공격해야겠나이다."
라고 진언했으나 양공은 듣지 않았다.
"적군이라 하더라도 전투태세를 완전히 갖추기 전에는 싸우지 않는 것이 군자의 도리요."
적군은 도하를 끝냈고 진형을 갖추기 시작했다. 목이는 다시 공격할 것을 진언했지만 양공은,
"아니오. 적이 진형을 다 갖춘 다음에 진격합시다."
라며 듣지 않더니, 초군이 전투준비를 완료한 다음에야 비로소 공격하기 시작했다.
이때문에 송군은 대패했고 양공도 부상을 입었다. 사람들이 이 작

전을 비난하자 양공은 이렇게 말했다는 것이다.

"적이 곤궁한 처지에 놓였을 때 공격하는 것은 군자의 도리가 아니오. 상대방의 전투태세가 이루어지기도 전에 어찌 공격명령을 내린단 말이오?"

후세에 사람들은 적군에게 쓸데없는 인정을 베풀다가 실패하는 것을 가리켜 '송양지인'이라며 조소하게 되었는데 그것은 이 고사에서 연유된 것이다. 그러나 사마천은 양공의 행위를 부정만 하지는 않았다. 그는 이렇게 평하고 있다.

태사공왈, ……양공은 홍수의 싸움에서 패했지만 군자 가운데는 이것을 시인하는 사람도 있다. 그들의 견해는 중국에 예의가 결여되어 있는 것을 한탄하고 양공의 예양(禮讓)을 높이 평가한 것이다.《宋微子世家》

5. 〈열전(列傳)〉

역사를 만든 것은 제왕이나 영주(領主)들 뿐만이 아니다. 사마천은 사상가, 정치가, 장군, 관리로부터 협객(俠客), 상인(商人), 시정잡배에 이르기까지의 전기(傳記)로 〈열전〉 70권을 구축했다. 그 제1권 〈백이열전(伯夷列傳)〉은 역사에 우롱당하는 인간의 마음을 테마로 했고, 말미인 제69권 〈화식열전(貨殖列傳)〉은 경제 및 경제인의 사적을 들고 있는데(제70권은 사마천의 自傳) 어느 학자가 지적한 '〈열전〉은 세상에 흔히 있는 일의 집록(集錄)이 아니라 구성된 완전한 작품이다'라는 말 그대로 전체가 깊은 의미를 지니고 있다.

천도(天道)는 시야비야(是邪非耶)

백이(伯夷)·숙제(叔齊)는 무력정치에 반대하고 산에 들어가 굶어 죽은 의인(義人)으로서 공자(孔子) 이하 모든 유가들의 칭송을 받고 있는데 사마천은 그 운명과 역사의 비정함을 통분하고 있다.

백이와 숙제는 고죽국(孤竹國) 군주의 아들이었는데 서로 군위(君位)를 양보하다가 함께 나라를 떠났다.

두 사람은 중원 땅 서쪽에 있던 제후국 주(周)나라 문왕(文王)이 선정을 베풀고 있다는 말을 듣고 안주할 땅을 찾아 주문왕에게로 갔다. 그런데 문왕은 이미 세상을 떠나고 그 아들 무왕(武王)이 은(殷)나라 폭군 주왕(紂王)을 토벌하기 위해 동정(東征) 길에 나서고 있는 중이었다. 백이와 숙제는 무왕이 탄 말을 가로막으면서, 간했다.

"선군(先君)의 상을 벗기도 전에 전쟁을 일으키는 것을 효(孝)라고 할 수 있겠나이까? 폭군이긴 하지만 주군(主君 : 은나라는 天子國이다)을 시해코자 하는 것이 인(仁)이겠나이까?"

무왕의 측근이 이 두 사람의 목을 치려고 했는데 태공망(太公望)이 제지하여 목숨은 구했다.

무왕은 은나라를 멸망시켰고 천하는 주(周)나라를 종주국으로 받들게 되었다. 그러나 백이와 숙제는 의리상 주나라 곡식을 먹을 수 없다며 마음을 굳히고 수양산(首陽山)에 들어가 숨어 지낸다. 그리고 고사리를 캐먹으며 연명하다가 마침내는 굶어죽고 만다.

'하늘은 공평무사하여 언제나 선인(善人)의 편이라고 하는데, 이 두 사람의 운명을 볼 때 어떻게 생각해야 좋단 말인가?'

사마천은 계속해서 의문을 던진다. 백이·숙제뿐만이 아니다. 공자의 숱한 제자 중에서 공자로부터 호학사(好學士)라는 칭송을 받았던 안회(顔回)는 빈곤하기 때문에 쌀겨조차 배불리 못먹다가 젊은 나이에 죽고 말지 않았던가.

그런 운명에 비하여 도척(盜跖 : 유명한 大盜)은 허구한 날 죄없는 사람들을 죽이며 천하를 횡행했는데도 천수를 다 누렸다. 도척은 어떤 덕행을 쌓았더란 말인가?

　이상은 전형적인 예이지만 당세에도 이와 똑같은 일이 일어나고 있다. 제멋대로 나쁜 짓만 골라서 하건만 편안하게 한평생을 보내고, 대대로 부귀영화를 물려주는 자가 있다. 그러는 한편에서는 근신하여 살아가되 웬만한 일에는 화를 내지도 않고, 조심하건만 재액(災厄)을 당하는 사람이 수도 없이 많다.
　그런 일을 생각하면 나(사마천)는 미혹되고 만다. 도대체 천도(天道)란 것은 과연 존재하는 것인가?(〈伯夷列傳〉)
　　참고로 유교적 전통과 맞서 싸웠던 대문호(大文豪) 루쉰(魯迅)은 유가에 의해 우상화된 백이 숙제를 풍자한 소설 《채미(采薇)》를 썼다. 또 한때 중국에서 일었던 비림비공운동(批林批孔運動)에서도 백이 숙제는 반혁명을 고취하는 것이라며 격렬하게 비난한 적이 있다.

계명구도(鷄鳴狗盜)

　〈열전〉에는 위에서 든 백이를 위시하여 주된 사람만도 약 250명, 관계되는 자까지 합치면 2천 명도 넘는 개성적 인물이 등장한다. 전국시대 제(齊)나라의 명재상인 맹상군(孟嘗君 : 기원전 279년 沒)의 일화를 들어본다.
　맹상군은 널리 천하의 인재를 모아 식객(食客)으로 맞아들이고 후한 대접을 했다(식객이란 주인의 신세를 지고 있다가 유사시에는 주인을 위해 도움을 준다). 이런 소문이 퍼지자 죄를 짓고 수배를 받고 있는 피의자들까지 모여들어서 '그의 식객은 수천 명'에 이르렀다고 한다.
　맹상군은 새로 들어온 식객과 면담할 때면 병풍 뒤에 서기(書記)를 숨겨두고 그 식객과 한 대화 내용을 하나하나 기록하게 했다가, 나중에 그 식객의 부모형제들에게까지도 선물을 보냈다. 이런 사실을 안

식객이 감격했을 것은 두말할 나위도 없다.

　어느 날 밤, 맹상군이 식객을 맞아 식사를 함께 한 일이 있다. 그때 마침 불이 꺼졌고 맹상군은 밥상에 놓인 반찬을 볼 수가 없었다. 식객은 주객의 밥상에 놓인 반찬에 차이가 있고, 그것을 감추려는 짓인 줄 짐작한 나머지 젓가락을 팽개치고 나가려고 했다. 그러자 맹상군은 자기 반찬을 들고 가서 식객의 반찬과 비교해 보였다.

　식객은 잠시나마 맹상군을 의심했던 자신이 부끄러워서 그만 목을 찔러 자살하고 말았다. 이 일로 맹상군의 평판은 점점 올라갔다.

　맹상군이 제나라 제후의 사자가 되어 진(秦)나라에 간 적이 있었다. 몇명의 식객들이 수행하게 되었는데 그중에는 실로 하잘것없는 식객이 두 사람 끼어 있었다. 좀도둑과 닭 우는 소리를 낼 줄 아는 사람이었다. 다른 식객들은 그런 식객과 동행하는 것에 불만을 토로했는데, 맹상군은 개의치 않고 데려갔다.

　한편 이들 일행을 맞은 진나라 소왕(昭王)은 맹상군의 역량에 의해 제나라가 강대국이 되는 것을 두려워 하던 나머지 그 일행을 연금했고 죽이려고 꾀했다. 맹상군은 소왕의 애첩에게 손을 써서 그 애첩의 중재로 풀려나고자 했다. 애첩은 그 대가로 호백구(狐白裘 : 여우 겨드랑이 털로 만든 고급 갓옷)를 요구했다.

　맹상군은 진나라에 갈 때 호백구 한 벌을 가지고 갔으나 그것은 이미 소왕에게 선물로 바쳤는지라 수중에 호백구가 있을 리 만무했다. 이런 천하의 진품을 쉽게 구할 수도 없으니 맹상군은 난처했다.

　맹상군이 식객들과 상의했지만 누구 한사람 이렇다할 대책을 내놓지 못했다. 그때 한구석에 있던 좀도둑 출신의 사나이가 진언했다.

　"제가 호백구를 구해 보겠습니다."

　밤이 되자 그는 왕궁 안으로 숨어 들어갔고 왕에게 바친 호백구를 훔쳐 가지고 왔다. 맹상군은 그것을 소왕의 애첩에게 바쳤던바 효험이 있어서 맹상군은 연금에서 즉시 풀려났다.

맹상군 일행은 서둘러 위조한 관소(關所) 통행권을 가지고 도읍을 떠났다. 그리고 한밤중에 진나라 국경 관소인 함곡관(函谷關)에 당도했다. 그러나 관소의 규칙상 새벽 닭이 울 때까지는 문을 열어 줄 수 없다는 것이었다.

한편 소왕은 애첩의 권유로 맹상군을 석방하기는 했지만 아무래도 맹상군을 돌려보낼 수는 없다며 곧 그의 뒤를 추격하라는 명령을 내렸다. 맹상군은 안절부절못했다. 그러자 일행 중 말석에 있던 자가 나와서 닭 울음소리를 흉내냈다.

"꼬끼오!"

그가 닭 울음소리를 내자마자 도처에서 진짜 닭이 울어대기 시작했다. 함곡관 문이 열렸고 맹상군 일행이 그곳을 빠져나온 것은 두말할 나위도 없다.

그리고 얼마 후 진나라 추격병들이 함곡관에 달려왔지만 맹상군과 그의 수행원들은 이미 달아난 후였다. 식객들은 맹상군에게 경복(敬服)하지 않을 수 없었다.(〈孟嘗君列傳〉)

부귀해지면 따르는 선비가 많고, 빈천해지면 친구가 적어진다(富貴多士 貧賤寡友)

이 맹상군이 실각한 적이 있다. 그러자 식객들은 모두 떠나 버렸다. 그러나 한 식객 풍환(馮驩)만은 떠나지 않고 맹상군에게 기책(奇策)을 아뢰었고, 마침내는 맹상군을 재상 자리에 복귀시켰다. 거기에는 다음과 같은 인간 드라마가 전개된다.

맹상군이 실각했을 때 그의 집을 떠났던 식객들은 맹상군이 정계에 복귀하자 다시 돌아왔다.

맹상군은 풍환에게 불만을 토로했다.

"천만다행으로 그대가 애써준 덕택에 관직을 다시 얻을 수 있게 되었소이다만 저 무리들은 낯도 두껍소. 나를 버리고 간 자들이 무슨 염치로 또 찾아오는 게요. 그 얼굴에 침이라도 뱉어주고 싶은 심정이외다."
그러자 풍환은 공손히 절을 했다.
"아니, 그대는 저 사람들을 대신하여 나에게 사과하자는 게요?"
"아닙니다. 나리께서 하신 망언(妄言)을 대신 사과드리고 싶습니다. 나리, 매사에는 필연적 도리라는 것이 있음을 잊으셨습니까?"
"필연적 도리라니? 그게 뭐요?"
"예, 살아있는 자가 죽는 것은 필연적 도리입니다. 신분이 부귀해지면 추종하는 자가 많아지고, 신분이 빈천해지면 교유하는 친구도 적어지는데 이것 역시 필연적 도리입지요. 시장에 드나드는 사람들을 보셨겠지요? 새벽에는 시장에 가려는 사람들이 북적대지만 해가 저물면 시장에 가려는 사람이 없습니다. 그건 무슨 이유일까요?

사람들은 새벽과 저녁때에 그 시장에 대한 정(情)이 다르기 때문이 아닙니다. 저녁때가 되면 시장에 간들 자기가 필요로 하는 물건을 살 수 없기 때문이지요. 식객들이 나리께서 실각당한 것을 보고 이곳을 떠났던 것도 이와 마찬가지입니다. 그런즉 그들에게 원한을 품어서는 아니됩니다. 종전대로 그 식객들을 후히 대해주십시오."
맹상군은 고개를 끄덕였고 풍환의 말에 따랐다.《孟嘗君列傳》

《사기》의 명언집

연작(燕雀)이 어찌 홍곡(鴻鵠)의 뜻을 알리요
'소인(小人)은 대인(大人)의 뜻을 모른다'란 의미이다. 홍곡은 큰새를 가리킨다. 진(秦)나라 압제에 반기를 든 진승(陳勝)은 아직 무명시절에 흰소리를 치다가 동료로부터 조롱을 받았다. 그때 진승이 되받은 말이 바로 이 말이다.(〈陳涉世家〉)

왕후장상(王侯將相)의 씨가 따로 있나?

'왕이건 제후이건 장군이건 재상이건 그 씨가 따로 있는 것이 아니다. 모두가 똑같은 인간인 것이다'라는 기개에 넘치는 말이다. 진승이 궐기했을 때 동료 병사들에게 격려한 말이다.(〈陳涉世家〉)

대행(大行)은 세근(細謹)을 돌보지 않는다

큰일을 할 때는 사소한 것을 생각해서는 안된다, 또는 생각할 수 없다는 의미의 말이다. 한(漢)나라 유방(劉邦), 즉 고조(高祖)와 초(楚)나라 항우(項羽)가 천하를 놓고 대결할 때 진(秦)나라 도읍 함양(咸陽) 교외의 홍문(鴻門)에서 두 영웅은 회견했는데 [鴻門之會], 신변의 위협을 느낀 유방이 변소에 가는 척하다가 도망을 친다. 그때,

"항우 장군에게 인사라도 하고 가야지……."

라며 망설이는 유방에게 그의 부하인 번쾌(樊噲)가 진언한 말이다. (〈項羽本紀〉)

복숭아·오얏나무는 말이 없어도 그 아래에는 자연히 길이 생긴다
(桃李不言 下自成蹊)

복숭아나무·오얏나무 등은 잠자코 있어도 꽃을 피우고 열매를 맺으면 그것을 따기 위해 사람들이 오가므로 자연히 길이 생긴다. 즉 인격자 밑에는 자연히 사람들이 모여든다는 뜻의 말이다. 한(漢)나라 명장 이광(李廣)을 칭송한 말 가운데 있다.(〈李將軍列傳〉)

술이 도에 넘치면 문란해지고, 즐거움이 도에 넘치면 슬퍼진다

제(齊)나라 위왕(威王)을 섬긴 학자 순우곤(淳于髡)이 왕으로부터,
"얼마쯤 마시면 술이 취하오?"
라는 질문을 받았을 때 대답한 말이다.(〈滑稽列傳〉)

완벽(完璧)

완전하여 흠이 하나도 없다는 의미이다. 전국시대 조왕(趙王)의 사자가 되어 진(秦)나라에 갔던 인상여(藺相如)가 벽(璧 : 고리 모양의 寶玉)을 무사히 지켜냄으로써 사명을 완수한 고사에서 생긴 말이다. (〈廉頗藺相如列傳〉)

야랑자대(夜郎自大)

'우물 안 개구리'와 같은 의미의 말이다. '야랑'은 한(漢)나라 때 중국 서남쪽에 있었던 소수민족의 나라이다. 한나라에서 온 사신을 맞은 야랑국의 왕이, 자기 나라가 한나라보다 크다고 생각하며 자랑한 데서 나온 말이다.(〈西南夷列傳〉)

《사기》 해설

《사기》는 한나라 때의 대사상가(大思想家)인 사마천이 저술한 역사책이다. 여기에는 중국의 전설시대로부터 하(夏)·은(殷)·주왕조(周王朝), 춘추전국시대, 진제국(秦帝國)에 의한 통일과 진제국의 와해를 거쳐, 기원전 2세기 한제국(漢帝國)의 초기에 이르기까지의 역사가 기록되어 있다.

이 시대는 사상적으로도 사회경제적으로도 인류사상의 큰 변동기였으며 《사기》는 그것을 둘러싼 갖가지 사실들을 알려주고 있다. 그

러나 단순히 그러한 사료(史料)로서만이 아니라 고래의 사상서·문학서로서도 널리 읽혀져 왔던 것은, 인간들의 생생한 기록이 사마천의 명철한 사안(史眼)에 의해 뒷받침되어 약동하고 있기 때문이다.

'기전체(紀傳體)'라고 하는 《사기》의 체재는 《한서》 이후의 중국 역사에도 그대로 받아들여지고 있다. 그러나 사마천의 복안(複眼)에 의한 가치관의 다양성이란 점에서는 그후 《사기》를 능가할 만한 역사서가 나오지 않았다고 해도 좋을 정도이다.

사마천의 생몰연대는 불명확한데 기원전 2세기에서 기원전 1세기에 걸쳐 한나라 무제(武帝) 치세하에 살았던 것만은 분명하다.

그는 아버지 사마담(司馬談)의 뒤를 이어 태사령(太史令 : 史官의 長)이 되었으며 역사 편찬에 착수했다. 그런데 비운(悲運)의 패장(敗將) 이릉(李陵)을 변호했다는 죄로 궁형(宮刑 : 去勢刑)에 처해지고 만다. 이윽고 그는 용서받고 출옥했는데 그 치욕을 참아내며 역사 편찬 사업에 몰입한다. 그는 자서(自序)에서 다음과 같이 술회하고 있다.

'나는 궁형을 받은 다음 곰곰이 생각해 보았다. 생각컨대 공자는 주유천하하다가 곤궁한 처지에 놓였던 연후에 역사서인 《춘추》를 저술했다. 굴원(屈原 : 전국시대 말기 楚나라의 왕족)은 추방당한 연후에 걸작 장시(長詩)인 〈이소(離騷)〉를 지었다. 좌구명(左丘明 : 춘추시대 魯나라의 大夫)은 실명(失明)한 연후에 역사서인 《국어》를 편찬했다. 즉 인간이란 마음속에 가득 찬 불평불만이 있기에, 그리고 그것을 해소시킬 수 없기에 과거를 말하고 미래를 생각케 되는 것이다.'

《사기》의 음영(陰影)에 깃든 표현, 날카로운 통찰, 부조리에 대한 침통한 분노는 이런 데서 연유하게 되었다는 말이다.

전국책(戰國策)

전국시대, 설선삼촌(舌先三寸)으로 제국(諸國)을 순회한 유세객의 변설과 권모술수를 다룬 명저로 기원전 6년경에 완성된 책이라고 한다.

《전국책》의 책(策)이란 책략이란 의미이다. 전국시대의 책략을 기록한 책이란 뜻이다. 이 책의 편집자인 유향(劉向)이 이름 붙인 것이다. 전국시대에 패권을 다투었던 진(秦)·제(齊)·초(楚)·한(韓)·위(魏)·조(趙)·연(燕) 등 7대 강국과 동주(東周)·서주(西周)·송(宋)·위(衛)·중산(中山) 등등 12개국에 대하여 나라별로 구성했으며 모두 33편으로 이루어져 있다.

《전국책》의 주요 내용

상어육백리(商於六百里)

제(齊)나라가 초(楚)나라를 도와 진(秦)나라를 공격했다. 그후 진나라는 제나라에 복수할 계략을 꾸몄다. 그러나 제나라와 초나라 사이가 친밀하여 손을 쓸 수가 없었다. 진나라 혜왕(惠王)은 재상인 장의(張儀)를 불러 대책을 의논했다.

"제나라에 원수를 갚고 싶은데 제나라는 지금도 초나라와 친밀한 국교를 맺고 있소. 어찌했으면 좋겠는고?"

"신이 한번 나서서 그들 사이를 갈라놓겠나이다. 수레와 비용을 준비해 주시오소서."

장의는 수레를 타고 남하하여 초나라 회왕(懷王)을 만나 설득했다.

"전하, 우리 진나라 주군(主君)께서는 누구보다도 전하를 흠모하시옵니다. 외신(外臣)도 전하를 섬기고 싶었사옵구요. 또 우리 주군께서는 제왕(齊王)을 누구보다도 미워하시옵니다. 외신 또한 제왕을 제일 싫어하옵구요. 지난번 우리 주군은 제왕으로부터 큰 수치를 당하시었사옵니다. 그래서 제나라에 복수를 할 생각이셨으나 전하의 초나라가 제나라와 친밀한 관계에 있으므로 전하께 협력을 청할 수도 없고, 외신도 전하를 섬길 수가 없사옵니다.

아뢰옵건대 전하께서는 제나라와의 국교를 끊으시오소서. 그러신다면 외신이 저희 주군께 아뢰어서 상어(商於) 땅 사방 6백 리를 전하께 바치겠나이다. 전하의 초나라가 손을 끊으신다면 제나라는 반드시 약화될 것이니이다. 그렇게 되면 제나라는 약해지고 저희 진나라에는 은혜를 베푸시는 결과가 되옵니다. 그 위에 상어 땅까지 얻으실 수 있사옵구요. 실로 일석삼조(一石三鳥)란 이런 것을 가리키는 것이니이다."

초왕은 크게 기뻐하며 신하들에게 자랑했다.

"상어 땅 6백 리 사방이 손에 들어왔소이다."

군신(群臣)들은 입을 모아 축하한다고 아뢰었다. 그러나 조의(朝議)에 늦게 나온 진진(陳軫)만은 얼굴을 찡그리며 입을 다물고 있었다. 초왕이 물었다.

"군사 한명도 움직이지 않고, 부상자 한명도 내지 않은 채, 상어 땅 6백 리 사방을 손에 넣을 수 있소. 이 얼마나 좋은 일이오. 군신들 모두가 기뻐하고 있소이다. 그런데 그대 한사람만 잠자코 있으니 무슨 이유요?"

진진이 아뢰었다.

"상어 땅은 손에 들어오지 않을 것이니이다. 그뿐 아니라 엉뚱한 결과가 될 것이옵니다. 어찌 기뻐할 일이겠나이까?"

"뭐라고?"

"진나라가 우리 초나라에 아첨을 하는 것은 우리와 제나라가 동맹을 맺고 있기 때문이니이다. 상어 땅이 손에 들어오지도 않은 상태에서 제나라와 국교를 끊는다면 우리나라는 고립할 것이옵니다. 그러면 진나라는 그이상 아첨할 리 만무하옵구요. 그렇다고 해서 진나라에게 상어 땅을 먼저 넘겨 달라고 해도 우리가 제나라와 국교를 끊기 전에는 넘겨줄 리 만무하옵니다.

 국교를 끊은 다음에 요구하면 장의에게 당하고 말 것이옵구요. 속은 것을 알게 되면 우리는 화를 낼 것이옵니다. 그러면 서쪽으로는 진나라와 충돌하고 북쪽으로는 제나라와 단교하는 결과가 될 것인즉, 이 두 나라와 싸우게 되어서는 우리가 견딜 수 없게 될 것이니이다."

"그런 실수는 없을 것임이야. 잠자코 구경이나 하구려."

초왕은 제나라에 사신을 보내어 국교를 끊었다. 그 사신이 돌아오기도 전에 다시 한번 단교의 못을 박기 위한 사신을 또 보냈다.

 장의는 진나라로 돌아갔다. 그리고 제나라에 사자를 보내어 은밀히 친교를 맺었다. 한편 초나라는 약속한 땅을 인수하기 위해 장군을 진나라에 파견했다. 그런데 장의는 칭병(稱病)하고 만나주지를 않는다.

 그런 보고를 받은 초왕은,

"장의는 아직 과인이 제나라와 단교하지 않은 것으로 생각하고 있나보군."

중얼거리면서 용사들을 제나라에 파견하여 제왕에게 욕설을 퍼붓

게 했다. 장의는 초나라가 제나라와 완전히 손을 끊었음을 알고, 그제서야 겨우 일어나 초나라 사신을 맞았다.

"여기서 여기까지가 사방 6리의 땅입니다."

그 사신은 깜짝 놀라며 물었다.

"아니, 나는 사방 6백 리라고 들었소이다. 사방 6리라니 그게 무슨 말이오?"

"나는 진나라의 일개 신하에 불과한 몸입니다. 나같은 자가 어찌 6백 리 사방의 땅을 임의로 증정할 수 있겠습니까?"

사신은 그대로 귀국해서 보고했다. 초왕은 노기충관했고 군사를 일으키어 진나라를 치려고 했다. 진진이 알현을 청하고 말했다.

"전하께 드릴 말씀이 있나이다."

"말해 보오."

"진나라를 공격하는 것은 상책이 아니니이다. 오히려 성(城) 하나를 떼어 주시고 연합하여 제나라를 치는 게 좋을 것으로 생각되옵니다. 진나라에 준 성을 대신 제나라에서 취하는 것이옵지요. 그러면 우리나라에 손해는 없사옵니다. 지금 전하께서는 제나라와 단교를 한데다가 진나라가 위약(違約)했다면서 공격하려고 하시는데 그렇게 되면 진나라와 제나라로 하여금 손을 잡게 하는 것이니이다. 우리 초나라의 손실은 클 것이 당연하옵지요."

초왕은 진진의 의견을 받아들이지 않고 군사를 일으키어 진나라를 공격했다. 진나라는 제나라와 연합했다. 한(韓)나라까지 이에 합세했다. 초나라 대군은 두릉(杜陵)에서 대패했다.

초나라는 국토와 백성을 잃었을 뿐 아니라 멸망의 구렁텅이로 내몰렸다. 진진의 의견을 받아들이지 않았다가 장의의 책략에 걸려들었기 때문이다.(秦策)

사족(蛇足)을 그리다

　초나라 대부인 소양(昭陽)이 위(魏)나라 군사를 격파하고 대장을 잡아 죽인 다음, 8개 성을 공략했고 이어서 창부리를 돌리어 제나라로 군사를 몰았다.
　유세객인 진진(陳軫)이 제왕(齊王)의 사신이 되어 소양과 회견했다. 먼저 무릎을 꿇고 전승(戰勝)을 축하한 진진은 자리에 앉아서 입을 열었다.
　"초나라에서는 적군을 격파하고 그 대장을 잡아 죽이면 어느 정도의 관작(官爵)을 받나요?"
　"글쎄올시다. 관(官)은 상주국(上柱國 : 초나라의 벼슬), 작(爵)은 상집규(上執珪 : 초나라의 尊位) 정도일 게요."
　"그 윗자리의 벼슬로는 무엇이 있나요?"
　"영윤(令尹 : 재상)뿐이지요."
　그러자 진진이 정색을 하며 말했다.
　"그렇군요. 영윤이란 벼슬은 정말 대단합니다그려. 그런데 그 영윤을 두 사람씩 두지는 않겠지요……. 제가 예화를 한 가지 얘기하겠습니다.
　초나라의 어느 집에서 축하할 일이 있었는데 그집 하인에게 큰 대접으로 술을 따라서 주었다는 것입니다. 하인은 여럿인데 술은 한 대접뿐입니다. '우리 모두가 술을 마신다면 한모금씩밖에 차례가 가지 않겠지만 한 사람이 마시면 듬뿍 마실 수 있다. 그러니 우리 내기를 하세. 땅바닥에 뱀을 그리되 제일 먼저 그린 사람이 이 술을 다 마시도록 하자구.' 그들은 그렇게 하기로 합의했습니다. 제일 먼저 뱀을 그린 하인이 왼손에 술대접을 들고 오른손으로는 그림의 끝손질을 하면서 소리쳤다는 것입니다. '어때? 나는 뱀의 다리까지 그렸다구' 그는 흰소리를 쳤는데 두 번째로 뱀을 그린 하인이 술대접을 뺏으면서 '뱀에게 무슨 다리가 있다는 게야? 다리를 그렸다면 그건 뱀이 아니지'라며 술을 들이켰고 뱀 다리까지 그렸던 하인은 그것을 물끄러미 바라보기만 했다는군요.

그런데 장군은 지금 초나라 군사를 이끄시고 위나라 대군을 물리치셨으며 그 대장까지 잡아 죽이시고 성을 8개나 공략하셨습니다. 그리고 그 여세를 몰아 제나라까지 공략하시려고 합니다. 제나라에서는 장군을 심히 두려워하고 있습니다. 장군의 공명(功名)은 이 정도로도 충분합니다. 이 이상 공을 세우시더라도 영윤의 자리에 오르지는 못하십니다. 승전한 기분으로 우쭐대시다가는 장군 자신이 파멸을 자초하십니다. 애써서 얻은 관작도 남에게 뺏기실지 모릅니다. 그것은 마치 사족(蛇足)을 그리는 것과 같으니까요."

소양은 과연 그렇겠다며 군사를 이끌고 돌아갔다.(齊策)

해(海) 대(大) 어(魚)

정곽군(靖郭君)이 자기 영지인 설(薛) 땅에 성을 쌓으려고 했다. 그의 식객(食客)들이 즉각 중지하라고 간했다. 정곽군은 집사에게 말했다.

"손님들이 와서 뭐라고 하든 간에 그런 말을 나에게 전하지 말라."

하루는 제(齊)나라 사람이 직접 만나주기를 청했다.

"세 마디만 말하겠습니다. 그 이상 이야기하면 저를 끓는 물속에 넣어, 튀겨 죽이십시오."

정곽군은 그를 만나보기로 했다. 사나이는 종종걸음으로 들어와서,

"해(海) 대(大) 어(魚)."

라고 말하자마자 달려나가려고 했다.

"잠깐!"

정곽군이 소리쳤다.

"저는 튀겨져서 죽고 싶지 않습니다."
"괜찮소. 그런 일은 없을 것이니 자세히 얘기해 주오."
사나이는 대답했다.
"대어(大魚)를 잘 아시지요? 대어는 너무 커서 그물에 걸리지도 않습니다. 낚시질로 잡아올릴 수도 없구요. 그러나 대어라 하더라도 물 밖에 나오면 애석하게도 벌레들의 먹이가 되고 맙니다. 제나라는 나리에게 있어 물과 같습지요. 이 물만 있으면 설 땅에 성을 쌓을 필요가 없습니다. 하온데 나리께서 제나라에 등을 돌리신다면 하늘까지 치솟는 성벽을 쌓은들 무슨 소용이겠습니까."
"과연 그렇겠소."
정곽군은 설 땅에 성을 쌓지 않기로 했다.(齊策)

* 정곽군 — '계명구도(鷄鳴狗盜)'의 고사로 유명한 맹상군(孟嘗君)의 아버지. 이름은 전영(田嬰)이다. 제나라의 대신으로서 설 땅에 영지를 가지고 있었는데 그곳에 성을 쌓고 반독립국가를 세우려고 했었으므로 이런 에피소드가 생겼다.

사위지기자사(士爲知己者死)

예양(豫讓)은 진(晋)나라 필양(畢陽)이란 사람의 손자이다. 처음에는 진나라 중신이었던 범씨(范氏)·중행씨(中行氏)를 섬겼는데 중용되지는 못했다. 그후 그들에게서 떠나 중신인 지백(智伯)을 섬겼다. 지백은 예양을 인정해 주었다.

이윽고 진나라의 유력자인 한씨(韓氏)·위씨(魏氏)·조씨(趙氏) 등이 손을 잡고 지백을 멸망시키더니 지백의 영지를 분할해서 차지했다. 이 지백을 제일 미워했던 조양자(趙襄子)는 지백의 두개골을 요강으로 사용했다.

예양은 산속으로 도망을 쳤고 길게 한숨을 내쉬었다.

"아아, 선비는 자신을 인정해 주는 사람을 위해서 죽고(士爲知己者死), 여자는 자기를 사랑해 주는 사람을 위해서 화장을 한다(女爲悅己者容)고 했겠다! 나는 주군(主君)을 위해 이 원수를 반드시 갚으리라."

그는 변성명하고 수형자(受刑者)처럼 얼굴까지 뜯어고친 다음 조양자의 저택에 들어가 변소의 벽에 칠하는 일을 맡아하면서 조양자를 찔러 죽일 기회만 엿보고 있었다. 조양자가 변소에 들어가려고 했다. 그런데 갑자기 가슴이 울렁거리기 시작했다. 그래서 벽에 칠을 하는 노무자를 잡아서 심문하니 바로 예양이었다.

더구나 그는 흙손에 칼을 숨기고 있는 게 아닌가. 캐물으니 지백의 원수를 갚기 위함이란다. 조양자의 좌우에 있던 측근들은 예양을 죽이려고 했지만 조양자는 그들을 말렸다.

"이 사람은 의사(義士)로다. 내가 조심만 하면 문제없어. 지백은 이미 죽었고 후손도 없다. 그런데 그 가신(家臣)이 원수를 갚고자 한다. 이 사람이야말로 천하의 현인이로다."

지백은 예양을 풀어 주었다. 풀려나온 예양은 온몸에 옻칠을 하여 문둥병자로 변신했다. 수염과 눈썹도 밀어내고 얼굴에는 칼을 맞은 자상(刺傷)을 군데군데 내는 등 용모를 완전히 바꾸고 거지 행각을 했다. 그의 아내조차도 그를 식별하지 못할 정도였다.

"생김새는 내 남편이 아닌데 목소리만은 내 남편 같네."

예양은 숯을 먹고 성대까지 바꾸었다. 친구가 그에게 충고했다.

"그렇게 고생을 해도 목적을 달성하지는 못할 것이야. 자네 뜻은 알겠는데 그 방법이 총명하다고는 말할 수 없어. 자네는 그만한 재능이 있은즉 조양자에게 예물을 바치고 그를 섬길 수도 있을 것일세. 상대방에게 접근하고 나서 실행한다면 손쉽게 처리할 수 있을 게 아닌가."

예양은 빙그레 웃으면서 대답했다.

"예물을 바치고 가신이 되었으면서 주군을 죽이려는 것은 두 마음을 품는 것일세. 지금 내가 하고 있는 짓은 매우 어렵고 힘든 일이긴 하지만 그렇게 하지 않을 수 없는 것은 천하 후세에 남의 신하가 된 자들이 두 마음을 품고 주인을 섬기는 자들을 부끄럽게 해주기 위함일세."

그후의 일이다. 조양자가 외출을 하던 날, 예양은 그가 지나갈 길의 다리 밑에 숨어 있었다. 조양자가 예의 다리까지 왔을 때 갑자기 말이 놀라서 펄쩍펄쩍 뛴다.

"이 근처에 예양이 숨어 있는 게 분명해!"

조양자가 수행자들을 풀어 조사케 했던바 과연 예양이었다. 끌려나온 예양에게 조양자가 호통을 쳤다.

"네 놈은 지난날, 범씨·중행씨 등도 섬겼었어. 그리고 그들을 멸한 자는 지백이 아니었더냐! 그렇건만 너는 범씨·중행씨의 원수를 갚기는커녕 지백을 끔찍하게 섬겨왔었다. 그런데 그 지백이 죽었다 해서 이번에는 끈질기게 원수를 갚겠다니 대체 어찌된 일이냐?"

예양은 대답했다.

"범씨나 중행씨를 섬겼던 것은 사실이지만 그들은 나를 인정해 주지 않았었소. 그러므로 나 역시 보통사람 대하듯 대했던 것이오. 그러나 지백 나리는 나를 국사(國士)로 대해 주었다오. 그러므로 나도 국사가 된 자격으로 그분의 원수를 갚으려는 것이외다."

그러자 조양자는 자기도 모르게 탄식했다.

"아아, 예양이여! 그대는 이미 지백에 대한 보은을 충분히 했다. 나 역시 너를 용서할 만큼 용서했고……. 이 이상은 용서할 수 없구나."

조양자가 거느리고 가던 병졸이 예양을 에워쌌다. 예양이 말했다.

"명군(明君)은 남의 의(義)를 훼방하지 않고, 충신은 이름을 위해 죽는다고 했소. 당신은 나를 한 번 용서해 주었소이다. 천하 사람들은 입을 모아 당신을 칭송하고 있소. 이제는 나도 기꺼이 죽어가겠소. 다만 죽기 전에 당신의 옷을 넘겨 받아가지고 그것이라도 칼로 찌르고 싶소이다. 부탁이오. 그 옷 좀 벗어주구려."

조양자는 그의 의기에 감동된 나머지 입고 있던 옷을 벗었고 그것을 부하를 시켜 예양에게 건네주었다. 예양은 칼을 뽑아들자,

"에잇!"

기합 소리도 우렁차게 조양자의 옷을 세 번 찔렀다.

"이로써 지백 나리께 보은할 수 있었다."

예양은 말을 마치자 칼로 자기 목을 찌르고 죽었다. 조(趙)나라 사람 중 뜻있는 인사들은 이 이야기를 듣고 모두 눈물을 흘렸다.(趙策)

지초이북행(至楚而北行)

위(魏)나라 안리왕(安釐王)이 조(趙)나라 도읍 한단(邯鄲)을 공격하려고 했을 때의 일이다. 유세객인 계량(季梁)은 이 소식을 여행하던 중 듣고는 곧 말머리를 돌려 돌아왔다. 그는 옷매무새도 고칠 사이 없이 머리에 먼지가 붙어있는 채로 안리왕에게 알현을 청했다.

"전하, 신은 방금 돌아오던 중 웬 사나이를 길에서 만났나이다. 그는 수레를 북쪽으로 몰면서 '초나라에 간다'고 하였사옵니다. '초나라에 간다면서 왜 거꾸로 북쪽을 향해 달리느냐'고 신이 묻자 그 사나이는 엉뚱하게도 '내 수레를 끌고 가는 말은 최상의 준마요'라는 대답이었나이다. '좋은 준마인지는 몰라도 길을 잘못 잡았소'라고 말했더니 그는 '내가 가지고 있는 여비는 충분하오'라고 대답하지 않겠나이까. 신은 '글쎄 그럴는지는 모르겠으나 길을 잘못 잡았다'고 충고했습지요. 그 사나이는 '어자(御者)도 아주 훌륭하오'라며

그대로 달리는 것이었나이다.

  전하, 이처럼 조건이 좋으면 좋을수록 이 사람은 가겠다는 초나라에서는 점점 더 먼곳으로 달려갈 것이옵니다. 지금 전하께서는 천하의 패자가 되시기 위해 천하의 신뢰를 얻으시고자 하시나이다. 나라가 크고 병력이 우수하다는 것만 믿으시고 한단을 공격하시어 영토를 넓히시는 한편 이름을 드날리시려고 하시옵니다. 하오나 지금 함부로 군사를 움직이신다면 그만큼 패업(覇業)의 길에서는 멀어지시나이다. 이는 남쪽 초나라에 가고자 하면서 반대로 북쪽을 향하여 가는 것과 같사옵니다(至楚而北行)."(魏策)

계구우후(鷄口牛後)

 소진(蘇秦)은 조(趙)나라를 위해 합종(合縱 : 縱으로 六國이 동맹을 맺다)을 꾀하고자 한(韓)나라 선혜왕(宣惠王)에게 유세했다.

 "한나라는 북쪽으로는 공(鞏)·낙(洛)·성고(成皋)의 요지, 서쪽으로는 의양(宜陽)·상판(常阪)의 요새, 동쪽으로는 완(宛)·양(穰)·유수(洧水)가 있고, 남쪽으로는 경산(陘山)이 있나이다. 영토는 사방 천리요 병졸은 수십만이나 되는 대국이옵구요.

 천하 최강의 궁노(弓弩)는 모두 한나라에서 만들고 있나이다. 계자(谿子)의 노(弩)라든가 소부(少府)에서 만드는 시력(時力), 거래(距來) 등의 노(弩)는 모두 6백 보(步)의 먼 거리까지 쏠 수 있사옵니다. 한나라 병졸이 그것을 쏘면 쏠 때마다 백발백중 먼 거리에서도 가슴을 꿰뚫을 수 있나이다. 가까이에서 쏘면 심장에 명중시킬 수 있사옵구요.

 또 한나라 병졸들의 검(劍)은 모두 명산(冥山)에서 만들어지나이다. 당계(當谿), 묵양(墨陽), 합박(合膊), 등사(鄧師), 완풍(宛馮), 용연(龍淵), 대아(大阿) 등등의 검도 육지에서는 우마(牛馬)

를 베옵지요. 물 위에서라면 고니와 기러기를 베옵니다. 적군을 만나면 견고한 갑옷과 투구도 두 동강을 내고 마옵지요. 그밖에도 무릎싸개, 팔꿈치싸개, 활 장갑, 방패 등등…… 없는 것이 없나이다. 본디 용감한 한나라 병사는 그런 무기와 장비들로 혼자서 1백 명의 적군을 상대하나이다.

이처럼 국력이 강대하고 현명하신 대왕이 다스리시는 나라인데 지금 진(秦)나라의 속국이 되시고자 하시옵니다. 이 이상의 국치(國恥)가 어디 있으며 이 이상의 웃음거리가 없을 것이니이다.

대왕께서 진나라를 섬기시게 되면 진나라는 틀림없이 의양 땅과 성고 땅을 요구할 것이옵니다. 그리고 금년에 그 땅을 떼어 주시면 내년에는 더 많은 땅을 요구해 올 것이니이다. 해마다 영토를 떼어 주시면 마침내는 영토가 없어지고 말 것이옵구요. 주지 않으면 그때까지 떼어 준 영토는 아무 소용도 없어질 것이오며, 도리어 화를 초래케 될 것이니이다. 대왕의 영토는 한정되어 있는데 진나라의 요구는 한이 없사옵니다. 한이 있는 영토로써 한이 없는 요구에 응한다는 것은 원한을 팔아서 화를 사는 격이옵지요. 싸워보지도 아니하고 영토를 모두 내주시게 될 것이옵니다.

'닭의 부리가 될지언정 쇠꼬리는 되지 말라(鷄口牛後)'는 말이 있사온데 창피하게도 진나라를 섬기시면 쇠꼬리가 되는 것과 다름없나이다. 강력한 병력을 가지고 계시면서 쇠꼬리가 되시는 수치를 자초하시겠나이까. 외신(外臣)은 대왕을 위해 부끄럽게 생각하나이다."

한왕은 곧 안색을 바꾸고 어깨를 펴더니 칼자루에 손을 대고 하늘을 우러러 탄식했다.

"과인은 죽는 한이 있어도 진나라를 섬기지 않겠소. 조왕(趙王)으로부터의 가르침을 전해 주어 고맙소이다. 거국적으로 그 가르침에

따르리다."(韓策)

어부지리(漁父之利)

조나라가 연(燕)나라를 치려고 했을 때의 일이다. 유세객인 소대(蘇代 : 蘇秦의 동생)는 연나라를 위해 조나라 혜왕에게 유세했다.

"외신(外臣)이 이곳에 오던 도중, 역수(易水)를 건넜사온데 모래밭 위에서 도요새와 조개가 싸우고 있었나이다. 조개가 그 껍질을 벌리고 있는데 도요새가 조개살을 먹으려고 그 부리로 쪼았고 조개는 껍질을 오므린 것이옵지요. 도요새가 소리치기를, '어서 벌리지 못할까! 2, 3일 동안 비가 내리지 않으면 네 놈은 끝장이야!'라고 하자 조개도 '웃기지 말아! 이대로 있으면 네 놈이야말로 끝장이다'라는 것이었나이다. 그들은 서로 버티면서 조금도 양보하지 않았사온데 그때 어부가 지나가다가 두 놈을 모두 바구니 속에 집어넣는 것이었사옵니다.

전하, 지금 조나라는 연나라를 공격코자 하시옵니다. 하오나 전쟁이 오래 지속되어 백성들이 피로해진다면 진(秦)나라가 '어부의 이익'을 얻게 될 것이니이다(漁父之利). 이 점 통찰하시오소서."

"과연 그렇겠소."

혜왕은 연나라 공격계획을 중지했다.(燕策)

선종외시(先從隗始)

연(燕)나라는 전쟁에서 패하여 황폐되었다. 그때 왕위에 있던 사람이 소왕(昭王)이다. 소왕은 패전의 치욕을 씻으려는 욕심으로 예(禮)를 다하고 녹(祿)을 두터이 하여 인재를 초청키로 했다.

그래서 먼저 곽외(郭隗)란 인물을 불러 상담했다.

"잘 아다시피 우리나라에 내란이 있는 틈에 제(齊)나라가 쳐들어왔고, 그 전쟁에서 우리는 대패했소. 이 치욕을 어서 씻어야겠는데 힘이 모자라는 소국(小國)의 슬픔이 너무 아프구려. 그런즉 인재를 초청하고 그 협력을 얻어, 선대(先代)의 수치를 씻어야겠는데……. 선생의 고견(高見)을 듣고 싶소이다."
곽외가 대답했다.

"제왕(帝王)은 좋은 스승을 모시고 있는 법이며, 왕(王)은 좋은 친구를, 패자(覇者)는 좋은 신하를 가지고 있는 법이니이다. 하온데 나라를 멸망시키는 왕은 못된 신하를 거느리고 있는 법입지요. 지금 전하께서는 인재를 모으고 싶다 하였사온데 그렇게 하시는데는 몇가지 방법이 있사옵니다.

　예를 다하여 상대방을 섬기고 삼가 가르침을 받겠다면 자기보다 백 배 뛰어난 인재가 모이옵지요. 상대방에게 경의를 표하고 그의 의견에 귀를 기울여주면 자기보다 열 갑절 뛰어난 인재가 모이나이다. 상대와 대등하게 행동한다면 자기와 비슷한 사람밖에 모여들지 아니하옵지요. 의자에 앉아서 지팡이를 잡고 턱으로 부린다면 시시한 인간밖에 모여들지 아니하옵니다. 무조건 혼만 낸다면 하인배나 모여들게 마련이옵지요.

　이상이 인재 초치의 상식이니이다. 이제 전하께서 널리 국내의 인재를 모으시어 가르침을 청하신다는 소문이 나면 천하의 인재들이 앞다투어 모여들 것이옵니다."

"그럼 누구에게 가르침을 받아야겠소?"

"신은 이런 얘기를 들은 적이 있나이다. 옛날 어느 왕이 천금을 내걸고 천리마(千里馬 : 하루에 천리를 달리는 良馬)를 구했나이다. 하온데 3년이나 지나도 천리마를 구할 수 없었습지요. 그런 때에 '제가 찾아보겠나이다'하며 나타난 사나이가 있었사옵니다. 왕은 그 사나이에게 천리마를 꼭 구해오라며 그 소임을 맡겼다는 것이니이다. 그로부터 석 달 후 그 사나이는 천리마가 있다는 곳을 찾아냈는데 찾아가 보니 그 말은 이미 죽은 후였사옵니다.

사나이는 말 뼈를 5백 금에 사가지고 돌아왔고 그 사실을 왕에게 보고하였사옵니다. 왕은 화를 내면서 '과인이 가지고 싶은 것은 살아있는 말이야! 죽은 말을 5백 금이나 주고 사오다니! 이런 멍청한 것이 있나!'라며 호통을 쳤습지요. 그러자 사나이는 조용히 대답했나이다. '전하, 죽은 말까지도 5백 금이나 주고 사셨은즉 살아있는 명마라면 틀림없이 천금을 주실 것이라는 소문이 나면 숱한 천리마가 모여들 것이니이다.' 과연 1년도 채 되기 전에 천리마가 세 마리나 모였다고 하나이다.

하온즉 전하, 진정 인재를 모으실 생각이시라면 이 외(隗)부터 먼저 등용해 주소서(先從隗始). 신과 같은 자도 소중히 쓰신다면 신보다 훌륭한 인물들은 틀림없이 높게 쓰실 것이라며 천리도 멀다 않고 모여들 것이옵니다."

소왕은 곽외를 후하게 대우했고 사부(師傅)로 등용했다. 그러자 인재들이 여러 나라에서 속속 모여들었고 연나라는 강대해졌다. 그후에 연나라는 마침내 제나라에게 복수할 수 있었다.(燕策)

《전국책》의 명언집

원교근공(遠交近攻)
먼 나라와 동맹하여 근린 국가를 공격하는 외교전략. 유세객 범수(范雎)가 진(秦)나라 소왕(昭王)에게 '먼 나라와 동맹하시고 가까운 나라를 치소서(遠交近攻)'라고 유세했던 말이 그 출전이다. 진나라는 이 외교전략을 국시로 하여 이윽고 시황제의 손에 의해 천하통일을 실현한다.(秦策)

합종연횡(合縱連衡)

전국시대에 만들어 낸 합종과 연횡 등 두 가지 외교전략을 가리키는 말. 전국시대의 세력도(勢力圖)를 한마디로 말한다면 서쪽에 강국인 진(秦)나라, 동쪽에는 제(齊)나라, 북쪽에는 연(燕)나라, 남쪽에는 초(楚)나라, 그리고 중원으로 불리는 중간지대에는 한(韓)·위(魏)·조(趙) 등 세 나라가 위치하고 있었다. 이 일곱 나라를 전국칠웅이라고 한다. 합종은 제나라 이하 6개국이 종(縱)으로 합하여, 즉 동맹하여 서쪽의 강대국인 진나라에 대항하는 전략이고, 연횡이란 진나라가 다른 6개국과 각각 손을 잡는 전략이다. 합종책은 소진(蘇秦)에 의해, 그리고 연횡책은 장의(張儀)에 의해 제안되었다.(秦策)

기린지쇠 노마선지(騏驎之衰 駑馬先之)

기린이란 하루에 천리를 달리는 준마(駿馬)이고, 노마란 그것의 반대되는 보통의 능력밖에 없는 평범한 말을 가리킨다. 아무리 빼어난 재능을 가지고 있는 사람이더라도 나이를 먹어 늙게 되면 평범한 사람에 미치지 못한다는 의미의 말이다. 합종책을 추진한 소진이 제나라 민왕(閔王)을 설득하던 말 가운데 나온다.(齊策)

행백리자반구입십(行百里者半九十)

어떤 일을 해나가다가 성취시킴에 있어 최종단계가 아주 중요함을 지적한 말. 자기 나라의 우위(優位)를 과신하는 나머지 교만한 기색을 보이는 진(秦)나라 무왕(武王)에게 간한 가신(家臣)의 말 속에 나온다.(秦策)

전화위복(轉禍爲福)

상황이 악화된 경우, 그 국면의 타개를 꾀할 때 흔히 쓰이는 말. 소

진이 제나라 선왕(宣王)을 설득할 때 했던 유명한 말이다.(齊策)

장사일거불복환(壯士一去不復還)
연(燕)나라 태자(太子) 단(丹)의 간곡한 부탁을 받고 진왕(秦王) 정(政 : 시황제)을 암살하기 위해 장도에 오른 자객 형가(荊軻)가, 역수(易水) 가에서 친구 고점리(高漸離)가 연주하는 축(筑 : 琴의 일종) 소리에 맞추어, '바람은 소슬한데 역수는 차갑고(風蕭蕭易水寒), 장사는 한번 떠나면 돌아오지 못하리(壯士一去不復還)'라고 읊으며 결사의 각오를 피력했다. 예로부터 장도에 오르는 사나이의 시로서 많이 음영되어 왔다.(燕策)

《전국책》 해설

주로 전국시대(기원전 403~기원전 221년)에 활약했던 유세객의 언동과 활동, 그리고 권모술수를 국가별로 기록한 역사서(歷史書)이다. 사마천(司馬遷)이 《사기》를 집필할 때 이 책에서 많은 자료를 얻고 있다. 원저자는 불명이다. 전한(前漢)의 유향(劉向 : 기원전 77~기원전 6년)이 궁중의 장서들을 교정할 때 《국책(國策)》《국사(國事)》《단장(短長)》《사어(事語)》《장서(長書)》《수서(脩書)》 등의 명칭으로 비각(秘閣) 속에 보존되어 있던 여러 책들의 착란(錯亂)을 바로잡고 중복된 것도 정리하여 33권으로 다시 편집하고, 《전국책》이라고 명명했다.

이런 《전국책》 성립 사정에 대하여 근년에 새로운 사실이 발견되어 전해지게 되었다. 1973년 겨울에 발굴이 끝난 호남성 장사시(長沙市) 교외의 '마왕퇴삼호한묘(馬王堆三號漢墓)'에서 백서(帛書 : 문자를 기록한 비단천)에 기록된 《전국책》의 원문이 발견되었던 것이다.

이 내용에 대해서는 앞으로도 연구가 거듭되어야 할 것이다.

그런데 오늘날 전해지는 《전국책》은 유향본(劉向本)이 아니다. 유향본도 세월이 흐름에 따라 잔결(殘缺)이 생겼다. 그것을 송(宋)나라 시대의 증공(曾鞏)이 잔결을 보충해서 복원시켰는데 이것이 오늘날 전해지는 《전국책》의 조본(祖本)이다. 옛날에는 역사서로 분류했었는데 때로는 역사서의 한 갈래인 종횡가(縱橫家)로 분류한 적도 있다. 종횡가란 소진·장의의 합종연횡에서 생긴 이름으로서 전국시대에 외교전략을 설파했던 학파를 가리킨다.

물론 학파라고는 하지만 유가(儒家)처럼 정연한 사상체계를 가지고 있는 것은 아니다. 전편(全編)이 모두 이른바 책사(策士)·유세객 등의 권모술수와 언론·행동 등으로 가득 차있다.

여기서는 편의상 역사서로 분류해 놓았다.

한서(漢書)

고조(高祖)의 건국, 무제(武帝)의 흉노 정벌 등, 전한 제국(前漢帝國)의 사실(史實)을 기록한 책으로, 90년경에 쓰여졌다고 한다.

《한서》란 한나라 사적을 기록한 전적(典籍)이라는 정도의 의미이다. 후한(後漢)의 반고(班固)가 찬(撰)했다. 전 1백 권. 기(紀) 12권, 표(表) 8권, 지(志) 10권, 전(傳) 70권으로 이루어져 있다. 《사기(史記)》에 이어 정사(正史)로는 두 번째로 꼽히며 전한(前漢) 고조(高祖) 원년(元年 : 기원전 206년)으로부터 왕망(王莽)의 지황(地皇) 4년(23년)까지의 사적을 수록하고 있다.

《한서》의 주요 내용

소무(蘇武)와 이릉(李陵)

한나라의 사절로 흉노 땅에 갔던 소무는 그 부하가 선우(單于 : 흉노의 왕)의 궁정 안에서 음모를 꾸몄기 때문에 흉노 땅에 붙잡혀 있는 몸이 되었다. 선우의 귀순 요구를 거부한 소무는 숫양이 젖을 내면 돌려보내겠다는 선우의 명령에 따라 북해(北海 : 바이칼湖)로 쫓겨나 그곳에서 목양(牧羊)을 하게 된다.

한편 5천 명의 보병을 이끌고 흉노 땅에 들어갔던 이릉은 수만 기

(騎)나 되는 흉노의 기병과 조우하여 격전을 벌였다. 선전을 하다가 패하여 사로잡힌 이릉은 그후 그 일족이 무제(武帝)의 분노를 샀고 모두 잡혀 죽었다는 소식을 듣고는 흉노에 귀순하여, 선우로부터 우교왕(右校王 : 흉노의 大官)의 벼슬을 받는다. 그로부터 오랜 세월이 흐른 연후인 어느 날, 선우의 명령을 받은 이릉은 옛 친구인 소무를 만나러 북해로 향한다.

이전에 소무와 이릉은 함께 시중(侍中 : 궁중의 고급 관리)이었다. 소무가 흉노에게 사자로 떠난 이듬해, 이릉은 흉노에게 항복했다. 그는 스스로 소무를 찾아가려고 하지는 않았다.

그로부터 오랜 세월이 흐른 다음, 선우는 이릉을 북해로 보냈고, 소무를 위해 주연을 베풀고 음악을 연주케 했다. 그자리에서 이릉이 소무에게 말했다.

"선우는 내가 자경(子卿 : 소무의 字)과 친구 사이였다는 말을 듣고 그대를 설득하라면서 나를 보냈소이다. 선우는 격의없이 그대를 융숭히 대접코자 하오. 죽을 때까지 한나라에는 돌아갈 수도 없고 이 무인지경에서 외로이 고생을 한다 한들 그 신의를 누가 알아주리까? 지난날 그대의 형님은 어자(御者)였었소. 황제를 모시고 옹(雍 : 섬서성의 지명) 땅의 역양궁(棫陽宮)에 갔을 때 연(輦)을 떠받들며 문 안의 돌층계를 내려오다가 그만 그 연이 기둥에 부딪쳐서 연채가 부러진 일이 있었소이다. 그것이 대불경(大不敬)이라 하여 죽음을 당해야 했고 황제는 전(錢) 2백만을 내려 장사지내게 한 일이 있소.

또 동생 유경(孺卿)은 황제가 하동(河東 : 산서성)의 후토(后土 : 토지의 신)를 제사지내러 갈 때 수행했었소이다. 그때 기마환관(騎馬宦官)이 황문부마(黃門駙馬 : 천자의 말을 관장하는 벼슬아치)

와 배를 납치하더니, 황문부마를 강물에 떠밀어 빠져 죽게 하고 도망을 했소. 칙명에 의해 그대의 동생 유경을 체포하려고 했으나 잡을 수가 없었는데, 유경은 황제의 분노를 산 것을 두려워하여 독을 마시고 죽었소이다.

내가 한나라를 떠날 때 그대의 자당은 이미 세상을 떠나셨소. 내가 양릉(陽陵)까지 따라가서 장례를 모시었소. 부인은 아직 젊었겠지만 다른 집으로 개가해 갔다는 말을 들었소이다. 두 명의 여동생과 1남 2녀의 자녀가 있었을 터인데 지금은 벌써 10년 남짓 세월이 흘렀으니 생사조차 알 길이 없구요.

인생은 조로(朝露)와 같은 것인데 어찌하여 언제까지나 이렇게 고생만 하려는 거요? 나도 항복한 당시에는 망연자실하여 미칠 것만 같았소이다. 한나라에 등을 돌린 괴로움은 말할 것도 없고 노모가 보관(保官 : 궁중의 옥)에 갇히셨다오. 자경, 자경은 항복하지 않으려고 하는데 그런 마음은 내가 더 강했을 것이오.

그런데다가 폐하께서는 이미 고령이시어 법령은 상궤(常軌)를 벗어나는 일이 많고, 대신(大臣)으로서 아무 죄도 없이 일족 모두가 죽음을 당한 집안도 수십가(家)나 된다오. 신변의 안전을 꾀하고 싶지 않으시오? 자경, 자경은 도대체 누구를 위해서 신의를 지키려는 게요? 여러 말 말고 내 말에 따르시오."

소무가 대답했다.

"우리 부자(父子)는 이렇다 할 공로나 재간도 없이 폐하의 은총을 받아, 위(位)는 장군의 반열에 서고 작(爵)은 후(侯)와 통하며, 형제 모두가 폐하의 측근에 등용되었으니 한몸 바쳐 충성할 것을 바랄 뿐이었소. 지금 내가 이몸을 죽이어 그렇게 할 수만 있다면 몸뚱이가 토막나고 가마솥에 삶기는 형이더라도 달게 받겠소이다. 신하가 군주를 섬기는 것은 자식이 아비를 섬기는 것과 같은데, 자식이 아비를 위해 죽는다 해도 여한이 없을 터이오. 이제 이 얘기는 더 이상 하지 맙시다."

소제(昭帝)가 즉위하고 몇년 뒤, 흉노와 한나라는 화의했다. 한나라에서 소무 등의 인도를 요구하자 흉노는 소무가 죽었노라고 거짓말을 했다. 그후 한나라 사자가 또 흉노 땅에 갔다. 상혜(常惠 : 소무를 따라 흉노 땅에 와있던 인물)는 감시인에게 청탁하여 이 감시인과 함께 캄캄한 밤에 한나라 사자와 만날 수 있었고 자세한 사정을 들려주었다.

상혜는 한나라 사자를 만나자 흉노의 선우에게 다음과 같이 말하도록 귀띔했다. 즉 천자(天子)가 상림(上林 : 섬서성에 있었던 천자의 사냥터)에서 사냥을 하다가 기러기를 쏘아 떨어뜨렸는데 그 기러기의 다리에 편지가 매어져 있었으며 그 편지에는 소무 등이 어느 택지(澤地) 안에 아직 살아 있노라고 쓰여 있었다라고 — .

사자는 크게 기뻐하며 상혜가 시키는 대로 선우에게 말하고 책망했다. 선우는 좌우를 둘러보며 기겁했고 한나라 사자에게 사과했다.

"소무 등 일행은…… 실은 살아 있소이다."

이 소식을 전해 들은 이릉은 주연을 베풀고 소무를 축하했다.

"그대는 이제 조국 한나라로 돌아가게 되었소. 흉노 땅에서 이름을 떨쳤고 한나라 황실에 공을 세웠소이다. 옛 기록에도 자경과 같은 일이 없을 것이오. 나는 어리석어서 다시 일어설 수 없는 처지지만 만약 한나라가 내 죄를 관대히 용서하고, 노모의 삶을 보장해 주며 욕을 면하게 해주겠다는 뜻을 비쳤다면, 나는 가(柯) 땅의 맹세 때 조예(曹劌)처럼(조예는 춘추시대 魯나라 장수로서 齊나라와 싸워 패했는데 자신을 다시 등용해 준 魯公에게 보답하기 위해 회맹의 장소에서 齊公에게 칼을 들이대어 失地를 되찾았다) 하고 싶었소. 이것이 지난날 내가 잊지 못했던 일이라오.

그러나 가족 모두가 죽음을 당하고 세상에서 버림받은 지금에 와서는 다 소용없는 꿈이 되었구려. 자경, 자경에게 내 마음을 알릴 뿐이오. 이제는 이국(異國) 사람으로 갈리게 되었소이다. 한번 헤어지면 다시 만날 수 없겠구려."
이릉은 일어나 춤을 추며 노래했다.
"만리 길을 걷고 사막을 넘어
그대 장수가 되어 흉노와 싸웠지
길은 험했으며 칼은 꺾이고
병졸들은 멸망되고 이름도 상했도다
노모는 이미 돌아가셨다 하니
보은하려 해도 할 길이 없네."
이릉은 눈물을 흘리면서 소무와 헤어졌다. 선우는 소무의 부하들을 모았다. 이미 흉노에게 항복한 자, 죽은 자를 제외하니 소무를 따라 돌아간 자는 불과 아홉 명뿐이었다.(〈李廣蘇建傳〉에서)

《한서》 해설

《한서》 전 1백 권, 후한의 반고(班固 : 32~92년) 찬(撰)이라고 하지만, 실제로는 반고 한 사람의 손에 의해 쓰여진 것은 아니다. 이미 그의 부친인 반표(班彪)에 의해 〈후전(後傳)〉 65편이 편찬되어 있었으며, 반고는 그것을 이어받아 《한서》의 완성에 20년 남짓 걸렸다.

그러나 만년에 반고가 거기장군(車騎將軍) 두헌(竇憲)의 북흉노 원정에 따라갔다가 두헌의 황제 암살 음모사건에 연좌되어 옥사하고 말았기 때문에 8표(表)와 〈천문지(天文志)〉 등은 완성시키지 못했었다.

그래서 그의 누이동생 반소(班昭)가 황제의 명을 받들어 그 편찬을 계승했는데 결국 반씨 집안 사람들의 손에 의해 3, 40년의 세월을 두고 완성된 것이다. 《한서》는 《사기》와 마찬가지로 기전체의 체재를 채택하고 있는데, 《사기》가 상고시대로부터 한나라 시대까지를 기록한 통사(通史)인데 비하여 《한서》는 기록 대상을 전한왕조(前漢王朝) 일대(一代)에 한한 단대사(斷代史)이다.

《한서》 이후의 정사(正史)는 거의 모두가 단대사이다. 이는 역사를 왕조의 입장에서 보는 역사관의 출현이려니와 《한서》는 그 효시라고 할 수 있다.

십팔사략(十八史略)

태고(太古)의 이야기로부터 송(宋)나라 시대까지 역대 왕조의 치란흥망을 기록한 역사책으로 1370년경에 쓰여졌다고 한다.

《사기》《한서》《삼국지》등 17정사(正史)에 송나라 시대의 사료(史料)를 합치어 18사(史)로 하고, 이것을 초략(抄略)한 교재용 사서(史書)이다. 증선지(曾先之) 찬(撰). 편년체(編年體) 체재를 취하고 있으며 초학자에게 중국 수천 년 역사에 대하여 최소한으로 필요한 지식을 간결하고 또한 재미있게 읽히고자 연구한 책이다. 전 2권으로 되어 있다.

《십팔사략》의 주요 내용

고복격양(鼓腹擊壤)
요(堯)임금은 천하를 다스리기 50년에 이르렀다. 그는 세상이 잘 다스려지고 있는지, 그리고 백성들은 자신을 천자로 떠받들기를 원하고 있는지 궁금했다. 그래서 요임금은 변장을 하고 사람들이 벅적거리는 거리로 나가 보았다.

아이들이 유행가를 부르고 있었다.

"우리 백성들을 잘 살피시어

무엇 하나 부러운 것이 없습니다
이 모두가 임금님의 은혜입니다."
또 한편에서는 노인들이 무언가를 질겅질겅 씹으면서 배를 두드리고, 발로 장단을 맞추더니 이런 노래를 부르고 있었다.
"해가 뜨면 일을 하고 해지면 쉰다
우물을 파서 물을 마시고 밭을 갈아 먹으니
임금이 우리에게 무슨 소용이 있겠는가."
요임금은 만족하며 궁궐로 돌아왔다.
(정치의 위력 따위를 백성들은 다 잊고 있으니 이는 정치가 잘되고 있다는 증거였다)

분서갱유(焚書坑儒)

시황제 34년, 승상(丞相 : 재상)인 이사(李斯)가 다음과 같이 상주했다.
"지난날 천하에 제후(諸侯)들이 할거하면서 다투고 있을 때, 각 제후들은 학자들을 초빙하고 후대했었나이다. 그러나 이제 이미 천하는 통일되었고 법률도 정비되었사옵니다. 그러하기에 백성들은 안주하면서 농업과 공업에 힘을 기울이고 사회 지도층에 있는 선비들은 법령을 솔선하여 지켜야 할 것이니이다. 하온데 학자들은 지금 이 새로운 질서에 반항을 하고 있사옵니다. 그들은 현재를 인정하지 아니하고, 옛날을 내세우며 현대를 비판함으로써 백성들을 혼란 속에 빠뜨리고 있나이다. 그들은 새 법령이 공포될 때마다 자신들의 '학(學)'으로 하나하나 논평을 하고 있는 것입지요.
　더구나 마음속으로 비판하는 것이 아니오라 거리에 나와서 공공연하게 시(是)와 비(非)를 논하고 있나이다. 그들은 도당을 만들어 중상과 비방에 전념하는 무리들이옵니다.

따라서 이런 때에 과감한 대책을 강구할 필요가 있을 것으로 생각되나이다. 사관(史官)들의 기록은 우리 진(秦)나라 이외의 것은 모두 불태워 버려야 할 것이옵니다. 또 박사(博士) 자리에 있는 자가 직무상 소유하고 있는 것을 빼고, 《시경(詩經)》《서경(書經)》 등과 제자백가(諸子百家)의 서적들을 개인이 소장하는 것을 허락해서는 아니되겠나이다. 그런 책들은 각 군(郡)의 수위(守尉)들에게 제출토록 하여 모두 소각해야 하옵니다. 《시경》《서경》 등에 대하여 이야기하는 자가 있으면 모두 죽이어 그 시체를 저잣거리에 매달고, 옛것을 가지고 현재를 비판하는 자는 그 일족도 모두 주살(誅殺)해야겠나이다.

단, 책이라 하더라도 의약(醫藥)과 점술(占術)·농사에 관한 것은 남겨두어도 상관없사옵니다. 또 법령을 배우고자 하는 사람들에게는 관리가 교사가 되어 가르치도록 해도 좋겠나이다."

시황제는 이 상주(上奏)를 재가했다.

시황제 35년, 후생(侯生)과 노생(盧生)이란 자가,

"황제가 나쁘므로 선약(仙藥)을 발견할 수 없소."

란 말을 남기고 어디론지 도망쳐 버렸다. 이 일을 계기로 하여 시황제의, 학자들에 대한 분노가 폭발했다.

"그 노생이란 놈 등에게는 대우도, 그리고 녹봉도 충분히 주었어. 그런데 그놈들이 짐(朕)을 욕하다니! 도대체 그놈들의 동료인 소위 학자란 것들은 짐을 어떻게 생각하고 있는 게야! 함양(咸陽 : 秦나라 도읍)에 있는 학자들을 일단 조사해 봐야겠다! 되지도 않는 말을 지껄이어 백성들을 미혹하는 자가 있을는지도 모를 일이야."

그리고 곧 수사관에게 명하여 학자들의 총점검에 나섰다. 그런데 학자들은,

"저 사람이 나쁘오."

"아니, 이 사람이 나쁘오."
라며 서로 떠넘길 뿐 자기 죄를 인정하는 자는 단 한사람도 없었다.
　시황제는 464명을 유죄로 단정하고 모두 함양에서 생매장시켜 버렸다.

다다익선(多多益善)

　한(漢)나라 고조(高祖 : 劉邦)와 한신(韓信)이 주안상을 사이에 놓고 잡담을 나누고 있었다. 천하를 평정한 한고조는 논공행상 때 한신을 회음후(淮陰侯)에 봉했었는데 그의 세력을 두려워 하는 나머지 반란죄를 뒤집어씌워 잡아다가 가두어 버렸다.
　그러나 옛정을 생각하여 이따금 불러내어 잡담을 나누곤 하였다. 화제는 장군들의 능력 평가였다. 어느 장군이 어느 만큼의 군사를 통솔할 수 있느냐는 내용이었다.
　고조가 물었다.
"그럼, 짐은 어느 정도의 군사를 통솔할 자격이 있는가?"
　그러자 한신이 대답했다.
"폐하께서는 한 10만의 군사쯤은 통솔하실 수 있겠나이다."
"그럼 그대는?"
"예, 신은 많으면 많을수록 좋습지요(多多益善)."
　고조는 껄껄 웃었다.
"그럼 어찌하여 그대는 짐에게 붙잡힌 몸이 되었는고?"
"예, 폐하, 폐하께서는 장수(將帥)의 장수되실 힘이 있으시옵니다. 병졸의 장수되실 자격은 없으시옵니다만 장수의 장수되실 능력이 있으시기 때문에 신은 지금 붙잡힌 몸이 되었습지요. 또한 폐하의 그런 재능은 하늘에서 받으신 것이오며 그것은 보통사람으로서는 갖출 수 없는 것입지요."

곡학아세(曲學阿世)

한(漢)나라 무제(武帝)는 제위(帝位)에 오르자 현명하고 학식이 많은 선비들을 조정으로 불러들였다. 시인(詩人)으로 이름 높은 원고생(轅固生)도 조정에 불려가게 되었다. 원고생은 성품이 강직한 선비로서 당시 나이가 90세였다. 바른말 잘하기로 유명한 원고생이 조정에 들어오자 아첨만 일삼던, 다른 학자들은 은근히 겁을 먹었다.

그런데 이 원고생 등 여러 선비들과 함께 무제의 부름을 받은 공손홍(公孫弘)은,

"저 따위 늙은이가 무슨 일을 하겠다고 이곳에 들어온 거야?"

라며 속으로 업신여겼다. 무제의 물음에 공손홍이 아뢰었다.

"예, 군주가 하늘의 법칙에 순종하고 화(和)의 덕을 몸에 익힌다면 아래로도 그 화의 덕이 옮겨져서 백성들은 모두 화합하여 살아갈 것이니이다. 이처럼 마음의 화에 달하면 기(氣)에도 화가 이루어지고 기의 화가 되면 형(形)에도 화가 이루어지옵니다. 또 형에 화가 이루어지게 되면 소리에도 화가 이루어지옵는데 이렇게 해서 천지 만물의 화가 이에 호응하여 일어나나이다."

무제는 이 답서를 여러 선비들의 답서 중 으뜸이라며 높은 벼슬을 내리기로 했다. 이때 공손홍을 조용히 만난 원고생이 말했다.

"오늘날 학문의 도(道)가 어지러워져서 이치에 닿지도 않는 속된 학문이 판을 치고 있어. 이대로 내버려 두면 정통적인 학문이 힘을 잃고 말 것이야. 자네는 다행스럽게도 젊은데다가 학문을 무척 좋아한다고 하더군. 부디 학문을 올바로 깨우쳐 세상을 바로잡는 데 힘써주기 바라네. 어떠한 일이 있더라도 자신이 믿고 있는 학설을 굽히어(曲學) 세속에 아첨하는 일(阿世)이 없도록 하게."

이 말을 듣고 공손홍은 원고생의 뛰어난 학문과 인품에 큰 감명을 받았다.

조강지처(糟糠之妻)

후한(後漢)의 광무제(光武帝)가 등용한 신하들은 송홍(宋弘) 등을 비롯, 모두가 중후하여 자설(自說)을 굽히지 않는 인물들이었다.

광무제의 누님인 호양공주(湖陽公主)가 과부가 되어 홀몸으로 지내고 있을 때의 일이다. 호양공주는 송홍을 은근히 사모하게 되었다. 그녀는 송홍이 입궐하면 언제나 황제의 옥좌 뒤에 쳐놓은 병풍 뒤에 앉아 있으면서 가슴을 졸이곤 했다.

그런 눈치를 챈 광무제가 어느 날 송홍의 마음을 떠보았다.

"신분이 높아지면 우정(友情)이 변하고, 재물을 얻으면 아내를 바꾼다는 말이 있소. 그대는 이 말을 어떻게 생각하시오?"

그러자 송홍은 다음과 같이 말했다.

"폐하, 아뢰옵기 황송하오나 가난할 때 사귄 친구는 잊지 말아야 하고, 구차할 때 같이 살던 아내(糟糠之妻)는 버리지 말아야 한다는 말이 있사온데 이 말이야말로 옳은 말이라고 생각하옵니다."

송홍이 퇴궐한 다음, 광무제는 호양공주에게 말했다.

"누님, 송홍은 그 절개가 매우 굳은 사람입니다. 그의 마음을 얻기 어려우니 누님이 단념하십시오."

월단평(月旦評)

조조(曹操)는 어렸을 때부터 기회를 포착하는 데 민감했고 더구나 권모술수에 아주 능했다. 그리고 무뢰하고 방탕하여 공부를 하기 싫어했다.

그무렵 여남(汝南) 땅에 허소(許邵)라는 사람이 있었는데 그의 종형(從兄)과 함께 평판이 아주 좋았었다. 그 두 사람은 향당(鄕黨) 사람들의 평을 두루 했다. 매월 초하루가 되면 인물평가를 하곤 했으므로 여남 사람들은 그 평가를 '월단평(月旦評)'이라고 이름 붙였다.

어느 때 조조가 이 허소를 찾아왔다.
"저는 어떤 인물이라고 생각하십니까?"
허소가 대답을 안하자 조조는 끈질기게 요구했다. 그러자 허소는 하는 수 없다는 듯 대답했다.
"그대는 치세(治世) 때라면 능신(能臣)이 되겠고, 난세(亂世)라면 간웅(姦雄)이 되겠어."
후일 조조는 황건적을 물리치고 그것을 기화로 하여 거병(擧兵)했다.

희노불용어색(喜怒不容於色)

진(晋)나라 태보(太保 : 정승 중 한 사람) 사안(謝安)의 교양와 여유있는 마음가짐은 전대(前代)의 명재상 왕도(王導)를 능가했고, 덕망에 있어서도 기량(器量)에 있어서도 따를 자가 없었다.

진(秦)나라가 침공해오자 온 백성을 무장시키어 적군 퇴치에 임하도록 했으면서도 그는 태연함을 잃지 않고 내기 바둑이나 두며 소일하고 있었다. 그리고 비수지전(肥水之戰)에서 아군이 대승을 거두었다는 승전보가 날아들었을 때도 그는 바둑을 두기에 열중하고 있었는데, 그는 승전보에 눈길을 한 번 주었을 뿐, 그대로 옆에 놓고 표정 하나 바꾸지 아니했다.

바둑이 끝난 다음 상대방이 편지의 내용을 묻자 그는 대수로운 일이 아니라는 듯 대답했다.
"젊은이들이 적군을 물리친 모양이오."
그러나 손님이 돌아가자 그는 안방으로 가면서, 기쁜 나머지 펄펄 뛰었고 그바람에 나막신이 부숴진 것도 몰랐다고 한다.

그는 감정을 표출하지 않고, 상황에 좌우되어 마음이 변하는 일이 없었는데 이 일화 한 가지로도 짐작이 간다.

반식재상(伴食宰相)

당(唐)나라 재상인 노회신(盧懷愼)은 청렴결백한 인품으로서 매사에 절약하였다. 사복(私腹)을 채우기는커녕 봉록조차 친지와 친척들에게 모두 나누어 주곤 했다. 그러므로 그의 처자는 항상 굶주려야 했고 추위에 떨어야 했다. 그가 사는 집은 비가 새고 바람조차 막을 수 없는, 초라한 집이었던 것이다.

그런데 같은 재상인 요숭(姚崇)이 어느 때 10여일의 휴가를 얻어 귀성했다. 그사이에 결재해야 할 정무(政務)가 태산처럼 쌓이게 되었는데 노회신은 한가지도 처리하지 않았다.

이윽고 돌아온 요숭은 그 서류를 검토하여 모두 결재하여 처리했다. 그리고 옆에 있던 부하 제한(齊澣)에게,

"재상으로서의 내 재능이 어떠한가?"

라며, 득의만면하여 물었다. 제한이 다소 비꼬아가며 대답했다.

"대감은 시무(時務)에 뛰어나신 재상이시라고나 할까요."

실은 이 노회신은 자신의 재능이 도저히 요숭에게 미치지 못한다는 것을 알고, 무슨 일에나 요숭을 앞에 내세우고자 했었던 것이다.

그야 어쨌든 당시의 사람들은 노회신에게, 회식 자리에나 나가는 재상이란 뜻으로 '반식재상(伴食宰相)'이란 별명을 붙여 주었다.

구밀복검(口蜜腹劍)

당나라 재상 이임보(李林甫)는 현종(玄宗)의 측근에서 언제나 아첨을 하여 어심(御心)을 샀고, 현종에게 언제나 '지당하십니다'만 연발하여 은총을 받고 있었다. 군신(群臣)의 의견이 현종에게까지 상달되지 못하도록 획책하여 군주의 눈과 귀를 가리고 있었다.

어느 때 그는 현종을 가까이에서 모시는 어사(御史)들에게 이런 말을 한 적이 있다.

"천자의 의장(儀丈) 때 따르는 말을 잘 살피라. 잠자코 있으면 상관없겠지만 한마디라도 소리를 내면 곧 끌어내도록!"

즉 천자에게 바른 말을 하는 충신이 있으면 감쪽같이 없애라는 말을 이처럼 우회적으로 지시했던 것이다. 이런 식으로 그는 현인재사(賢人才士)들을 미워하면서, 자기보다 훌륭한 사람이 있으면 모두 배척했다. 그러니 현종의 좌우에는 충신이 있을 수 없었다.

사람들은 이 이임보를 가리켜 이렇게 말했다.

"입으로 내는 말은 꿀처럼 단데[口蜜], 배 속에는 칼이 들어 있는 것[腹劍]처럼 무서운 사람이야."

그가 밤중에 언월당(偃月堂)이라고 이름붙은 당(堂) 안에서 무언가 골똘히 생각한 다음날에는 반드시 누군가가 주살(誅殺)당하곤 했다. 그뿐 아니라 대옥사(大獄事)를 자주 일으키어 숱한 사람들을 처형했기 때문에 위로는 태자를 위시하여 모든 사람들이 그를 두려워했다.

이런 인물이 19년 동안이나 장기간 재상 자리에 있었던 것이 그후 당나라 안에 대란(大亂)이 일어난 계기가 되었는데 현종은 그런 것을 전혀 모르고 있었다.

《십팔사략》 해설

저자인 증선지는 송나라 말기 사람으로, 자(字)를 종야(從野)라 하며, 강서 노현(盧縣) 출신이다. 그 사적은 거의 전해지지 않는데 송왕조 때 진사(進士)에 급제한 다음 지방관을 역임했고, 송나라가 멸망하자 관직에서 물러났는데 그후로는 출사(出仕)하지 않았다고 한다.

당시 강남 사대부 중 대부분은 이민족 왕조인 원조(元朝)에 출사할 것을 거부하고, 은밀히 이민족 지배에 저항하면서 재야(在野) 문인으로서 민족문화의 전통을 지키고자 했다. 아마 증선지도 이런 '강남 처사(處士)'의 한 사람으로서 여생을 제자 교육에 바쳤던 것이리라.

《십팔사략》은 그 책 이름이 나타내고 있는 것처럼 18종 사서(史書)를 요약한 다이제스트판이다. 과거제도가 있던 시대에는 우선 사서(四書)를 시작하여 오경(五經)에 들어가고, 다시 시문(詩文)과 사서(史書)의 순으로 공부해 나가는 것이 보통이었는데 이민족이 지배하였던 당시에는 유교 경전보다도 역사서 쪽이 민족적 자각을 불러일으키는 데 더 적합했었다.

그러나 이른바 정사(正史)로 꼽히는 책들은 그 양이 방대하고 그 내용이 번잡하여 초학자들이 쉽게 배울 수 있는 것이 아니었다. 이런 점에서 초학자들도 읽을 수 있는 교본으로 이 《십팔사략》이 편찬되었던 것이다.

편집 방침으로는 왕조의 이른바 사관(史觀)이 일관되어 있어서 역대 왕통(王統)이 이상할 만큼 성실하게 소개되어 있는데, 이것은 당시의 민족의식에서 본다면 이해가 될 만한 대목이다. 역대의 치란흥망이 모두 인간의 행동을 통하여 생생하게 그려져 있어서, 읽는 사람들로 하여금 좀더 깊이 알고 싶다는 의욕을 불러일으키도록 배려되어 있는 점은 높이 평가받아야 할 것이다. 유명한 고사성어에 대해서도 마음을 쏟고 있다.

삼국지(三國志)

후한(後漢)이 멸망된 다음 위(魏)·촉(蜀)·오(吳) 등 삼국 정립(鼎立) 항쟁 때를 쓴 책으로 290년경에 이루어졌다고 한다.

《삼국지》의 지(志)란, 기록이란 정도의 의미이다. 전65권. 〈위서(魏書)〉 30권, 〈촉서(蜀書)〉 15권, 〈오서(吳書)〉 20권으로 이루어져 있다. 진(晉)나라 진수(陳壽)가 찬(撰)했으며 그 성립은 《후한서》보다 오래다. 또 《사기(史記)》《한서(漢書)》《후한서》에 이 《삼국지》를 더하여 일반적으로 전사사(前四史)라고 부른다.

《삼국지》의 주요 내용

제갈량전(諸葛亮傳)
제갈량은 자(字)는 공명(孔明), 낭야군(琅邪郡) 양도(陽都 : 산동성 沂水縣) 사람으로서 한(漢)나라 때 사예교위(司隸校尉 : 경찰 간부)였던 제갈풍(諸葛豊)의 후손이다. 아버지 규(珪 : 字는 君貢)는 후한 말, 태산군(太山郡 : 산동성)의 승(丞 : 군의 차관)이었다.
　제갈량은 일찍 아버지를 여의었는데 숙부인 제갈현(諸葛玄)이 군벌(軍閥) 원술(袁術)에 의해 예장(豫章 : 강서성) 태수로 임명되자 그 숙부를 따라 동생 제갈균(諸葛均)과 함께 숙부의 임지로 갔다. 마침

후한의 조정이 고호(告皓)란 사람을 선발하여 제갈현 대신 예장 태수로 임명코자 했다. 그러자 제갈현은 형주목(荊州牧 : 장관) 유표(劉表)와 잘 아는 사이였으므로 유표를 의지하러 갔다.

제갈현이 죽자 제갈량은 스스로 밭을 일구고 양보음(梁父吟)을 지어 즐거이 노래불렀다.

신장은 8척(1척은 약 23cm), 언제나 자기자신을 관중(管仲 : 춘추시대 齊나라 사람으로서 桓公의 재상)·악의(樂毅 : 전국시대의 武將)에 비견했으며 사람들을 통 상대하지도 않았다. 단 박릉(博陵 : 하북성)의 최주평(崔州平)과 영천(穎川 : 하남성)의 서서(徐庶 : 字는 元直)가 제갈량과 친하게 지냈을 뿐이다.

당시 선주(先主 : 劉備)는 신야(新野 : 하남성 新野縣)에 주둔하고 있었다. 서서는 선주를 만나러 갔다. 선주는 서서를 뛰어난 인물이라고 생각했다. 그러나 서서는 이렇게 말했다.

"제갈공명은 와룡(臥龍)입니다. 장군께서는 그를 한번 만나보실 생각이 없으십니까?"

그러자 선주가 말했다.

"그곳으로 데려다 주오."

서서가 대답했다.

"그사람은 만나러 갈 수는 있습니다만 데려올 수는 없습니다. 장군께서 몸소 가셔야 할 것입니다."

그래서 선주는 제갈량을 만나러 친히 나섰다. 그리고 세 차례나 가서야 겨우 만날 수 있었다. 선주는 좌우를 물리치고 말했다.

"한실(漢室)은 이미 기울고 간신들이 세력을 멋대로 펴고 있으며 주상께서는 이미 도읍을 잃고 마셨소이다. 나는 주제넘게도, 천하에 대의(大義)를 나타내려고 하는데 지혜가 부족하여 그만 실패했고 지금에 이르고 있소. 그러나 그 뜻은 아직도 포기하지 않고 있소이다. 그대는 어찌하여야 좋다고 생각하시오?"

제갈량은 대답했다.

"동탁(董卓 : 후한 말의 군벌) 이래로 호걸들이 여기저기서 일어나 여러 주군(州郡)을 지배하고 있는 자가 헤아릴 수 없을 만큼 많습니다. 조조(曹操)는 원소(袁紹 : 후한 말의 군벌)에 비하면 이름도 알려져 있지 않고 병력도 적습니다. 그러나 결국에는 조조가 원소에게 승리할 것입니다. 약한 것이 강해지는 것은 천시(天時)에 의해서만이 아닙니다. 사람의 모사(謀事)도 그러합니다. 지금 조조는 이미 백만의 무리를 이끌면서 천자(天子)를 옹호하고 제후들에게 호령하고 있은즉 그는 싸울 상대가 아닙니다.

손권(孫權)은 강동(江東 : 양자강 하류 南岸의 땅)을 점유하고 있는 지, 이미 3대를 이어오고 있습니다. 나라는 그 요새가 견고하고 민심을 얻고 있습니다. 또 재능이 있는 인물들이 활약하고 있습니다. 그는 이쪽 편으로 끌어들여야 하지, 손을 내밀어서 쳐서는 아니됩니다. 형주(荊州) 땅은 북쪽으로는 한수(漢水)와 면수(沔水 : 漢水 상류를 가리킨다)에 의해, 남쪽은 다행스럽게도 남해(南海)를 끼고, 동쪽은 오회(吳會 : 강소성 吳縣城)에 연하여 있으며 서쪽은 파(巴)·촉(蜀 : 四川省)에 통하고 있습니다. 이는 군사를 움직이어 적군을 제압하는 데 좋은 곳이며, 더구나 그 주인은 그 땅을 지킬 만한 힘이 없습니다.

이는 마치 하늘이 장군에게 물려주시는 것과 같은 것입니다. 장군, 이 형주 땅을 취하지 않으시렵니까. 익주(益州 : 사천성 廣漢縣)는 험한 산으로 둘러싸여 있고 비옥한 들판이 천리에 퍼져 있어서 실로 천혜의 땅입니다. 한나라 고조(高祖)께서도 이 땅에서 제업(帝業)을 성취하셨습니다.

지금 그 땅의 주인인 유장(劉璋 : 익주의 장관)은 암우하고, 또 장노(張魯 : 黃巾의 지도자)가 북쪽에서 위협하고 있습니다. 백성은 많고 창고는 곡물로 가득 차있는데 유장은 백성들을 위로할 줄 모르는 터라 백성들은 지능을 겸한 주인이 나타나기를 기다리고 있습니다.

장군은 한실(漢室)의 자손이신 데다가 신의(信義)는 사해에 떨치고 영웅들을 휘하에 거느리고 계시며 휘하의 현인들은 어서 한실의 회복이 있기를 기다리고 있습니다. 만약 형주와 익주를 취하여 병합하고 그 요새를 모두 확보하되, 서쪽으로는 융(戎)과 화목하고, 남쪽으로는 월인(越人)을 따르게 하며, 밖으로는 손권과 손을 잡으시고, 안으로는 정치를 바로세우신다면…… 그리고 만약 천하에 이변(異變)이 일어나는 경우, 상장(上將)에게 명하시어 형주의 군사를 이끌고 완(宛 : 하남성 南陽縣), 낙(洛 : 洛陽縣)으로 나아가게 하시고, 장군께서는 몸소 익주의 군사들을 이끄시고 진천(秦川 : 섬서성·감숙성)으로 토벌하러 나가시면 백성들은 모두 손에손에 음식물을 들고 나와 장군을 영접할 것입니다.

이렇게 되면 패업(霸業)을 이룰 수 있으며 한왕실도 부흥시킬 수 있을 것으로 사료합니다."

선주가 말했다.

"좋소."

이것이 그 유명한 '천하삼분지계(天下三分之計)'이다. 그야 어쨌든 그후로 선주와 제갈량은 날로 친밀하게 지냈다. 관우(關羽)와 장비(張飛) 등은 기분이 언짢았다. 선주는 그들을 달래며 말했다.

"나에게 있어 공명이 있다는 것은 마치 물고기가 물을 얻은 것과 같소(水魚之交). 그대들은 아무 말도 하지 말기 바라오."

관우와 장비는 입을 다물기로 했다.

《삼국지》의 명언집

교룡득운우 종비지중용(蛟龍得雲雨 終非池中用)

이무기와 용은 운우(雲雨)를 얻으면 못[池] 속에 가만히 있지 아니한다. 당장은 자복(雌伏)하고 있지만 때가 오면 나아가서 실력을 발휘한다는 의미의 말이다. 오(吳)나라 무장인 주유(周瑜)가 유비를 평하여 한 말이다.(周瑜傳)

읍참마속(泣斬馬謖)

제갈공명이 전쟁에서 패한 부하 마속(馬謖)을, 군율을 밝히기 위해 목을 벤 고사를 뜻한다. 천하의 법은 사정(私情)을 내세워 굽힐 수 없다는 비유의 말이다. 〈촉서(蜀書)〉 마속전(馬謖傳)에 있는 고사인데 이 이야기는 후세인이 만들어 낸 것인 듯, 마속전에는 없다.(〈馬謖傳〉 및 그 주석)

운중백학비순안지망소능라야(雲中白鶴非鶉鴳之網所能羅也)

높은 공중을 나는 백학은 메추라기나 굴뚝새 따위를 잡는 그물에 걸리지 않는다. 고상한 인물은 세속의 시시한 일에 미혹당하지 않는다는 비유의 말이다.(邴原傳의 주석)

《삼국지》 해설

《삼국지》는 후한의 멸망과 함께 삼국이 정립(鼎立)한 때로부터 진(晋)나라의 통일까지를 기록한 역사서인데, 일반적으로 《삼국지》 하면 명(明)나라 나관중(羅貫中)의 소설인 《삼국연의(三國演義 : 三

國志通俗演義 또는 三國志演義라고도 한다)》가 더 유명하다. 이것은《삼국지》를 근거로 하고, 민간의 설화라든가 강담류(講談類)를 섞어서 쓴 것이며, 경극(京劇)과 그밖의 여러 작품으로 만들어졌는데 그 수많은 명장면(名場面)들은 사람들에게 아주 친숙해졌다.

이에 비하여 역사서《삼국지》쪽은 그 문장이 간결하고 잘 다듬어져 있어서 정사(正史) 중 양서(良書)의 하나로 꼽히며《삼국지연의》와는 상당히 다른 면을 지니고 있다.

《삼국지》찬자(撰者)인 진수(陳壽 : 233~297년)는 파서(巴西) 안한(安漢 : 사천성 南充縣) 사람으로서 처음에는 촉(蜀)나라를 섬기다가 촉나라가 멸망한 다음에는 진(晋)나라를 섬기면서《삼국지》65권을 완성했다. 또 남조(南朝)인 송(宋)나라 배송지(裵松之)의 주석은 여러 책들을 인용하고 있으며, 사주(史注)로서는 가장 저명하다.

한편《삼국지연의》등에서는 대개의 경우 촉나라 유비와 그 막료들이 선인(善人)이고, 위(魏)나라 조조(曹操)는 악당으로 되어 있는데, 이것은 남송(南宋)의 주희(朱熹 : 朱子)가《자치통감강목(資治通鑑綱目)》을 편찬할 때 그의 정통론(正統論) 입장에서 촉나라를 정통으로 생각했는데 이것이 주자학의 유행과 함께 일반화되었기 때문이다.

따라서 그 이전에는 조조가 반드시 악당이었던 것은 아니며, 이《삼국지》역시 그런 점에서 본다면〈위서(魏書)〉에만 제기(帝紀)를 설정하여 위정통론(魏正統論)을 채택하고 있어서 조조를 악당 취급하지 않고 있다. 이 때문에 정통론이 지나치게 부각되었다는 비난을 받게 되었고, 촉나라를 정통으로 하는《삼국지》가 나타난 예도 있다.

후한서(後漢書)

적미지란(赤眉之亂) 중에 성립된 후한(後漢) 왕조가 황건지란(黃巾之亂)으로 멸망하기까지의 역사를 써놓은 책으로 440년경에 만들어졌다고 한다.

《후한서》 전 120권, 그 가운데 본기(本紀) 10권, 열전(列傳) 80권은 남송(南宋)의 범엽(范曄)이 찬(撰)했고 지(志) 30권은 진(晋)나라 사마표(司馬彪)가 찬했다고 한다. 《사기》《한서》에 이어지는 시대의 사적을 기록한 것인데, 그 성립은 그 이후인 삼국정립(三國鼎立) 시대를 다룬 《삼국지》보다 시대가 내려간다.

《후한서》의 주요 내용

광무제기(光武帝紀)

― 전한(前漢) 말, 왕망(王莽)은 제위(帝位)를 찬탈하고 국호를 신(新)이라 고쳤는데 곧 적미(赤眉)의 난이 일어나 전국이 혼란 속에 빠졌다. 그런 와중에서 거병한 지방 호족인 유수(劉秀)는 차츰 난을 평정하면서 황제의 꿈을 키워간다. 여기서는 유수가 황제로 즉위하는 한 절(節)을 소개한다.

그리하여 장군들은 존호(尊號)를 바칠 것을 협의했다. 먼저 마무(馬武)가 나와서 말했다.

"천하에 주군(主君)이 안계시면, 비록 중니(仲尼 : 공자의 字)를 재상으로 쓰고, 손자(孫子 : 춘추시대의 병법가)를 장군으로 삼을 수 있는 성인(聖人)이더라도 난세를 당하는 경우, 자신은 아무것도 할 수 없다며 두려워하게 마련입니다. 어쨌든 지금 이 기회를 놓치면 돌이킬 수 없는 결과가 될 것입니다. 대왕(大王 : 劉秀를 가리킨다)은 사퇴하고 계십니다만 이 천하 국가를 이대로 방치해 두시렵니까?

어서 계(薊 : 하북성 大興縣)로 돌아가시어 존위(尊位)에 오르시고 천하 정벌을 의논하십시오. 지금 이대로라면 우리가 무슨 명목으로 적도들의 토벌을 위해 동분서주하겠습니까?"

광무(光武 : 유수)는 깜짝 놀라며 반문했다.

"어떤 장군이 그런 말을 하는 게요? 그런 말을 하는 자는 참형에 처하겠소이다!"

마무가 대답했다.

"제장(諸將)들 모두가 그렇게 생각하고 있습니다."

광무는 마무를 시켜 제장을 타이르게 한 다음 군사를 이끌고 계(薊) 땅으로 갔다. 여름 4월, 공손술(公孫述 : 호족 중 한 사람)이 자립하여 천자라 칭했다.

광무는 계 땅을 통과하고 범양(范陽 : 하북성 定興縣)을 지났는데 그곳에서 이사(吏士)들의 넋을 위로했다. 중산(中山 : 하북성 定縣)에 도착하자 제장이 또 상주(上奏)했다.

"한나라는 왕망에 의해 종묘가 끊어지고, 호걸은 분노를 못참아 동분서주하며, 백성들은 도탄에 빠져 있습니다. 대왕(大王 : 유수)은 백승(伯升 : 유수의 형)과 함께 최초로 의병을 일으켰고 갱시(更始 : 유수의 從兄인 劉玄)는 그 도움으로 제위(帝位)에 올랐습니다. 그러나 대통을 이을 수 없었으며 기강은 문란해지고 도적은 날로 많아져서 백성들의 생활은 위기에 봉착해 있습니다. 대왕이 처음으로 곤양(昆陽 : 하남성 葉治縣)을 정벌하시자 왕망은 자결하고 말았습니다. 그후 한단(邯鄲)을 제압하고 북주(北州)를 평정하여 천하의 3분지 2를 영유했을 뿐 아니라 여러 주(州)를 지배하고 백만의 군사를 가지고 계십니다.

　무력을 말한다면 대왕에게 대항할 자가 없고, 문덕(文德)을 말한다면 어깨를 나란히 할 자가 없습니다. 신(臣) 등은, 제왕의 자리는 오래 비워둘 수 없고 천명(天命)은 사양해서는 안된다고 들었습니다. 대왕께서는 천하 국가로서 스스로 계획을 세우시고 백성들을 위로하십시오."

광무는 또 이 상주를 받아들이지 아니했다.

다시 나아가 남평극(南平棘 : 하북성 趙縣)으로 갔다. 제장들은 광무에게 또 제위에 오를 것을 요청했다. 광무는 말했다.

"구적(寇賊)은 아직 평정되지 않아서 우리는 사면으로부터 적의 위협을 받고 있소. 그렇건만 어찌하여 그대들은 칭호와 작위를 바르게 할 것만 서두르는 게요? 제장 중 강경하게 요청하는 자는 앞으로 나오시오!"

경순(耿純)이 나와서 말했다.

"천하의 사대부로서 친척을 버리고 토지도 버린 채 대왕을 따라 시탄(矢彈) 밑을 헤매는 자들은 모두 용린(龍鱗)을 붙이고 봉익(鳳翼)에 붙어서(위대한 인물을 따라서) 출세의 뜻을 펴보기 위해 그러는 것입니다. 이제 공은 이미 정해졌고 하늘의 뜻과 사람의 행위가 서로 응하여 합쳐져 있습니다.

　그런데도 대왕은 때를 미루시고 군중의 뜻에 역행하시면서 칭호와 작위를 바르게 하고자 하시지 않습니다. 이몸이 두려워하는 것은 사대부들이 출세의 소망이 끊어지면 고향으로 돌아갈 것을 생각하며 괴로움을 참아내고자 하지 않을 것이라는 점입니다. 대중은 한번 흩어지면 다시 모으기 어려운 법입니다. 때를 미루거나 대중의 뜻을 거역할 수는 없습니다."

경순의 말은 아주 절실했다. 광무도 이때는 깊은 감명을 받았다.

"나도 생각을 해보겠소."

다시 나아가 호(鄗 : 하북성 柏鄕縣) 땅으로 갔다. 이전에 광무가 장안(長安)에 있을 때 동숙생(同宿生)이었던 강화(彊華)가 관중(關中)에서 가져온 적복부(赤伏符 : 미래를 예언한 부적)를 바쳤다. 그것에 의하면,

'유수, 군사를 일으키어 무도한 무리들을 평정하자 사이(四夷) 운집하여 용야(龍野)에서 싸우다. 47인 때 화(火), 주(主)가 되다(前漢의 高祖로부터 헤아리어 유수는 47인 27대째, 漢나라는 五行의 火德에 해당한다).'

라고 했다. 군신(群臣)은 다시 상주했다.

"수명(受命)의 부(符)는 사람으로서 중시해야 하는 것입니다. 1만 리 먼곳까지 신(信)을 합치고 의논하여 정(情)을 같게 하고 있습니다. 주(周)나라 백어(白魚)의 고사(故事 : 주나라 武王이 殷나라 紂王을 칠 때 白魚가 무왕이 탄 배에 뛰어들었는데 그 백어에 주왕을 쳐야 한다고 기록되어 있었다)도 이정도는 아니었을 것입니다. 지금 위에는 천자가 없고 해내(海內)는 혼란해 있습니다. 이것은 적복부의 내용과 밝히 조응(照應)하고 있는 것이 아니겠습니까. 어서 천신(天神)께 응답하시고 산천에 제사를 지내십시오."

그래서 광무는 유사(有司)에게 명하여 호(鄗) 땅 남쪽 천추정(千秋亭) 오성백(五成陌)에 제단을 쌓으라고 했다. 그리고 6월 기미(己未), 황제의 위(位)에 올랐다. 장작에 불을 댕기어 하늘에 고하는 육종(六宗)을 제사지낸 다음 산천의 신에게도 제사지냈다.

《후한서》의 명언집

각곡불성상류무자(刻鵠不成尙類鶩者) **화호불성반류구자**(畵虎不成反類狗者)

고니를 새기다가 실패하더라도 오리와 비슷한 것은 새겨지지만, 호랑이를 그리려다가 실패하면 개와 비슷해지고 만다. 청렴하고 고결한 사람에게서 배웠다면 성공하지 못하더라도 선인(善人) 정도는 되지만, 소질이 없는 사람이 영웅호걸에게서 배우게 되면 실로 쓸모없는 자가 되고 만다. 마원(馬援)이 형의 아들을 가리켜 한 말이다.(馬援傳)

불입호혈부득호자(不入虎穴不得虎子)

위험에 처하지 않으면 큰 이득을 얻지 못한다는 비유. 반초(班超)가 선선국(鄯善國)에 사신으로 갔다가 궁지에 몰렸을 때 부하들을 모아놓고 한 말이다.(班超傳)

《후한서》 해설

《후한서》의 성립은 《삼국지》보다 뒤져서 남송(南宋)시대에 접어든 이후이다. 그러나 후한 왕조를 기록 대상으로 한 역사서의 편찬은 그 이전부터 많이 행해지고 있었으며 〈광무제기(光武帝紀)〉 같은 것은 《한서》의 편찬자인 반고(班固) 등에 의해 이미 쓰여져 있었는데 그후 여러 사람의 손에 의해 후한 왕조의 역사 기록이 완성되었다고 한다.

그러나 이 역사서는 후한 말기부터 남북조시대에 걸친 전란의 와중에서 편찬과 산일(散佚)이 반복되어 그 대부분이 오늘날 전해지지 않는다.

그런 가운데서 범엽(范曄 : 398~445년)은 《동관한기(東觀漢記)》 등 기존의 7, 8종이나 되는 역사서를 참조하여 《후한서》를 편찬했다. 이 편찬에 있어 당초에는 10기(紀), 10지(志), 80열전(列傳)으로 할 계획이었다고 하는데 범엽이 궁정 안에서 있었던 음모에 가담했다가 그 주모자의 한 사람으로 낙인이 찍혀 처형당했기 때문에 10지는 완성시키지 못했다. 후인(後人)이 진(晉)나라의 사마표(司馬彪)가 찬한 《속 후한서》의 지(志)를 취하여 보완했다고 한다.

범엽이 살아가던 남북조시대는 사학(史學)이 성행했던 시대로서 7가(家)의 《후한서》와 16가(家)의 《진서(晉書)》라고 할 정도의 수많은 사서(史書)가 편찬되었다. 이것은 전란이 이어지는 가운데 통일왕조에 대한 관심이 높아졌음을 나타내는 것이기도 한데, 한편으로는 왕조의 어용학(御用學)으로서의 경향도 강하다.

즉 사서(史書)의 편찬에 종사하는 등 관료로서의 출세욕도 작용했다는 것이다. 그때문에 사서의 질은 떨어졌다고 한다. 당(唐)나라 시대에 접어들자 정사(正史) 편찬은 칙령에 의해 이루어지게 되었다.

212 역사서(歷史書)

자치통감(資治通鑑)

고대로부터 남송(南宋)까지를 기록한 사서(史書)로서 제왕학(帝王學)의 책이며, 1084년에 이루어진 책이다.

처음에는 《통사(通史)》라는 이름이 붙여졌었는데 정치에 참고자료가 된다고 해서 《자치통감》이란 이름을 북송(北宋)의 황제로부터 지어 받았다. 따라서 《자치통감》을 제왕학의 책이라고 한다. 풍부한 자료와 고증을 바탕으로 했기에 성립 당초부터 명저라는 평을 받았다.

《자치통감》의 주요 내용

본문은 연대를 따라 사건을 기록하고 곳곳에 '신광왈(臣光曰)'이라 하여 사마광(司馬光) 자신의 평어(評語)를 싣고 있다. 예를 들면 서두 부분에 이런 내용이 있다.

주(周)나라 성렬왕(成烈王) 23년
처음으로 조칙(詔勅)을 내리어 진(晋)나라 대부 위사(魏斯)·조적(趙籍)·한건(韓虔)을 제후로 봉했다.

신광왈(臣光曰), 나는 천자의 직(職)은 예를 지키는 것이 제일 중요하며, 예는 분(分)을 지키는 것이 제일 중요하며, 분은 명(名)을 지키는 것이 제일 중요하다고 들었다.

예란 무엇인가? 그것은 기강(紀綱)이다. 분(分)이란 무엇인가? 군(君)이다, 신(臣)이다 하는 것이 그것이다. 명(名)이란 무엇인가? 공(公)·후(侯)·대부(大夫)가 그것이다.

 원래 이 넓은 세계 전체의 무한히 많은 백성이 한 사람에게 통솔되고, 절륜(絶倫)의 힘, 고세(高世)의 지(智)를 가진 자까지도 이 한 사람을 위해 분주히 뛰고 복종하는 것은 예(禮)로 통제하기 때문이 아닌가.

 이렇게 해서 천자는 삼공(三公)을 통솔하고, 삼공은 제후를 통솔하며, 제후는 경대부(卿大夫)를 통제하고, 경대부는 사인(士人)과 서민을 다스리는 것이다. 또 신분이 높은 사람은 신분이 낮은 사람에게 군림하고, 천한 신분인 사람은 높은 신분인 사람의 명령을 받게 되기도 하는 것이다.

 윗자리에 있는 자가 아랫사람을 부리는 것은 마치 몸통이 수족을 움직이고, 나무 줄기가 가지와 잎을 통제하고 있는 것과 같고, 아랫사람이 윗사람을 섬기는 것은 마치 수족이 몸통을 지키고 가지나 잎이 나무 줄기를 지키는 것과 같다. 그렇게 해야 비로소 상하관계가 잘 되어가는 것이며 국가가 안정된다. 그러므로 천자의 직(職)은 예를 지키는 것을 제일 중요시한다고 말하는 것이다.

 문왕이 역(易)의 괘(卦)를 정할 때, 건(乾)과 곤(坤)을 제일 앞에 놓았다. 공자(孔子)가 그것을 주석(注釋)하여, '하늘은 존귀하고 땅은 비천하며, 그러기에 건과 곤이 정해진다. 이에 따라 세상의 서열이 만들어지고 귀천의 자리가 정해진다'고 하였다. 이것은 군신(君臣)의 자리는 하늘과 땅이 바뀌지 않는 것처럼 변할 수 없다는 것을 말한 것이다.

 《춘추》에서는 제후를 억누르고 왕실을 존중하고 있다. 왕이 무력하더라도 제후 위에 있는 것으로 되어 있다. 이것을 보더라도 성인(聖

人)이 군신(君臣)의 분(分)을 결코 함부로 보지 않았음을 알게 된다.

걸(桀)이나 주(紂)가 포학하고, 탕왕(湯王)이나 무왕(武王)이 인격자였기 때문에, 그것이 원인이 되어 백성들이 탕왕이나 무왕에게 귀순했던 것은 아니다. 천명(天命)이 그렇게 시켰던 것이다. 군신(君臣)의 분(分)이란 죽어도 지켜야 하는 것이다.

그러기에 주(紂) 대신 미자(微子)를 왕위에 앉혔더라면 은(殷)나라는 멸망하지 않고 탕왕의 제사도 끊기지 않았을 것이고, 또 계찰(季札)을 오(吳)나라 군주에 앉혔더라면 오나라는 멸망하지 않았고 태백(太伯)의 제사도 끊기지 않았을 것인데, 미자와 계찰, 두 사람은 나라를 멸망시키면서도 군주의 자리에 오르지는 아니했다. 이처럼 예(禮)의 대절(大節)은 문란시켜서는 안되는 것이다. 그러므로 예는 분(分)을 지키는 것이 제일 중요하다고 하는 것이다.

원래 예란 귀천을 구별하고 친소(親疎)의 서열을 매기며, 제물(諸物)을 변별하고 제사(諸事)를 제도하는 것이며, 사물은 명(名)이 서지 않으면 표현되지 않고 기(器)가 없으면 형상을 가지지 않는다. 명(名)은 사물의 성질을 방향 설정(設定)하고 기(器)는 사물에 구별을 준다. 이리하여 찬연(燦然)하게 상하의 도(道)가 갖추어진다. 이것이 예의 본령이다. 명(名)과 기(器)가 없다면 예만이 어찌 존재할 수 있겠는가.

옛날 중숙(仲叔) 우해(于奚)가 위(衛)나라에서 공을 세웠을 때 그는 읍(邑 : 領地)을 내려도 받지 아니하고, 번영(繁纓 : 제후의 말 장식)을 달라고 했거니와, 공자(孔子)는 여러 읍을 주더라도 번영은 주지 말았어야 했다고 말했다. 명(名)과 기(器)는 남에게 맡겨서는 안되는 것으로서 군주가 직접 취급하지 않으면 안된다. 정(政)이 망하면 국가도 망하기 때문이다.

위군(衛君)은 공자(孔子)를 기다렸다가 정치를 했다. 공자는 먼저

명(名)을 바로잡고자 했다. 명이 올바르지 않으면 백성들은 의지할 곳을 잃을 것이라고 생각했기 때문이다.

번영은 작은 물건이다. 그래도 공자는 이를 아쉬워했다. 명을 올바르게 하는 것은 작은 일이다. 그래도 공자는 이를 먼저 했다. 명이 문란해지면 상하 질서의 보장이 없어지기 때문이다. 본래 사물은 모두 작은 곳에서부터 커져 가기 때문이다. 성인(聖人)은 사려가 깊어서 사물이 작을 때, 미연에 방지해 나간다. 중인(衆人)은 시야가 좁아서 언제나 사태가 커진 다음에야 비로소 당황한다.

작은 상태인 때에 막으면 작은 힘으로 큰 효과가 오르지만, 커진 다음에는 열심히 해도 따라잡을 수 없다. 《역경》에 '서리를 밟고 서서 장차 굳은 얼음이 얼 것을 안다(履霜堅氷至)'고 했고 《서경》에 '하루 이틀 사이에 만 가지 기틀이 생긴다(一日二日萬機)'고 한 것은 바로 이것을 말함이다. 그러므로 분(分)은 명(名)을 지키는 것이 제일 중요한 것이다.(中略)

사람에 따라서는 당시 주왕실(周王室)은 미약했으며, 삼진(三晉 : 魏·韓·趙)은 강성했으므로 주왕실로서도 삼진을 제후로 삼을 수밖에 없었다고 하는 자도 있다. 이것은 큰 잘못이다. 만약 삼진이 천벌을 무서워하지 않고 의례(義禮)를 침범하여 천자의 허락조차 얻지 않은 채, 스스로 제후가 되었다고 하자. 천자의 허락을 얻지 않고 제후가 된다면 그것은 역신(逆臣)이다.

만약 환공(桓公)이라든가 문공(文公)과 같은 군주가 나온다면 반드시 의례를 받들어 삼진을 토멸했을 것이다. 그런데 삼진의 경우는 천자에게 허락해 줄 것을 청했고 천자는 이를 허락했다. 이렇게 되면 천자가 명하여 제후가 된 것으로 간주되며 아무도 이를 토멸할 수가 없다. 그러므로 삼진이 제후의 반열에 오른 것은 삼진이 예를 파괴한 것이 아니라 천자 스스로 파괴한 것이다.(이하 略)

이 '신광왈(臣光曰)' 즉 '신 사마광은 말하다'의 부분은 사마광의 생각이 잘 나타나 있는 부분으로 생각되기에 번역해 보았는데《자치통감》의 대부분은 시종 역사 사실을 기록하고 있으며 이런 부분은 도리어 적다.

《자치통감》해설

《자치통감》은 동주(東周)의 성렬왕(成烈王)이 진(晉)나라 삼경(三卿)을 제후로 봉하여 춘추시대의 대국인 진(晉)나라가 한(韓) 위(魏) 조(趙) 등 세 나라로 분열된 성렬왕 23년(기원전 403년)에서부터 5대(五代) 후주(後周)의 세종(世宗) 현덕(顯德) 6년(959년)까지를 편년체(編年體)로 기록한 사서(史書)이다. 1362년간에 걸친 통사(通史)로서 전 294권이나 된다.

편자는 왕안석(王安石)의 신법(新法)에 반대했던 구법자(舊法者)의 지도자로 유명한 북송(北宋)의 사마광(司馬光 : 1019~1086년)이다. 그는 수많은 학자들의 협력을 바탕으로 하고 19년의 세월에 걸쳐 이 사서를 완성했다. 그 자신이 '신(臣) 여기에 정력을 모두 쏟았나이다'라고 말한 것처럼 온 힘을 경주했던 것 같고, 또 협력자들인 유서(劉恕)·유빈(劉攽)·범조우(范祖禹) 등도 모두 당시의 일류 학자들이다.

기록 방법은 그해마다 역사상 사건을 기록해 나가는 편년체여서, 전기(傳記)를 주로 써나가는 기전체(紀傳體) 방법을 채택하는 일반 정사(正史)와는 다르다. 이 방법을 채용한 것은 주관을 배제하고 객관을 중시하는 사마광의 사관(史觀)이 그렇게 하도록 했을 것이라고 전해진다.

한편 현행본인《자치통감》은 송(宋)나라 유민(遺民)인 호삼성(胡

三省)에 의해 주(注)가 달려진 형태로 출간되고 있다. 이 호삼성의 주는 그 지명 고증의 정확성과 그밖의 주에서도 아주 높이 평가되고 있다. 그가 《자치통감》의 주석을 단 것은, 이민족인 원왕조(元王朝)의 지배에 대한 반항정신에서였다고 전해진다.

정관정요(貞觀政要)

당나라 태종(太宗)과 그를 보좌한 명신들과의 정치 문답집이며 제왕학의 교과서로서 640년경에 이루어졌다는 책이다.

'정관(貞觀)'이란 태종의 연호(年號)이다. 정관 연간의 치세는 역사상 전무후무한 성세(盛世)였다고 하는데 이를 '정관지치(貞觀之治)'라 하며 추앙한다. 책 이름 《정관정요》는 이 '정관지치'를 만들어 낸 정치의 요체란 정도의 뜻이다. 태종과 신하의 언행을 분류하고 있는데 〈군도(君道)〉편 이하 〈신종(愼終)〉편까지 14장 40편으로 이루어졌다.

《정관정요》의 주요 내용

창업과 수성은 어느 쪽이 어려운가(草創與守成孰難)
정관 10년, 태종이 측근들에게 물었다.
"제왕의 사업 중, 창업과 수성, 어느 쪽이 더 어려울 것으로 생각하오?"
재상인 방현령(房玄齡)이 대답했다.
"창업하는 초기에 있어서는, 천하가 마(麻)처럼 얽혀 있고, 각지에서 군웅이 할거하옵니다. 통일의 대업을 성취하기 위해서는 그들

군웅을 쳐서 멸망시켜야 하옵지요. 그런 일을 생각할 때, 신은 창업 쪽이 어려울 것으로 사료되옵니다."
측근인 위징(魏徵)이 반론했다.
"새 제왕이 천자의 자리에 오르기 위해서는 반드시 전대(前代)의 혼란을 이어받아 난폭자들을 토멸하지 않으면 아니되옵니다. 백성들은 새 제왕을 기쁘게 영접하고 모두 그 명령에 복종하옵지요. 본디 천자의 자리란 하늘에서 받는 것이오며 백성들로부터 받는 것이어서 그것을 손에 넣기란 곤란한 일이라고까지 할 수 없나이다.

하오나 일단, 천하를 수중에 넣은 다음에는 마음이 해이해져서 자기 마음대로 하고 싶은 욕망을 억제할 수 없게 되옵지요. 백성들이 평안한 생활을 하기 원해도 부역이 그치지 아니하옵니다. 백성들이 밥을 먹든 굶든 간에, 제왕의 사치스런 생활을 위한 노역(勞役)이 계속 이어지게 되나이다. 국가의 쇠퇴를 초래케 만드는 원인은 언제나 이상과 같은 일들이옵니다. 신은 수성이야말로 창업보다 더 어려울 것으로 사료하나이다."
태종이 말했다.
"방현령은 지난날 짐(朕)과 함께 천하를 평정하면서 곤고를 많이 겪었고 구사일생으로 이자리에 올랐소이다. 그러기에 그로서는 창업이 어렵다고 생각할 만하오. 한편 위징은 짐과 함께 천하의 안정을 꾀하면서 오늘에 이르렀소. 그러기에 지금 조금이라도 마음이 해이해지면 틀림없이 멸망의 길을 걸을 것이라며 걱정을 하고 있소이다. 그런 까닭에 수성이 더 어렵다고 말하는 것이리다. 그런데 곰곰이 생각해 보면 창업의 어려움은 이미 과거지사가 되었구려. 그런즉 앞으로는 그대들과 함께 전심전력 수성의 어려움을 극복해 나가도록 할 생각이오."(君道篇)

활의 오묘함을 아는 줄 알았는데……(弓矢自謂 能盡其妙)

정관 초년의 일이다. 태종이 태자소부(太子少傅 : 태자의 가정교사)인 소우(蕭瑀)에게 말했다.

"짐은 연소할 때부터 활을 즐겨 배웠으므로 활의 깊은 뜻을 잘 알고 있다고 자부했었소. 그런데 최근에 양궁(良弓) 수십 개를 입수하고 그것을 활 만드는 명인에게 보내주었더니 '사용한 재료 모두가 좋은 재료는 아니니이다'라고 말합디다.

그래서 그 까닭을 물었더니 '심(芯)이 구부러진 나무는 나무결까지도 구부러지는 법입지요. 그런 재료로 만든 활은 아무리 강궁(剛弓)이라 하더라도 화살을 똑바로 쏠 수 없나이다. 지금 보여주신 활도 모두 그런 활이옵니다'라고 대답하는 게 아니겠소. 그때서야 짐은 비로소 깨달은 바 있소이다.

짐은 그동안 활을 들고 각지의 군웅들을 격파해 왔소. 그토록 자주 활을 썼건만 활에 대한 이해가 아주 불충분했던 거요. 하물며 정치에 관해서이리요. 짐은 천자의 자리에 오른 지 얼마 되지 않은즉 활 이상으로 이해가 불충분할 것이외다. 오랫동안 손에 들고 다녔던 활에 대해서조차 그 깊은 뜻을 모르고 있었으니 정치에 대해서야 오죽하리요."

이런 일이 있은 후로 태종은 도읍에 있는 고급 관료들에게 명하여 교대로 궁중에서 숙직을 하게 하고, 가까이 불러들이어 함께 대화를 나누었다. 이렇게 해서 백성들의 생활상태라든가 정치의 득실 등, 세상의 동태를 파악하는 데 힘을 기울여 나갔던 것이다.(政體篇)

임금은 배요, 백성은 물이다(君舟也 人水也)

정관 6년, 태종이 측근들에게 말했다.

"옛날 제왕의 사적(事蹟)을 조사해 보면 처음에는 일출(日出)과 같은 세(勢)로 제위(帝位)에 오르더라도 이윽고는 멸망의 길로 걸어 갔었소이다. 왜 그런고 하니 신하들이 귀와 눈을 가리어, 지금 어떤 정치가 행해지고 있는지조차 알지 못하게 하기 때문이오. 마음이 올바른 충신이 입을 다물고, 마음이 굽은 아첨꾼이 준동을 하므로 제왕은 자신의 과오를 깨닫지 못하는 것이오. 나라를 멸망시키는 원인은 바로 이점에 있소이다.

그러므로 짐은 그대들이 짐의 이목(耳目)이 되어주기를 부탁하는 바요. 지금 천하가 평화롭게 다스려지고 사해(四海)가 진정되었다 해서 마음이 해이해지면 안되오. '사랑할 만한 것은 임금이 아니리요, 두려워할 만한 것은 백성이 아니리요(可愛非君 可畏非民 :《서경》〈大禹謨篇〉)라고 했소이다. 천자가 훌륭한 정치를 하면 백성들은 명군이라며 추앙하지만 만약 무도한 정치를 한다면 그 따위 천자는 버릴 것이요 돌보지도 않을 것이오. 마음에 깊이 새겨두지 않으면 안되겠소이다."

위징이 대답했다.

"예로부터 나라를 멸망시킨 군주는 모두 편안할 때에 위험함을 돌아보지 않고 잘 다스려진다 하여 난(亂)이 일어날 것을 잊고 있었나이다. 그들이 국가를 유지해 나가지 못했던 이유는 바로 그점에 있었사옵니다. 다행스럽게도 폐하께오서는, 남아돌 만큼 부(富)를 가지고 계시옵고, 나라 안이 평화롭게 다스려지고 있건만, 그래도 천하의 정도(政道)에 마음을 쏟으시고 마치 심연(深淵)에서 박빙(薄氷)을 밟으시듯 황공하옵게도 신중을 기하고 계시나이다.

이러한즉 우리나라의 앞길은 양양하옵니다. 옛말에 '군주는 배이고, 백성은 물이다. 물은 배를 곧잘 띄워 주지만 또 그 배를 전복시킨다'라고 했나이다. 폐하께서는 두려워하셔야 할 것은 백성들이라고 말씀하셨는데 실로 지당하신 말씀이옵니다."(政體篇)

나무는 먹줄을 따라서 켜면 똑바르게 된다(木縱繩則正)

정관 원년, 태종이 측근들에게 말했다.

"아무리 명군이라 하더라도 간신을 임용하면 훌륭한 정치를 할 수가 없소이다. 또 아무리 현신(賢臣)이라 하더라도 암군(暗君)을 섬기면 훌륭한 정치를 할 수 없소. 군주와 신하의 만남은 물과 물고기와 같은 것이어서 양자의 호흡이 잘 맞으면 나라 안은 태평하게 다스려지는 법이오. 짐은 그대들도 알다시피 어리석은 자이지만 그대들이 짐의 과오를 잘 잡아주고 있소이다. 바라건대 앞으로도 천하의 태평을 실현시켜 나가기 위해 사양치 말고 직언을 해주구려."

간의대부(諫議大夫 : 천자에게 간하며 정치의 득실을 논하는 벼슬) 왕규(王珪)가 대답했다.

"신은 이런 말을 들었나이다. '아무리 구부러진 나무라 하더라도 먹줄을 따라 제재하면 똑바른 재목이 된다. 그와 마찬가지로 군주도 신하의 간언을 받아들이면 훌륭한 군주가 될 수 있다.' 하온즉 폐하, 옛날의 성군(聖君)들에게는 반드시 7명의 쟁신(爭臣)이 있어서 가령 간언이 받아들여지지 않더라도 목숨을 걸고 간언했던 것이옵니다. 하온데 폐하께오서는 성심(聖心)을 여시고 천한 신들의 의견을 들어주시옵니다. 이처럼 성은이 하해와 같으신 폐하를 모시고 있사오니 신들도 미력이나마 다 바치고 모든 책임도 질 각오이니이다."

태종은 왕규의 말을 가납했고, 그 이후 재상이 입궐하여 국사를 주상할 때면 반드시 간관(諫官)을 입회시키어 그의 의견도 듣기로 했으며 그 의견에 마음을 비우고 귀를 기울였다.(求諫篇)

그 몸을 잊고……(乃忘其身)

정관 6년, 태종이 측근에게 말했다.

"짐은 이런 말을 들은 바 있소. '주(周)나라도 진(秦)나라도 천하를 얻을 때는 한가지였는데 그 다음이 달랐다. 주나라는 오로지 선(善)을 행하고 공덕을 쌓아 나갔다. 그것이 8백 년간이나 존속한 원인이었다. 그런데 진나라는 사치 일변도로 흘렀고 형벌을 가지고 백성들을 다스린 결과 불과 2대 만에 멸망당했다.' 실로 선을 행하는 자는 오래도록 행복을 누리거니와 악을 행하는 자는 금방 멸망하는 법이외다.

짐은 또 이런 이야기도 들었소 '걸(桀)·주(紂)는 제왕이면서도, 누가 일개 필부에게 너는 걸주와 같은 놈이라고 하면 그 이상 없는 모욕감을 느끼게 될 것이오. 안회(顔回)·민자건(閔子騫)은 일개 필부에 지나지 않지만, 제왕에게 안회와 민자건과 같은 인물이라고 말하면 그 이상 없는 영예로 생각할 것이다.' 이런 일은 제왕된 자들이라면 심히 부끄럽게 생각해야 할 일이외다. 짐은 언제나 이 이야기를 떠올리면서 자신을 채찍질했건만 아무리 노력을 해도 고대의 성왕에게 미치지 못하니 세상의 웃음거리가 되지 않을까하여 심히 걱정하고 있소."

위징이 대답했다.

"폐하, 옛날에 이런 일이 있었던 듯하옵니다. 노(魯)나라 애공(哀公)이 공자(孔子)에게 '건망증이 아주 심한 사람이 있었다고 하오 아 글쎄, 이사를 갈 때 자기 아내를 잊고 내버려둔 채 갔다는구려.'라고 말했던바, 공자는 '그보다 건망증이 더 심한 자도 있었다 하옵니다. 그 걸(桀)·주(紂)는 자기 아내는커녕 자기자신의 몸도 잊었다 하더이다.'라고 맞장구를 쳤다고 하옵니다. 폐하, 바라옵건대 이 이야기만은 잊지 말아 주소서. 이 일에만 유념하신다면 후세에 웃음거리는 되지 않으실 것이니이다."(君臣鑒戒篇)

* 참고로 걸(桀)은 하(夏)나라 걸왕이고 주(紂)는 은(殷)나라 주왕인데 모두 폭군의 대명사이다. 또 안회·민자건은 모두 공자의 제자들로서

덕행(德行)으로 알려진 사람들이다.

정인(正人)을 얻으면 선(善)한 자는 모두 모여든다(用得正人 爲善者皆勸)

정관 6년, 태종이 위징에게 말했다.

"옛 사람이 이런 말을 했다 하더이다. '지도자는 그 직분에 합당한 인재를 등용해야 한다. 그러므로 인선(人選)은 신중을 기하지 않으면 안된다.' 헌데 짐의 언동은 그 하나하나가 모두 천하 사람들의 이목을 집중시키기에 충분하오. 이제 짐이 훌륭한 인물[正人]을 등용하면 인재들은 자연히 모여들게 될 것이오. 그것과는 반대로 자칫 악인을 등용하는 일이 있으면 보잘것없는 인간들만 모여들게 될 것이오. 또 공정한 신상필벌로 신하들에게 임하면 공이 없는 자는 세력을 잃게 되고, 좋지 못한 일이나 꾸미는 자는 두려워 떨다가 스스로 경계할 것이오. 그러기에 짐은 항상 상벌의 적용, 인재의 등용에는 그 위에 없을 정도로 신중을 기하고 있소."

위징이 대답했다.

"인재를 분별하는 일은 예로부터 어려운 일이라고 했나이다. 그런 까닭에 옛사람은 관리 임면(任免)에는 신중하게 그 성적을 조사·검토하여 적부적(適不適)을 판단했었습지요. 이제 폐하께서 인재를 찾으시려면 역시 세세히 그 인물의 행동을 조사할 필요가 있을 것이니이다.

 상대가 훌륭한 인물임이 확인된 연후에 등용하시면 가령 맡은 일을 해내지 못하더라도 그것은 큰 폐해가 없사옵니다. 하온데 만약 자칫 실수하시어 악인을 등용하셨다면 어떻게 되겠나이까. 그 인물이 수단가이면 수단가일수록 악폐는 더 심하게 될 것이옵니다. 난세(亂世)라면 그런 인물이라도 상관없지만 지금은 태평시대이니이

다. 이런 시대에는 재능과 인격을 모두 갖춘 인물을 등용하셔야 하옵니다."(擇官篇)

사부(師傅)는 정선(精選)해야만……(精選師傅)

정관 8년, 태종이 측근들에게 말했다.

"우수한 지능을 가진 자는 상대방의 의견에 좌우되지 않지만 중(中) 정도의 지능을 가진 자는 상대방에 따라서 이렇게도 변하고 저렇게도 변하는 법이오. 따라서 상대방을 어떤 인물로 선택하느냐가 중요하게 마련이외다. 짐이 지금 가장 골몰하고 있는 것은 태자의 교육이오. 그런데 사부의 선임은 예로부터도 어려운 문제라고 해왔소. 태자는 그 사부에 따라 이렇게도 저렇게도 변하겠기 때문이오.

이제 두 가지 예를 들어보리다. 옛날, 주(周)나라 성왕(成王)이 어렸을 때, 그 측근 사람들은 소공(召公)·주공(周公) 등 두 사람을 위시하여, 모두가 빼어난 현인들이었소. 성왕은 날마다 그들로부터 훌륭한 가르침을 받고 인의(仁義 : 政治의 正道)를 몸에 익혀나감으로써 눈부신 성천자가 될 수 있었던 거요.

이 성왕과 정반대였던 자가 진(秦)나라 2세황제인 호해(胡亥)였소. 호해는 사부 조고(趙高)에 의해 오로지 법가(法家)의 교육(법률과 형벌을 정치의 기본수단으로 한다)을 받았는데 즉위하자마자 공신들을 마구 죽이고 친족들 또한 죽이는 등, 포학을 일삼다가 금방 멸망당하고 말았던 것이외다. 이 두 가지 예에서도 분명한 것처럼 인간이란 측근에 인재를 얻느냐 못얻느냐에 따라서 선하게도 되고 악하게도 되는 법이오.

짐은 지금 제왕(諸王 : 태종의 아들들)을 위해 훌륭한 사부를 선임하고 교육을 철저히 시키고 싶소이다. 사부의 첫째 조건은 정직하고 충신(忠信)한 자여야 하는데 그대들은 이런 조건에 맞는 사람을 찾아내어 각자 2, 3명씩 후보를 추천하기 바라오."(尊敬師傅篇)

안에서의 천거는 친척도 상관없고, 밖에서의 천거는 원수라도 상관없다(內擧 不避親 外擧 不避讐)
정관 초년, 태종이 측근들에게 말했다.
"짐은 지금 널리 인재를 구하여 정치를 바로잡아 나가고자 하오. 그래서 우수한 인물이 있으면 곧 발탁·등용하고자 하오. 그런데 남을 헐뜯기 좋아하는 자들이 '요즈음 등용되는 사람들은 하나같이 중신들의 연고자'라며 불평을 늘어놓는다고 합니다. 그대들은 어떤 일에나 공평을 기해주기 바라오. 그래서 이런 비판을 초래하지 말아야 할 것이외다.

단 다시 한번 강조해 두겠는데 중요한 것은 어디까지나 인재를 얻는 데 있고, 그 인재를 등용하는 데 있소. 옛사람도 '참으로 유능한 인재라면 친척이더라도 상관없고 비록 원수라 하더라도 망설이지 말고 추천해야 한다'고 했소이다. 그대들도 자제나 원수를 불문하고 유능한 자라면 추천하는 데 인색하지 말기 바라오."(公平篇)

사도(詐道)로 속(俗)을 가르침을 원치 않는다(不欲以詐道訓俗)
정관 초년의 일이다. 상주문을 올리어 아첨하는 자를 멀리하라고 진언한 자가 있었다. 태종은 곧 그 사람을 소환했다.
"짐이 임명한 자는 모두 용렬한 자가 아니야. 그대가 말하는 아첨하는 자란 대체 누구를 가리킴인고?"
"황공하오나 신은 민간인으로서 조정 안의 일에 대해서는 아는 바가 없나이다. 그러므로 누가 아첨하는 자인지 구체적으로 아뢸 수는 없사옵니다. 하오니 폐하께오서 이런 방법으로 신하들을 시험해 보시오소서. 기회를 보셨다가 일부러 노기(怒氣)를 내보소서. 폐하의 노기를 두려워하지 않고 직언을 하는 자가 있다면 그는 신뢰할 만한 신하이니이다. 그러나 만약 오로지 폐하의 뜻에만 추종하는 자가 있다면 그 사람이야말로 아첨하는 자임에 틀림없을 것이옵니다."

태종은 옆에 있던 재상 봉덕이(封德彝)를 돌아보며 말했다.

"흐르는 물이 맑은지 흐린지는 그 근원에 달려 있는 법이오. 군주와 백성들의 관계를 강물에 비유한다면 군주는 근원이고 백성은 흐르는 물과 같소이다. 그 군주가 스스로 사술(詐術)을 행하면서 백성들이 진실되기를 바란다면 그것은 마치 흐린 근원지는 그대로 방치한 채, 흐르는 물이 맑기를 기대하는 것과 같은 것이니 실로 무리가 아니리오.

짐은 일찍부터 그 위무제(魏武帝 : 曹操)를 좋아하지 않았었소. 그 사람의 다른 점은 차치하고 우선 그 사람 됨됨이를 몹시 경멸해 왔소이다. 지금 저 사람이 하는 말은 위무제의 발상과 똑같소. 백성들을 이끌어 나가는 입장에 있는 사람으로 어찌 이런 계책을 채용하리오."

그리고 태종은 상주문 올린 사나이를 향하여 덧붙였다.

"짐은 백성들에 대하여 무엇보다도 신의(信義)를 중시하라고 바라고 있어. 그런즉 짐 스스로 사술을 써가며 그 본보기를 백성들에게 보여주고 싶지는 않아. 그대의 헌책은 그럴 듯하지만 짐은 채용할 수 없도다."(誠信篇)

관대하고 공평한 재판을······(務在寬平)

정관 16년, 태종이 대리경(大理卿 : 최고재판소장) 손복가(孫伏伽)에게 말했다.

"투구를 만드는 사람은 화살이 꿰뚫지 못하도록 견고한 투구를 만들고자 하오. 한편 화살을 만드는 사람은 견고한 투구라도 꿰뚫는 예리한 화살을 만들고자 하오. 왜냐하면 그 어느 쪽도 자기 직분에 충실하려고 하기 때문이오. 그런데 짐은 사법관들에게 형벌의 경중(輕重)에 대해서 물은 바 있는데, 그때마다 '오늘날의 법은 옛날보다 느슨하다'는 대답들을 합디다.

사법관이란 남의 죄를 들추어냄으로써 영전도 하고 명성도 떨치게 마련이오. 따라서 짐은 법의 집행이 점점 가혹해지지 않을까 하여 심히 걱정이 되는구려. 그대도 그런 일이 없도록 관대하고 공평한 재판을 할 수 있게 되기를 바라오."(刑法篇)

유종의 미를 거두라(保克終之美)

정관 16년, 태종이 위징에게 말했다.

"짐이 살피건대 근세의 제왕 중에는 자손에게 보위를 물려주기 10대나 되는 사람도 있거니와, 불과 1대나 2대로 끝마친 사람도 있고 극단적인 경우에는 스스로 얻은 제위(帝位)를 자신이 잃고 마는 자도 있소. 그런 예를 살핀 연후로 짐은 심히 걱정이 됩디다. 짐은 아직도 백성을 충분히 사랑하지 못하는 것은 아닌지, 또는 감정에 치우쳐서 원칙을 벗어난 정치를 하는 것은 아닌지 언제나 걱정이 앞서는구려. 그러나 자기자신에 대해서는 자신이 잘 알지 못하는 법 —. 그러니 이점에 대해서 그대가 생각하고 있는 바를 숨기지 말고 말해주오. 그대가 하는 말이라면 무슨 말이든 마음에 새겨두고 실천하리다."

위징이 대답했다.

"욕정이라든가 희노애락의 정(情)은 현인도 우인(愚人)도 똑같이 가지고 있나이다. 하오나 현인은 그것을 억제해가며 함부로 발산시키지 아니하옵지요. 하온데 우자는 그것을 억제하지 못하다가 결국에는 그 몸을 멸망시키고 마는 법이옵니다. 폐하께오서는 이 위에 더없는 성덕(聖德)을 지니고 계시오며, 태평세대이건만 늘 위난(危難)한 때를 염려하시면서 근신하고 계시나이다. 바라옵건대 더욱 자계(自戒)하시면서 유종의 미를 거두시오소서. 그리하시면 우리나라는 자자손손이 오래두고 폐하의 성덕을 기리게 될 것이옵니다."
(終愼篇)

《정관정요》의 명언집

임심즉조서 수광즉어유(林深則鳥棲 水廣則魚遊)

태종이 측근자에게 말한, 위정자의 마음가짐이다. '숲이 깊으면 숱한 새들이 깃들이고, 강폭이 넓으면 물고기가 무리지어 모여든다'란 의미이다. 이 말에 이어서 '인의(仁義)가 쌓이면 백성들은 자연히 모여든다'란 구절이 따른다. 즉 '위정자는 무엇보다도 먼저 자신의 자세를 바르게 하는 것이 선결문제이다. 그것만 지키면 백성들은 자연히 애모하고 모여든다'란 뜻의 말이다.(仁義篇)

사신위양신(使臣爲良臣), **물사신위충신**(勿使臣爲忠臣)

위징이 태종에게 간(諫)한 말 가운데 나오는 구절이다. 의미는 '신을 쓰시되 양신(良臣)으로 써주시고 충신으로 써주시지 마십시오'이다. 위징에 의하면 양신이란 군주를 보좌하여 국가의 융성을 가져오게 할 뿐만 아니라, 그 자신도 고위고록(高位高祿)을 누리며 그 자자손손까지 번영을 보장받는 신하를 가리킴이다. 이에 비하여 충신이란 그 명성은 길이 빛나지만 실제로는 군주를 대악(大惡)에 빠지도록 하여 나라를 멸망시키고 그 자신도 주살(誅殺)당하고 마는 신하를 가리킨다. 위징다운 아주 얄미운 간언이다.(納諫篇)

질풍지경초(疾風知勁草), 판탕지성신(板蕩知誠臣)

태종이 신하인 소우(蕭瑀)에게 언제나 변치 않는 충절(忠節)을 가상히 여기어 한 말이다. 원래는《시경》〈대아편(大雅篇)〉에 있는 말로서 판탕(板蕩)이란 난세를 의미한다. 경초(勁草 : 강한 풀)는 폭풍이 몰아칠 때에야 그 진가를 발휘하는 것처럼 충성된 신하는 난세가 되었을 때 비로소 그 진면목을 나타낸다는 의미이다.(忠義篇)

《정관정요》 해설

당왕조 제2대 황제인 태종 이세민(李世民)과 그 신하들간에 나눈 정치 문답집이다. 이《정관정요》는 예로부터 제왕학의 교과서로 쓰였었다. 당나라 때의 사가(史家)인 오긍(吳兢)의 편찬으로 10권 40편으로 이루어졌다.

태종(재위 626~649년)은 아버지 태조(太祖) 이연(李淵)을 도와 당왕조를 창건했을 뿐 아니라, 태조가 세상을 떠난 후 2대 황제로 등극하자마자 널리 인재를 구하여 적재적소에 등용하고, 당왕조 3백 년의 기초를 공고히 했다. 태종 밑에는 예컨대 방현령·두여회(杜如晦), 그리고 정치고문인 위징·왕규(王珪), 장군인 이적(李勣)·이정(李靖) 등 쟁쟁한 인재들이 모여들었다.

태종은 이 명신들의 간언을 잘 받아들이면서 그들의 능력을 충분히 발휘시키어, 그의 집권시대에는 '백성들이 길에 떨어진 물건을 줍지 아니하고, 대문을 잠그지 아니했다'고 하는 안정된 사회를 현출했던 것이다. 세상에서는 이 시대를 태종의 연호를 따서 '정관지치(貞觀之治)'라고 부른다.

《정관정요》에는 태종과 명신들의 문답을 통하여 '정관지치'라고 하는 태평성대를 이루었던 정치의 요체가 기록되어 있다. 조직이라든가 기업의 장(長)으로서도 꼭 읽어야 할 내용들이다.

중국에서는 그후 역대 왕조들의 군주가 이 책을 애독했었다. 예컨대 당나라의 헌종(憲宗)·문종(文宗)·선종(宣宗), 송(宋)나라의 인종(仁宗), 요(遼)나라 흥종(興宗), 금(金)나라 세종(世宗), 원(元)나라 세조(世祖), 명(明)나라 신종(神宗), 청(淸)나라 고종(高宗) 등이 그 대표적인 예이다.

현재 일반적으로 유포되어 있는 것은 원나라 시대의 과직(戈直)이 교정 주석한 판본인데 원래 있던 고사본(古寫本)과는 상당한 차이가 있다.

神仙·道家書
● ● ●

老子　　노자
莊子　　장자
列子　　열자
抱朴子　포박자
列仙傳　열선전
山海經　산해경

노자(老子)

자연에 순응하면서 자연의 법칙을 역용(逆用)하라고 설파하는 동양적 지혜의 권화(權化)로서 기원전 510년 경에 이루어졌다는 책이다.

'노(老)'는 저자 노담(老聃)의 성(姓)이고, '자(子)'는 학자라든가 그 저작품을 나타내는 말이다. 즉 《노자》란 노선생(老先生)의 학설을 정리한 책 정도의 의미이다. 전문 약 5천4백 자로 이루어져 있다. 통행본(通行本)은 이것을 81장(章)으로 나누고, 1장에서 37장까지를 상편(上篇), 38장에서 81장까지를 하편(下篇)으로 분류한다.

《노자》의 주요 내용

유(柔)는 강(剛)에게 이긴다(柔之勝剛)

—— 노자는 유약겸양부쟁(柔弱謙讓不爭)의 덕을 설파한 사상가로 알려져 있다. 그러나 그것은 비굴한 노예 도덕과는 아무 상관도 없는 '유는 강을 제압하기 잘한다'라는 필승(必勝)의 방책인 것이다. '버들가지는 눈이 쌓여도 부러지지 않는다'라는 말처럼 노자 역시 유연함이야말로 삶의 상징이라고 생각했다. 그리고 유연성의 극치를 찾아 무저항까지의 유동성, 일체의 고정화(固定化)된 형체에 대한 부정에 도달한다.

대저 무엇이 부드럽다, 무엇이 약하다 하더라도 물만큼 부드럽고 약한 것이 없다. 그렇건만 굳고 강한 것에게 이기기를 물보다 더한 것이 없다(天下莫柔弱於水, 而攻堅强者 莫之能勝). 이는 물이 철두철미하게 약하기 때문이다.(제78장)

이 세상에서 가장 부드러운 것이 제일 굳은 것을 정복한다. 왜냐하면 형체가 없는 것은 아무리 틈새가 없는 곳에도 들어갈 수 있기 때문이다(天下之至柔, 馳騁天下之至堅, 無有入無間).(제43장)

형체가 없는 것은 곧 '무(無)'이다. 무의 작용은 '무위(無爲)'라고 한다. 노자의 승부사로서의 면목은 무위에 의한 승리법을 제일의(第一義)로 하는 점에 있다.

훌륭한 용사는 강함을 내세우지 않는다. 전쟁을 잘하는 사람은 유혹에 넘어가지 않는다. 싸우면 승리하는 자는 함부로 다투지 않는다. 사람을 잘 부리는 자는 남보다 아랫자리에 처신한다(善爲士者 不武. 善戰者 不怒. 善勝者 不爭. 善用人者 爲下). 이것이 '부쟁지덕(不爭之德)'이다. 부쟁지덕은 상대방의 힘을 최대한으로 이용한다. 이것이 천도(天道)의 비법(秘法)이라고 하는 것이다.(제68장)

능동적이기보다 수동적이어야 하는 것이 중요하다. 이 가르침을 지키려면 나아가더라도 나아간 것처럼 보이지 않게 하고 팔을 휘두르더라도 휘두른 것처럼 보이지 않게 한다. 적을 치더라도 친 것처럼 보이지 않게 하고 무기를 들더라도 든 것처럼 보이지 아니한다.(제69장)

이런 무(無)의 작용에 바탕을 둔 승리법이야말로 병법(兵法)

의 극치라고 한다. 승부는 이기기만 하면 좋은 것이 아니다. 간단없는 투쟁의 반복을 피하기 위해서는 형체를 나타내면 안되며, 상대방에게 패배의 굴욕감을 주어도 안된다고 노자는 생각했던 것 같다. 상대방이 알아차리지 못하도록 하는 승리법은, 또 다음과 같이 설명하기도 한다.

줄이고 싶으면 먼저 펴주라. 약하게 하고 싶으면 먼저 강하게 해주라. 멸(滅)하고 싶으면 먼저 성(盛)하게 해주라. 뺏고 싶으면 먼저 내주라(將欲歙之 必固張之. 將欲弱之 必固强之. 將欲廢之 必固興之. 將欲奪之 必固與之).(제36장)

펴질 때까지 펴지면 그 다음에는 줄어들 수밖에 없다. 이런 자연법칙이 있기에 유(柔), 즉 부드러운 것은 강한 것에게 이긴다고 생각했다. 그러나 이 '무위자연(無爲自然 : 無의 작용을 이용하여 자연의 법칙에 순응한다)'의 승리법은 약자(弱者)만의 전매특허는 아니다. 강자가 강자이기 위해서도 잊어서는 안될 마음가짐인 것이다.

대국(大國)을 강에 비한다면 하류(下流)이다. 바꾸어 말하면 천하에 있어 여성(女性)과 같다. 그러기에 제국(諸國)은 이를 사모하며 합류하고자 한다.
여성은 스스로 손을 대는 일 없이, 남성을 마음대로 조종한다. 항상 수동적인 것이기에 이 일이 가능한 것이다(牝常以靜勝牡 以靜爲下).
대국이 소국에게 겸손하면 소국은 스스로 대국에게 복속한다. 소국이 대국에게 겸손하면, 대국은 스스로 소국을 수용(受容)한다.
대국은 천하 만민을 수용하고 싶어하는 것이며, 소국은 의지할 큰 나무의 그늘을 원하는 법이다. 양자간의 이해는 어디선가에서 일치될 것이다. 그것을 위해서는 먼저 대국 쪽에서 겸허해지는 것이 좋다.(제61장)

무위지치(無爲之治)

무위를 행한다면 다스려지지 않는 일이 없다. 지도자는 무위여야 한다는 것이 노자의 정치론 바탕을 이루고 있다. 그럼 무위지치, 즉 '무'의 작용에 의한 경영이란 구체적으로 어떤 것이라고 생각했을까?

최고로 훌륭한 군주 밑에 있는 백성들은 군주의 존재조차 의식하지 않는다. 다음 단계로 좋은 군주 밑에 있는 백성들은 군주를 사모하며 찬양한다. 그보다 아래 단계의 좋지 못한 군주 밑에 있는 백성들은 그 군주를 두려워하고, 최하위의 군주에 대하여 백성들은 경멸하게 된다.
　백성들의 자연스런 생활방법을 간섭하지 않는다. 그것이 군주다운 요체(要諦)이다. 훌륭한 군주는 만사를 백성에게 맡길 뿐, 정령(政令)도 함부로 내리지 않는다.
　더구나 정치가 성공되더라도 백성들의 눈에는 그것이 군주의 공에 의한 것으로 비취지 않는다. 백성들은 단지, 자연스럽게 그처럼 된 것이라고 생각할 뿐이다.(제17장)

오해를 피하기 위해 덧붙이겠거니와 노자는 '무책(無策)이 상책'이라고 말했던 것은 아니다. 시책을 편 다음의 일을 의식하지 않을 정도로 자연스런 통치형태가 바람직하다는 것이다. 이 이상적인 지도방법은 농부의 일에 비유되었다.
　농부가 작물을 키우기 위해서는 논밭을 고르고, 생육을 저해하는 원인을 제거하도록 노력한다. 그 다음에는 자연스럽게 작물에게 맡기고 서두르지 않는다. 이경우 밭 안의 돌멩이라든가 잡초·해충 등과 유사한 것이, 곧 인간의 좀스러운 지혜와 그 지혜 때문에 간단없이 커져가는 욕망이란 것이다.

　백성들을 현명하게 만들지 않고 어리석은 대로 내맡겨둔다. 이것이 옛 성인(聖人)의 방법이었다. 백성의 지혜가 지나치면 정치하기가 어려워진다(民之難治 以其智多). 따라서 지혜를 믿고 정치를 하려면 나라는 문란해진다. 따라서 꼼꼼이 살피지 말고 무위의 정치를 하면 나라는 번영한다.(제65장)

　재능을 중시하지 않으면 백성들 사이에 경쟁이 없어진다(不尙賢 使民不爭). 고급품을 귀중하게 여기지 않으면 도둑이 없어진다. 욕망을 일으키지 않으면 백성들은 자연의 본성을 흐트리지 않는다. 백성들 마음에서 욕망을 제거하고 그 대신 육체 쪽을 채워준다(배부르게 해준다). 이것이 성인(聖人)의 치세라고 하는 것이다.(제3장)

　　여기에 나타난 주장을 보고 노자를 우민정치론자(愚民政治論者)라며 비판하는 의견이 있다. 분명 그런 일면이 노자에게 있음은 부정할 수 없지만 그가 생각하고 있었던 것은 위정자들이 자기 멋대로 나라를 좌지우지하기 위한 우민정치는 아니다.

　백성들의 생활이 어렵고 힘든 것은 위정자가 조세를 너무 거두어들이기 때문이다. 백성들이 반항하는 것은 위정자가 강제수단으로 나오기 때문이다. 백성들이 생명을 소중하게 여기지 않는 것은 위정자가 욕망을 너무 내세우기 때문이다.(제75장)

천하를 다스리는 데는 무위로 하지 않으면 안된다. 왜 무위여야 하는가? 다음 사실을 보면 알 수 있다.

원래 금령(禁令)이 늘어나면 늘어날수록 백성들은 빈곤해지며, 지혜가 불어나면 불어날수록 사회의 혼란은 더해지지 않는가. 기술이 진보되면 진보될수록 불행한 사건이 발생하고 법률을 정비하면 정비할수록 범죄자는 증가될 뿐이 아닌가.(제57장)

2천 년 이상이나 옛날에 한 말인데 오늘날 우리가 당면하고 있는 사회악, 예컨대 경쟁사회가 가져다 주는 정신의 황폐상황이라든가 기술문명의 발달에 따르는 환경파괴에 대한 아주 날카로운 예견이 포함되어 있는 것처럼 생각된다.

화광동진(和光同塵)

문명이 진보되면 진보될수록 격화해가는 생존경쟁, 그 생존경쟁의 끝도 없는 구렁텅이 속에서 인간은 무슨 수로 자신을 구출해 낼 수 있을까? 그 길은 단 한 가지 평균인(平均人)으로부터의 '예외자(例外者)'가 되어 자신의 주체성을 확립하는 것이라고 노자는 생각한다.

사람들은 모두 의욕에 넘치고 있다. 그러나 나만은 멍청하게 모든 것을 다 잊고자 한다. 내 마음은 우자(愚者)의 마음이다. 무엇 한 가지도 분별하지 못한다. 사람들은 모두 명민(明敏)한데 나만은 암우(暗愚)하다. 정(定)함이 없이 흔들리는 바다. 정처없이 불어대는 바람, 그것이 내 모습이다. 사람들은 모두 유능한데 나만은 목우(木偶)와 같다. 나만이 사람들로부터 떠나서 어머니인 자연의 품 속에 안기고자 한다.(제20장)

'정처없이 불어대는 바람'으로 상징되는 노자풍의 주체성은, 주체성이란 말이 주는 느낌과는 전혀 다른, 자기주장을 버린 농샬랑(nonchalant)한 형태를 취한다.

천지는 왜 영원한가? 그것은 천지가 자기주장을 하는 마음을 갖고 있지 않기 때문이다. 성인(聖人)도 이와 마찬가지이다. 남들보다 앞서고자 하지 않기 때문에 도리어 남의 앞에 선다. 내 몸을 잊기 때문에 도리어 내 몸을 보전한다(聖人後其身 而身先, 外其身 而身存). 자기를 몰각(沒却)하기에 자기를 확립할 수 있는 것이다.(제7장)

자기주장을 하지 않는다는 것은, 다른 관점에서 본다면 자연에게 맡기고 때의 변화에 순응하는 것이다. 이런 변통자재(變通自在)의 주체성을 가진 사람은 반짝반짝하는 지혜의 빛이라든가 의지의 불꽃을 밖으로 나타내지 않는 존재여야 한다. 화광동진(和光同塵) ── 망망(汒汒)하여 잡을 수 없는 인물이야말로 이상적인 인격자라고 생각했었다.

참 지자(知者)는 안다고 떠벌리지 않는다. 떠벌리는 자는 알지 못하는 사람이다(知者不言, 言者不知). 지자는 감각에 사로잡히지 않고 함부로 사의(私意)를 말하지도 않는다. 재지(才知)를 버리고 자기주장조차 하지 않으며 그저 평범하게 세속과 동조한다.
그러므로 참 지자에 대해서는 친근해야 하는지 미워해야 하는지, 이롭게 해야 하는지 해롭게 해야 하는지, 존경해야 하는지 경멸해야 하는지, 사람들은 판단할 길이 없다.
이처럼 외부로부터의 힘으로는, 도저히 어쩔 수 없는 인물이야말로 제일 위대한 사람이다.(제56장)

유는 무에서 생겨난다(有生於無)

　노자 철학의 토대를 이루는 것은 인간도 자연계의 한 분자(分子)에 지나지 않는다고 하는 자각이다. 따라서 인간의 이상적 형태는 만물을 지배하는 자연법칙을 인식하고 그것에 순응한다는 방법이 있다. 그는 자연을 변화에서 포착하고자 했으며, 우주간의 사물 변화를 통하여 그곳에서 일정한 통칙(通則)을 찾아낸다.
　그것은 만물의 근원, 즉 모든 현상의 배경에 잠재하는 시공(時空)을 초월한 본체(本體)와 그 운동법칙이다. 이 본체를 그는 '도(道)'라고 명명한다. 도는 지각을 초월한 '무(無)'라고밖에 할 수 없는 것이다.
　도는 무한정한 본체이므로 '무'라고밖에 할 수 없는데 시간적 공간적으로 제약된 현상, 다시 말해서 만물로 나타나기 때문에 '유(有)'라고 볼 수도 있다. 또 무는 극소(極小)를 나타내며, 유(有)는 극대(極大)를 나타내므로 도는 소(小)임과 동시에 대(大)라고 한다. 이처럼 도는 모든 대립을 통일하는 존재로 생각된다.
　우주간의 모든 현상은 도로 포괄되는 갖가지 대립관계적 일면(一面)의 모양을 취하여 나타난다. 그것은 결코 고정된 것이 아니다. 예를 들면 무는 항상 유(有)로 전화(轉化)코자 하고, 유는 항상 무로 전화코자 한다. 이처럼 대립하는 것의 상호 전화코자 하는 움직임이 도의 운동법칙인 것으로 생각했다.

　항상 대립하는 상태를 포함하며 대립하는 상태로 전화코자 한다. 그것이 '도'의 운동법칙이다(反者道之動).
　항상 소극을 지킴으로써 무한한 적극으로 통한다. 그것이 '도'의 작용적 형식이다(弱者道之用).
　만물을 그 근원으로 소급해가면 '유' 즉, 물체 일반에 도달한다. 또

그 유(有)의 근원이 되는 것은 '무'라고밖에 표현할 수 없는, 어떤 것이다.(제40장)

　　대립하는 것의 상호 전화적(轉化的) 과정이 무한히 반복됨으로써 끊이지 않고 생생변화(生生變化)를 나타낸다, 이것이 노자의 자연관(自然觀)이었다.
　　그러나 인간은 지각에 사로잡히어, 대립하는 것의 일면(예컨대 美醜에 있어서의 美)에만 고집하고 자연 필연적인 과정에 반(反)한 작위(作爲)의 마음을 일으키어 끝없는 미망(迷妄)에 빠지는 것이다.
　　노자가 '무지'를 역설하고 '무위자연'을 설파하는 것은 그 자연 철학에 근거하는 필연적 귀결이었다.

《노자》의 명언집

도를 도라고 하는 것은 상도가 아니다(道可道 非常道)
　이것이야말로 진짜 도라고 말하는 도는 절대불변의 고정된 도가 아니다. 만물은 끊임없이 변화하는 가운데에 있다. 참된 인식은 사물을 항상 변화에 두고 파악하지 않으면 안된다.(제1장)

천하 사람 모두가 미(美)의 아름다움만 알 뿐 악(惡)임은 모른다
(天下皆知美之爲美 斯惡已)
　사람들은 누구나 '미(美)'는 항상 아름답다고 생각한다. 미는 동시에 '추(醜)'라는 것을 알지 못한다. 모든 대립하는 개념은 어디까지나 상대적인 구분에 지나지 않는다. 사물의 일면에만 사로잡혀서는 안되는 것이다.(제2장)

제일 선(善)한 것은 물이다(上善若水)

최고의 선(善)은 물과 같은 것을 말함이다. 물은 만물을 도와 길러 내면서도 자기를 주장하지 않고, 남이 모두 싫어하는 낮은 곳으로 낮은 곳으로 내려간다. 이 물과 마찬가지로 자기주장을 하지 않는 자만이 자재(自在)한 능력을 얻는다는 것이다.(제8장)

공을 이루면 물러나는 것이 하늘의 도이다(功遂身退 天之道)

공을 이루었으면 물러나는 것이 하늘의 도리요, 이치이다. 올라갈대로 올라간 다음에는 내리막의 운명이 기다리고 있을 뿐이다. 공성(功成)한 다음에도 그자리를 계속해서 차지하고 있으려는 것은 스스로 재액을 부르는 것과 같다.(제9장)

대도(大道)가 폐한 다음에 인의(仁義)가 있다(大道廢 有仁義)

인(仁)이다, 의(義)다 하며 사람들이 떠들어대는 것은 무위자연의 대도가 잊혀지고 작위(作爲)가 세상을 지배하기 시작했기 때문이다. 도덕 따위를 필요로 하지 않는 세상이야말로 이상사회(理想社會)인 것이다.(제18장)

족한 줄 알면 욕을 당하지 않고, 그칠 줄 알면 위태롭지 않다(知足不辱 知止不殆)

조심하고 사양하면 부끄러운 일을 당하지 않고, 한도를 깨닫고 있으면 위험하지 않다. 발전을 발전인 채로 유지하고자 한다면 극점(極點)에까지 이르고자 하는 것은 피하는 게 좋다.(제44장)

아주 교묘한 것은 졸렬한 것과 같고, 말을 썩 잘하는 것은 눌변과 같다(大巧若拙 大辯若訥)

참으로 교묘한 것은 치졸하게 보이며, 진짜 웅변은 눌변으로 들린

다. 모든 참된 것은 작위를 버리고 자연 그대로이므로 도리어 진실답게 보이지 않는다.(제45장)

《노자》 해설

노담(老聃)은 춘추시대 말기의 현인으로서 공자에게 가르침을 주었다고도 하며, 일설에는 성명이 이이(李耳), 자(字)를 담(聃)이라 했다고 전해온다. 초(楚)나라 출신으로 주(周)나라 왕실을 섬겼는데 주나라의 덕이 쇠해지는 것을 보고 함곡관(函谷關)을 나갔는데 그후로 행방이 묘연해졌다고 한다.

그러나 이 노담의 실재(實在)를 뒷받침할 만한 문헌자료는 없으므로 단지 우화적 존재가 아닌가 하는 의심을 받고 있다. 가령 그 존재를 긍정한다 하더라도《노자》란 책의 작자가 노담이라는 가능성은 없다고 해도 좋다.

책으로서의 노자는《노자서(老子書)》또는《노자도덕경(老子道德經)》으로도 불린다. 그 용어, 문자 등으로 보아, 전국시대 이후의 작품이란 점에는 의심의 여지가 없다. 사상적으로는 전국시대의 양주(楊朱)·송견(宋銒)·윤문(尹文)·전병(田騈)·신도(愼到)·장주(莊周) 등 후대에 일괄적으로 도가(道家)로 분류되었던 여러 학파의 설들이 혼재되어 있음이 인정된다는 점에서 주로 도가에 속하는 사람들의 사상을 집약하고 체계를 세워 노담의 이름을 가탁(假託)한 것으로 보는 설이 유력한데, 그것이 몇사람의 손에 의해 된 것인지는 분명치 않다.

'도'를 체득한 성인(聖人 : 이상적 知者란 의미로서 儒家에서 말하는 有德者로서의 聖人과는 다르다)만이 이상적 사회를 실현시킬 수 있다는 그 정치론은 이윽고 법가(法家)의 설과 맺어져 군주 독재제의 확립에 기여했다는 평을 받고 있다. 또 힘의 남용을 피하여 싸우지 않고 이기는 것을 최상으로 꼽는 그 군사론에는 《손자(孫子)》의 병법과 관련성이 있는 것으로 지적된다.

통행본(通行本)에는 후한(後漢)경에 성립된 것으로 추정되는 하상공주본(河上公注本)과 위(魏)나라 왕필주본(王弼注本) 등 두 계통이 있는데 문자가 다른 것이 어느 정도 있을 뿐 내용상으로는 큰 차이가 없다.

장자(莊子)

노장사상(老莊思想)의 원전(原典). 그 무엇에도 사로잡히지 않는 자유로운 생활방법을 설파한 사상서로서 기원전 290년경에 이루어졌다는 책이다.

전국시대의 사상가인 장자(莊子 : 이름은 周)의 저작. 의론문(議論文)과 우화를 짜맞추어 구성한 전문 6만 5천여 자의 방대한 양의 책이며 모두 33편(篇)으로 되어 있다. 내편(內篇) 7편(逍遙遊·齊物論·養生主·人間世·德充符·大宗師·應帝王)과 병무(騈拇) 이하 외편(外篇) 15편, 경상초(庚桑楚) 이하 잡편(雜篇) 11편 등으로 이루어졌다.

《장자》의 주요 내용

대붕도남(大鵬圖南)

북해(北海)에 곤(鯤)이라고 하는 물고기가 있다. 머리에서 꼬리까지 몇천 리나 되는 어마어마하게 큰 물고기이다.

곤이 변신하면 붕(鵬)이라고 하는 새가 된다. 몇천 리나 되는 몸통인데 날개를 펴고 날아오르면 하늘이 먹구름으로 뒤덮인 것 같다.

바람이 불고 바다에 거센 파도가 칠 때 붕은 남해(南海), 즉 '천지(天池)'를 향하여 날아오른다.

《제해(齊諧)》란 책에는 몇가지 괴기한 이야기가 실려 있다. 그것에 의하면 이런 이야기도 있다.

'남해를 향할 때 붕은 해면(海面) 3천리에 날개를 치며 날아오른 다음 바람을 타고 9만리 높이에까지 오른다. 그리고 6개월 동안이나 쉬지 않고 계속 난다.'

지상에는 아지랑이가 피어오르고 먼지가 인다. 생물들이 입김을 내뿜는다. 그러나 하늘은 어디까지나 파랗다. 파란 것은 하늘 그 자체의 색이 아니라 끝없이 먼 거리가 하늘을 파랗게 보이게 하는 것이다. 9만리 상공을 나는 붕의 눈에는 이 지상은 파란색 일색이다.

물은 깊이 고여 있지 않으면 큰 배를 띄울 수 없다. 움푹 팬 마루에 술잔 하나의 물, 이정도의 물로는 작은 풀잎을 띄울 수는 있지만 술잔을 띄우고자 하면 술잔이 바닥에 닿고 만다. 물은 얕은데 배가 너무 큰 것이다.

하늘을 나는 것도 이것과 같다. 큰 날개를 띄우려면 두껍게 쌓여 있는 바람이 필요하다. 9만리 높이에 날아올라야만 붕의 날개는 강한 바람의 힘에 지탱된다. 바람을 타고 푸른 하늘을 등에 업고 나는 붕의 앞길을 방해하는 것은 아무것도 없다. 이렇게 해서 붕은 곧장 남쪽 바다를 향해서 가는 것이다.

매미와 비둘기가 그것을 보고 웃는다.

'느릅나무라든가 박달나무 가지에 올라앉기도 힘이 드는데…… 그냥 떨어지는 일이 좀 많은가. 그런데 남쪽으로 9만리를 날아가겠다는 녀석의 마음은 정말로 이해하기 어렵군.'

여행을 떠난다고 하자. 교외에 나가는 것이라면 하루 먹을 것만 가지고 가면 충분하겠지만 백리 길을 가는 자라면 하루 전부터 먹어야 할 쌀을 찧어야 하고, 천리 길을 여행하는 자라면 사흘 전부터 준비를 한다.

매미나 비둘기 따위가 무엇을 알겠는가. 좁은 세상에 사는 자로서는 상상도 할 수 없을 정도의 넓은 세계가 있는 것이다. 시간에 대해서도 똑같은 말을 할 수가 있다. '소년(小年)'은 '대년(大年)'을 따를 수 없는 법 —.

　조균(朝菌 : 버섯의 일종. 아침에 났다가 저녁이면 시든다고 한다)은 하루의 길이를 알지 못한다. 매미는 1년의 길이를 알지 못한다. 인간은 그런 것들을 소년(小年)이라고 한다.

　그러나 초(楚)나라 남쪽에는 명령(冥靈)이라고 하는 나무가 있다. 이 나무는 천년 만에 나이테 한 개가 생긴다. 또 태고에는 대춘(大椿)이라는 나무가 있었다. 이 나무는 1만 6천 년만에야 나이테가 한 개 생긴다.

　이런 것들에 비하면 팽조(彭祖 : 7백 년간이나 살았다고 하는 전설상의 인물)의 장수를 부러워하는 인간의 모습이 얼마나 가련하단 말인가.(逍遙遊篇)

조삼모사(朝三暮四)

　말에는 가(可)와 불가(不可)의 구별이 명확하다. '도(道 : 만물을 지배하는 근본 원리)'는 무궁하게 변화하는 까닭에 모든 존재인 것인데, 그 변화의 개개(個個) 양상(樣相)인 사물에 대해서는 각각 대응하는 말이 필요하다. 즉 가(可)는 가, 부(否)는 부라는 식으로 의미가 확정되어 있지 않으면 말은 성립되지 않는다.

　그렇더라도 말에 의한 표현의 대상인 사물은 원래 개별 존재임과 동시에 보통 존재이기도 하다. 따라서 작은 풀과 기둥, 나병환자와 미녀 서시(西施) 등의 대조를 예로 든다면, 전자(前者)는 대소(大小)에, 후자는 미추(美醜)에 있어 각기 극단의 차이를 나타내며 또한 동일의 것이다. 더 나아가서는 제아무리 상상을 초월하는 기묘·기괴한 사물이더라도 '도'에 있어서는 동일하다.

형식뿐만 아니라 운동에 대해서도 같은 말을 할 수 있다. 한편으로는 파괴로 보이는 현상도 다른 쪽에서 본다면 완성이며, 완성으로 보이는 현상도 또한 파괴이다. 즉 일체의 존재는 형식에 있어서도 운동에 있어서도 아무 구별이 없는 것이다.

이 만물 제동(齊同)의 이치를 체득한 사람은 이것저것 선택하려고 하지 않고 사물을 '용(庸 : 자연 그대로의 모습)'에 맡긴다. '용(庸)'은 '용(用)'과 통한다. 사물은 자연 그대로인 채로 맡겨둘 때 자재(自在)로운 작용을 한다.

'용(用)'은 다시 '통(通)'과 통한다. 자연스런 작용에는 무리가 없다. '통'은 또 '득(得)'과 통한다. 무리가 없는 작용을 할 때야말로 사물은 존재로서의 의의를 획득할 수가 있다. 일체의 존재를 있는 그대로 긍정하는 경지에 이를 때 우리의 인식은 만유의 실상에 접근할 수 있는 것이다. 그리고 자연에 맡기려는 의식조차도 없는 상태가 '도'와의 일체화인 것이다.

그러나 우리는 이 도리를 깨닫지 못하고 자기의 선택에 고집하며 마음을 괴롭히고 있을 뿐이다. '조삼모사'란 이것을 가리킨다. '조삼모사'란 말의 유래는 다음과 같다.

원숭이를 길들이어 재주를 부리게 하는 사람이 어느 때 원숭이들에게 도토리를 주면서 말했다.

"앞으로는 아침에 세 줌을 주고 저녁때 네 줌을 주겠다."

원숭이들은 일제히 불평을 털어놓았다. 그러자 원숭이 주인은,

"미안, 미안…… 알겠다. 그럼 아침에 네 줌을 주고 저녁에 세 줌을 주겠다."

라고 했는데 그 말에 원숭이들은 기뻐했다는 것이다.

실제로는 아무 차이도 없건만 처음 제안에는 화를 내고, 나중의 제

안에는 기뻐했는데 그것은 왜일까? 역시 자신이 옳다고 여기는 바에 사로잡혀 있기 때문이 아닐까.

그러므로 성인(聖人)은 시비의 구별을 하지 않고 일체를 '천균(天鈞)', 즉 자연의 조화인 채로 맡겨둔다. 이것이 '양행(兩行 : 일체의 모순과 대립이 모순인 채 긍정되고 대립인 채로 의존하는 무한으로 자유로운 경지)'인 것이다.(齊物論篇)

명조리사(名調理師) 포정(庖丁)

인간의 생명에는 한계가 있지만 지(知)의 작용에는 한계가 없다. 생명의 이 유한성(有限性)을 도외시하고 지(知)가 향해 가는 대로 무한을 추구하면 평안함이 찾아올 리 만무할 것이다. 우리는 이 도리를 잘 알고 있으면서도 그 지(知)에서 떠날 수가 없다.

우리는 지(知)를 작용시키어 선악(善惡)을 논한다. 그러나 선과 악이라 하더라도 그것은 명성(名聲)이라든가 형벌을 규준으로 한 평가에 지나지 않는다. 그러므로 이러한 선악에 사로잡히지 말고, 자연을 본받아 자연 그대로 살아갈 일이다. 그렇게 해야만 평안하고 충실된 생애를 보낼 수 있는 것이다.

어느 때 명조리사인 포정이 위(魏)나라 혜왕(惠王) 앞에서 잡은 소의 각을 뜨고 있었다.

포정이 소 몸통에 손을 대면서 어깨에 힘을 주고 무릎으로는 소를 누르는가 했더니, 쇠고기가 슬슬 그 뼈에서 발라지는 것이 아닌가. 날카로운 칼날은 리듬을 타고 마치 '상림지무(桑林之舞 : 殷나라 湯王이 추게 했던 舞曲)'라든가 '경수지회(經首之會 : 聖天子인 堯가 추게 했던 舞曲)'를 방불케 한다.

"오오! 잘도 하는도다. 실로 신기(神技)야."

혜왕은 자기도 모르는 사이에 감탄사를 연발했다. 그 말을 들은 포정은 칼질을 멈추고 혜왕을 올려다보며 말했다.

"아뢰옵기 황공하오나 전하께서 보신 것은 기(技)가 아니옵니다. 기(技)를 능가한 것이라고나 할까요. 그것은 도(道)이니이다. 지난날 신이 처음으로 이 일을 시작했을 때는 눈에 보이는 것이 소의 외형뿐이었사옵니다. 그리고 3년이 지나자 소의 외형은 사라지고 뼈와 살이 보였습지요.

하온데 지금은 육안에 의존하지 아니하옵니다. 소를 대하면 마음이 움직이게 되옵지요. 이미 감각은 작용하지 아니하고 마음만 활발하게 작용할 뿐이니이다. 그런 다음에는 오로지 자연의 섭리에 따를 뿐이옵지요. 소의 몸통에 자연히 갖추어져 있는 틈새를 잘라서 떼어나가는 것이므로 뼈는 말할 것도 없고 살점과 힘줄이 섞여 있는 부분도 칼질을 잘못하는 일이 없사옵니다.

보통 조리사라면 한 달에 한 번 칼을 새것으로 바꾸옵지요. 내로라 하는 조리사라 하더라도 1년에 한 번쯤은 칼을 바꾸게 되옵니다. 뼈에 칼날이 닿게 되어 오래 쓰지 못해서 날이 무디어지기 때문입지요.

하온데 전하, 이 칼을 보시오소서. 신이 19년이나 사용한 칼이옵니다. 이미 수천 마리의 소의 각을 뜬 칼이지만 아직도 새칼이나 마찬가지이니이다. 왜냐하면 소뼈의 마디마디 틈새가 있사온데 이 칼날에는 두께가 없기 때문이옵지요. 두께가 없는 것으로 틈새가 있는 것에 넣는 것이므로 여분은 충분히 있게 마련이니이다. 그래서 아무리 사용해도 칼날이 상하지 않았던 것이옵니다.

하오나 뼈와 힘줄이 엉켜 있는 마지막 난소(難所)에서는 신도 바싹 긴장하게 되옵지요. 눈길은 한 점(點)에 집중되고 동작은 점점 굼뜨게 되며 칼을 움직이고 있는지조차 알지 못할 정도가 되나이다. 그러다가 이윽고 싹둑 소리가 나는가 하면 고기 덩어리가 마치 흙더미처럼 뼈에서 떨어지옵지요. 그런 때면 긴장이 확 풀어지나이다. 신은 칼을 들고 일어서면서 자신도 모르게 주위를 둘러보옵지요. 그런 때면 뭐라고 표현할 수 없는 충실감이 아랫배에서 용솟음치는데 잠시 그자리를 뜰 수가 없게 되나이다. 이윽고 냉정을 되찾고는 천천히 칼을 씻어 칼집에 넣사옵니다."
혜왕은 크게 감동했다.
"그 말을 듣고 과인은 온전한 삶이 무엇인지 크게 깨달았도다."(養生主篇)

무용지용(無用之用)

석(石)이란 목수가 제(齊)나라를 여행했다. 지나가다가 마침 곡원(曲轅)이란 곳에 이르렀을 때다. 그곳에는 거대한 상수리나무가 신목(神木)으로 숭앙받고 있었다. 그 나무는 얼마나 크던지 나무 그늘에서 수천 마리의 소가 쉴 수 있었고, 그 줄기의 굵기는 백 아름이나 되었다. 높이는 산을 내려다볼 정도인데 지상(地上) 7, 80척의 곳에서 겨우 나뭇가지가 갈라져 있었다.

가지라 해도 그 한 개로 충분히 배를 만들 수 있을 정도이다. 그처럼 큰 가지가 수십 개나 펼쳐져 있다. 이 거목을 한번 보기 위해 찾아오는 방문자가 끊이지 않아서 나무 주변은 언제나 시장처럼 북적거렸다. 목수 석의 제자들도 탄성을 지르며 그 거목을 올려다보았다.

그런데 막상 목수 석은 눈길 한번 주지 않고 그대로 지나쳐 가는 것이었다. 가까스로 석을 따라간 제자들이 물었다.

"선생님, 선생님의 제자가 된 이후로 저희는 이처럼 쓸모있는 재목감을 본 적이 없습니다. 그렇건만 선생님은 눈길도 주지 않은 채 그냥 지나치셨습니다. 대체 어떤 생각을 하고 계신 것입니까?"

"건방진 말 그만 해라. 그 나무는 아무 쓸모도 없는 나무야. 배를 만들면 가라앉을 것이고, 관(棺)을 짜면 금방 썩어 버리지. 가구를 만든다면 금방 망가질 것이고, 문을 짜면 진이 흐르게 될 것이다. 기둥으로 사용하면 금방 벌레먹고 말 것이고 — 그런즉 아무 쓸모도 없는 무용의 거목이야. 그렇게 거목으로 자라날 수 있었던 것도 실은 무용의 나무였기 때문이니라."

한편 목수 석이 여행을 끝내고 돌아온 날 밤, 꿈속에 그 상수리나무가 나타나서 말했다.

"너는 도대체 나를 무엇에 비교하여 무용하다고 하는 거냐? 틀림없이 인간들에게 쓸모있다는 나무들에 비교한 것이겠지. 배나무나, 유자나무 등 과실을 맺는 나무는 너희 인간들에게 쓸모가 있는 나무임에 틀림없을 것이다. 그러나 그런 과실을 맺기 때문에 과실은 모두 뺏기고 뿌리는 더러운 오물 세례를 받게 되는 것이야. 또 가지가 꺾이고 찢긴 나머지 천수를 누리지 못하고 죽지 않으면 안돼.

지니고 있는 장점이 자신의 목숨을 좀먹고 있어. 즉 자진해서 세속에 물들고 있는 것이야. 대저 이 세상 사람들도 물건들도 모두 유용(有用)코자 하면서, 똑같은 우(愚)를 범하고 있지.

그러나 나는 다르다. 나는 지금까지 시종일관 무용하기를 힘써 왔었다. 천수를 마치려는 지금에 와서야 겨우 무용의 나무가 될 수 있었다. 너희에게는 무용인 것이 나에게는 진짜로 유용인 것이다. 가령 내가 유용이었더라면 벌써 베어졌을 것임에 틀림없다.

다시 한번 말해 두겠거니와 너도나도 어차피 자연계의 하나에 지나지 않는다. 물건이 다른 물건의 가치를 평가해서 어쩌자는 게냐? 가치를 평가한다면 너처럼 유용코자 하여 스스로 생명을 단축시키는 자야말로 실은 무용한 인간인 것이다. 무용한 인간 따위가 내가 무용한 나무인지 아닌지 식별할 수 있을 리 만무하지."

이튿날 아침 목수 석이 지난 밤에 꾼 꿈이야기를 하자, 제자가 말했다.

"그토록 무용이기를 원한다면 왜 신목(神木)이 되었단 말입니까. 신목은 백성들을 수호해야 하는 역할이 있는 법입니다."

그러자 목수 석이 나무랐다.

"이 멍청아, 함부로 말하는 게 아니야! 신목이 되는 것이 목적이 아니었어. 임기응변에 지나지 않는 것이다. 이런저런 말로 비판해 보았던들 상대는 자기를 이해하지 못하는 자라며 듣고 흘렸을 뿐이라구. 가령 신목이 되어 있지 않았더라도 역시 벌목되지는 않았을 것이다. 누가 뭐라 해도 그 나무는 세간(世間)의 원하는 바와 반대로 무용이기를 노력했던 것이다. 그런 상대를 인간의 상식으로 판단하려는 것 자체가 큰 착각이지."(人間世篇)

좌망(坐忘)

안회(顔回)가 스승 공자(孔子)에게 말했다.

"선생님, 저도 이제 상당히 수양된 것으로 생각합니다."

"어째서? 그 이유가 무엇이냐?"

"저는 인의(仁義)를 잊을 수 있게 되었습니다."

"과연 그렇겠다. 그건 잘된 일이다만 아직도 충분하다고는 말할 수 없다."

얼마 후 안회가 다시 공자에게 말했다.

"저는 더욱 진보했습니다."

"어떻게?"

"예, 저는 예악(禮樂)을 잊을 수 있게 되었습니다."

"잘했다. 그러나 아직 충분하다고 말할 수는 없다."

다시 얼마 후 안회가 또 공자에게 말했다.

"저는 또 진보했습니다."

"그래? 잘했다. 그런데 어떻게 진보했다는 거냐?"
"저는 좌망(坐忘)할 수 있습니다."
"좌망?"
공자는 놀라면서 태도를 바꾸어 되물었다.
"그건 어떻게 하는 건데?"
"오체(五體)에서 힘을 빼고 일체의 감각을 없이하여 몸도 마음도 비운 다음 '도(道)'의 작용을 받아들이는 것입니다."
공자는 크게 끄덕이었다.
"도의 작용을 받아들이면 시비호악(是非好惡)의 생각에 사로잡히는 일도 없고, 도와 함께 변화하여 무한한 자유를 획득할 수 있을 것이다. 그야 어쨌든 너는 그런 경지에까지 진보했더란 말이냐. 나도 힘써 늦지 않도록 해야겠다."(大宗師篇)

《장자》의 명언집

수즉다욕(壽則多辱)
장수하면 그만큼 굴욕을 받는 기회도 많아진다는 의미로서 성천자(聖天子) 요(堯)가 한 말이라며 인용하고 있다. 그러나 이것은 아직 수명(壽命)에 사로잡혀 있는 관계이며《장자》가 이상(理想)으로 다루는, 어떤 것에도 사로잡히지 않는 자유의 경지에서는 상당히 멀다 하겠다.(天地篇)

와우각상지쟁(蝸牛角上之爭)
달팽이 뿔 위에서 하는 전쟁이란 뜻이다. 하찮은 일로 시비를 벌이고 큰 소동을 일으키는 어리석음을 비웃는 말이다. 제(齊)나라를 치고자 하는 위(魏)나라 혜왕(惠王)을 대진인(戴晋人)이라는 장자적(莊

子的) 인물이 '달팽이 뿔 위에서 싸우는 전쟁' 이야기를 비유로 들어 말렸다는 내용의 우화이다.(則陽篇)

당랑지부(螳螂之斧)

낫처럼 생긴 앞발을 쳐들고 수레를 가로막는 사마귀[螳螂]의 모습에서 제 주제를 모르고 설친다는 비유로 인용되고 있다.

오(吳)나라 안합(顔闔)이, 난폭하기로 이름 높은 위(衛)나라 태자 괴외(蒯聵)의 가정교사가 되어 부름을 받았을 때, 위나라 대부인 거백옥(蘧伯玉)을 찾아가서 태자 교육에 대한 마음가짐은 어떠해야 하느냐고 물었다. 그러자 거백옥은 사마귀의 예를 들면서 이렇게 일러 주었다.

"당랑(사마귀)은 무엇인가가 다가오면 비록 그것이 수레라 하더라도 서슴지 않고 앞발을 들며 대항하려고 하오. 내 능력만 과신하고 자기 한계가 어느 정도인지는 깨닫지를 못한다오. 그대도 자기 능력만 과신하는 나머지 태자에게 자기 의견을 따르라고 강력히 요구하다가는 짓밟히기 쉽소이다. 그런즉 근신하도록 하시오."(人間世篇)

막역지우(莫逆之友)

깊은 마음속에서 서로 이해하는 친구 사이를 가리키는 말이다. '서로 쳐다보며 웃고(相視而笑) 마음이 어긋나는 일이 없어서(莫逆於心) 마침내 서로 친구가 되었다(遂相與爲友)'란 구절에서 생겼다.(大宗師篇)

명경지수(明鏡止水)

흐르는 물은 거울이 되지 못하지만, 머물러 있는 물[止水]은 모든 모습을 비춰 줄 수 있다. 이런 거울[鏡]과 마찬가지로 모든 사물을 빈 마음으로 받아들이면 그런 부동(不動)의 경지가 된다는 뜻이다. '사람은 흐르는 물을 거울 삼지 않고 머물러 있는 물을 거울 삼는다 (人莫鑑於流水 而鑑於止水)'가 그 출전이다.(德充符篇)

《장자》 해설

《장자》 33편 가운데 장자 자신의 손에 의해 쓰여진 것은 내편(內篇) 7편뿐이며 그밖에 외편(外篇)·잡편(雜篇)은 후세의 장자학파 사람 등에 의해 가탁(假託)된 것으로 보는 것이 통설이다.

장자의 생몰연대라든가 이력에 대하여 상세한 것은 알 수가 없다. 《사기》에는 '장자는 몽현(蒙縣 : 오늘날의 하남성 商邱縣) 사람으로서 이름은 주(周), 일찍이 몽현 칠원(漆園 : 옻나무밭)의 관원이었다. 위(魏)나라 혜왕(惠王), 제(齊)나라 선왕(宣王)과 같은 시대 사람이다'라고 기록되어 있다.

위나라 혜왕의 재위(在位) 연대는 기원전 370년~기원전 319년, 그리고 제나라 선왕의 재위 연대는 기원전 319년~기원전 310년이므로 장자가 살던 시대는 기원전 4세기 후반인 것으로 볼 수 있다.

장자의 경력에 대해서는 이밖에 《장자》 외편(外篇)·잡편(雜篇) 등에 아내가 있었다는 것(至樂篇), 제자가 있었다는 것(山木篇·列禦寇篇)을 말해주는 에피소드라든가 그의 생활이 빈궁하여 감하후(監河侯)에게 돈을 꾸러 갔던 이야기(外物篇), 누더기 옷을 입고 위나라 혜왕을 만나러 간 이야기(山木篇) 등이 기재되어 있다.

또 《사기》에는 재상으로 맞아들이겠다는 초(楚)나라 위왕(威王)의 청을 '시궁창 속이라도 좋으니 다만 자유롭게 살아가고 싶다'며 일언지하에 거절했던 이야기가 소개되어 있다.

장자는 만물을 지배하는 근본 원리를 '도'라 하였고 이 '도'에서 본다면 모든 사실에 구별이 없다고 한다(萬物齊同). 그리고 이 도와 일체화하여 즉 무심한 상태가 되어 일체를 있는 그대로 받아들임으로써 자유로운 생활방법을 획득할 수 있다고 설파한다.

그러기 위한 수양을 '심재(心齋)'라고 하며 '좌망(坐忘)'이라고 한다. 또 자연을 훼손하는, 인위(人爲)를 배척하는 인위의 관점에서 볼 경우 무용인 것일수록 실은 유용한 것이라고 가치의 전환을 설파했다.

후에 《장자》는 무위자연의 처세철학을 설파하는 《노자》와 일체화되어 노장사상(老莊思想)으로서 후세 사람들의 생활방법에 큰 영향을 주었다.

열자(列子)

《노자(老子)》《장자(莊子)》와 함께 도가(道家)의 책이며 고대 우화(寓話)의 보고(寶庫)로서 기원전 400년 경에 이루어졌다고 하는 책이다.

고대 도가의 한 사람인 열자(列子 : 이름은 禦寇, 子는 존칭)의 저서(단, 후세 사람의 손에 의해 쓰여졌고 열자의 이름을 假託한 것이라고 하는 설이 유력하다)이다. 천서(天瑞)·황제(黃帝)·주목왕(周穆王)·중니(仲尼)·탕문(湯問)·역명(力命)·양주(楊朱)·설부(說符) 등 8편으로 이루어졌다. 고대 중국인의 원사상(原思想)과 생활의 지혜를 엿볼 수 있다.

《열자》의 주요 내용

기우(杞憂)
기(杞)나라의 어떤 사나이가 당장 하늘이 무너지고 땅이 꺼질까봐 걱정이 되어 밤에도 잠을 못자고, 먹는 것도 목에 넘어가지를 않았다. 그의 친구가 이런 사실을 알고 가르쳐 주었다.
"여보게, 하늘이란 것은 기(氣)가 쌓여 있는 것인데, 이 기는 어디에나 다 있는 것이야. 우리가 몸을 굽히고, 몸을 펴고, 숨을 들여마셨다가 내뿜는 것도, 온종일 이 하늘 속에서 하는 동작이라구. 무너질 염려가 없네."
사나이는 물었다.
"하늘이 그런 것이라면 해와 달, 별 등은 어찌하여 떨어지지 않는단 말인가?"
"해도 달도 별도 모두 기(氣)로 되어 있다네. 다만 빛을 내고 있는 점만이 다를 뿐이지. 비록 떨어져서 부딪친다 해도 다치거나 타지는 않아."
"그럼 땅이 꺼진다면 어떡하지?"
"땅은 흙더미가 쌓여져 있는 것이야. 이르는 곳마다 모두 흙이지. 온종일이라도 이 땅 위를 밟고 다닐 수 있다네. 꺼질 염려가 없어."
사나이는 그 말을 듣고 마음이 놓인다며 크게 기뻐했다. 가르쳐준 친구도 크게 기뻐했다.
이 이야기를 장려자(長盧子)란 사람이 듣고 있었다.
"비·바람·구름·안개·무지개, 그리고 사계절의 변화도 모두 쌓여 있는 기(氣)가 하늘에서 나타나는 것이다. 산·강·물·불·풀·돌…… 이런 것들은 모두 쌓여 있는 형태가 땅 위에 나타나는 모습이다. 쌓여 있는 기가 있고, 쌓여 있는 흙덩이가 있다면 무너지지 않는다는 보장도 없지.

도대체 하늘과 땅은 허공 속에 떠있는 하나의 물체에 지나지 않는다. 그러나 눈에 보이는 것 가운데서는 제일 크다. 그 끝을 알 수 없는 것은 당연한 일이다. 하늘과 땅이 무너질 것을 걱정하는 것은 분명 쓸데없는 걱정이다. 그러나 무너지지 않는다는 것도 올바르다고 할 수 없다. 언젠가는 반드시 무너질 때가 온다. 그때가 되면 걱정하지 않을 수 없을 것이리라."
열자가 이 말을 듣고 웃었다.
"하늘과 땅이 무너진다는 것도 틀렸으려니와 무너지지 않는다는 것도 틀렸다. 그것은 누구도 알지 못한다. 그런데 사물은 보기에 따라서 하나의 사고방식이 성립되면 동시에 반대되는 사고방식도 성립되는 것이다. 살았을 때는 죽음이 어떤 것인지 모르고 죽을 때에는 생(生)이 어떤 것인지 모른다. 미래는 과거를 알지 못하고 과거는 미래를 알지 못한다. 무너진다든가 무너지지 않는다는 것, 그런 것에 신경쓸 일이 아니다."(天瑞篇)

우공이산(愚公移山)

태행(太行)과 왕옥(王屋)이라는 두 개의 산이 있었다. 주위가 7백 리에, 높이가 1만 인(仞)이나 된다는 큰 산이다. 이 두 개의 산은 옛날 기주(冀州)의 남쪽, 하양(河陽)의 북쪽에 있었다.

북산(北山)에 우공(愚公 : 어리석은 사람)이라는, 90세 가까운 노인이 있었다. 그는 산기슭에 살고 있었는데 남쪽이 산으로 가로막히어 출입하기가 여간 불편한 것이 아니었다.

어느 날, 우공은 가족들을 모아놓고 상의했다.

"우리, 힘을 합치어 저 산을 깎아서 평평하게 만들지 않을래? 그렇게 하면 예주(豫州)에도, 그리고 한수(漢水)에도 쉽게 갈 수 있으련만……."

가족 모두가 찬성했다. 그런데 그의 아내만은 고개를 가로젓는 것이었다.

"당신의 힘으로는 괴보(魁父) 따위 작은 언덕도 허물어 낼 수 없으시다구요. 태행산·왕옥산과 같은 큰 산을 어쩌자는 겁니까? 그리고 비록 허문다 하더라도 거기서 나오는 흙과 돌은 어떻게 하시렵니까?"

"저 발해만(渤海灣) 끝 은토(隱土) 북쪽에 갖다 버리는 거야."
노인은 태연하게 대답했다.

이렇게 해서 아들과 손자 등 세 명의 남자들은 산을 깎아내리기 시작했다. 돌을 깨고 흙을 파낸 다음 그 토사를 삼태기에 담아서 발해로 운반했다. 노인네 집 이웃에 경성씨(京城氏)라는 과부가 살고 있었다. 그 과부의 아들은 아직 나이가 어리어 겨우 이를 갈고 있었는데 껑충껑충 뛰면서 이 일을 도왔다. 그러나 발해만까지 한 번 왕복하는 데 자그마치 반 년이나 걸렸다.
 하곡(河曲)의 지수(知叟 : 영리한 사람)가 웃으면서 말렸다.
 "아니 이런 바보스런 짓이 또 어디 있겠소. 영감님은 나이가 너무 많으십니다. 앞날이 얼마 안남았은즉 산모퉁이 한군데도 허물어 내기 어려울 것이오. 그런데 저 큰 산의 돌과 흙을 대체 어쩌자는 겁니까?"
 북산의 우공이 탄식하며 입을 열었다.
 "자네는 무얼 몰라도 한참 모르는군. 저 이웃집 과부의 아들이 훨씬 더 영리해. 나는 이 일을 하다가 죽더라도 자식이 있어. 내 자식에게도 자식이 있고……. 내 손자 말일세. 그 손자도 또 자식을 낳을 것이고 그 자식이 또 아이를 낳게 될 것이야. 이처럼 자자손손이 아이를 낳아서 그 대(代)가 끊이는 일은 없을 것일세. 그러나 산은 조금도 더 높아지지 않을 것임이야. 그런즉 산이 평평해지지 않을 수 있겠는가."
 지수는 대답할 말이 없었다.
 두 산의 산신(山神)들은 이 대화를 엿듣고는 우공이 끝내 이 일을 실행해 나갈 것을 두려워한 나머지 천제(天帝)에게 호소했다. 그러자 천제는 우공의 열의에 감동하여 과아씨(夸蛾氏 : 전설상의 巨人族)의 두 아들에게 명하여 태행·왕옥 등 두 개의 산을 짊어지고 가되, 하나는 삭동(朔東)에, 또 하나는 옹남(雍南)에 옮겨놓도록 했다.
 그후로 기주 땅에서 남쪽 한수에 이르기까지 작은 언덕조차도 없게

되었다.(湯問篇)

《열자》의 명언집

의심암귀(疑心暗鬼)
한번 의심하는 마음이 생기면 모든 언행이 수상쩍게 보인다는 의미의 말이다. 《열자》의 다음 이야기가 그 출전이다.
어떤 사람이 도끼를 잃어버렸다. 이웃집 아이가 수상하다. 한번 그렇게 생각하자 그 아이의 걸음걸이, 얼굴 표정, 말투, 하는 짓 등이 모두 도끼 도둑으로 보였다.
그런데 그후 골짜기를 파다가 뜻밖에도 잃어버린 도끼를 찾아냈다. 그후로는 그 이웃집 아이의 언행 모두가 도끼 도둑같이 보이지 않는 것이었다.(說符篇)

《열자》 해설

저자인 열자(列子 : 이름은 禦寇)에 대해서는 그가 실존했던 인물인지 아닌지 논의가 분분하다. 실재했던 인물이 아니라는 설 쪽이 유력하다.
실존설을 취하는 측은, 열자는 노자(老子)의, 제자의 제자로서 장자(莊子)의 선배이며, 기원전 400년경 정(鄭)나라에서 태어났다고 하는데 그 이상의 것은 전혀 모른다.
《열자》 책의 성립에 대해서도 제설(諸說)이 있는데 한대(漢代)에 기존(旣存)의 제서(諸書), 예컨대《장자》《회남자(淮南子)》《산해경(山海經)》《한비자(韓非子)》《여씨춘추(呂氏春秋)》 등에서 이야기를 취하여 오늘날의《열자》원형(原型)이 이루어졌다는 설이 유력하다. 내용적으로도 도가(道家)뿐만 아니라 제가(諸家)의 사상이 섞여 있다.

그러나 성립 사정이야 어찌되었든 《열자》에 전개되어 있는 우화적 세계는 '기우(杞憂)' '우공이산(愚公移山)' 등의 고사성어와 함께 2천 년의 역사가 흐르는 동안 사람들의 입에서 계속 회자되었다.

포박자(抱朴子) 내편(內篇)

영생자재(永生自在)의 선인(仙人)이 되기 위한 이론과 실제 수련을 설명한 도가(道家)의 고전(古典)으로 370년경에 이루어졌다고 한다.

《포박자》란《노자(老子)》의 '견소포박(見素抱撲)'이란 말에서 취한 저자의 아호임과 동시에 저서의 제목이기도 하다. 내편(內篇) 20권은 선도(仙道)를 설명하는 도가의 책, 외편(外篇) 50권은 유가의 입장에서 세간 풍속의 득실을 논한 책이다. 단,《포박자》라고 하면 통상 내편만을 가리킨다. 본문은〈창현(暢玄)〉〈논선(論仙)〉등 모두 20편으로 되어 있다.

《포박자》의 주요 내용

[창현(暢玄) 제1] 이 책의 서론으로서 '현(玄)' 및 '현도(玄道)'에 대하여 논하고 있다. 포박자에 의하면 현(玄)이란 자연의 시작이며 모든 현상의 근원이다. 어두울 만큼 깊기에 '미(微)'라고 불리며 아주 멀기 때문에 '묘(妙)'라고도 불린다. 그것은 만물에 나타나면 '유(有)'가 되고 정적(靜寂)에 숨으면 '무(無)'가 된다.

이 현이 있는 곳에 무궁한 즐거움이 있는데 현이 떠나 버리면 육체는 무너지며 정신을 잃게 된다. 현의 도(道)를 얻는 것은 속에 있는 마음이며 이것을 잃는 것은 밖에 있는 육체이다. 이것을 운용하는 것은 정신, 이것을 잃게 하는 것은 육체이다. 이것이야말로 현도(玄道)에 뜻을 둔 요체이다.

[논선(論仙) 제2] 어떤 사람이 신선불사(神仙不死)의 실재(實在) 여부에 대하여 질문했는데 그것에 대하여, 상인(常人)의 상식이라든가 경험을 초월한 것으로서의 불사(不死)하는 선인(仙人)이 존재함을 설명한 다음 그 증거로서 위(魏)나라 문제(文帝)와 조식(曹植)의 글, 유향(劉向)의 《열선전(列仙傳)》, 기타 옛선인들의 실례를 들고 선인은 제왕(帝王) 등 권세있고 부귀한 사람이 아니라 그 대부분은 빈천한 선비였었음을 설명한다.

그리고 선도의 경전(經典)을 인용하면서 3종(種)의 신선을 든다. 최상의 사(士)는 육신을 가진 채로 허공을 떠오른다. 이것이 천선(天仙)이다. 중사(中士)는 명산에서 노니는데 이것이 지선(地仙)이며, 하사(下士)는 죽은 다음 탈각(脫殼)하여 사라지는데 이것이 시해선(尸解仙)이다.

[대속(對俗) 제3] 노자라든가 팽조(彭祖)와 같이 장수하는 선인은 선천적이지, 배워서 터득한 것이 아니라는 반론에 대하여 만물의 영장인 인간이기에 불로장수는 가능한 일이며, 상약(上藥)을 복용해서 선인이 되고, 학(鶴)이나 거북과 마찬가지로 장수할 수 있다고 설명한다. 단약(丹藥)을 복용하고 유일한 도(道)를 지키며 정(精)을 환원시키고 호흡법에 의하는 방법이야말로 천지와 함께 연수무궁(延壽無窮)을 얻는 선도(仙道)의 요체이다.

또 선도를 수행하는 사람은 필요한 수만큼 선행을 쌓아 나가지 않으면 선약을 복용하더라도 무익하며, 선을 쌓아 나가면 선인이 되기까지는 못하더라도 일찍 죽는 화는 면하게 된다.

[금단(金丹) 제4] 성선(成仙)의 비결인 단약(丹藥)에 대하여 자세

히 설명한 것으로서 이 책의 가장 중요한 부분을 이루고 있다. 좌자(左慈)-갈현(葛玄)-장은(張隱)-갈홍(葛洪)으로 이어진 비서(秘書)《태청단경(太淸丹經)》《구정단경(九鼎丹經)》《금액단경(金液丹經)》에 의해 환단(還丹)과 금액(金液)의 처방·복용법 등을 설명하고 있다.

단(丹)이란 단사(丹砂)를 태워서 화학변화시키고 그것을 주성분으로 하는 약으로서 단화(丹華)·신부(神符)·신단(神丹)·환단(還丹)·이단(餌丹)·연단(鍊丹)·유단(柔丹)·복단(伏丹)·한단(寒丹) 등 아홉 종류가 있는데 또 태청신단(太淸神丹)이라 하여 9개의 정(鼎)으로 합성하는 최상급의 단(丹)은 복용한 지 3일이면 선인이 되어 대낮에 승천할 수 있다고 한다. 그밖에도 오령단법(五靈丹法)·민산단법(岷山丹法) 등 20여종의 제단법(製丹法)이 있다.

또 금액(金液)이란 황금에 단사 등의 광물을 합하여 밀봉하고 액화(液化)시킨 것으로서 구단(九丹)에 뒤지지 않는 효능이 있다. 이런 금액·구단 따위를 조제하는 데는 명산 속에 틀어박혀 있으면서 오랫동안 목욕재계하는 등 각종 금기해야 할 일이 많다.

[지리(至理) 제5] 지극한 진리는 미묘해서 이해하기 어려우므로 의심하는 사람이 많다. 그래서 편작(扁鵲)·화타(華陀)·장량(張良)·장창(張倉) 등등, 옛날 사람들의 예를 들어가면서 실증하고 또 호흡법과 금주법(禁呪法)에 대해서도 언급하고 있다.

[미언(微言) 제6] 금단(金丹) 외에 선도(仙道) 수행자가 배워야 하는 각종 술(術 : 호흡법과 房中術 등)을 들고, 또 경계해야 할 여러 가지 악사(惡事)를 설명하고 있다. 사람의 몸안에는 삼시(三尸)라고 하는 벌레가 있어서 경신일(庚申日)에 하늘로 올라가고, 그 사람의 죄과에 대해서 보고한다는 것이다. 조신(竈神)도 연말에는 이와 마찬가지로 보고하여 인간의 수명을 단축시킬 수 있음도 본편에 싣

고 있다.

[새난(塞難) 제7] 하늘은 인간에게 평등한 수명을 주어야 하는데 왕교(王喬)와 적송자(赤松子)와 같은 범인이 불사의 수명을 얻고, 주공(周公)·공자(孔子)와 같은 성인이 장수할 수 없었던 것은 모순된다고 비난으로 대답하고, 수명의 장단은 당사자가 지니고 있는 운명성(運命星)에 의한 것이므로 천지의 책임은 아니라고 설명한다. 또 공자와 노자의 생활방법, 유가(儒家)와 도가(道家)에 있어 그 목적의 상위를 논하고 있다.

[석체(釋滯) 제8] 선도(仙道) 수행은 정치·사교·문예 등등의 세상사와 양립하기가 곤란하지 않겠느냐는 의견에 대하여 재능이 있는 자는 양자를 겸할 수 있는데 그 요점은 정(精)을 소중히 하고[寶精] 기(氣)를 돌리며[行氣], 대약(大藥:金丹)을 먹는 등의 세 가지가 있다 했고 특히 호흡법과 방중술(房中術:性交 기술)의 필요성을 설명한다.

[도의(道意) 제9] 도(道)는 본디 무명(無名)으로서, 없다고 하면 있고 있다고 하면 없다. 사람은 무욕(無欲)을 가지고 마음을 길러 나가면 복은 원치 않아도 들어오게 마련이다. 복은 원해서 얻어지는 것이 아니며 화는 기도를 함으로써 피할 수 있는 것이 아니다. 그러므로 역사상 음사사교(淫祀邪敎)의 예로서, 후한(後漢)의 장각(張角), 오(吳)나라의 이아(李阿)·이관(李寬)의 술(術)과 미신의 어리석음을 비판한다.

[명본(明本) 제10] 유가(儒家)와 도가(道家)에 있어 그 선후(先後)에 대하여 설명하는데 도(道)야말로 유(儒)의 근본이며 유(儒)는 도(道)의 말(末)이다. 노자는 예(禮)도 겸하여 수행함으로써 불로불사 했기에 주공(周公)·공자(孔子)에 뒤지지 않는다고 설명한다.

이하 각편의 요지

[선약(仙藥) 제11]은 상·중·하로 나뉘어져 있는데 각 약의 효능을 설명하고 있다. [변간(辯間) 제12]는 성인(聖人)의 의미를 설명한다. [극언(極言) 제13]은 선인(仙人)에 대하여 설명하고 있다. [근구(勤求) 제14]는 장생법(長生法)이 도가(道家)의 비전임을 설명한다. [잡응(雜應) 제15]는 곡단법(穀斷法), 무기(武器)를 피하는 법, 은신법, 미래 예지법, 고치법(叩齒法) 등등 장생 양생법을 설명하고 있다.

또 [황백(黃白) 제16]은 연금술(鍊金術)에 대해서 설명하고 있으며 [등섭(登涉) 제17]은 명산 속에 들어가 수행하는 데 필요한 물건과 마음가짐에 대해서 설명한다. [지진(地眞) 제18]은 장생을 얻으려면 진일(眞一 : 精·氣·神을 하나로 한다)을 지키고 신부(神府)를 띠어야 할 필요성에 대해서 설명하고 있다. [선람(選覽) 제19]는 스승으로부터 전수받은 도가의 경전을 설명한다. [거혹(袪惑) 제20]은 선인(仙人)이라 불려지는 사람 중에도 가짜가 있으니 주의해야 한다고 설명하고 있다.

《포박자》 해설

진시황제(秦始皇帝)라든가 한무제(漢武帝)는 이른바 전문방사(專門方士)에게 명하여 불사의 선약(仙藥)을 구해 오도록 했지만 성공을 거두지는 못했다. 한나라 시대에는 태평도(太平道)라든가 오두미도(五斗米道)로 불리는 도교 교단이 흥성했는데 그것은 경전의 독강(讀講)과 기도생활을 중시하는 신흥종교로서 자력에 의해 불사의 신선이 되려고 했던 것은 아니다.

그러던 것이 진(晉)나라 시대에 들어서 포박자, 특히 갈홍(葛洪)에 의해 '선도(仙道)'의 실현을 목적으로 하여 행기(行氣 : 호흡법)와 방중술(房中術) 등의 건강법을 위시한 승선(昇仙)의 단약을 만들기 위해 약물학(藥物學)·화학·의학을 연구하는 등, 종래의 사상과 종교로서의 노장사상(老莊思想)과 도교에 과학적인 방법을 도입 발전시켜 현대 과학의 평가를 받을 만큼 신선을 자력으로 실현 가능토록 만들고자 했다. 이것이 도서(道書)로서 획기적인 저서 《포박자》인 것이다.

 갈홍의 일족(一族) 조상 중에는 갈현(葛玄)이라고 하는 금단학자(金丹學者)로 유명한 사람이 있었다. 갈현의 제자가 정은(鄭隱)이다. 이 정은의 제자가 바로 갈홍이며 자(字)를 치천(稚川)이라 했다.

 오늘날의 남경(南京) 가까이에 있는 단양(丹陽) 출신으로서 젊었을 때부터 고학을 하여 도가양생술(道家養生術)을 배우고, 20여세 때 뜻을 세워 저술에 전념했다.

 그리고 10여년을 보내면서 진(晉)나라 건무(建武) 원년(元年 : 317년)에 이 《포박자》 내·외편을 완성시켰다. 갈홍이 가장 힘을 기울였던 것은 내편이다. 그리고 이 책은 중국의 과학기술사상 귀중한 문헌이기도 하다.

열선전(列仙傳)

소신(燒身)의 연기를 타고 천지를 오르내린 선인(仙人), 회춘의 여신(女神) 등 최고(最古)의 선인열전으로 기원전 6년경에 이루어진 책이다.

불로장수는 틀림없는 사실임을 증명하기 위해 상고시대로부터 삼대진한(三代秦漢)시대에 이르기까지의 신선들 이야기를 모으고 그 사적을 설명한 책이다. 2권. 상권(上卷)에는 적송자(赤松子) 이하 40명, 하권에는 적수자(赤須子) 이하 30명을 다루고 있는데 그밖에 3명을 보완했다. 그 가운데는 여러 명의 여선(女仙)도 포함되어 있다.

《열선전》의 주요 내용

풍우(風雨)를 거느리고 오르내리는 선인(仙人)

적송자(赤松子) — 적송자는 수옥(水玉 : 水晶의 분말)을 복용하고 불속에 들어가 스스로 불탈 수 있었다. 자주 곤륜산(崑崙山)에 가서 서왕모(西王母)의 석실(石室)에서 머물렀고 비바람을 거느리며 오르내렸다.

적장자여(赤將子輿) — 적장자여는 오곡을 먹지 않고 단지 여러 풀의 꽃을 먹을 뿐이었는데 비바람을 거느리고 오르내릴 수 있었다.

불을 사용하는 선인

영봉자(甯封子) ── 영봉자는 황제(黃帝) 때 사람으로서 도기(陶器) 제조를 관장하였다. 한 신인(神人)이 찾아와서 부뚜막의 불 상태를 보는 일을 맡아했는데 오색의 연기가 피어오르게 되었다. 그는 그 방법을 영봉자에게도 전해주었다. 영봉자는 장작을 쌓아놓고 스스로 불을 지른 다음, 그 연기를 타고 오르내렸다. 불탄 재 속을 휘저어 보니 그의 뼈가 남아있었다.

소보(嘯父) ── 소보는 양모(梁母)라는 사람에게 불 때는 법을 가르쳤고, 산에 올라가 양모와 작별한 다음 수십 개의 횃불을 태우며 승천했다.

또 소보의 제자인 사문(師門)도 불을 사용하는 기술에 뛰어났으며 복숭아와 오얏의 꽃잎을 식용했다. 죽은 다음 비바람이 와서 데려갔는데 산의 수목들은 여전히 불타고 있었다.

도안공(陶安公) ── 도안공은 광물사(鑛物師)로서 간단없이 불을 다루고 있었다. 어느 때 불길이 타오르더니 보라색이 치솟았다. 그러자 한 마리 주작(朱雀)이 와서 화로가 하늘과 통했으므로 7월 칠석날에는 빨간 용(龍)이 맞으러 올 것이라고 예고했다. 당일이 되자 과연 빨간 용이 왔으며 도안공은 그것을 타고 승천했다.

방중술(房中術)과 선인

용성공(容成公) ── 용성공은 보도(補導 : 精을 취하여 陽을 보하는 방중술)에 정통하여 현빈(玄牝 : 여성)으로부터 정을 취하는 기술로, 머리칼이 하얗게 된 후에도 다시 검어졌으며 이가 빠진 후에도 다시 났다.

여궤(女几) ── 여궤는 시중에서 술을 파는 부인이었다. 한 선인이 자주 그녀의 가게에 와서 술을 마셨는데 술값으로 《소서(素書)》 5권을 놓고 갔다. 그 책은 남녀 교접술을 설명해 놓은 것이었다. 그녀는 은밀히 그 책의 요점을 베끼고, 방을 증축한 다음, 여러 젊은 남자들을 불러들이어 술을 마시게 하면서 이 책에 쓰여 있는대로 실험해 보았다.

이렇게 계속하기 30년 —. 그녀의 용모는 다시 젊어져서 20세 정도로 보이는 것이었다. 몇년 후, 먼저 왔던 선인이 다시 와서 그녀를 나무랐다. 그녀는 가게를 집어치우고 선인의 뒤를 추적했는데 그후로 그녀의 행방은 묘연해졌다.

용을 타는 선인

황제(黃帝) — 황제는 수산(首山)의 동(銅)을 채취하여 형산(荊山) 마루에서 정(鼎)을 제조했다. 정이 완성되자 용 한 마리가 수염을 늘어뜨리고 내려왔는데 황제는 그것을 타고 승천했다. 신하들은 모두 용의 수염을 붙잡고, 황제의 활에 매달리어 함께 승천하려고 했던바, 용의 수염이 빠지면서 활도 떨어지는 바람에 신하들은 따라갈 수가 없었다. 그들은 황제를 바라보며 울부짖었다. 후세에 그 활을 오호(烏號 : 嗚呼라면서 울부짖었다는 의미)라고 이름지었다 한다.

마사황(馬師皇) — 마사황은 말을 고치는, 말하자면 수의사였다. 어느 때 용 한 마리가 내려오더니 귀를 늘어뜨리고 입을 벌렸다. 마사황은 그 용이 병들었다는 것을 알고 입술 밑에 침을 놓아주는 한편 입에는 감초탕(甘草湯)을 흘려넣었다. 용은 금방 병이 나았다. 그후에도 병에 걸릴 때마다 치료해 달라고 찾아왔다. 그런 일이 여러 번 있은 다음 마사황은 용을 타고 모습을 감추었다.

기룡명(騎龍鳴) — 기룡명은 용 새끼 10여 마리를 기르고 있었는데 그 용들이 자라나면서 차츰 떠나가 버렸다. 어느 날 그는 용을 타고 나타나서 홍수가 날 것을 예언했다. 사람들은 미친 소리라며 믿지 않았는데 과연 홍수가 났고 사망자가 1만 명에 이르렀다.

봉황을 타는 선인

소사(蕭史) ── 진(秦)나라 목공(穆公) 때 통소를 잘 부는 소사가 있었는데 그는 공작과 백학 등을 뜰에 불러모을 수가 있었다. 목공의 공주 농옥(弄玉)이 그의 아내가 되었다. 소사는 농옥에게 봉황 울음 소리를 가르쳤는데 몇년이 지나자 농옥은 봉황 소리를 흉내낼 수 있게 되었다.

목공이 소사와 농옥을 위해 봉대(鳳臺)를 지어주자 부부는 그 위에서 살았는데 몇년이 지나도 그곳에서 내려오지 않았다. 그리고 어느 날, 두 사람은 모두 봉황을 타고 사라져 버렸다.

백학을 타는 선인

왕자교(王子喬) ── 왕자교는 주(周)나라 영왕(靈王)의 태자로서 생(笙)을 잘 불었다. 그는 한 도사를 따라 하남(河南) 숭산(嵩山)으로 갔고, 30여년 뒤에야 친구 앞에 다시 나타나서 전언하는 것이었다. 7월 칠석날 후씨산(緱氏山) 정상에서 기다리고 있노라니 과연 백학을 타고 산 정상으로 내려왔으며 손을 들어 사람들에게 작별을 고했는데 며칠이 지나자 어디론가 날아가 버렸다.

잉어를 타는 선인

금고(琴高) ── 금고는 물속에 들어가 용 새끼를 건져오겠다는 말을 남기는 한편 또 제자들에게는 당일에 목욕재계한 다음 강가에서 기다리라고 명했다. 기일이 되자 빨간 잉어를 타고 제사장(祭祀場)에 나타났다.

자영(子英) ── 자영은 빨간 잉어를 잡아 가지고 와서 연못에 넣고 쌀알을 주어 길렀다. 잉어가 자라나서 몸길이가 1장(丈) 남짓 되더니 마침내 뿔이 나고 날개도 가지게 되었다. 자영은 이 잉어 등에 타고 호우(豪雨) 속에서 하늘 높이 올라갔다.

《열선전》 해설

불로장수를 하기 위해 불사약을 구하고자 안간힘을 썼던 진시황(秦始皇)의 시대를 이어받은 한(漢)나라에서도 신선방술(神仙方術)의 설이 유행했는데, 특히 무제(武帝) 때 전성기를 이룬다. 《열선전》의 저자로 전해오는 유향(劉向)은 이 무제의 다음 대인 소제(昭帝) 대에 태어나 선제(宣帝)·원제(元帝)·성제(成帝)·애제(哀帝) 등 4대를 섬기면서 장장 30여년 동안이나 대부(大夫) 자리에 있었던 사람이다.

왕실인데다가 대대로 명문이며 유향 자신도 왕실에 소장되어 있던 전적(典籍)을 이용할 수 있는 지위에 있었는데 그의 저서로는 《열녀전(列女傳)》《신서(新序)》《설원(說苑)》 등이 전해온다. 이 《열선전》도 그의 저서라고 했었는데 확실한 증거는 없고, 또한 본문에 나타나는 지명·인명에도 유향이 세상을 떠난 다음, 1백 년 이상이나 후대인 후한시대(後漢時代)의 것도 있으므로, 후세인의 위작이든가 가필(加筆)로 보인다.

그러나 이 책에 뒤이어서 만들어진 진(晉)나라 갈홍(葛弘)의 《신선전(神仙傳)》이라든가 《포박자(抱朴子)》에도 인용되어 있고 또한 '유향이 찬한 것도 70여인'이라고 명기되어 있으므로, 도가(道家)에서는 유향의 작(作)으로 믿고 있는 듯하다.

이 《열선전》에서 다루고 있는 선인(仙人)의 총수는 70명이다. 원래는 공자(孔子)의 제자 72명을 따라 72명이었을 것으로 생각되는데 부족되는 두 명의 이름은 분명치 않다.

이 70명 중에는 황제(黃帝)·노자(老子)·팽조(彭祖)·용성공(容

成公)과 같은 이른바 황로사상(黃老思想)이라든가 방중술의 원조로 일컬어지는 옛 선인들 외에 여상(呂尙)·개자추(介子推)·범려(范蠡)·동방삭(東方朔)·구익부인(鉤翼夫人) 등 사서(史書)에 그 이름이 있는 실존인물도 포함되어 있어서 '선인'이 공상상의 존재만은 아니었음을 나타내고 있다.

산해경(山海經)

각 지방 산악의 인면수신(人面獸身)의 신(神)들과 그 제사법, 산물을 기록한 고대의 지리서로 기원전 6년경에 이루어진 책이다.

《산해경》은 전 18편. 그 구성은 하남 낙양(洛陽)을 중심으로 하는 오악산경(五嶽山經)으로부터 시작하여 해외경(海外經)·해내경(海內經)·대황경(大荒經) 등 밖으로 펼쳐지다가 최후가 다시 해내경으로 끝난다. 기록의 순서도 남서동북(南西東北) 또는 동남서북 오른쪽으로 돌아간다. 글은 간고(簡古)하고 난해하다. 진(晋)나라 곽박(郭璞)이 주(注)와 서(序)를 덧붙이어 오늘날까지 전한다.

《산해경》의 주요 내용

사람처럼 달리는 성성(猩猩)

남산경(南山經) 첫머리는 작산(鵲山)이라고 하는데 그 머리를 초요지산(招搖之山)이라고 한다. 서해(西海) 가에 있으며 계수나무가 많고 금과 옥이 많다. 풀이 있다. 그 모양은 부추와 같고 빨간 꽃이 피는데 그 이름을 축여(祝餘)라고 하며 그것을 먹으면 배가 고프지 않다.

나무가 있다. 그 모양은 닥나무(종이를 만드는 원료로 쓰이는 나무)와 같고 검은 줄무늬가 있으며 그 이름을 미곡(迷穀)이라 하는데 이것을 두르면 미혹당하지 않는다. 짐승이 있다. 그 모양은 긴꼬리원숭이와 같으며 하얀 귀가 있는데 엎드려서 가며 사람처럼 달린다. 그 이름을 성성(猩猩)이라고 하는데 이것을 잡아 먹으면 잘 달릴 수 있다. (제1, 南山經)

오색의 봉황(鳳凰)

남쪽 길 삼경(三經)의 처음은 천우지산(天虞之山)이라고 한다.…… 또 동쪽으로 5백 리, 단혈지산(丹穴之山)이 있다. 그 위에는 금과 옥이 많은데 단수(丹水)가 이곳에서 흘러나와 남쪽으로 흐르고 발해로 들어간다. 또 새가 있는데 그 모양은 닭과 같고 오채(五采) 무늬가 있으며 이름을 봉황이라고 한다. 머리의 무늬는 덕(德)이라 하고 날개의 무늬는 의(義)라 하며 등의 무늬는 예(禮)라 하고 가슴 무늬는 인(仁)이라 하며 배의 무늬는 신(信)이라고 한다. 이 새는 음식을 마음대로 먹고 스스로 노래부르고 춤을 춘다. 이 새가 출현하면 천하가 안태하다.(제1, 南山經)

산신(山神)의 제사법

대략 서경(西經)의 처음, 전래지산(錢來之山)으로부터 귀산(騩山)에 이르기까지 19산, 2천9백57리 ─. 화산(華山)은 총(冢 : 제사를 지내는 산꼭대기)이며 그 제사의 예(禮)는 태뢰(太牢 : 소·양·돼지)이다. 유산(羭山)은 신(神 : 次位의 제사 장소)으로서 이를 제사지내는 데는 화톳불을 쓰고 재계하기 백 일, 백 가지 산 제물을 가지고 하며 백 개의 유(瑜 : 美玉)를 사용하고 백 통의 술을 데우며 백 개의 규(珪), 백 개의 벽(璧)을 꿴다. 그밖의 17산은 모두 산 제물로 한 마리의 양을 가지고 제사지낸다. 촉(燭)은 백초(百草)의 불타지 않은 것, 돗자리는 오색으로서 가장자리를 하얗게 두른 것을 사용한다.(제2, 西北經)

바다를 메우는 정위조(精衛鳥)

또 북으로 2백 리, 그곳에 있는 산을 발구지산(發鳩之山)이라고 한다. 그 위에는 산뽕나무가 많고, 새가 있는데, 그 모양은 보통 새와 같고, 무늬가 있는 머리, 하얀 부리, 빨간 다리가 있다. 이름하여 정위(精衛)라고 하는데 그 울음소리는 자기 스스로 이름을 부른다.

이것은 염제(炎帝)의 막내딸로서 이름은 여와(女娃)라고 한다. 여와는 동해에서 놀다가 빠진 후로 돌아오지 못했으며, 그리하여 정위(精衛)가 되어 항상 서산의 나무와 돌을 물어다가 동해를 메우고 있는 것이다.(제3, 北山經)

비익(比翼)의 새

해외로서 서남쪽 귀퉁이에서 동남쪽 귀퉁이에 이르는 것. 결흉국(結匈國)은 그 서남쪽에 있으며 그곳 사람들은 가슴이 앞으로 튀어나와 있다. 남산은 그 동남쪽에 있고 이 산에서는 벌레를 뱀이라 부르고 뱀을 물고기라고 부른다. 비익조는 그 동쪽에 있으며 이 새는 파랑과 빨간색으로서 두 마리의 새가 날개를 나란히 하고 난다. 남산 동쪽에 있다고도 한다.(제6, 海外南經)

목이 없는 형천(形天)의 춤

기굉국(奇肱國)은 그 북쪽에 있다. 그곳 사람은 팔꿈치가 하나이고 눈이 세 개로서 음(陰)과 양(陽)이 있으며 무늬가 있는 말을 탄다. 새가 있는데 양 머리가 빨갛고 노란 것이 그 옆에 있다.

형천(形天)과 제(帝)가 이곳에까지 와서 싸웠는데 제가 그(形天의) 머리를 베고 이것을 상양산(常羊山)에 묻었다. 이리하여 젖이 눈처럼 되고 배꼽이 입처럼 된 다음 방패와 큰 도끼를 들고 춤을 추었다.(제7, 海外西經)

해를 쫓아가던 과보(夸父)

과보는 해 그림자와 경주하며 지는 해를 쫓아가다가 갈증이 생기어 물을 마시고 싶게 되었다. 그래서 황하(黃河)와 위수(渭水)를 마셨는데 그것만으로는 모자라서 북쪽의 큰 늪을 마시려고 했는데 아직 그곳에 도착도 하기 전에 목이 말라서 죽고 말았다. 그가 버린 지팡이가 변하여 등림(鄧林)이 되었다.(제8, 海外北經)

부상(扶桑)과 10개의 태양

흑치국(黑齒國)은 그 북쪽에 있으며 사람들은 이가 검고, 벼를 먹으며 뱀을 먹는다. 하나는 빨갛고 하나는 파란 것이 그 옆에 있다. 그 아래에 뜨거운 물의 골짜기가 있고 그 골짜기 위에 부상(扶桑 : 神木의 이름)이 있는데 10개의 태양이 그곳에서 목욕을 한다. 이것은 흑치국 북쪽에 있다. 물속에 큰 나무가 있는데 9개의 태양이 나무 아랫가지에 있고 1개의 태양이 윗가지에 있다.(제9, 海外東經)

곤륜(崑崙)의 언덕

해내의 곤륜 언덕은 서북쪽에 있는데 제(帝)의 하계(下界) 도읍이다. 곤륜의 언덕은 사방 8백 리, 높이가 1만 인(仞)이다. 위에 목화(木禾 : 곡류)가 있고 길이는 5심(尋)이며 크기는 5위(圍)이다. 위에 9개의 우물이 있으며 옥(玉)으로 울타리를 만들었다. 위에 9개의 문이 있고 문에는 개명수(開明獸)가 있어서 이것을 지킨다. 이곳이 백신(百神)이 있는 곳이다.(제11, 海內西經)

왜(倭)·조선(朝鮮)·열고야(列姑射)·봉래산(蓬萊山)

개국(蓋國)은 큰 연(燕)나라 남쪽 왜(倭 : 일본)의 북쪽에 있으며, 왜는 연(燕)에 속한다. 조선은 열양(列陽)의 동쪽 바다, 북산(北山)의 남쪽에 있는데 열양은 연에 속한다.
 열고야(列姑射)는 바다의 중주(中洲)에 있다. 야고국(射姑國)은 바다 가운데 있으며 열고야에 속하며 서남쪽을 산이 둘러싸고 있다.…… 봉래산은 바다 가운데에 있으며 대인(大人)의 시 [海市 : 즉 신기루]는 바다 가운데에 있다.(제12, 海內北經)

치우(蚩尤)와 한발(旱魃)

계곤산(係昆山)이란 산이 있다. 공공(共工)의 대(臺)가 있으며 활을 쏘는 자도 감히 불꽃을 향하지 않는다. 파란 옷을 입은 사람이 있는데 황제(黃帝)의 딸인 발(魃)이라고 한다. 치우가 무기를 만들더니 황제를 공격했다.
 그래서 황제는 응룡(應龍)을 시키어 그를 기주(冀州 : 중원의 땅) 들에서 치게 했다. 응룡은 물을 저장해 두었는데 치우는 풍백(風伯)과 우사(雨師)에게 당부하여 비바람을 크게 일으키도록 했다. 황제는 천녀인 발을 내려보냈던바, 비는 그치고 치우는 마침내 붙잡히어 죽음을 당했다. 발은 하늘로 돌아올 수 없게 되었는데 그가 있는 곳에는 비가 내리지 않게 되었다. 그래서 숙균(叔均)이 이 사실을 황제에게 주상했다.
 황제는 그를 적수(赤水) 북쪽에 살도록 명했다. 숙균은 논의 조상이 되었다. 발이 때마침 도망을 쳤는데 발을 구축(驅逐)하고 싶을 때면 '신(神)이여, 북으로 가라'고 말하게 했는데 우선 수로(水路)를 정비하여 물이 잘 흐르게 하였다.(제17, 大荒北經)

《산해경》 해설

본서(本書) 18편 가운데 처음의 5편은 오장산경(五藏山經)이라 칭하고, 분량도 전서(全書)의 과반(過半)을 차지한다. 그 기록에는 정형

(定型)이 있어서, 예컨대 '남산경(南山經)의 처음은 작산(鵲山)이라고 한다' '남산경의 둘째 경 처음은 거산(柜山)이라고 한다' '남산의 셋째 경 처음은 천우산(天虞山)이라고 한다' 등등으로 산맥과 산악의 이름을 들고, 그곳에서 생산되는 동물이라든가 광물의 이름, 형상 등을 늘어놓고 있다.

그 일절의 끝에는 산악의 수, 산맥 전체의 이수(里數), 산신(山神)의 형태, 제물 및 제사 방법을 부기하고 있다. 산지(山志)·신기지(神祇志)·물산지(物産志)의 체재이다.

그런데 제6의 해외내경(海外內經) 이하로 내려오면 기록이 일변하여 가슴이 돌출된 사람이 사는 결흉국(結匈國)이라든가, 가슴에 구멍이 뚫린 관흉국(貫匈國) 등등의 기괴한 나라들을 열거한다. 또 대황동경(大荒東經) 이하의 5편에서는 여러 인면수신(人面獸身)의 신(神)들과 그 신화를 기록하고 있다.

이런 기록들과 문체의 상위에서 보더라도 이 책은 한 사람의 손에 의해 쓰여진 것이 아니고, 또 저작연대에도 신구(新舊)의 차이가 있음을 알 수 있다. 작자는 구설(舊說)에서는 하(夏)나라 우왕(禹王)과 그의 신하인 익(益)이라고 했는데, 학자들의 연구에 의하면 오장산경이 가장 오래되어 주대(周代) 전국(戰國) 이전의 것이고, 해외경 이하는 그후인 전국시대, 진한시대(秦漢時代)의 것이라고 한다.

이 책에는 원래 옛그림이 있었다는데 그것은 진(晉)나라 때 시인인 도연명(陶淵明)의 시에, '산해의 그림을 유관(流觀)한다'는 구절이 있는 것으로도 짐작이 간다. 단, 현대판의 그림은 후인이 그린 것으로서 아주 기괴한 귀신·이인(異人)·조수(鳥獸)·어류 등의 그림인데 이런 기괴성이야말로 고대 종교 그 자체였음은 근년 장사마왕퇴(長沙馬王堆)에서 발견된 한(漢)나라 초기의 고화(古畵)에서도 엿볼 수 있다. 어쨌든 중국 고대 신화의 보고(寶庫)가 바로 이《산해경》이다.

兵法書
병법서
● ● ●

孫子　　손자
吳子　　오자
孫臏兵法　손빈병법
尉繚子　위료자

손자(孫子)

'싸우지 않고 승리하라' '약함을 가지고 강함을 이기라' 등을 이상으로 치는 병가의 원류(源流)로 기원전 480년 경에 이루어졌다고 하는 병법서이다.

《손자》란 '손선생(孫先生)'이란 의미이다. 중국의 여러 고전들과 마찬가지로 그것이 제목이 된 것이다. 현존하는 것은 6천 수백 자(字), 〈시계편(始計篇)〉에서 시작하여 〈용간편(用間篇)〉까지 13편으로 나뉘어져 있으며 각편 공히 '손자왈(孫子曰)'로 시작된다. 즉 손자의 말을 집록한 형태로 되어 있다.

《손자》의 주요 내용

시계편(始計篇)

── 《손자》의 서두에 있는 것이 〈시계편〉이다. 전쟁을 시작함에 있어 그 원칙을 제시하는 총론이라고도 할 수 있는데 '전쟁은 나라의 중대한 일이다(兵者國之大事)'란 유명한 구절로 시작되며 전략·전술에 관한 기본적 사고방식을 설명하고 있다.

병자국지대사(兵者國之大事)

전쟁은 나라의 중대한 일이다. 그것은 백성들의 생사, 국가의 존망에 관계되는 일이니, 모든 면에 대하여 신중한 검토가 가해지지 않으면 안된다.

대저 전쟁에 있어서는 다음 다섯 가지의 기본적인 조건이 있다.

'도(道)'란, 방침이며 올바른 방침이 있을 때라야 백성의 의지와 위정자의 의지가 일치되며 백성들은 어떤 위험도 두려워하지 않고 군주와 생사를 함께 하는 법이다.

'천(天)'이란 기후·계절·시기 등, 요컨대 시기(時機)이다.

'지(地)'란 거리·험준함·광협(廣狹)·고저(高低) 등 다시 말해서 놓여져 있는 상황이다.

'장(將)'이란 지모·신의·인애·용기·위엄 등의 덕성(德性)을 갖춘 지휘관을 가리킴이다.

'법(法)'이란 군대의 편성·규율·장비 등이다.

이상 다섯 가지의 기본은 장수된 자로서 간과할 수 없는 것들이며 이것을 분명하게 하는 것이 승리의 제일보이다.

다음으로 적군과 아군의 전력을 비교 분석하여 그 우열을 정하는 일곱 가지 기준이 있다.

1. 적군과 아군의 군주는 어느 쪽이 올바른 방침을 가지고 있는가.
2. 장수의 능력은 어느 쪽이 나은가.
3. 천시(天時)와 지리(地理)는 어느 쪽이 유리한가.
4. 법은 어느 쪽이 잘 지켜지고 있는가.
5. 병사는 어느 쪽이 강한가.
6. 부대의 훈련은 어느 쪽이 더 충실한가.
7. 상벌은 어느 쪽이 엄정한가.

(원문 중 兵이란 글자는 전쟁·병법·군대 등등 여러 가지 의미로 사용되고 있다)

병자궤도야(兵者詭道也)

병법이란 적군을 속이는 것이다란 의미이다.

예를 들면 가능하건만 불가능한 것처럼 행동하고, 필요한데도 불필요한 것처럼 보이게 한다. 멀리 가는 척하면서 가까이 다가가고, 가까이 가는 척하면서 멀리 후퇴한다. 유리하게 판단토록 하여 유인해 내고 혼란시킨 다음 격퇴한다. 적이 충실할 때에는 물러나서 태세를 갖추고 적이 강력할 때는 정면충돌을 피한다. 또 적을 격앙케 하여 소모하도록 만들고 저자세로 나가서 기고만장하게 만든다.

적이 안정되어 있으면 일을 꾸미어 그들을 피로하게 만들고 단결해 있는 적은 이간을 붙인다. 적의 약점을 파고들며 적의 방심한 때를 불의에 공격한다.

이런 것들이 전술의 요체인데 상황의 변화에 따라 운용해야 하며 사전에 고정관념을 가져서는 안된다.

다산승 소산불승(多算勝 小算不勝)

전술은 상황에 따라 변화시켜야 하는데 전쟁 전반의 대국적인 예측(전략)은 사전에 충분히 세워져 있지 않으면 안된다. 사전의 승산이 많은 쪽이 이기고 승산이 적은 쪽은 이기기 어려움은 두말할 나위도 없는데 그런 예측이 서있지도 않은 상태에서 싸운다는 것은 논외(論外)이다.

이런 관점에 서서 본다면 승패는 싸우지 않고도 분명해진다.

군형편(軍形篇)

──군의 형태, 즉 싸우는 체재에 대하여 논하고 있다. 적의 힘이 제아무리 크다라도 이쪽의 체제를 어떻게 갖추어야 하느냐에 따라서 우위(優位)를 차지할 수 있는 것이다.

선위불가승(先爲不可勝)

전쟁을 잘하는 사람은 먼저 적군이 아군을 이길 수 없도록 체재를 갖추고 적군의 체재가 문란해지기를 기다린다. 이쪽이 만전을 기하고 있으면 적은 공격을 하고자 해도 공격할 수가 없으며, 반대로 적군이 틈새를 보이면 이쪽에서 공세로 전환할 수 있기 때문이다.

따라서 전쟁을 잘하는 자는 적군의 체재가 만전한 상태이고 틈새를 안보일 때는 아군도 체재를 정비하여 만전을 기하고 있을 뿐 무리하게 공세로 나가지 아니한다. 아군의 체재가 유리하더라도 그것만으로 승리가 보장되는 것은 아니다.

대저 공격과 방어는 표리(表裏)관계에 있다. 방어는 적군이 공격해 올 빌미를 주지 않는 것이며, 공격은 적군의 틈새를 보아 공세를 취하는 것이다. 방어체재를 갖추는 것은 아군이 열세인 경우이며 공격으로 나가는 것은 아군이 우세한 경우이다.

전쟁을 잘하는 사람은 아군이 열세인 때는 교묘하게 몸을 숨기어 적군이 쳐들어올 여지를 주지 않고, 아군이 우세한 때는 번개같이 공세로 나가 적군을 쳐부순다. 이렇게 해서 아군의 손해없이 완전한 승리를 거두는 것이다.

승이승자야(勝易勝者也)

누가 보더라도 알 수 있는 승전법은 뛰어난 승전법이라고 할 수 없다. 세상 사람들이 잘했다고 칭찬하는 승전법은 최선의 방법이 아니다.

전쟁을 잘하는 사람은 먼저 승리할 수 있는 체재를 만들고 난 다음에 쉽게 이긴다(勝易勝者也). 따라서 이기더라도 그 지모는 사람들 눈에 띄지 않으며 그 용감성을 칭찬하는 자도 없다. 그만큼 확실한 방법으로 이기는 것이다. 싸우기 전부터 패하고 있는 적을 상대하는 것이므로 승전하는 것은 당연한 일이다.

불패의 체재를 만들어 놓은 다음에 적의 틈새를 친다. 이것이 전쟁을 잘하는 사람이다. 즉 승자는 먼저 승리의 체재를 갖춘 연후에 전쟁을 시작하며, 패자는 전쟁을 시작한 다음에 이기려고 하는 것이다.

적수어천인지계(積水於千仞之谿)

전쟁을 잘하는 사람은 방침을 명확히 하고 체재를 갖춘다. 체재를 갖추는 데는 첫째로 국토의 크기, 둘째로 자원, 셋째로 인구, 넷째로 군사력, 그리고 다섯째가 승패이다. 국토가 자원을 낳고 자원이 인구를 좌우하며 인구가 군사력의 기반이 되고 군사력에 의해 승패가 결정된다.

피아간의 역량의 차이가 일(鎰 : 무게의 단위)을 가지고 주(銖 : 鎰의 5백분지 1)에 맞서는 것이라면 반드시 이기되, 반대로 주를 가지고 일에 맞서는 것이라면 반드시 패한다.

그러나 이 역량도 결코 고정된 것은 아니고 가득 차있는 물길을 잘라서 골짜기에 떨어뜨리는 것처럼, 축척되어 있는 역량을 최대한으로 발휘토록 할 것이다. 체재를 갖춘다는 것은 실로 이런 의미이다.

병세편(兵勢篇)

── 체재만 갖춘다고 해서 되는 일은 아니다. 그것을 잘 움직여 나가야 하는데 이것이 병세편의 요체이다. '정(靜)'을 '동(動)'으로 '형(形)'을 '세(勢)'로 하는 방법을 설명하고 있다.

이정합 이기승(以正合 以奇勝)

수많은 병사를 소수의 인원처럼 관리하려면 몇몇 집단으로 나누어야 한다. 수많은 병사를 소수의 인원처럼 일체가 되어 싸우게 하려면 지휘계통을 확립해야 한다. 또 적군이 어떤 방법으로 출몰하더라도 패하지 않기 위해서는 변환자재의 전술을 사용할 일이다.

돌로 달걀을 부수는 것처럼 수월하게 이기기 위해서는 충실한 전력으로 허술한 적을 공격할 일이다.

이처럼 기본과 운용, 정공법(正攻法)과 기책(奇策), 실(實)과 허(虛)의 조화를 이루는 전술을 고려하지 않으면 안된다.

기본은 정공법이며 실(實)인데 그 운용에 있어서는 기책이라든가 허실(虛實)의 대응에 마음쓸 일이다(以正合 以奇勝). 변환자재의 전술은 천지(天地)와 마찬가지로 그 끝이 없고 대하(大河)의 흐름처럼 막히는 법이 없다. 일월(日月)처럼 사라졌다가는 다시 생겨나며 사계절과 마찬가지로 떠났다가는 다시 찾아오는 것이다.

응용에 의해 전술의 변화는 무한하다. 예컨대 색채의 기본은 청·적·황·백·흑의 다섯 가지에 지나지 않지만 이것을 여러 가지로 짜맞추면 무한한 변화가 생기는 법이다. 또 맛의 기본은 신(辛)·산(酸)·함(鹹)·감(甘)·고(苦) 등 다섯 가지에 지나지 않지만 이것을 두루두루 섞으면 헤아릴 수 없는 맛의 변화가 생기게 마련이다.

이와 마찬가지로 싸우는 방법의 기본은 정공법과 기책만이 있을 뿐이지만 그 변화는 무한하다. 정(正)은 기(奇)를 낳고 기는 정이 되어 마치 원(圓)처럼 막히는 법이 없다.

구지어세(求之於勢) 불책어인(不責於人)

돌은 물속에 가라앉지만 격류가 돌을 떠내려가게 하는 것은 흐름에 세(勢)가 있기 때문이다. 맹금(猛禽)이 큰 먹이감을 일격에 나꿔채는 것은 응집된 힘을 일거에 방출하기 때문이다.

전쟁을 잘하는 방법도 이와 마찬가지이다. 격렬한 세로 단기간에 힘을 집중하는 것이다. 팽팽하게 당긴 활의 힘이 세이며 그 활줄을 놓앉을 때 화살은 그 힘을 일거에 집중시킨다.

전투의 경과는 항상 유동성이 있어서 예단(豫斷)을 허용치 않는다. 그런 와중에서 용자(勇者)가 겁쟁이가 된다든가 겁쟁이가 용자가 되기도 하고, 강(強)과 약(弱)이 전화(轉化)되기 쉽다. 그 경우 용겁(勇怯), 강약을 좌우하는 것은 세의 힘이며 힘을 집중하느냐 안하느냐에 달려 있다.

전쟁을 잘하는 사람은 승패의 요인을 세의 작용에서 구할 뿐, 병사 개개인의 능력에서 구하지 않는 법이다(求之於勢, 不責於人). 즉 개개인의 병사보다도 오히려 군 전체의 세를 중시하는 법이다. 세를 타면 비탈길을 구르는 통나무나 돌처럼 막을 수 없는 힘을 발휘한다. 이것이 세라는 것이다.

기타 편의 대요

작전편(作戰篇)

단기전(短期戰)이 이상적이란 점을 강조하고 있다. 즉 전쟁으로 인한 희생의 어마어마한 점을 생각한다면 '교지(巧遲)'보다도 '졸속(拙速)'을 원칙으로 해야 한다고 주장한다.

그러기 위해서는 사전에 충분한 준비, 적으로부터 탈취하는 보급작전, 전의(戰意) 앙양의 수단 등을 강구하여, 최소의 출혈로 최대의 효과를 올리지 않으면 안된다.

모공편(謀攻篇)

싸우지 않고 이기는 것이 최고이며, 그러기 위해서는 모(謀)를 쓰라고 설명한다. 모란 단순한 잔재주가 아니라 그 기본은 피아간의 실태를 깊이 인식하는 것이라고 주장한다.

허실편(虛實篇)

아군의 충실한 힘으로 상대방의 허점을 찌르면 강대한 적이라도 무찌를 수가 있다. 그러기 위해서는 ① 상대방의 힘을 역으로 이용하여 주도권을 잡을 것. ② 아군은 집중하고 적군은 분산시킬 것. ③ 물처럼 변화하는 유동성과 기동성을 가질 것을 강조하고 있다.

군쟁편(軍爭篇)

군쟁, 즉 전투하는 마음가짐을 설명하고 있다. 〈시계편(始計篇)〉에서 설명한 '궤도(詭道)'와 함께 넓은 의미의 진퇴(進退)가 설명되어 있다. 또 정(正)과 기(奇), 정(靜)과 동(動)의 운용법, 무형의 전력 활용법도 제시하고 있다.

구변편(九變篇)

공격을 함에 있어 주의해야 할 9가지의 변법(變法)을 논한다. 예컨대 '도망가는 적은 추격하고 싶겠지만 너무 깊숙이까지 추격해서는 안 된다'라든가, '적을 포위할 때는 완전히 에워싸지 말고 도망갈 길을 터 주라'는 등의 유(類)이다.

행군편(行軍篇)

좁은 의미의 행군이 아니라 군사를 이끌고 전쟁터로 가는 경우의 마음가짐을 논하고 있다. 부대 배치의 원칙, 적 상황의 찰지(察知) 등이 구체적으로 제시되어 있다.

지형편(地形篇)

이 편은 그 편명(篇名)과 내용이 일치되지는 않는다. 즉 지형의 분류로부터 시작하고는 있지만 주로 장수의 마음가짐에 대해서 논하고 있다.

구지편(九地篇)
적과 아군에게 놓여져 있는 상황을 9가지의 경우로 분류하고 각각 그것에 대응하는 법[九地法]을 들고 있다. 특히, 나아가서 사지(死地)에 몸을 두고 필사적 각오로 임함으로써 전력이 발휘된다는 심오성을 강조하고 있다.

화공편(火攻篇)
화공의 원칙과 방법을 제시하고 있다. 그리고, 후반부에서는 별개의 독립된 장(章)처럼, 명군(名君)·양장(良將)의 도(道)를 설파하고 있다.

용간편(用間篇)
간첩을 쓴다는 의미이다. 간첩이란 두말할 것도 없이 정보활동을 가리킴이다. 병법의 기본인 '적을 알기' 위해 비용을 아끼지 말아야 함부터 설명하기 시작하여 용간의 조직, 기본원칙, 마음가짐 등을 설명한다.

《손자》의 명언집

지피지기 백전불태(知彼知己 百戰不殆)
'일방적인 판단이 아닌, 피아간의 실정을 객관적으로 인식하고 싸우지 않으면 성공할 수 없다'란 의미로서, 전쟁뿐만 아니라 일상의 일, 인간관계에서도 사용되고 있는 이 말은 〈모공편(謀攻篇)〉이 그 출전이다. 이 말을 지피지기 백전백승(知彼知己 百戰百勝)이라고 흔히들 쓰는데 이런 구절은 《손자》에는 있지 않다.

그야 어찌 되었든, 표제의 말 다음에는 '상대방의 사정은 알지 못하고 아군의 사정만 안다면 한번 이기고 한번 패한다(不知彼而知己 一勝一負)'라 했고, 다시 이어서 '상대방의 사정도 모르고 아군의 사정도 모르면 싸울 때마다 반드시 위태롭다(不知彼不知己 每戰必殆)'라고 하였다.

우직지계(迂直之計)

급할수록 돌아가라는 전략이다. '우(迂)'는 돌아가는 길이다. 〈군쟁편(軍爭篇)〉에 '돌아감으로써 도리어 직행하는 것보다 앞지르다(以迂爲直)'라 하였고 이것이 곧 '우직지계'라고 했다.

기질여풍(其疾如風) 기서여림(其徐如林)

'질풍과 같이 행동하는가 하면 숲처럼 조용해진다'는 의미로 전술의 방법을 설명한 말이다. 이 말에 이어 '열화와 같은 세로 습격하는가 하면 태산처럼 미동도 하지 않는다(侵掠如火 不動如山)'라고 논했다. 〈군쟁편(軍爭篇)〉에 있는 말이다. 즉 한 가지 상태에 고정되는 일 없이 정(靜)과 동(動), 정(正)과 기(奇)라는 식으로 변환자재, 상황에 따른 변화의 필요성을 강조한 말이다.

무시기불래(無恃其不來) 시오유이대(恃吾有以待)

직역하면 '적이 오지 않을 것을 믿지 말고, 나에게 적이 올 것을 기다리며 대비하라'란 뜻이며 〈구변편(九變篇)〉에 있는 말이다. 대저 인간이란 자기에게 유리하도록 매사를 생각하기 쉽다. 《손자》는 그 위험성을 지적하면서, 불확정적인 요소를 기초로 하지 말고, 어떤 사태에도 즉응할 수 있도록 대비할 것을 강조하고 있다.

오월동주(吳越同舟)

오늘날에는 원수지간, 또는 서먹한 사이인 사람이 한자리에 있는 것을 '오월동주'라고 하는데 본디는 《손자》〈구지편(九地篇)〉에 '오나라와 월나라는 견원지간(犬猿之間)이지만 이 두 나라 사람들이 같은 배에 타고 있다가 태풍을 만나면 배가 가라앉지 못하도록 하기 위하여 서로 도울 것이다. 이처럼 병사들을 궁지에 몰아넣음으로써 결속시키어 큰 전투력을 발휘시킬 수 있는 것이다'라고 했는데 이것이 '오월동주'의 어원이다.

시여처녀(始如處女) 종여탈토(終如脫兎)

'처음에는 처녀처럼 머뭇거리면 상대방은 안심하게 마련이다. 그러다가 나중에는 토끼가 도망치듯 격한 세로 몰아붙이면 상대방은 도망칠 여유도 없을 것이다'라며 전술에 대해서 설명한 말로 〈구지편(九地篇)〉에 있는 말이다.

지장무식어적(智將務食於敵)

'지모가 뛰어난 무장은 적으로부터 군수물자의 보급을 받는다'는 의미로 〈작전편(作戰篇)〉에 있는 말이다. 먼 거리에까지 본국에서 군수물자를 모두 수송해 오기보다는 적군의 것을 탈취하는 편이 효율적임은 두말할 나위도 없다. 또 이런 작전이라면 적군의 장비가 완벽하면 할수록 아군에게 있어서는 도리어 유리하다고 할 수 있다.

백전백승비선지선자(百戰百勝非善之善者)

전쟁은 싸우지 않고 이기는 것이 최고(善之善者)이다. 즉 외교적 수단에 의해, 혹은 모략에 의해 전화(戰火)를 일으키는 일 없이 적을 굴복시키는 것을 이상적인 일로 보았다. 따라서 백 번 싸워 백 번 이겼다(百戰百勝) 하더라도 그것은 자랑할 것이 못된다. 아군에게도 응분의 피해가 있게 마련이니 말이다. 따라서 백 번 싸워 백 번을 이긴다는 것은 최고의 전술이 못된다고 했는데 이 말은 〈모공편(謀攻篇)〉에 있는 말이다.

치인이불치어인(致人而不致於人)

직역하면 '남을 조종하되 남에게 조종받지 않는다'란 의미의 이 말은 〈허실편(虛實篇)〉에 있다. 즉 전쟁을 잘하는 사람은 상대방을 좌지우지하되 남에게 조종받지 않는다는 의미로 쓰였다. 주도권의 중요함을 강조한 말이다. 비록 이쪽이 열세라 하더라도 상대방의 허점을 노리면 주도권을 장악할 수 있다는 이 사고방식은 게릴라전의 기본이 되어 있다.

반간(反間)

'반간고육지계(反間苦肉之計)' 등으로 사용되는 이 '반간'도 《손자》〈용간편(用間篇)〉이 그 출전이다. 적의 간첩을 이용하여 역으로 아군의 간첩으로 쓰는 전술이다.

《손자》 해설

《손자》는 고대 중국에서 창조된 병법의 원전으로서 그 성립은 약 2천5백 년 전인 춘추시대 말기로 보고 있다.

병기(兵器)는 물론이고 전쟁형태도 완전히 달라진 오늘날, 옛날의 병법서가 아직도 읽혀지고 있는 것은 그 내용이 단순한 전쟁의 기술뿐 아니라, 인간의 본성에 대한 날카로운 통찰에 바탕을 두고 승부에 관한 행동의 법칙을 파헤치고 있기 때문이리라.

《손자》의 저자는 당시 강남지방에서 번영했던 오(吳)나라 장군 손무(孫武)라고 한다. 그의 생몰연대는 불명인데 《사기》에는 오나라 왕 합려(闔閭)가 손무의 전략을 받아들이어 초(楚)나라에 전승(戰勝 : 기원전 6세기)했다는 기록이 있다.

종래 《손자》의 저자에는 이론이 분분했었다. 즉 손무로부터 약 150년 후, 제(齊)나라 장군으로 활약했던 손빈(孫臏)도 우수한 전략가였기 때문에 손빈이 《손자》의 저자가 아니겠느냐는 견해가 예로부터 많았다.

그런데 1972년, 산동성 임기현(臨沂縣) 은작산(銀雀山)에서 《손빈병법》이 발굴됨으로써 《손자》의 저자는 손무라는 것이 거의 확정되었다.

그야 어쨌든 《손자》의 근저를 흐르고 있는 것은 만물을 고정된 것이 아니라 변화하고 발전하는 것으로 파악하라는 사고방식이다. 거기서 약(弱)이 강(强)에게 이기고, 열세더라도 주도권을 잡음으로써 우위(優位)에 설 수 있다고 하는 독특한 병법이 도출된다.

《손자》에서 말하는 '궤도(詭道)'는 트릭을 의미하는 것이 아니라 상대방의 힘과 욕망을 역으로 이용하여 무리가 없는 승전을 하라는 뜻이다. 심리적으로 동기를 부여함으로써 사람을 움직여 보고자 하는 점은 오늘날의 행동과학에서 말하는 '모티베이션 이론'과 유사하다.

오자(吳子)

《손자(孫子)》와 쌍벽을 이루며, 정치가로서도 선구적 역할을 다한 오기(吳起)의 병법서로 기원전 380년경에 이루어졌다는 책이다.

지금으로부터 약 2천4백 년 전인 전국시대 초기, 초(楚)나라 재상이 되어 빛나는 치적을 올린 오기(吳起)가 그 초나라를 섬기기 전, 위(魏)나라 장군으로 있을 때, 위나라 왕 문후(文侯)와 그 아들 무후(武侯)에게 병법을 설명한 문답을 기록해 놓은 책이다. 원래는 48편(篇)이었는데 지금까지 전해오는 것은 다음 6편뿐이다.

《오자》의 주요 내용

도국편(圖國篇)
—— 《오자》 첫머리에는 오기가 처음으로 문후(文侯)와 회견했을 때의 이야기가 기록되어 있고 이어서 국정의 기본을 설파하고 있다.

먼저 화(和)하고 연후에 큰일을 하라
예로부터 나라를 다스림에 있어서는 반드시 먼저 신하를 교육하여 백성의 단결을 강화했다. 단결을 저해하는 '네 가지 불화(不和)'란 것이 있다. 그것은 '나라의 불화' '군(軍)의 불화' '부대의 불화' '전투에 있어서의 불화' 등이다. 국내에 화합이 없으면 군을 진군시킬 수 없다. 군의 화합이 없으면 부대를 나아가게 할 수 없다. 부대의 화합이 없으면 전투를 시작할 수 없다. 전투를 함에 있어 아군 안에 화합이 없으면 승리를 할 수 없는 것이다.

그러기에 도리를 깨우친 군주는 백성들을 동원함에 있어 먼저 그 단결을 꾀하며 그런 연후에야 비로소 전쟁을 결행하는 것이다.

그러기 위해서는 독선적이어서는 안된다. 반드시 조상의 영(靈)에게 보고하고, 귀갑(龜甲)을 태워 길흉을 점치며 천시(天時)를 얻고 있는지 여부를 생각하되 모두가 길(吉)하다는 결과가 나온 후에야 출병(出兵)한다.

이렇게 하면 백성은 군주가 자기네들의 생명을 소중히 여기고 있음을 피부로 느끼고 함께 고난에 동참하며 나아가 죽는 것을 영광으로 여기고 물러나서 살아남는 것을 치욕으로 생각할 것이다.

[注] 고대 중국에서는 '귀갑(龜甲)', 즉 거북의 등딱지를 태우고 그 등딱지가 갈라지는 모양을 보고 점을 쳤다. 징조(徵兆)의 조(兆)자는 귀갑이 갈라진 모양에서 본뜬 글자라고 한다. 오늘날의 기준으로 생각한다면 미신이지만 군주의 독단을 막기 위한 수단이었던 점에 그 의미가 있다.

미치는 자가 없는 바를 두려워하라

어느 때 위나라 무후(武侯)가 신하들을 모아놓고 회의를 했는데 무후보다 뛰어난 의견을 말하는 자는 한사람도 없었다. 회의가 끝나자 무후는 득의만면해졌다. 그것을 본 오기가 말했다.

"옛날 초나라 장왕(莊王)이 신하들과 회의를 열었을 때, 장왕보다 훌륭한 의견을 제시하는 자가 없었나이다. 회의를 끝마친 다음 장왕은 만면에 수심을 띠고 있었다 하옵니다. 한 신하가 그 까닭을 묻자 장왕은 '성인과 현인을 쓰는 것이 왕으로서 패자(覇者)가 되는 길이어늘 과인에게는 과인보다 뛰어난 신하가 없구려. 이러한즉 우리나라의 장래가 어찌될꼬!'라고 대답했다 하더이다. 장왕은 이처럼 신하의 무능을 슬퍼했사온데 지금 전하께서는 도리어 기뻐하고 계시옵니다. 신은 그점이 걱정되어 어쩔 바를 모르겠나이다."

무후의 얼굴에는 참담한 빛이 역력했다.

[注] 〈도국편(圖國篇)〉에는 이밖에도 국정의 기본, 내정의 강화, 전쟁의 분류, 민심의 파악 등에 관한 문답이 기록되어 있다.

응변편(應變篇)

— '임기응변'의 응변이다. 즉 변화에 따르는 구체적 전술이 기록되어 있다.

소수로 다수를 공격하려면

"적군은 다수, 아군은 소수인 불리하기 짝이 없는 전쟁에서는 어떻게 대응하여야 하리까?"

무후가 묻자 오기가 대답했다.

"예, 지형을 활용할 일이옵니다. 평탄한 장소는 대부대에게 유리하오며 좁은 장소는 소부대에게 유리한 것이 원칙이옵지요. 예로부터 아군보다 10배인 적을 공격하려면 좁은 길, 험준한 산지(山地), 좁은 골짜기에서 싸우라고 하였나이다. 비록 소수더라도 좁은 지형을 선택하여 불의에 공격을 가하면, 상대가 아무리 다수라 해도 당황하여 혼란을 일으키게 될 것이옵니다."

불리한 지형에서 대적(大敵)을 만나면

"불리한 지형에서 대적과 조우했을 때는 어떻게 하면 좋겠소?"

무후의 물음에 오기는 대답했다.

"머뭇거리지 말고 퇴각해야 하옵니다. 그러나 불의에 조우하여 피할 틈이 없는 경우에는 우선 징과 북 등을 쳐서 상대방을 놀라게 하고 그것을 기화로 하여 공격을 가해야 하옵지요. 그리고 적군이 혼란에 빠졌다는 것이 확인되면 주저없이 공세를 증가시켜 나가야 하옵니다."

기타 편의 대요

요적편(料敵篇)
냉정하게 적정(敵情)을 분석하라. 그리고 싸워서 이길 수 있는 적인지 이길 수 없는 적인지 등을 신(神)에게 맡겨서는 안된다. 믿을 수 있는 것은 자기 눈뿐이라고 강조한다.

치병편(治兵篇)
통솔의 원칙을 설명하고 있다. 통솔의 원칙은 부하가 싸우기 쉬운 조건을 만들어 주는 것이며 필사의 각오를 가지도록 해주는 것이라고 설파한다.

논장편(論將篇)
장수에게는 '죽음의 영광'은 있어도 '삶의 치욕'은 없다고 하는 병법가 오기의 엄한 지도자론이다. 그것은 또 적군의 지도자를 꿰뚫어보는 날카로운 눈이기도 하다.

여사편(勵士篇)
여사란 문자 그대로 병사를 격려한다는 의미이다. 병법가 오기가 병사들을 얼마나 감격하게 만들었는지 그 일화들이 기록되어 있다.

《오자》 해설

《손자》가 노자(老子)의 영향을 받은 병법서인 데 비하여 《오자》는 법가사상의 흐름을 탄 병법서라고 한다. 책으로서의 《오자》는 사상적인 두께에서는 《손자》에게 뒤지지만 그 저자인 오기의 족적은 《손자》의 저자인 손무(孫武)보다 화려하다.

오기는 젊었을 때 공자(孔子)의 제자인 증자(曾子)의 문하에서 배웠는데, 차츰 법치주의(法治主義)로 부국강병을 꾀하려는 법가사상을 따랐고, 마침내는 정치 일선에 뛰어들었다.

처음에는 그 공자의 조국인 노(魯)나라를 섬겼는데 제(齊)나라와 전쟁이 일어났다. 마침 오기의 부인은 제나라 사람이었으므로 그는 의심을 받게 되었는데 그는 이 일로 아내를 죽이고 말았다. 그러나 이 사건으로 오기는 도리어 노나라에서 평판이 나빠졌고 마침내는 쫓겨나고 만다.

오기는 위(魏)나라로 도망가서 문후(文侯 : 재위 기원전 445~기원전 396년)를 섬기게 되었으며 전선기지(前線基地)인 서하(西河)의 태수가 되어 치적을 올린다. 그러나 문후 다음 대인 무후(武侯) 때 정적으로부터 모함을 당하여 실각했고 초(楚)나라로 망명한다.

초나라 도왕(悼王 : 재위 기원전 401~기원전 381년)의 재상이 된 오기는 스스로 군사를 이끌고 나아가 전공을 세울 뿐 아니라 왕족들의 사권(私權)을 제한하고 중앙집권화(中央集權化)를 강행, 초나라의 강대화에 공헌했지만, 그 일로 왕족들의 원한을 사게 되었고 도왕이 세상을 떠난 다음 암살당했다.

《오자》의 내용은 병법서라기보다 군주라든가 장군이 된 자가 지키고 취해야 하는 일들에 중점을 둔 책이라고 해야 할 것이다.

손빈병법(孫臏兵法)

2천 년 간의 잠 속에서 깨어나, 한대(漢代)의 묘지 속에서 발굴된 환상의 병법서로 기원전 320년경에 쓰여진 책이다.

《손빈병법》은 《손자》의 저자인 손무(孫武)의 후손이라고 하는 손빈의 언행을 집록한 병법서이다. 중국 고전 중 자(子)자가 붙는 것은 예컨대 《맹자(孟子)》의 경우처럼 '맹선생(孟先生)의 책'이란 정도의 의미이다. 그렇다면 이 《손빈병법》도 《손자》라고 해야겠는데 손무가 쓴 《손자》와 구별하기 위하여 《손빈병법》이라고 한다.

《손빈병법》과 손빈의 생애

두 명의 손자(孫子)

1972년 4월, 산동성 임기현(臨沂縣) 은작산(銀雀山)의 전한(前漢) 초기의 무덤 속에서 대량의 죽간이 발견되었다. 그것들 가운데 오늘날 전해지고 있는 《손자》 병법서 외에 《손빈병법》이라고 하는 전혀 미지의 문헌이 거의 완전한 형태로 나왔던 것이다.

동시에 발견된 부장품인 도기(陶器)의 모양, 동전의 종류 등으로 보아 이 묘는 기원전 140~기원전 114년 사이에 만들어진 것으로 추정되었다. 진(秦)나라가 멸망하고 한왕조가 성립된 지 얼마 안된 시기

인 것이다. 이 발견은 중국의 군사사상사(軍事思想史)에 있어 획기적인 사건이었을 뿐만 아니라 전국사(戰國史)의 해명, 시황제의 '분서갱유(焚書坑儒)'의 실태, 그리고 오늘날 중국에서 크게 다루어졌던 유가(儒家) 비판에 이르기까지 큰 역할을 해냈다.

특히 그동안 수천년 간에 걸쳐 불명인 채로 갖가지 억측을 더해왔던 《손자》 병법서의 저자에 관한 수수께끼에 종지부를 찍었다는 의의는 자못 크다. 그 억측이란 대략 이러하다. 원래 춘추전국시대, 손자(孫子)라고 하는 전략가가 두 사람 있었다. 한 사람은 춘추시대 말기 오(吳)나라 장군이었던 손무(孫武)이며 또 한 사람은 그의 자손으로서 약 150년 후, 제(齊)나라 장군이었던 손빈이다.

그래서 병법서 《손자》의 저자를 둘러싸고 춘추시대의 손무라고 하는 설과 손무라는 가공인물설, 손무·손빈은 같은 사람이라고 하는 동일인설, 또는 손무의 병법이론을 손빈이 완성시켰다는 설 등 여러 설이 난무했던 것이다.

그런데 1972년의 발견에 의해 《손자》의 저자는 손무이고, 손빈에게는 별도의 저작, 즉 《손빈병법》이 있다는 것이 판명되었다.

손빈의 생애

《사기》가 전하는 손빈의 생애는 이러하다.

손빈은 젊었을 때 병법을 배웠는데 동문(同門)에 방연(龐涓)이란 자가 있었다. 방연은 위(魏)나라 혜왕(惠王)을 섬기는 장군이 되었는데 곰곰이 생각해 보니 자신의 재능은 손빈을 도저히 따를 수 없다는 것을 알았다. 그래서 간계를 꾸미어 손빈을 위나라로 초빙했고 억울한 죄를 뒤집어씌워서 두 다리를 잘라내는 형에 처한 다음 감금했다.

때마침 손빈의 조국인 제(齊)나라에서 위나라로 사신이 왔는데, 손빈은 그의 수레 속에 숨어서 감쪽같이 탈출했다. 제나라 장군 전기(田

忌)는 손빈을 군사(軍師)로 맞아들였다. 얼마 후 위(魏)나라가 조(趙)나라를 공격하게 되었다. 조나라는 위태롭게 되자 제나라에 구원을 요청했다. 제나라 왕의 명령을 받은 전기 장군은 곧 군사를 이끌고 조나라 도읍으로 가려고 했는데 손빈이 만류했다.

"그곳에 가서 정면충돌하는 것은 피하는 게 상책입니다. 그러는 것보다는 상대방의 허를 찌를 일입니다. 지금 위나라는 정예부대로 조나라를 공격하고 있으니 본국은 허술하기 짝이 없을 것입니다. 그런즉 조나라를 구해내기 위해서는 위나라 도읍 대량(大梁)을 칠 일입니다."

손빈의 작전을 실행했던바 과연 위나라 군사는 조나라 도읍을 포위했다가 풀고는 귀국을 서둘렀다. 제나라 군사는 그들을 계릉(桂陵)에서 맞아 싸워 대승을 거두었다.

그리고 13년 후, 이번에는 위나라가 한(韓)나라를 공격했다. 한나라에서는 제나라에 구원을 요청했다. 전기 장군은 이번에도 위나라 도읍 대량을 치려고 했다. 위나라 장군 방연은 이 보고를 접하자 군사를 돌려 제나라 군사를 추격했다. 손빈이 전기에게 헌책했다.

"위나라 군대는 용감하여 우리 군사를 얕보고 있습니다. 용병술이 뛰어난 사람은 이런 적군의 세(勢)를 역으로 이용합니다. 우리 군사의 숙영지 부뚜막 수를 오늘은 10만, 내일은 5만, 모레는 3만이란 식으로 줄여나가도록 하지요."

추격해 오던 위나라 장군 방연은 적군 숙영지의 부뚜막 수가 차츰 줄어드는 것을 보고 기뻐했다.

"제나라 병사들은 겁쟁이라고 하더니 과연 그렇도다. 우리나라 영내에 들어온 지 사흘밖에 안되었건만 벌써 반수나 도망을 쳤구나."

그래서 방연은 본대를 남겨둔 채 기병부대만 거느리고 제나라 군단을 급히 추격했다. 저녁때가 되었다. 방연의 기병부대가 마릉(馬陵)

골짜기에 이르렀을 때 문득 바라보니 큰 나무 줄기에 무엇인가 쓰여 있었다. 손빈이 써놓은 것이다.

'방연, 이 나무 아래서 죽는다(龐涓死于此樹之下).'

방연이 횃불을 치켜들면서 이것을 읽었을 때 복병하고 있던 제나라 군사들이 일제히 활을 쏘아댔다. 위나라 군사는 큰 혼란에 빠졌다. 방연은,

"마침내 그녀석의 명성을 떨치게 해주는구나(遂成豎子之名)."

라며 자살하고 말았다. 제나라 군사는 대승했고 위나라 태자 신(申)을 포로로 잡아 귀국했다. 그 이후 손빈의 이름은 천하에 떨쳤고 그의 병법은 후대에까지 전해지게 되었다.《사기》〈孫子·吳起列傳〉)

《손빈병법》 해설

1972년에 발굴되어 해독(解讀)된《손빈병법》은 1만 1천 자, 병법서《손자》의 약 두 배이다. 31편으로 나뉘어져 있는데 그중 10편은 편명이 빠져 있으며 편명이 분명한 것은 다음 21편뿐이다.

〈금방연(擒龐涓)〉〈위왕문(威王問)〉〈진기문루(陳忌問壘)〉〈찬졸(篡卒)〉〈월성(月城)〉〈팔진(八陣)〉〈지보(地葆)〉〈세비(勢備)〉〈행찬(行篡)〉〈살사(殺士)〉〈연기(延氣)〉〈관일(官一)〉〈십진(十陣)〉〈사문(士問)〉〈약갑(略甲)〉〈객주인분(客主人分)〉〈선자(善者)〉〈오명오공(五名五恭)〉〈장의(將義)〉〈장패(將敗)〉〈기정(奇正)〉.

한편 서두의 '방연을 사로잡다(擒龐涓)'라는 한 편은 위에서 설명한 것처럼《사기》에도 기록되어 있는 전략으로서 특히 주목을 받는다. 부뚜막 건은《손빈병법》〈금방연〉편에는 기록되어 있지 않지만 적군을 우쭐하게 만들기 위해 아군의 약한 부장(部將)을 희생물로 제

공한다는 으스스한 내용이 기록되어 있다.

또 《사기》는 방연이 자살한 것으로 기록하고 있는데 이 책에서는 '포로로 잡았다'라고 했으며, 제나라와 위나라 전쟁의 연대 등 전국사(戰國史)에 있어 종래의 사료(史料)와 차이를 나타내므로 이런 면에 있어서도 문제가 제기되고 있다.

《손빈병법》의 내용은 앞으로도 연구를 거듭해 나가야겠지만, 병법서 《손자》가 오랜 세월동안 정리에 정리를 거듭하여 오늘날 우리가 보는 것처럼 정치(精緻)한 고전으로 완성되어 있는 점에 비하여, 이것은 고대 병법의 소박한 모습을 그대로 남기고 있다.

'소수의 병력으로 다수의 병력에게 이기고, 약소하더라도 강대한 것에게 이긴다'라는 사고방식은 《손자》와 공통되고 있는데, 공격을 중시하고 있는 점이라든가 진지전(陣地戰)을 논하고 있는 점 등은 큰 특징이다.

즉 《손자》도 공격을 논하고 있기는 하지만 그것은 하는 수 없는 경우에 취해야 하는 하책(下策)이라고 논한 데 비하여 《손빈병법》은 진지의 성격에 따른 공격법도 상세히 기록하고 있다. 이것은 도시의 발달이라든가 철제(鐵製) 무기의 진보를 반영하는 것이리라.

그밖에 승패의 요인, 작전 지도의 마음가짐, 지형과의 관계, 사기의 고무, 장수되는 자의 조건 등을 논하고 있는데 그것에는 '대립물(對立物)의 상호전화(相互轉化)'라고 하는 변증법적 사고방식이 일관되어 흐르고 있다.

위료자(尉繚子)

진시황제를 섬겼던 전략가, 위료의 정치와 전쟁에 관한 정공법(正攻法)의 논문집으로 기원전 220년경에 이루어졌다는 책이다.

기원전 3세기, 진시황제를 섬겼던 병법가 위료(尉繚)의 설을 집록한 것이라고 한다. 《한서》〈예문지(藝文志)〉에는 '위료 31편'이라고 기록되어 있는데 현존하는 것은 24편이다. 《손자》와 《오자》 다음으로 이른바 병법칠서(兵法七書) 가운데 내용적으로 가장 뛰어난 병법서이다.

《위료자》의 주요 내용

길흉을 좌우하는 것은 인간의 힘

초(楚)나라 장군 공자심(公子心)이 제(齊)나라와 싸웠을 때, 하늘에 혜성이 나타났고 혜성의 꼬리가 제나라 진지를 가리키고 있었다. 방위점(方位占)으로는 혜성의 꼬리가 가리키는 편이 이긴다고 판단되었다. 그러나 공자심은 그 점괘에 신경을 쓰지 않고,

"혜성 따위가 무엇이길래……. 혜성으로 싸운다면 그 몸체를 잡고 꼬리 쪽으로 두들겨 패면 될 게 아닌가!"

라며 껄껄 웃었고 곧 공격을 감행하여 제나라 군단을 격멸했다고 한

다.(天官篇)

장수가 될 자격
　장수된 자는 항상 주체성을 가지고 운명에 지배되는 일이 없어야 하며, 환경에 지배되지도 않고, 남의 의견에 지배되지도 않으며 남의 의견에 지배되지 말아야 한다. 그리고 관대하여 감정에 치우치지 말고, 청렴하여 욕심에 사로잡히는 일이 없어야 한다.
　마음은 평형을 잃고 눈은 통찰력이 없으며 귀는 남의 의견 한가지도 들으려고 하지 않는 등, 세 가지 결점이 있는 사람은 장수의 자격이 없는 사람이다.(兵談篇)

구원군을 기대하지 말고 자력을 충실히
　나라가 침략의 위기를 맞았을 경우 남의 나라의 원조를 얻기 위해 공물을 바치고 인질을 보내며, 혹은 영토를 할양하기도 한다. 이렇게까지 하건만 원조의 실태는 어떠한가? 명목은 구원군 10만이라고 하지만 실은 몇만 명에 불과한 경우가 많다. 더구나 그 원군들은 '선봉은 우리가 맡겠소'라며 호언장담을 하면서도 실은 싸우려 하지 않는다.
　그것보다는 자국의 국력을 살펴보라. 국력을 충분히 발휘할 만큼 정치가 행하여지고 있는가? 싸워도 승리하지 못하고 지켜도 견디어내지 못하는 것은 백성들 때문이 아니라 군주의 책임이다.
　승패의 요인은 자기자신에게 있다. 군수·법제·통수·상벌 등을 정비하고, 경작에, 전투에 전력을 기울인다면 천하에 대적해올 자가 없을 것이다.(制談篇)

명령은 함부로 변경하지 말라
　명령은 부하의 마음을 하나로 만들기 위한 것이다. 부하의 심리를 고려하지 않는 지휘관은 종종 명령을 변경한다. 명령이 자주 변경되면 부하는 따르지 않게 될 것이다.

따라서 일단 명령을 내린 다음에는 큰 잘못이 없는 한 변경하지 말고 다소 의심스런 면이 있는 것쯤은 무시하고 넘어가야 한다. 지휘관이 확신을 가지고 명령을 내리면 부하는 의심을 하지 않게 될 것이다. 지휘관이 확신을 가지고 행동하면 부하는 두 마음을 품지 않을 것이다.(戰威篇)

후수(後手)를 잡아서 이기라

정의를 위한 전쟁이라면 적의 기선을 제압하여 선수를 치는 것이 좋다. 그러나 상호 이해에 바탕을 둔 적대관계라면 하는 수 없어서 응전한다는 태도를 취할 일이다.

비록 싸워야겠다고 판단되는 경우에라도 적이 공격해 오기를 기다려야 한다. 후수를 잡는 편이 전쟁의 대의명분을 세울 수 있기 때문이다.(攻權篇)

수비의 요체

성을 지키는 경우 소극전술로 시종하며 외성(外城)도 쌓지 않고 본성(本城)에 틀어박히어 방어를 한다는 것은 득책이 아니다. 제아무리 용맹한 장병을 거느리고 있고, 또 우수한 무기를 갖추고 있다 하더라도 성안으로 철수하여 틀어박혀 있기만 한다면 적군의 사기는 10배, 1백 배가 될 것이고, 아군의 사기는 반감되고 말 것이다.(守權篇)

전쟁은 악(惡)이다

전쟁은 피치 못해서 하는 행위이다. 적대(敵對)하지 않는 나라를 공격해서는 안되며 무고한 백성을 죽여서는 안된다. 남의 부모된 자를 죽이고 남의 재산을 탈취하며 남의 자녀를 노예로 삼는 것은 모두 도둑의 소행이다. 전쟁이란 포악한 자를 죽이고 부정(不正)을 억제하기 위한, 부득이한 수단에 지나지 않는 것이다.(武議篇)

《위료자》의 명언집

살지귀대(殺之貴大) 상지귀소(賞之貴小)

처형하는 인간은 큰 인물일수록 효과가 있고(殺之貴大), 이와는 반대로 표창하는 인간은 작은 인물일수록 반향이 크다(賞之貴小). 정치의 공정성을 나타내기 위해서는 이렇게 하지 않으면 안된다는 의미로 한 말인데 논리적인 의미라기보다 일종의 정치공학적(政治工學的)으로 재미있는 말이라 하겠다.(武議篇)

천관시일(天官時日) 불약인사(不若人事)

운세나 방위에 의한 길흉은 인간의 힘에 도저히 미칠 수 없다는 뜻이다.(天官篇)

병승우조정(兵勝于朝廷)

전쟁의 승패를 결정하는 것은 정치라는 말이다. 중국에서는 예로부터 정치는 군사에 우선하며 문(文)은 무(武)의 상위(上位)에 선다는 사고방식이 강했는데 이 말도 그것을 단적으로 나타내고 있다.(兵談篇)

전불필승(戰不必勝) 불가이언전(不可以言戰)

싸워서 반드시 이긴다는 확신이 없다면, 함부로 전쟁 운운의 말을 입밖에 내서는 안된다는 의미이다.(攻權篇)

위재어불변(威在於不變), **혜재어인시**(惠在於因時)
지휘관의 권위는 방침이나 명령을 가볍게 변경하지 않음으로써 유지되며, 은혜는 시의를 잃지 않고 베풂으로써 유효하게 된다.(十二陵篇)

회재어임의(悔在於任疑)
후회는 확신에 근거하지 않는 행위에서 생긴다는 뜻이다.(十二陵篇)

《위료자》 해설

위료는 진(秦)나라가 천하를 통일하기 16년 전(기원전 237년) 진왕(秦王) 정(政 : 후일의 시황제)을 찾아가서, 진나라가 국제적으로 고립되지 않게 하기 위한 계책을 상주했다. 이에 기뻐한 진왕 정은 그를 후하게 대우했는데 위료는 진왕 정의 사람 됨됨이를 보고 경계하다가 그곳을 떠나려고 했다.

그러나 왕은 그를 억지로 붙잡았고 군사관(軍事官)의 직책에 등용하고 그의 계책을 채용했노라고 《사기》〈시황본기(始皇本紀)〉에 기록되어 있다.

그의 논하는 바는 정치와 전쟁에 관한 기본 원칙이며 이른바 정공법적(正攻法的)인 전쟁론이다. 전쟁 그 자체보다도 전쟁에 이기기 위해 정치는 어떻게 해야 하는가, 통수(統帥)는 무엇을 하지 않으면 안 되는가, 등등에 관한 점에 중점을 두고 서술해 나간다.

현존하는 것은 천관(天官)·병담(兵談)·제담(制談)·전위(戰威)·공권(攻權)·수권(守權)·십이릉(十二陵)·무의(武議)·장리(將理)·원관(原官)·치본(治本)·전권(戰權)·중형령(重刑令)·오제령(伍制令)·분새령(分塞令)·동오령(東伍令)·경졸령(經卒令)·근졸령(勤

졸령)·장령(將令)·종군령(踵軍令)·병교(兵敎) 상·하·병령(兵令) 상·하 등 24편이다.

그 가운데는《손자》《오자》《맹자》《한비자》등의 글을 그대로 인용한 곳도 있어서《위료자》는 후세의 위서(僞書)라는 설도 아주 유력하다. 그야 어쨌든 내용·문장 등이 모두 정연하며 논지도 명쾌하다.

문학   수양서
文學・修養書
● ● ●

詩經　　　시경
三國志演義　삼국지연의
世說新語　세설신어
水滸傳　　수호전
西遊記　　서유기
說苑　　　설원
顔氏家訓　안씨가훈
蒙求　　　몽구
菜根譚　　채근담

시경(詩經)

고대 중국의 풍토사회를 배경으로 하여 그곳에 살던 사람들의 생활을 노래한 최고(最古)의 시가집(詩歌集)으로 기원전 470년경에 이루어진 책이다.

《시경》이란 시(詩)의 성전(聖典)이란 뜻이다. 남송(南宋)의 학자 주희(朱熹)에 의해 오늘날의 책이름이 지어졌다. 서주(西周) 초기(기원전 11세기)에서 춘추시대 중기(기원전 6세기)경까지 전승되어온 수많은 시 속에서 공자(孔子)가 아악(雅樂)에 맞추어 305편을 선정 편집했다고 한다.

《시경》의 주요 내용

《시경》의 발생

《시경》의 모두(冒頭)에는 대서(大序)라고 하는 서문이 있다. 이 서문은 중국 최고(最古)의 시론(詩論)이며, 후일 한시(漢詩)라든가 우리나라 고대 가요에도 큰 영향을 끼쳤다. 여기에는 시의 정의(定義), 시의 효용(效用), 시의 법칙 등이 실려 있다. 그 가운데 육의(六義)는 다음과 같이 분류된다.

풍(風)·아(雅)·송(頌) ― 시의 양식(樣式)
풍(風) ― '범(凡)' 또는 '풍(諷)'이 본자(本字)이며 기원적으로는 신(神)과의 관련을 가지는 강신주요(降神呪謠), 즉 종교 가요를 가리킨다. 그것이 이윽고 지방의 습속, 혹은 사람들의 생활감정을 노래하는 민요적 시로 변화해 간 것이다.

아(雅) —— '하(夏)'가 본자이며 기원적으로는 조상의 공업(功業)을, 가면(假面)을 쓴 가무(歌舞)로 재현하는 것으로서 주로 서사적(敍事的)인 시를 가리킨다. 이것은 씨족집단의 결속을 강화할 목적이었었는데 이윽고 궁정 귀족사회의 향연에서 노래부르게 되었다.

송(頌) —— 송이란 '사람이 어떤 용모를 흉내낸다'란 의미이며 기원적으로는 아(雅)와 마찬가지로 조상의 공업을 가무에 의해 재현하는, 서사적 시를 가리킨다. 단 아(雅)와 구별되는 것은 그것이 종묘(조상의 사당)에서 불려졌다는 점이다.

부(賦)·비(比)·흥(興) —— 시의 표현 방법

부(賦) —— 직접적으로 어떤 감정·정경을 말한다. 즉 마음으로 느낀 것을 있는 그대로 노래불러 나가는 방법이다.

비(比) —— 비유(比喩:直喩·隱喩 등)를 사용하여 어떤 감정·정경을 노래부르는 방법을 가리킨다.

흥(興) —— '흥사(興詞)'에 의해 노래부르고자 하는 어떤 감정·정경을 필연적으로 규정하는 방법을 가리킨다. 흥사란 기원적으로는 고대 신앙을 배경으로 한 주언(呪言)에서 발생했고 이윽고 관용화한 시구(詩句)를 가리키는 것으로서 시 속에서는 여러 초목조수(草木鳥獸)라든가 풀을 깎는다든가 나무를 베는 등의 신성한 행위에 의해, 그것과 관련되는 무엇인가를 상징한다.

국풍편(國風篇)

국풍편에는 주남(周南)·소남(召南:이상 二南을 正風이라고 한

다)·패풍(邶風)·용풍(鄘風)·위풍(衛風)·왕풍(王風)·정풍(鄭風)·제풍(齊風)·위풍(魏風)·당풍(唐風)·진풍(秦風)·진풍(陳風)·회풍(檜風)·조풍(曹風)·빈풍(豳風:이상 變風이라고 한다) 등 15국풍을 합하여, 160편의 시를 담고 있다.

15국풍이란 황하 유역의 15개국의 가요란 의미인데 거기에 사용되고 있는 시구에는 방언적 요소는 거의 없다. 이것은 《시경》이 성립되었을 때, 공통어로 고쳐 쓰여졌기 때문이다.

그 내용을 대별하면 연애·혼인가(婚姻歌)가 많고, 그 다음으로 생활고와 전쟁·농촌 제례·수렵 등의 시이며 대부분이 첩영형식(疊詠形式)이라고 하는, 단순한 반복 가사이다.

종사(螽斯)-**메뚜기** ── 자손의 번성을 축복하는 노래(周南)

　螽斯羽 詵詵兮　「종사우 선선혜」
　宜爾子孫 振振兮　「의이자손 진진혜」
　(메뚜기 날개 소리 슬슬 울리는데
　그대의 자손들도 메뚜기처럼 번성하리)

삼장첩영(三章疊詠)의 노래이다. 메뚜기는 약물(藥物)이기도 하며 다산(多産)을 상징하는 서상(瑞祥)의 벌레이다. 흥사(興詞)로 꼽힌다. 그 메뚜기가 날개를 쳐 울리면서 무리지어 날아다니는 것을 표현하고 자손의 번영을 축복하는 시이다. 아마도 혼례식 자리에서 이 노래와 함께 춤이 곁들여졌으리라. 가무에 따르는 시편은 《시경》 속에 아주 많이 보인다.

작소(鵲巢)-**까치 둥지** ── 결혼하는 딸을 보내는 축복의 노래 (召南)

　維鵲有巢 維鳩居之　「유작유소 유구거지」

之子于歸 百兩御之 「지자우귀 백량어지」
維鵲有巢 維鳩方之 「유작유소 유구방지」
之子于歸 百兩將之 「지자우귀 백량장지」
維鵲有巢 維鳩盈之 「유작유소 유구영지」
之子于歸 百兩成之 「지자우귀 백량성지」
(까치 둥지에 비둘기가 같이 사네
아가씨 시집가는데 백량 수레가 배웅하네
까치 둥지에 비둘기가 들고 있네
아가씨 시집가는데 백량 수레로 마중하네
까치 둥지에 비둘기 새끼 가득하네
아가씨 시집가는데 백량 수레로 예를 갖추네)

　　삼장첩영의 노래이다. 까치도 비둘기도 서상(瑞祥)의 새이며 흥사(興詞)로 꼽힌다. 그 까치 둥지에 비둘기가 맞아들여지는 것을 표현하여 시집가는 새색시가 남자 집에 맞아들여지는 행복을 축하하는 시이다.

표유매(摽有梅)**－매실 따기** ── 남녀가 창화(唱和)하는 등의 투과혼(投果婚) 노래(召南)

摽有梅 其實七兮 「표유매 기실칠혜」
求我庶士 迨其吉兮 「구아서사 태기길혜」
摽有梅 其實三兮 「표유매 기실삼혜」
求我庶士 迨其今兮 「구아서사 태기금혜」
摽有梅 頃筐墍之 「표유매 경광기지」
求我庶士 迨其謂之 「구아서사 태기위지」
(매실을 따니 그 열매 일곱 개이네
나를 구하는 남자여, 지금이 좋은 기회요

매실을 따니 그 열매 세 개이네
나를 구하는 남자여, 지금이 좋을 때요
매실을 따니 대바구니에 가득하네
나를 구하는 남자여, 어서 좋은 대답해 주오)

삼장첩영. 매실은 임신부의 약이라는 점에서 주물(呪物)이기도 했다. 그 매실을 사모해오던 남자에게 던지면서 결혼을 신청하던 투과혼(投果婚)의 시이다. 젊은 남녀가 모여서 노래를 창화(唱和)하며 춤을 추는 장소에서 유희성을 곁들이어 행하던 것이었으리라.

《진서(晉書)》〈반악전(潘岳傳)〉에서, 미소년인 반악이 외출을 하면 여성들이 그를 에워싸고 과실을 던졌는데 그 과실이 수레에 가득 찼다는 고사는 이 투과혼의 습속이 진대(晉代)에도 남아있었음을 짐작케 해주는 대목이다. 이런 습속은 다른 시편(詩篇)에서도 흔히 볼 수 있다.

추우(騶虞)-수렵의 신(神) — 수렵장의 신(神)에게 기원하는 사냥꾼의 노래(召南)

彼茁者葭　壹發五豝 「피줄자가 일발오파」
于嗟乎騶虞　　　　「우차호추우」
彼茁者蓬 壹發五豵 「피줄자봉 일발오종」
于嗟乎騶虞　　　　「우차호추우」

(저 성성한 갈대밭에 한 발 쏘는 데 다섯 마리 암퇘지
아아, 수렵의 신이여!
저 성성한 다북쑥밭에 한 발 쏘는 데 다섯 마리 새끼돼지
아아, 수렵의 신이여!)

이장첩영(二章疊詠). 수렵을 시작할 때 사냥꾼이, 사로잡은 멧돼지를 놓아주고 활을 쏘면서 수렵장의 신에게 큰 사냥감을 잡게 해달라

며 기도하는 예축의례(豫祝儀禮)의 시이다. 이것과 비슷한 것으로 수렵의 신으로 분장한 젊은이를 떠받드는 시편도 있다.

웅치(雄雉)**-수꿩** — 남자에게 버림받은 여자의 원한 노래(邶風)

雄雉于飛 泄泄其羽 「웅치우비 예예기우」
我之懷矣 自貽伊阻 「아지회의 자이이조」
雄雉于飛 下上其音 「웅치우비 하상기음」
展矣君子 實勞我心 「전의군자 실로아심」
瞻彼日月 悠悠我思 「첨피일월 유유아사」
道之云遠 曷云能來 「도지운원 갈운능래」
百爾君子 不知德行 「백이군자 부지덕행」
不忮不求 何用不臧 「불기불구 하용불장」

(수꿩이 날아가며 푸드득 날개짓하네
 내 그리움이여, 스스로 마련한 시름인 것을
 수꿩이 날아가며 오르락내리락 소리치네
 진실로 내 님이여! 내 마음을 실로 괴롭히오
 저 해와 달을 바라보면 내 시름은 그지없네
 길은 먼 데 언제면 오시게 되오!
 여러 관원들이여! 덕행을 모르지는 않겠지요?
 남을 해치지 않고 탐내지 않으면 무엇인들 잘되지 않겠소?)

웅치는 수꿩으로서 남성을 상징한다. 1,2장은 그 수꿩이 날아가는 상태를 설명하며, 남성이 여성 앞에서 떠남을 상징한다. 3장은 복연(復緣)에 대한 절망의 정(情), 4장은 원한을 곁들이어 자신을 위로하는 버림받은 여인의 시이다. 이것은 무정한 남성에 대한 고발의 노래이기도 하지만 〈국풍편(國風篇)〉에는 전쟁터에 남편을 뺏김으로써 생긴 비창한 사모의 정이라든가 혹은 그 생활고를 노래하여 사회에 고발하는 시편도 적지 않다.

소아편(小雅篇) · 대아편(大雅篇)

〈소아편〉〈대아편〉 두 편에는 모두 합치어 105편의 시가 수록되어 있다. 시편의 신·구(新舊)를 시대적으로 나누어 보면 옛 시기의 것에는 의례가(儀禮歌)가 많고 새 시기의 것에는 서주(西周) 후기의 정치사회의 혼란 내지는 붕괴를 반영하는 사회적 시가 많다. 그중에는 작자의 입장을 분명하게 주장한 창작시도 있어서 개인에 관한 고대사상 맹아기(萌芽期)의 일면을 엿볼 수가 있다.

육소(蓼蕭) – 길게 자란 다북쑥 — 제례 때 빈객을 축복하는 노래 (小雅)

　　蓼彼蕭斯 零露泥泥　「육피소사 영로니니」
　　旣見君子 孔燕豈樂　「기견군자 공연개락」
　　宜兄宜弟 令德壽豈　「의형의제 영덕수개」
　　(길게 자란 다북쑥에 이슬이 듬뿍 내리네
　　우리 님을 만나뵈니 매우 즐겁고 속편하네
　　형제간에 우애 좋으니 아름다운 덕 오래가고 즐겁네)

사장첩영(四章疊詠) 중 제3장이다. 다북쑥도 이슬도 신성한 주물(呪物)들이다. 흥사(興詞)로 꼽힌다. 그 다북쑥에 이슬이 내렸음을 표현하여 빈객의 행복을 축복하는 시이다. 이것은 외교상의 의례가(儀禮歌)이기도 하며 반가(返歌)할 수 있어야 빈객으로서의 자격이 있다 한다.

《논어》〈계씨편(季氏篇)〉에서 공자가 그 아들 백어(伯魚)에게 '시를 배우지 못했다면 남과 더불어 말할 것이 없느니라(不學詩 無以言)'며 시 교양의 필요성을 강조한 것도 이 때문이었다. 제례는 이처럼 외교를 맺는 무대이기도 했는데 사회가 붕괴되면서 정치 교육의 비(非)를 조상의 영전에 고발하는 장이기도 했다.

문왕(文王) ── 주왕조(周王朝)의 제전가(祭典歌)(大雅)

    文王在上 於昭于天　「문왕재상 어소우천」
    周雖舊邦 其命維新　「주수구방 기명유신」
    有周不顯 帝命不時　「유주불현 제명불시」
    文王陟降 在帝左右　「문왕척강 재제좌우」

(문왕께서 위에 계시는데 아아, 하늘에 뚜렷하니,
  주나라는 오래된 나라라 하지만 그 명은 새롭기만 하네
  주나라 임금은 매우 밝으시니 하느님의 명은 바르게 내리셨네
  문왕께서는 하늘 땅을 오르내리며 하느님 곁을 떠나지 않으시네)

  전 7장 중 제1장이다. 천명을 받은 문왕의 영(靈)이 주왕조에 강림하는 데서부터 노래하기 시작하여, 자손의 번영, 다사(多士)의 충근(忠勤), 은(殷)나라 선비의 복속, 제신(諸臣)의 근면함을 읊고, 문왕이 덕에 의해 만방을 협화(協和)시켜야 함을 가르치고 끝을 맺는 장엄한 서사시이다.

  이것은 씨족집단의 결속을 강화할 목적하에 문왕(주나라 최초의 천자)으로 분장한 무인(舞人)에 의해 스토리가 전개되어가는 극시(劇詩)이기도 했다.

송편(頌篇)의 대략

  주송(周頌)·노송(魯頌)·상송(商頌) 등 삼송(三頌) 안에 모두 40편의 시를 수록하고 있다. 이 가운데 주송은 주나라, 노송은 노나라 종묘에서 부르던 악가(樂歌)인데 상송만은 상(商:殷)나라 종묘를 계승한 송나라 것이라고 한다. 내용은 삼송 공히 조상들을 칭송하고 신

의 강림이나 계시를 칭송하는 춤과 음악이 따랐던 것이다. 이 가운데 주송의 시만은 1편이 1장으로 이루어지는 짧은 것이다.

《시경》의 명언집

은감불원(殷鑑不遠)

은나라 사람의 거울은 먼곳에서 찾지 말라. 바로 그 전대인 하(夏 : 폭군 걸왕이 멸망시킨 나라)나라가 그 좋은 본보기이다란 의미이다. 오늘날에는 '스스로 자신을 살펴보아야 할 일은 바로 코앞에 있다' 또는 '남이 저지른 실패를 보고 자신의 계명으로 삼으라'는 뜻으로 사용된다.(大雅 蕩篇)

타산지석(他山之石) 가이위착(可以爲錯)

'다른 산에서 나온 거친 돌이더라도 옥을 가는 숫돌로 사용된다'란 의미이다. 오늘날에는 '하찮은 남의 언행일지라도 자신을 수양하는 데에 도움이 된다'는 뜻으로 쓰인다.(小雅 鶴鳴篇)

아심비석(我心匪石) 불가전야(不可轉也)

'내 마음은 돌이 아니므로 굴릴 수도 없다' 즉 '돌은 굴릴 수가 있지만 내 마음은 생각대로 움직이지 못한다'란 의미이다. 오늘날에는 내 마음은 절대 부동(不動)이란 의미로도 사용된다.(邶風 柏舟篇)

《시경》 해설

《시경》은 서주(西周) 초기로부터 춘추시대 중기 무렵까지 약 수백 년간의 시를 전하는 중국 최고(最古)의 시가집이다. 원래는 3천여 편이었는데 공자(孔子)가 정리하여 현존하는 305편(제목만 붙어 있는 것도 6편)으로 편집했다고 하는데 사실인지는 의문이 남는다.

한(漢)나라 시대에 접어든 다음에 이 시편을 해석하는 4명의 학자가 나타났다. 사가(四家)의 시, 즉 《노시(魯詩)》《제시(齊詩)》《한시(韓詩)》《모시(毛詩)》가 그것이다. 이 가운데 《모시》만이 후세에 전해졌고 남송(南宋)의 주희(朱熹)에 의해 현재의 《시경》이라고 부르게 되었다.

《시경》은 《서경》과 함께 일찍부터 유가(儒家)의 필수 교과서가 되었으며 그 내용을 인용하여 자신의 의견을 말하는 절호의 제재(題材)가 되었다. 그 때문에 시에는 항상 유교적인 해석이 붙어다녔다. 즉 남녀의 연애를 노래하는 것인 경우, '음란한 시'로 낙인 찍혀졌던 것이다.

송(宋)나라 시대가 되어서야 겨우 옛날의 해석을 의심하는 기풍이 일어났다. 그러다가 청(淸)나라 시대에 접어든 다음에는 송나라 때의 학풍을 받아들이어 사실을 찾아내려는 고증학(考證學)이 일어났고, 또 문학자 관일다(關一多)라든가 중국학 학자 머셀 글라네 등이 출현하여 《시경》의 시들이 어느 때 어디에서 불려진 것들인지에 대한 연구가 시작되었다.

삼국지연의(三國志演義)

후한(後漢) 말, 조조(曹操)·손권(孫權)·유비(劉備)가 건국한 위(魏)·오(吳)·촉(蜀) 등 3국의 흥망 이야기로 1494년경에 성립된 책이다.

《삼국지연의》는 정사(正史)《삼국지(三國志 : 晋나라 陳壽 편찬)》를 평이하게 바꿔 쓴 것으로서 원(元)나라 말, 명(明)나라 초기의 사람인 나관중(羅貫中)에 의해 쓰여졌다. 정사가 위나라를 정통 왕조로 인정하고 쓴 것에 비하여 '연의'는 촉나라 유비를 한(漢)나라 정통 후계자로 하여 유비 집단을 중심으로 서술하고 있다.

《삼국지연의》의 주요 내용

도원결의(桃園結義)

── 후한 말경, 정치는 환관들이 농단하게 되었는데 이에 더하여 흉작이 계속되자 각지에서 민란이 연거푸 일어났다. 특히 황색 두건을 쓰고 장각(張角)을 '천공장군(天公將軍)'으로 떠받드는 황건적(黃巾賊)은 각지에서 폭동을 일으켰는데 한군(漢軍)은 손도 못쓸 정도였다.

그런 어느 날, 중산(中山) 정왕(靖王) 유승(劉勝)의 후손인 유현덕(劉玄德 : 劉備)은 관병(官兵) 모집의 방을 읽고 있다가 문득 한숨을 내쉬었다. 그러자 큰 소리로 그를 부르는 사람이 있었다.

"대장부가 나라를 위해 일할 생각은 하지 않고 한숨이나 내쉬다니……."

유현덕이 돌아보니 그 사람은 키가 8척에 표범처럼 생긴 머리, 그리고 동그란 두 눈에 두 뺨에는 호랑이와 같은 수염이 나있으며 그 목소리는 천둥이 치는 것처럼 우렁찼고 그 기세는 분마(奔馬)와 같았다. 이상한 그의 풍모를 바라다보면서 현덕이 이름을 물었다.

"나는 성은 장(張)이라 하고 이름은 비(飛), 자(字)를 익덕(翼德)이라 하오. 대대로 이 탁현(啄縣)에 살면서 농장을 경영하는 한편 술과 돼지 따위를 팔아서 생계를 유지하고 있는데 천하 호걸들과 사귀고 있소이다. 그런데 방금 그대가 방을 보면서 하도 한숨을 길게 내쉬기에 한마디 건네보았던 거요."

"나는 원래 한왕실의 종친이오. 성은 유(劉)이고 이름은 비(備)라 하오. 요즈음 황건적이 창궐한다는 소문을 듣고 적도들을 퇴치하여 백성들을 안정시켰으면 하는데 나에게 그런 힘이 없어 탄식하고 있었던 참이오."

"나에게는 다소간의 돈이 있소이다. 그 돈으로 인근 젊은이들을 모아가지고 함께 기치를 들지 않으시겠소?"

현덕은 크게 기뻐하며 곧 그 근처에 있는 주막으로 가서 술잔을 나누었다. 그때 한 거인이 수레를 타고 오더니 주막 앞에서 내렸다. 그는 주막 안으로 들어오자마자 숨가쁜 소리로 말했다.

"어서 술을 따르오. 급히 성안에 들어가 군(軍)에 들어가야겠소."

현덕이 그사람을 보니, 키가 9척에 수염이 2척, 얼굴은 익은 대추처럼 붉고 입술은 새빨간데, 찢어진 눈에 굵고 짙은 눈썹이 시선을 끌었다. 그 당당한 체구는 주위 사람들을 압도하기에 충분했고 ─ . 현덕이 얼른 그를 자기네 좌석으로 불러앉히고 이름을 물었다.

"나는 성은 관(關)이라 하고 이름은 우(羽)라 하며, 자(字)는 장생(長生)이라고 했다가 고쳐서 운장(雲長)이라 하오. 하동군(河東郡) 해량(解良)이 고향인데 거기서 세도를 부리는 호족의 목을 베고 강호(江湖)로 도망친 지 5,6년이 되었소이다. 이번에 이곳에서 적도 토벌군을 모집한다기에 응모하기 위해 달려온 거요."

현덕도 그에게 자신의 뜻을 피력하니 운장은 크게 기뻐했다. 그들 세 사람은 장비네 집에 가서 거병(擧兵)할 것을 의논했다. 그때 장비가 말했다.

"우리집 뒤꼍에 복숭아밭이 있소. 지금 꽃이 만발해 있으니, 우리 내일 그곳에 가서 천지신명께 제사를 지내고 결의형제를 합시다. 그렇게 하여 마음과 힘을 하나로 모은 다음 거사하는 게 어떻겠소?"

"그것 참 좋은 생각이오."

현덕과 운장이 찬성했다. 그 다음날, 도원(桃園)에 검은소와 흰 말, 그리고 각종 제수를 차려놓은 다음 세 사람은 향을 사르며 재배했고 굳게 맹세했다.

"비옵건대 유비·관우·장비 등 세 사람은 각기 성은 다르지만 형제가 되어 마음과 힘을 합쳐 곤궁에 처한 자를 돕되, 위로는 나라에 보답하고 아래로는 백성들을 안태하게 하고자 합니다. 태어난 날은 각기 다르지만 죽는 날은 동년동월동일(同年同月同日)이 되게 해주소서. 천지신명이시여, 저희 마음을 살피시되, 의(義)를 배반하고 은(恩)을 망각하는 자가 있거던 천인(天人)이 공히 그를 주멸(誅滅)시키시오소서."

맹세하기를 끝내자 현덕이 맏형, 관우가 둘째, 장비가 막내가 되었다.

그리고 이어서 인근의 장정 3백 명을 모아 의용군을 조직한 세 사람은 각지를 전전하며 큰 공을 세웠다. 그러나 권력자를 업지 못하고 지연(地緣)을 가지지 못했던 그들은 이렇다 할 은상도 받지 못했다. 그런 와중에서도 간신인 동탁(董卓) 주멸(誅滅)을 위한 낙양(洛陽) 공격 때 동탁의 부장 여포의 군단을 격파하고 천하에 용명을 떨친 그들은 이 전투가 끝난 다음 평원현(平原縣)을 맡아 다스리게 되었다.

한편 헌제(獻帝)를 모시고 장안(長安)으로 도망친 동탁은 장안 서쪽 미(郿) 땅에 궁성을 짓고 여전히 호화로운 생활을 하고 있었다. 그러다가 왕윤(王允)의 계략에 의해 동탁은 자기 부장이자 양자이기도 한 여포의 칼을 맞고 죽는다. 동탁이 죽었다는 말을 듣자 동탁의 부하들이 장안성으로 쳐들어와 여포를 격파하고 왕윤을 죽인 다음 한때 권력을 잡는다.

그러나 조신(朝臣)의 이간책에 의해 동료들 사이에서 혈투가 벌어졌고 그 틈을 타 헌제는 낙양에서 천도할 것을 계획하고 실천했으며, 동군(東郡)의 태수였던 조조에게 자신의 수호를 명했다.

천하삼분지계(天下三分之計)

한편 조조는 칙명을 받자 대군을 이끌고 낙양에 입성하여, 폐허화된 낙양에서 허창(許昌)으로 헌제를 모셔갔고 천하에 호령하는 지위를 얻었다. 한때는 조조와 손을 잡고 싸웠던 유비이지만 날로 방자해지는 조조를 보자 그를 주멸할 계략을 세웠다. 그리고 연금상태나 마찬가지였던 유비는 허창에서 탈출하자 곧 서주(徐州)를 탈환했다. 그러나 조조의 대군에게 기습을 당하고 참패하여 형주(荊州)의 유표(劉表)에게 도망친다.

그곳에서 유현덕은 서서(徐庶)라는 이름의 지모에 뛰어난 사람을 만난다. 서서는 유현덕의 간청에 못이기어 와룡강(臥龍岡)에 은거하는 모사(謀士), 천하에 견줄 자가 없는 지략의 천재인 제갈공명(諸葛孔明)을 천거한다. 현덕은 서서의 말에 따라 곧 공명을 찾아갔지만 두 번씩이나 찾아가서도 만나지 못했는데 관우·장비의 만류를 뿌리치고 세 번째 공명을 찾아가는 것이었다.

　세 번째 찾아갔을 때 공명은 집에 있기는 했지만 낮잠을 자고 있는 중이었다. 현덕은 공명이 깨기를 기다리고 있었다. 화가 치민 장비는 공명의 집에 불을 질러서라도 그를 깨우려고 했다. 옆에 있던 관우가 장비를 말렸고 다시 한참을 기다렸다. 그리고 또 한식경이 지나서야 겨우 눈을 뜬 공명은 시를 한 수 읊조린 다음 돌아눕는다. 그리고,

　"어떤 속인(俗人)이 왔는고?"
라며 동자에게 물었다.

　"예, 유황숙(劉皇叔 : 유비)께서 오랫동안 기다리셨습니다."
　동자가 대답하자 공명은 일어나 동자를 나무랐다.
　"왜 얼른 깨우지 않았더냐? 옷을 갈아입고 나와야겠다."
　그는 안방으로 들어갔는데 또 한식경이 지나서야 의관을 정제하고 나타났다. 현덕이 보니, 공명은 키가 8척에 얼굴은 관옥(冠玉)처럼 하얗고 머리에는 파란 두건을 쓰고 있으며 몸에는 도사의 옷을 걸치고 있는데 마치 신선과 같았다.

　현덕이 재배하면서 입을 열었다.
　"한실의 후예, 탁군(啄郡)의 우부(愚夫)는 오래 전부터 선생님의 고명(高名)을 들어왔습니다. 지금까지 두 번을 찾아왔었는데 운이 나쁘게도 뵙지를 못했고 이름을 써놓고 돌아가곤 했습니다만 보셨는지요?"
　"이 남양(南陽)의 야인(野人)은 어리석기 짝이 없는데 여러 번 찾아오시니 심히 부끄러울 뿐입니다."
　두 사람은 인사를 나누고 각각 자리를 잡고 앉았다. 동자가 내온 차

를 마신 다음 공명이 입을 열었다.
 "지난번 써놓고 가신 편지를 읽어 보았습니다. 장군께서 백성들을 걱정하시는 마음은 충분히 알고 있습니다. 그러나 저는 아직 나이가 젊은데다가 재능이라고는 가진 것이 없습니다. 저에게 기대하지 마십시오."
 "사마덕조(司馬德操)님과 서원직(徐元直)님 등 두 사람에게서 들은 바 있습니다. 그분들이 거짓말을 했을 리 만무합니다. 바라건대 나를 버리지 말고 가르쳐 주십시오."
 "덕조·원직 두 사람이야말로 세상에서 뛰어난 인물들입니다. 저는 일개 농부에 지나지 않고요. 어찌 제가 천하의 일을 논할 수 있겠습니까. 그분들이 잘못 본 것입니다. 장군께서는 어찌 옥(玉)을 버리시고 돌을 구하려 하십니까."
 "대장부가 천하를 구하고 다스릴 재주가 있으면서 산야에 묻히어 허송세월을 해서야 되겠습니까. 바라건대 천하의 억조창생을 긍휼히 여기시어 어리석은 나를 좀 인도해 주십시오."
 그제서야 공명은 빙긋이 웃었다.
 "그러시다면 묻겠는데 장군의 뜻은……?"
 현덕은 좌우를 물리치고 무릎으로 다가가며 말했다.
 "한실의 적도들이 천명(天命)을 훔치고 있는 오늘날, 나는 내 힘이 모자라는 것도 돌아보지 않고 천하에 대의(大義)를 펴고자 합니다만 지력(智力)이 모자라서 아무것도 얻지 못하고 있습니다. 단지 선생의 힘에 의해 천하의 이 위난을 구해주시기 바랄 뿐입니다."
 "동탁의 반역 이후로 천하의 호걸들이 모두 일어난 와중에서, 조조는 그 세(勢)가 원소(袁紹)에 미치지 못하면서도 승리를 얻은 것은 단지 천시(天時)를 얻었을 뿐만 아니라, 사람들의 지모에 의한 것이기도 합니다. 이제 조조는 백만대군을 이끌고 천자를 옹위하면서 제후들에게 호령하는 지위에 있으니 그에게 대항할 자가 없게 되었습니다.

또 손권(孫權)은 강동(江東)에 있기를 벌써 삼대(三代), 천연의 요새를 확보하고 있는 데다가 백성들도 잘 따르고 있은즉, 우리 편으로 끌어들일지언정 맞서 싸울 상대는 아닙니다.

한편 형주(荊州)는 북쪽으로는 한수(漢水)와 면수(沔水)를 끼고 남해에 통하는 편리한 점이 있고, 동쪽으로는 오(吳)와 회계(會稽) 땅으로 통하며, 서쪽으로는 파(巴)·촉(蜀) 땅과 통하고 있으니 이곳이야말로 전략상 요지입니다. 다만 내로라하는 장수가 아니면 지켜낼 수가 없습니다. 이는 하늘이 장군에게 주신 것이라고 생각되는데 장군의 생각은 어떠십니까?

또 익주(益州) 땅은 요해로 둘러싸여 있고 넓디넓은 옥야(沃野)를 가진 천상(天上)의 나라라고도 하는 땅이며, 한고조(漢高祖)께서도 여기서 일어나시어 패업(霸業)을 이루셨습니다. 지금 그곳을 다스리고 있는 유장(劉璋)은 암약(暗弱)하여 땅은 부요하건만 백성들은 그것을 활용할 줄 모르고, 재능이 있는 선비는 명군(明君)이 나타나기를 갈망하고 있습니다.

장군께서는 황실의 후예이신데다가 신의(信義)가 사해에 널리 알려져 있고, 영웅들을 슬하에 거느리고 계시며 현인들을 애써 찾고 계시는데 만약 형주와 익주 땅을 치시어 그 요새지를 굳히시고 서남쪽의 번족(蕃族)을 회유하시되, 밖으로는 손권과 손을 잡으시고 내정을 확고하게 하시면서 천하에 변사(變事)가 일어나기를 기다리셨다가, 한 장수에게 형주 땅의 군사를 내주시어 낙양을 치게 하시고 장군께서는 몸소 익주의 군사를 이끄시면서 진천(秦川)으로 쳐들어가신다면 백성들은 기꺼이 장군을 맞아들일 것입니다. 이렇게 된 다음에는 대업(大業)도 이루시고 한왕실의 재흥도 이루시게 됩니다.

　"제가 장군에게 권하고 싶은 계획은 이상과 같은 것인데 장군의 뜻은 어떠십니까?"

그리고 동자에게 일러 한 축(軸)의 지도를 내오게 하고 그것을 방 가운데에 걸어놓은 다음 손가락으로 짚으면서 다시 설명해 나갔다.

　"이것은 서촉(西蜀) 54주(州)의 지도입니다. 장군이 패업을 이루시려고 생각하신다면 북쪽은 천시(天時)를 얻고 있는 조조에게 양보하시고, 남쪽은 지리(地利)를 얻고 있는 손권에게 양보하십시오. 그리고 장군께서는 인화(人和)를 얻으시도록 마음쓰셔야 합니다. 그러기 위해서는 먼저 형주 땅을 취하시어 발판을 만드시고 그후에 서촉을 취하시어 기초를 닦으시어 정족지세(鼎足之勢)를 이루신다면 이윽고 중원을 손에 넣으실 수 있을 것으로 생각됩니다."

이렇게 해서 공명으로부터 '천하삼분지계'를 얻은 유비는 공명에게 같이 손잡고 일하기를 간청했다. 공명도 유비의 성의에 감동하여 마침내 군사(軍師)의 직을 맡기로 했던 것이다.

적벽대전(赤壁大戰)
　그런 다음 유비는 병력 증강을 위해 민병을 모집했고, 공명의 지도 하에 신야(新野)에서 군사훈련에 힘썼다.

　한편 여포·원소 등을 격파하고 중원에서 패권을 차지한 조조는 이 소식을 듣자 유비를 단숨에 격파하기 위해 대군을 이끌고 진군했다. 유비는 공명의 계략을 채택하여 두 차례에 걸친 전투에서 승리를 거두었으나 중과부적, 강동의 손권과 손을 잡았다. 이렇게 해서 조조와 유비·손권의 양군은 적벽에서 장강(長江 : 양자강)을 사이에 두고 대결하게 되었다.

강동군의 대도독(大都督) 주유(周瑜)는 조조군을 격파하는 데는 화공(火攻)밖에 없을 것으로 생각했다. 그러기 위해 우선 노장(老將) 황개(黃蓋)에게 '고육지계(苦肉之計)'를 쓰게 하였다. 황개는 약속된 대로 장수들 앞에서 주유로부터 망신을 당하고 조조가 보낸 첩자를 역이용하여, 조조에게 편지를 써보냈다. 그것은 주유로부터 당한 망신을 보복하기 위해 조조에게 항복하고 조조의 힘을 빌어 주유를 치겠다는 내용의 편지였다. 그리고 이어서 강동군의 책사 방통(龐統)을 조조의 군단에 보내어 '연환지계(連環之計)'를 조조에게 헌책하도록 시켰다.

연환지계란 조조의 북방(北方) 군사들로서는 익숙하지 못한 선상생활(船上生活) 때문에 생긴 환자들을 위한다는 계책으로서, 군선(軍船)들을 쇠사슬로 묶어둔다는 것이다. 이렇게 하고 배 위에 널빤지를 깔면 마치 육지와 같아지므로 배멀미로 생기는 환자를 미연에 방지하고, 또 이 거대한 선단(船團)을 이끌면서 남쪽 강안(江岸)으로 나아가면 승리는 따놓은 당상이 아니겠느냐는 것이다.

이 '연환지계'에 대하여 조조의 막료 가운데는 화공을 받게 될 염려가 있다는 의견도 나왔지만 조조는 이 엄동(嚴冬)에 동남풍이 불 까닭이 없다며 일소에 붙이고 방통의 계책을 받아들였다. 이렇게 해서 고육지계와 연환지계가 모두 성공했는데 동남풍만은 어쩔 수가 없었다. 그래서 고민하고 있는 주유의 속마음을 꿰뚫어본 공명은 자신이 하늘에 기도하여 바람을 일게 하겠노라고 약속했다. 그리고 공명은 남쪽 강가에 가서 제단을 쌓고 목욕재계한 다음 하늘에 기도하기 시작했다.

한편 조조는 진중에 있으면서 제장(諸將)들과 군사회의를 하고 있었는데 황개로부터 연락이 오기만을 학수고대했다. 그런데 그날 불기 시작한 동남풍이 점점 세어지는 것이었다. 조조의 부장인 정욱(程昱)이 진언했다.

"오늘은 동남풍이 붑니다. 결코 방심해서는 안되겠습니다."

그러나 조조는 껄껄 웃었다.

"동지(冬至)는 일양래복(一陽來復)의 계절, 동남풍이 부는 것도 당연하오. 이상할 것 없소이다."

그때 병사가 달려오더니 강남에서 작은 배 한 척이 왔는데 황개의 밀서를 가져왔다고 보고했다. 조조는 어서 데려오라고 명했고 강남에서 왔다는 자가 한 통의 편지를 내놓았다. 편지에는,

'주유의 감시가 엄하여 탈출하지 못했었는데, 이번에 파양호(鄱陽湖)에서 새로 군량미가 도착했고, 제가 그 감시역을 맡았으므로 탈출할 기회를 잡았습니다. 강동의 명장 수급(首級)을 반드시 들고 가서 항복하겠습니다. 오늘 밤 이경(二更), 청룡기(靑龍旗)가 걸린 배가 바로 제가 타고 가는 배이니 착오없으시기 바랍니다.'

라는 내용이 적혀 있었다. 조조는 크게 기뻐하며 제장들과 함께 대형 군선 위에서 술을 마시며 황개의 배가 오기만을 기다렸다.

한편 황개는 세 번째 화선(火船)에 타자 홍배만 입은 채 칼을 비껴들고 '선봉 황개'라고 크게 쓴 깃발 아래 서있었다. 뒷바람을 받으면서 적벽을 목표로 하고 가노라니 동남풍은 점점 거세게 불어왔고 파도가 넘실거렸다.

조조는 본진에서 장강을 바라보고 있었는데 마침 달이 떠오르면서 달빛이 강물에 흩어지니 무수한 금색 뱀들이 파도 위에서 꿈틀거리는 것 같았다. 조조는 불어오는 바람을 맞으며 이제는 꿈이 이루어졌음을 흐뭇해했다. 그때 한 병사가 손가락질을 하며 소리쳤다.

"강남에서 한 선단이 뒷바람을 받으며 다가옵니다."

조조가 망루에 올라가 확인하려는데 또 한 명의 병사가 달려와서

고한다.

"모두 청룡기를 세우고 있는데 그중 한 배에는 '선봉 황개'라고 쓴 큰 깃발이 보입니다."

"황개가 마침내 오는 거다. 하늘이 도우심이야!"

조조는 미소를 머금으면서 중얼거렸다. 배가 점점 가까이 온다. 그 선단을 노려보던 정욱이 말했다.

"저 배는 수상합니다. 우리 진지에 가까이 오도록 하면 아니됩니다."

"왜?"

"군량미가 쌓여 있다면 배는 빨리 달릴 수 없는데 저 배들은 속도가 아주 빠릅니다. 그리고 군량미를 실은 배치고는 물에 가라앉은 부분이 너무 없구요. 더구나 오늘 밤은 동남풍이 아주 심하게 불고 있는지라 저들이 화공이라도 가한다면 큰일입니다."

조조는 그제서야 깜짝 놀랐다.

"누가 나가서 저 배들을 가까이 못오도록 막으라!"

그 명령에 문빙(文聘)이 작은 배에 비호처럼 올라타고 수신호를 했다. 그러자 순시선 10여 척이 문빙의 배를 따른다. 배 이물에 선 문빙이 큰 소리로 외쳤다.

그 소리가 채 끝나기도 전에 화살이 날아왔고 문빙은 왼쪽 어깨에 그 화살을 맞았다. 그는 배 안에서 거꾸러졌다. 배 안은 온통 아수라장이 되었고 병사들은 앞을 다투어 도망가기 시작했다. 강동군의 배들은 조조군의 진지 바로 앞에까지 육박해 왔다.

그때다. 황개가 큰 칼을 한 번 휘두르니 앞쪽에 있던 배들이 배에 싣고 있던 섶에 일제히 불을 질렀다. 불길은 바람을 타고 거세게 타올랐고, 배는 쏜살같이 달렸다. 화염에 덮인 화선 20척이 조조군의 선단으로 돌진해 들어갔다.

조조의 수군들은 단숨에 불바다가 되었는데, 배들을 서로 묶어놓은 쇠사슬을 끊으려고 해도 끊을 사이가 없다. 그러니 배를 타고 도망칠 수가 없다. 사방에서 화시(火矢)가 날아드는가 했더니 이번에는 화선(火船)이 쇄도하여 그 일대가 온통 시뻘건 불바다가 되었고, 화염이 바람을 타고 너울거리며 천지를 붉게 물들인다.

조조는 도망치기 위해 육지 쪽을 바라보았다. 그러나 어느새 그곳에도 횃불이 곳곳에서 타오른다. 황개는 소용돌이치는 화염 속에서 조조를 찾으려고 동분서주했다. 조조는 체념한 채 강가로 뛰어내리려고 했는데 마침 장요(張遼)가 배 한 척을 저으며 다가와서 그를 구조했다. 조조는 겨우 10여명의 병사들을 이끌고 장요의 호위를 받으며 강가로 달아났다.

이렇게 해서 조조는 무수한 인마(人馬)를 잃고 구사일생으로 허창까지 도망쳤다.

사공명주생중달(死孔明走生仲達)

강동에서 퇴각한 공명은 형주 땅이 혼란에 빠진 것을 기화로 하여 그 땅을 빼앗고 촉(蜀) 땅에 침입할 발판을 만들었다. 현덕은 마침 촉 땅의 지도를 입수했으므로 형주의 수호를 관우에게 맡긴 다음, 마침내 촉 땅에 들어가 그곳 주인이 되었다. 이렇게 해서 위·오·촉 삼국 정립 시대를 맞게 된 것이다.

한편 조조는 위공(魏公)에 올라 제후의 자리를 확보하고 있었는데 마침내 건안(建安) 21년, 위왕(魏王)의 자리에 올라, 황위(皇位) 찬탈의 마음을 드러냈다. 이 소식을 전해 들은 유비도 한왕실의 정통을 지키기 위해 자립하여 한중왕(漢中王)이 되었다.

이듬해에 조조가 죽고 그의 아들 조비(曹丕)가 뒤를 이었는데 그 해가 저물어갈 때, 조비는 헌제에게 퇴위할 것을 강요하고 선양(禪讓)

형식을 취하여 스스로 위나라 제위(帝位)에 올랐다. 한(漢)나라는 이때 멸망한 것이다.

유비는 그 다음해에 자립하여 제위에 오르고 한왕조를 이었는데 이와 동시에, 앞서 관우를 죽인 손권에 대하여 복수전을 전개한다. 그러나 장비가 술에 만취하여 잠을 자다가 원한을 산 부하의 손에 목이 잘리는 사건이 터진다. 일시에 두 동생을 잃은 유비는 손권 공략에 박차를 가하지만 그 역시 화공을 당한 끝에 참패하고 말았다. 그리고 구사일생으로 백제성(白帝城)에까지 도망갔다. 그러나 여기서 병을 얻은 유비는 위나라 황초(黃初) 4년, 후사를 공명에게 부탁하고 눈을 감았다.

공명은 후방의 근심거리를 없애기 위해 여러 차례 남만(南蠻)을 정벌하고 마침내 북벌(北伐)의 길에 나섰다. 한때는 장안을 위협하는 태세였지만 마속(馬謖)의 실책에 의해 하는 수 없이 후퇴하고 말았다. 그 이후 거의 해마다 위나라를 위협해 보았지만 위나라 청룡(靑龍) 2년, 공명은 오장원(五丈原)에서 사마의(司馬懿 : 司馬仲達)와 대진하고 있던 중 병을 얻어 진중에서 세상을 떠났다.

사마중달은 공명이 죽고 촉군이 후퇴하는 중이란 정보를 접하자 즉각 촉군의 추격에 나섰다. 그런데 어느 산자락을 돌아갈 때, 그다지 멀지 않은 곳에 촉군의 군단이 보였다. 사마중달은 용감하게 뛰어나가는 말을 타고 달려나갔다.

그러자 산기슭으로부터 화시(火矢)와 돌덩어리가 날아오는 것을 신호로 하여 함성이 올랐다. 그리고 순식간에 촉군의 군단이 육박해 오는데 나무 사이로 펄럭이는 본진의 대기(大旗)에는 '촉승상(蜀丞相) 무향후제갈량(武鄕侯諸葛亮)'이란 글자가 뚜렷하지 않은가. 깜짝 놀라서 눈을 씻고 보니 군중에서 수십 명의 대장들이 사륜거(四輪車)

를 에워싸며 나타났다. 그 수레에 타고 있는 사람은 관건우선(綸巾羽扇) 도포흑대(道袍黑帶), 틀림없는 제갈공명이었다.

"공명이 아직도 살아있었단 말인가? 그것도 모르고 깊숙이 추격했으니 큰일났구나!"

사마중달은 서둘러 말머리를 돌리어 도망쳤는데 배후에서 강유(姜維)가 크게 꾸짖는다.

"적장 놈은 도망치지 말라! 너는 우리 승상의 계책에 이미 걸려들었어!"

그로부터 이틀 후, 그 지방 사람이 찾아와서 사마중달에게 귀띔해 주었다.

"촉군들은 골짜기 안으로 철수하자 심히 울었습니다. 공명은 역시 죽은 게 틀림없습니다. 그저께 수레에 타고 있었던 공명은 목상(木像)이었습니다."

"그래? 하지만…… 살아있는 사람일 경우에는 계략이라도 쓸 수 있겠거니와 죽은 자에게는 계략도 쓸 수 없지……."

사마중달은 탄식했다. 이때부터 촉나라 사람들은 '죽은 공명이 살아있는 중달을 쫓아 버렸다(死孔明走生仲達)'란 말을 유행시키게 되었다.

그리하여 촉나라 군단은 가까스로 본국에 돌아왔으나 암군(暗君) 유선(劉禪 : 유비의 아들)으로 인하여 촉나라는 날로 그 세가 쇠약해 갔다.

경원(景元) 원년, 사마중달의 아들, 사마소(司馬昭)가 대군을 이끌고 촉나라에 침공했고 이에 촉나라는 멸망했다. 그후 사마소의 아들 사마염(司馬炎)이 위나라 황제 조환(曹奐 : 조조의 손자)에게 퇴위할 것을 강요했고, 위나라 대신 진(晋)나라를 세웠다. 그리고 얼마 후 오

(吳)나라도 이 진나라에 항복하여 삼국 정립의 시대는 막을 내렸고 진나라가 천하통일을 했던 것이다.

《삼국지연의》 해설

《삼국지연의》의 작자인 나관중(羅貫中)은 이름을 본(本)이라고 했으며 관중은 자(字)이다. 호는 호해산인(湖海散人)이며 태원(太原) 사람이라고 하는데 원(元)나라 말기에 태어났다가 명(明)나라 초기에 죽었다는 것밖에 알려진 것이 없다.《삼국지연의》외에 현재까지 알려진 작품으로는《수당지전(隨唐志傳)》《잔당오대사연의(殘唐五代史演義)》《삼수평요전(三遂平妖傳)》 등이 있는데《수호전(水滸傳)》의 성립에도 참여한, 한 사람이라고 한다.

또 잡극(雜劇)《풍운회(風雲會)》《비호자(蜚虎子)》《연환주(連環珠)》 등 세 편의 작자이기도 했다.

그런데《삼국지연의》는 나관중 혼자서 쓴 창작은 아니다. 이미 당나라 때 삼국의 역사 이야기가 강석(講釋)의 재료로 사용되고 있었다는 기록도 있으며 또 송나라 때 강담(講談)의 재료로 이 삼국지 이야기가 〈설삼분(說三分)〉으로 불렸다. 이 〈설삼분〉은 상연물 중에서도 독립된 것으로 다루었고 민중들이 제일 즐기던 것이기도 했다.

그리고 원나라 시대에 들어서서는 상도하문(上圖下文)의《전상삼국지평어(全相三國志平語)》가 간행되었는데 이때 비로소 삼국지의 이야기는 이야깃거리에서 읽을거리로 변화했다. 나관중은 이《전상삼국지평어》라든가 근본이라고 할 수 있는 정사(正史)《삼국지》를 모태로 하여《삼국지통속연의(三國志通俗演義)》(약하여《삼국지연의》《삼국연의》라고 한다)를 써냈던 것이다.

《삼국지연의》의 현존하는 최고(最古)의 판본은 명나라 홍치연간(弘

治年間) 갑인년(甲寅年 : 1494년)과 가정연간(嘉靖年間) 임오년(壬午年 : 1522년)의 서문이 실려있는 24권 240절(節)의 것이다. 이것을 '홍치본(弘治本)'이라 부른다.

그후 여러 판본이 만들어졌는데 청나라 초기 사람인 모륜(毛綸)·모종강(毛宗岡) 부자에 의해 교정된 판본이 청나라 강희(康熙) 8년을 전후해서 출판되었으며, 그 이전의 판본들을 완전히 압도함으로써 그전 것들은 모두 자취를 감추게 되었다. 이것을 '모본(毛本)'이라고 한다.

모본은 그때까지의 여러 판본의 두 절(節)을 1회로 하여 240절을 120회로 고치고 또 상세한 평을 덧붙였다. 그 이후로는 '모본'만이 널리 유포되었다.

세설신어(世說新語)

위진(魏晋)의 전형기(轉形期)에 강렬한 개성과 갖가지 연기(演技)로 살아간 인간 군상(群像)으로 444년경에 이루어진 책이다.

남조(南朝)인 송(宋)나라 유의경(劉義慶)이 편집하고, 남조인 양(梁)나라 유효표(劉孝標)가 내용을 보충하는 한편 주를 단 것이 오늘날 전해온다. 위진시대 대표적 인물들의 일화를 모은 것으로서 옛날에는 《세설(世說)》 또는 《세설신서(世說新書)》라고 했었다. 〈덕행(德行)〉〈언어(言語)〉〈정사(政事)〉〈문학(文學)〉〈방정(方正)〉〈아량(雅量)〉〈식감(識鑒)〉 등 도합 36편으로 되어 있다.

《세설신어》의 주요 내용

그대는 내 친구가 아니다

관녕(管寧)과 화음(華歆) 두 사람이 밭에 나가서 채소밭을 갈고 있을 때 흙 속에서 번쩍이는 것이 튀어나왔다. 관녕은 괭이질을 멈추지 않으며 돌멩이나 기왓장이 나온 것 정도로밖에 생각하지 않았는데, 화음은 그것을 손에 들고 들여다보더니 휙 집어던졌다.

또 이런 일이 있었다.

두 사람이 거적 위에 마주앉아서 열심히 책을 읽고 있을 때 문앞으로 높은 벼슬아치가 탄 수레가 지나갔다. 관녕은 별로 신경도 쓰지 않고 있는데 화음은 책을 덮고 그 행렬을 구경하기 위해 달려나갔다.

관녕은 거적을 두 개로 쪼개어서 따로따로 깔아놓으며 화음에게 말했다.

"자네와 나 사이의 우정도 이것으로 끝장이 났네."(德行 第一)

둥지가 뒤집어졌는데……

공융(孔融)이 체포되자 조정 안팎이 모두 벌벌 떠는 판이었다.

단, 공융의 아들들만은 당시 큰아들이 9세, 작은아들이 8세로서 아직 어렸었는데, 두 아이 모두 평상시와 마찬가지로 소꿉장난을 하고 있었는데 조금도 두려워하는 모습이 없었다.

"바라건대 처벌은 나 한 사람으로 끝내주오. 저 내 두 아들의 생명은 보장해 줄 것으로 믿소."

공융이 포리(捕吏)들에게 부탁하는 말을 들은 두 아들은 이렇게 말했다.

"아버지, 둥지가 무너졌는데 그 속에 있는 알이 무사하겠습니까?"

이윽고 얼마 안되어 포리가 다시 나타났고 두 아들 모두 잡아갔다. (言語 第二)

면식(面識)을 얻고 싶으면……

장현(張玄)과 왕건무(王建武)는 그때까지 면식이 없었는데 마침 범여장(范予章) 집에서 우연히 만나게 되었고 서로 소개받았다.

그런데 장현은 자세를 고치고 옷매무새를 바로잡으면서 인사를 했건만 왕건무는 잠시 물끄러미 바라보기만 할 뿐, 상대하려고 하질 않았다.

장현은 불쾌한 빛을 띠면서 곧 자리에서 일어났다. 그러자 범여장이 말렸는데 그를 번의시킬 수는 없었다. 범여장은 장현이 가버리자 조카인 왕건무를 나무랐다.

"장현은 이 오(吳) 지방의 명사들 가운데서도 뛰어난 인물이다. 세상에서 받는 평판도 좋고……. 그런 식으로 대우하다니 대체 어찌 된 일이야!"

왕건무는 싱글벙글하며 대답했다.

"장현이란 분이 저의 면식을 얻고자 한다면 스스로 인사를 하러 왔어야지 않습니까."

범여장이 사람을 보내어 이런 이야기를 전하자 장현은 곧 의관을 정제하고 왕건무를 찾아왔다. 두 사람은 진지하게 마주앉아 술잔을 기울이고 담소했는데, 잠시 후에는 주객 모두 격의없는 사이가 되었다.(方正 第五)

기량(器量)의 우열이 정해지다

진(晋)나라 환공(桓公 : 桓溫)은 무장한 병사들을 숨겨둔 어떤 연회석에서 여러 조정 대신들을 초대하고, 이 기회에 사안(謝安)과 왕단지(王坦之)를 죽이려고 했다. 왕단지는 그런 눈치를 채고,

"어떻게 했으면 좋겠소?"

라며 사안과 상의했다. 사안은 안색 하나 바꾸지 않으면서 이렇게 말했다.

"겁먹지 마오. 진왕실(晋王室)의 존망은 우리 두 사람의 행동에 달려 있소이다."

두 사람은 함께 환온 앞으로 나아갔다. 왕단지의 표정에는 공포에 떠는 모습이 역력했다.

한편 사안은 앞으로 걸어나감에 따라 점점 더 여유있는 모습을 보이더니 좌석에 앉자 군사들이 복병해 있던 돌계단 쪽을 바라보며 '낙

하서생지영(洛下書生之詠)'을 노래부르며 '호호(浩浩)한 홍류(洪流)'라고 읊었다.

환온은 그 당당한 기백에 그만 압도되어 군사들을 물렸다. 그때까지 왕단지와 사안을 평가하되 그 명성을 같게 보았지만 이 일로 인하여 비로소 우열이 정해졌다.(雅量 第六)

인물의 품평(品評)

여남(汝南)의 진중거(陳仲擧)와 영천(潁川)의 이원례(李元禮) 중 어느 사람이 더 우수한지, 사람들은 그 공적과 덕행을 이것저것 논했는데 어느 쪽으로도 결정이 나질 않았다. 그러던 차에 채백개(蔡伯喈)란 사람이 나타나서 이렇게 단언하는 것이었다.

"진중거는 윗사람을 간(諫)하는 데 뛰어나고, 이원례는 아랫사람을 통솔하는 데 뛰어나지. 윗사람을 간하기는 힘들지만 아랫사람을 통솔하기는 그래도 쉬운 법이야."

이 말에 의해 진중거는 삼군(三君) 아래에 랭크되었고, 이원례는 팔준(八俊) 위에 랭크되었다.(品藻 第九)

풍채 콤플렉스

위(魏)나라 무제(武帝 : 조조)는 흉노(匈奴)의 사자(使者)를 인견하고자 했는데 자신의 풍채가 보잘것없어서, 먼 나라에 위풍을 떨칠 수 없을 것이라는 생각 끝에 신하인 최계규(崔季珪)를 대신 보내고, 자신은 칼을 차고 어상(御牀) 한쪽에 서있었다. '그리고 인견이 끝난 다음, 간첩을 보내어,

"위왕은 어떻습디까?"

라며 흉노 사자에게 묻도록 명했다. 그러자 그 사자는,

"위왕의 모습은 실로 당당해 보였소. 그러나 어상 한쪽에 칼을 차

고 서있는 사람이 영웅 같습디다."
라고 대답하더라고 보고했다. 무제는 이 보고를 받자마자 곧 추격병을 보내어 흉노의 사자를 죽이고 말았다.(容止 第十四)

진인(眞人)의 휘파람

완적(阮籍)이 입을 오므리고,
"휴우!"
하며 숨을 내쉬자 수백 보 앞에까지 울려퍼졌다. 어느 때 소문산(蘇門山) 산속에 바람처럼 진인(眞人 : 仙人)이 모습을 나타냈는데, 이 일이 나무꾼들 사이에서 이야깃거리가 되었다.

완적이 그곳으로 곧 달려갔다. 그곳에서는 과연 한 사나이가 바위 한쪽에 무릎을 꿇고 앉아 있었다. 완적은 봉우리를 끼고 올라가서 그 사나이에게 다가가자 마주앉았다.

그리고 그는 위로는 황제(黃帝)·신농(神農)의 유현한 도(道)로부터 아래로는 하(夏)·은(殷)·주(周) 3대에 걸친 성덕(盛德)의 미(美)에 이르기까지 태고의 정치상황을 도도하게 논하고 의견을 물었다. 상대방은 몸 한번 까딱하지 않고 아무런 반응도 보이지 않았다.

그래서 이번에는 화제를 바꾸어 방외(方外)의 세계사라든가 서신도기(棲神導氣)의 술(術)에 대해서 의견을 제시하고 반응을 지켜보았다. 그러나 상대는 역시 허공을 응시하고 있는 채 돌아보지도 않는다.

그때서야 깨달은 완적은 상대방을 노려보면서 입을 오므리고,
"휴우!"
길게 숨을 내쉬었다. 사나이는 비로소 싱긋 웃으며 입을 열었다.
"좀더 길게 해보시오."
그래서 다시 한번,
"휴우!"

하며 아주 길게 숨을 내쉬었다. 그랬더니 어쩐지 자기도 만족감이 들었다.

완적은 돌아오는 길에 산중턱에서 걸음을 멈추고 있었는데 문득 머리 뒤쪽에서,

"휴우!"

소리가 들려왔다. 그것은 마치 피리를 불고 북을 두드리는 묘한 멜로디처럼 사방 숲과 골짜기로 울려퍼졌다. 뒤돌아보니 아까 그 사나이가 입을 오므리고 숨을 길게 내뿜는 것이었다.(棲逸 第十八)

비록 첩의 몸이긴 하지만……

촉(蜀)을 평정한 환선무(桓宣武 : 桓溫)는 그때 손에 넣은 이세(李勢 : 蜀王)의 여동생을 첩으로 삼아 평소 서재 속에 살게 하고 총애했다. 공주(公主 : 환온의 妻, 南康長公主)는 처음에는 이런 사실을 몰랐었는데, 그말을 듣자마자 칼을 들고 궁녀 수십 명과 함께 그녀를 잡아 죽이러 갔다.

마침 그때 이씨는 머리를 감고 있었다. 탐스러운 머리가 온통 바닥에 깔려 있고 피부는 옥처럼 빛나고 있었다. 그녀는 안색 하나 변하지 않으며 조용히 말했다.

"나라는 무너지고 집안도 망하여 빈 껍질 모양이 된 몸입니다. 만약 여기서 죽어간다면 그것이야말로 내가 소원하던 바입니다."

공주는 얼굴을 빨갛게 붉히며 그냥 돌아갔다.(賢媛 第十九)

예법을 무시한 사나이

완적(阮籍)은 어머니의 상중(喪中)이건만 진문왕(晋文王 : 司馬昭)이 베푸는 연석에 나타나 술을 마시고 고기를 뜯었다. 사예교위(司隷校尉) 하증(何曾)이 그자리에 있다가 문왕에게 고언(苦言)을

아뢰었다.

"전하께서는 효도를 기본으로 하시어 천하를 다스리고 계시옵니다. 하온데 완적은 상중임에도 불구하고 공식적인 주연에 나타나서 술을 마시고 고기를 먹고 있나이다. 이런 사람은 해외로 추방하여 풍교(風敎)를 바로잡으셔야 하옵니다."

그러자 문왕이 말했다.

"완적의 몰골을 보구려. 저처럼 심히 여위어 있소이다. 그대는 어찌하여 동정심이 그다지도 없는 게요. 그리고 병중이라면 술을 들고 고기를 먹어도 좋다는 것이 예법이 아니오."

그러는 동안에도 완적은 태연하게 먹고 마시기를 그치지 않았다. (任誕 第二十三)

방은 내 속옷

유령(劉伶)은 언제나 만취하여 분방하게 돌아다니곤 했다. 때로는 옷을 벗고 알몸으로 방안에 있곤 했다. 어떤 사람이 그 무례함을 꾸짖자 그는 태연히 말하는 것이었다.

"나는 천지가 내 집이고 방은 내 속옷이라고 생각하네. 자네는 어쩌자고 내 속옷 속에까지 들어온 거야?"(任誕 第二十三)

반역자를 속이다

어느 때 위무제(魏武帝 : 조조)는 이런 말을 했다.

"과인은 남이 과인에게 위해(危害)를 가하려고 하면 언제 어디서든 가슴이 두근거린다오."

그리고 어느 날, 점찍어 두었던 하급 관원을 불러놓고 은근히 말했다.

"칼을 숨기고 몰래 과인의 뒤로 돌아가거라. 그러면 과인은 가슴이 두근거린다며 너를 잡아서 처형토록 하겠다. 너는 그저 잠자코 있으면 돼. 목숨이 위태롭지는 않을 것이니까. 나중에 상을 후히 내리겠다."

이렇게 약속했다가 붙잡힌 그 하급 관원은 무제의 말만 믿고 조금도 걱정을 하지 않은 채 목이 달아나고 말았다.

좌우 신하들은 무제의 속임수에 완전히 넘어갔으며 그후로는 반역을 꾀하려는 자가 한사람도 없었다.(假譎 第二十七)

인색도 도가 지나치면……

화교(和嶠)는 천성적으로 꼼꼼한 사람으로서 자기네 집 과수원에 상등품 오얏이 익었을 때, 친구인 왕무자(王武子)가 그것을 좀 달라고 사정해도 불과 수십 개밖에 안주었다.

그래서 왕무자는 그가 숙직하러 간 틈을 타서 도끼를 들고, 식성 좋은 젊은이들과 함께 화교네 과수원으로 갔다. 그리고 오얏을 실컷 먹었다. 그런 다음 오얏나무 가지를 마구 잘라서 수레에 가득 싣고 화교에게 갖다주면서 물었다.

"자네네 오얏나무와 비교할 때 어느 쪽이 나은가?"

화교는 사실을 짐작하고 그저 쓴웃음을 지을 뿐이었다.(儉嗇 第二十九)

《세설신어》의 명언집

등용문(登龍門)

용문(龍門)은 황하 상류에 있는 급류(急流)의 이름이다. 그 용문을 거슬러 올라간 잉어는 용이 된다고 전해졌는데, 영달로 오르는 관문에 비유된다.(德行 第一)

포류지질(蒲柳之質)

포류는 갯버들이며 허약한 체질에 비유한다. 동진(東晉)의 간문제(簡文帝)를 섬기던 고열(顧悅)의 말에, '포류의 모습은 가을을 바라며 떨어지고(蒲柳之姿 望秋而落) 송백의 질(質)은 서리를 겪고 더욱 무성하다(松柏之質 經霜彌茂)'라 하였다.(言語 第二)

현하지변(懸河之辯)

대하(大河)의 물을, 제방을 잘라서 떨어뜨리는 것처럼, 엄청난 흐름을 비유하는 말로서 막힘이 없는 논의의 형용. 서진(西晉)의 청담가(淸談家)인 왕연(王衍)이 곽상(郭象)의 논의에 대해서 평한 말이다.(賞譽 第八)

군계일학(群鷄一鶴)

무리에서 뛰어날 만큼 훌륭한 것을 이르는 형용. 원문은 '혜연조(嵇延祖:嵇紹) 탁탁(卓卓), 야학재계군(野鶴在雞群)'이다.(容止 第十四)

규방지수(閨房之秀)

규방은 부인의 방, 침실이다. 전(轉)하여 부인이란 뜻이 되었다. 재학(才學)과 함께 훌륭한 여성을 뜻한다. 동진(東晉)의 이부상서(吏部尙書)인 장현지(張玄之)의 여동생에 대한 형용이다.(賢媛 第十九)

《세설신어》 해설

《세설신어》가 배경으로 하고 있는 위진시대(魏晉時代:220~420년)는 당시의 사대부 지식인들에게 있어, 굉장한 수난의 시대였다. 내부로는 제위(帝位) 찬탈의 투쟁이 이어졌고, 외부로는 북방 이민족의 침입이 창궐하여 부득이 강남 땅으로 민족 대이동을 해야 하는 등 그 혼란상은 춘추전국시대의 동란에 못지않았던 것이다.

권력을 수중에 넣은 새 지배자는 여론을 형성해 나가는 데 영향을 끼치는 지식인층을 자기 진영으로 끌어모으기 위해 갖가지 수단을 동원했다. 동시에 이런 움직임에 반항하고자 하는 지식인들의 일거수일투족에도 눈길을 곤두세우고 있었다.

한편 지식인들도 이러한 갖가지 억압을 벗어나서 굳세게 살아갔다. 때로는 반항하는 직접적 행동으로 나오고, 때로는 예법을 무시하고 기묘한 행동을 했다.

'죽림칠현(竹林七賢)'으로 대표되는 탈속적(脫俗的) 행위는 지극히 유동되는 상황 속에서 견디어 내기 위한 '연기(演技)'에 지나지 않았다. 물론 그 형식이야 다르지만 권력자들도 '연기'를 몸에 익히어 지배권을 확립코자 했다.

《세설신어》는 이처럼 혼미한 시대에 생존을 걸고 여러 가지 '연기'를 연출한 갖가지 개성을 발휘한 대표적 인물의 에피소드를 집대성한 것이며, 이른바 위진(魏晉)의 풍격(風格)이 어떠했던 것인지를 구체적으로 리얼하게 전해주고 있다.

여기에 모은 에피소드들은 모두가 반드시 사실이 아니라고 하지만 상당히 많은 사실을 전해주고 있으며, 사료적(史料的) 가치로서뿐만 아니라 문학작품으로서도 뛰어난 완성도를 보여주고 있다. 이해하기 쉬운 단문(短文) 형식으로서 뉘앙스가 풍부한 여러 가지 에피소드가 실려 있어서 씹으면 씹을수록 맛이 있는 표현들이다.

그뿐 아니라 여기에 그려져 있는 인간상(人間像)은 복잡하고 굴절된 성격과 심리를 갖추고 있어서 우리 현대인들에게도 단순한 흥미 이상의 생생한 교훈을 주고 있다. 후대의 중국인 사대부들의 인격 형성에 어떤 종류의 영향을 주었다는 말도 결코 헛된 말은 아니다.

근대 중국에서도 루쉰(魯迅)의 유명한 강연인 '위진시대의 기풍 및 문장과 약(藥)과 술의 관계'에서 볼 수 있듯이 위진시대에 대한 관심은 높다. 근대 중국 지식인의 조형(祖型)을 아는 데도 귀중한 고전(古典)의 하나이다.

수호전(水滸傳)

갖가지 통쾌한 무용담으로서 영웅들이 비극으로 막을 내리는 웅대한 구성의 로망으로 1510년경에 이루어졌다는 책이다.

《수호전》은 크게 나누면 100회본과 120회본, 그리고 김성탄(金聖嘆)의 70회본 등 세 가지로 나눌 수 있다. 100회본과 120회본의 차이는 전고(田尻)·왕경(王慶) 토벌의 항(項)이 있느냐 없느냐 외에 삽입된 시사(詩詞)가 크게 다르다. 70회본은 108명이 양산박(梁山泊)에 모이는 장면에서 끝맺는다.

《수호전》의 주요 내용

송(宋)나라 휘종(徽宗) 선화연간(宣和年間 : 1119~1125년), 채경(蔡京)·동관(童貫)·고구(高俅)·양전(楊戩) 등 네 명의 고관이 국정을 제멋대로 주무른다. 그런 악정하에서 갖가지 동기로 죄를 범하기도 하고 혹은 억울한 죄명을 쓰고, 몸을 의지할 데가 없는 불평분자들, 무뢰한들이 각각 관권에 반항하며 천하를 횡행한다. 이윽고 그들은 각지에서 모여 양산박에 소굴을 만들었다.

그 수는 108명 ──. 그들은 송강(宋江)과 노준의(盧俊義)를 총두령으로 삼고, 오용(吳用)과 공손승(公孫勝)을 군사(軍師)로 뽑았으며 이하 각각 직분을 정한 다음, '체천행도(替天行道 : 하늘을 대신하여 道를 행한다)'의 기치를 들고 크게 세를 떨쳤다. 동관이 이끄는 관군을 두 번이나 무찌르고, 고구가 이끄는 관군도 세 번이나 격퇴했다.

그러나 그후 천자의 초안(招安)을 받고 그들은 양산박을 버린 다음, 칙명에 의해 우선 북방의 요(遼)나라에 원정하여 요나라에서 항복을 받자, 다시 쉴 사이도 없이 전호(田虎)·왕경(王慶)·방랍(方臘)의 반란을 연이어 평정한다. 그들이 악전고투하는 사이에 108명의 태반은 전사하거나 병사하여 차츰 그 수가 줄어간다. 방랍을 토벌한 다음 도읍에 개선한 자는 불과 27명이었다.

그들은 그 공에 의해 각기 관직과 작위를 받았는데 반수쯤은 각자의 임지로 부임했지만 나머지 반수는 관직을 도로 바치고 야(野)로 돌아갔다. 이렇게 해서 최후까지 남았던 27명도 뿔뿔이 헤어지고 마는데 고구와 양전은 아직도 송강을 두려워하여 채경과 동관 등과 모계를 꾸미어 우선 송강의 오른팔격인 노준의를 독살한 다음, 다시 난폭한 이규를, 그리고 최후에는 송강까지 독살해 버리는 것이다.

이상이 이야기의 대략적인 줄거리이다. 전반(前半)에는 영웅호걸들의 용감한 반항이 그려져 있고, 천자의 초안을 받은 이후의 후반에는 그 비극적인 말로가 그려져 있다. 용감한 반항에 대한 대중들의 공감, 비통한 말로에 대한 대중들의 동정, 혹은 슬픔 ——.

이것이 봉건사회에서 대중들이 만들어 내는 영웅상(英雄像)의 전형적인 성격인데 《수호전》 또한 그런 영웅이야기에 다름아니다.

전체적으로 볼 때 전반의 각 영웅전은 《수호전》이라고 하는 대하(大河)에 있어 몇개의 지류(支流)와 같은 것이며, 그 대소 108개의 지류는 각각 흐름의 곡절을 거치면서 이윽고는 모여들어 하나의 대하가 되어 흘러가고, 그리고 소멸해 간다.

《수호전》은 그 흐름의 전체를 그린 것이며 대중들의 꿈과 슬픔을 반영한 영웅 비극인 것이다.
《수호전》에는 각종 판본이 있는데 대별하면 100회본과 120회본, 그리고 김성탄(金聖嘆)의 손에 의한 70회본 등 세 종류로 나뉘어진다. 그 120회본에 의해 이 이야기의 수원(水源)에서부터 하구(河口)까지의 구성을 더듬어 보자.

1. 제1회.
2. 제2회에서 제71회까지.
3. 제72회에서 제82회까지.
4. 제83회에서 제90회까지.
5. 제91회에서 제110회까지.
6. 제111회에서 제119회까지.
7. 제120회.

100회본에는 5의 '제91회에서 제110회까지'가 없다. 없다고 하기보다 이 20회분을 100회본에 증보하여 120회본이 만들어진 것이다. 따라서 100회본에서는 120회본의 '제111회에서 제119회까지'가 '제91회에서 제99회까지'가 되며, '제120회'가 '제100회'가 된다.

또 김성탄이 개작한 70회본은 100회본·120회본의 '제1회'를 '설자(楔子)'로 하고 '제2회에서 제71회까지'를 '제1회에서 제70회까지'로 했으며 그 이하를 잘라냈다. 그리고 그 대신 108명이 모두 참수형(斬首刑)을 받는다는 노준의의 꿈이야기를 덧붙이고 끝을 맺었다.

1. 제1회

송나라 인종(仁宗) 가우(嘉祐) 3년(1058년), 천하에 악질(惡疾)이 유행하더니 곳곳에서 창궐하매 조정에서는 악역 퇴치를 위한 대대적인 기도회를 열기로 했다. 태위(太尉) 홍신(洪信)은 칙사가 되어 강남 신주(信州)의 용호산(龍虎山 : 道敎의 大本山)으로 장천사(張天

師)를 모시러 갔다.

홍신이 험준한 산을 오르면서 호랑이와 큰 뱀을 만나는 등 고난 끝에 겨우 용호산에 오르기는 했으나 이때 장천사는 이미 구름을 타고 도읍으로 떠난 후였다. 홍신은 도사들의 안내를 받으며 경내를 구경했는데 마왕(魔王)들이 갇혀 있다는 복마전(伏魔殿)을 보자, 궁금증이 나서 도사들이 말리는 것을 뿌리치고 마침내 그 문을 열게 했다. 그러자 '홍을 만나 열린다(遇洪而開)'라고 새긴 돌판이 있었다.

홍신은 더욱 흥미가 나서 그 돌판을 파보게 했던바 깊은 구멍 바닥에서 웅성대는 소리가 나더니 이윽고 검은 연기가 피어오르면서 복마전의 한쪽 귀퉁이가 무너지는 것이었다. 검은 연기는 하늘 높이 치솟았고 무수한 금빛이 되더니 사방으로 흩어져 갔다. 그것은 이곳에 봉해져 있던 36개 천강성(天罡星)과 72개의 지살성(地煞星) 등 합쳐서 108의 마왕이었던 것이다.

2. 제2회에서 제71회까지

홍신이 복마전을 연 지 40여년 후인 철종(哲宗) 말년, 도읍에 고이(高二)라고 하는 무뢰한이 있었는데, 축국(蹴鞠)을 잘했기 때문에 철종의 동생인 단왕(端王)과 가까이 지내게 되었다. 이 사람이 고구(高俅)이다. 얼마 후 철종이 세상을 떠나고 단왕(端王:徽宗)이 즉위하자 고구는 일약 전수부태위(殿帥府太尉:근위부의 장관)에 승진했다.

한편 근위군 무예사범에 왕진(王進)이란 자가 있었는데 그의 망부(亡父)는 일찍이 고이(고구)와 봉술 시합을 했을 때 고이를 때려눕힌 적이 있었다. 고구가 이제 와서 그 원한을 풀려고 한다는 것을 안 왕진은 어머니와 함께 집을 버리고 연안(延安)으로 도망쳤다.

가까스로 화음현(華陰縣)에까지 도망쳐 왔을 때다. 하룻밤 묵어가기로 한 대지주의 집 아들이 온몸에 용의 문신을 하고 무예 연습을 하는데 이름을 물어보니 사진(史進)이라고 했다. 그집 주인은 왕진에게 사진의 무예 스승이 되어 주기를 청했다. 왕진은 그 청을 받아들이어 그집에 반년 남짓 체재하면서 사진에게 무예 십팔기(十八技)를 가르쳤다.

이 구문룡(九紋龍) 사진이 후일 양산박에 모이는 108명 가운데 최초의 등장인물이다. 사진은 왕진이 연안부로 떠난 다음, 가까이에 있는 소화산(少華山)에 산채를 만들어 놓고 도적의 수령 신기군사(神機軍師) 주무(朱武), 도간호(跳澗虎) 진달(陳達), 백화사(白花蛇) 양춘(楊春)(이상 세 사람도 나중에 양산박으로 들어온다) 등과 싸워서 생포하는데, 그들의 의협심에 감동되어 포승을 풀어주고 주연을 베풀어 주기까지 한 다음 산채로 돌려보낸다. 이 일로 사진은 그들과 친하게 지내는 사이가 된다.

어느 날 밤, 사진이 세 사람을 초대하여 주연을 열고 있는데, 밀고에 의해 이 사실을 안 화음현 현위(縣尉)가 3,4백 명의 병사들을 이끌고 사진의 집을 포위했다. 사진은 집에 불을 지르고 세 명의 두령과 함께 관군을 치면서 나가 소화산으로 도망간다. 세 사람은 사진에게 산채의 두령이 되어 줄 것을 청했으나 사진은 도둑이 될 수 없다며 연안의 경략부(經略府)에 있을 왕진을 찾아 산을 떠났다.

이윽고 위주(渭州)에 도착하여 찻집에서 쉬고, 왕진의 소식을 묻자, 그때 무관의 몸매를 한 뚱뚱하고 키가 큰 사나이가 뚜벅뚜벅 걸어들어왔다. 그는 제할(提轄)의 노달(魯達), 후의 화화상(花和尙) 노지심(魯智深)이었다.

이상은 제2회에서 제3회 전반부까지의 대략적인 줄거리이다. 제3회 이하 제9회까지는 노지심의 방약무인격인 활약이 이어진다. 그 사이 제6회까지는 노지심이 사진과 재회했다가 헤어지고, 제7회부터는 표자두(豹子頭) 임충(林冲)이, 제9회에는 소선풍(小旋風) 시진(柴進)

이 등장한다. 제9회 이후에는 노지심이 퇴장하는데 제17회가 되기까지는 나타나지 아니하며 그 대신 제7회에 등장한 임충이 이야기의 중심이 되어 제12회까지 활약한다.

그리고 제12회부터는 청면수(靑面獸) 양지(楊志)가 나타나는 식으로 이야기는 진전되어간다. 급시우(及時雨) 송강의 등장은 제18회부터이다. 즉 이야기는 주요 인물들의 각 전(傳)이, 다른 인물들과 얽히면서 엮어져 나가는데, 말하자면 대소(大小) 108개의 실이 교묘하게 짜맞춰지면서 마침내는 양산박으로 모여드는 그 이야기 풀이는 실로 교묘하다.

양산박에서 세(勢)를 집결시킨 108명은 땅속에서 파낸 돌판에 의해 자기네들이 108개의 별에서 태어났다는 것을 비로소 알게 된다. 108명의 전세(前世)는(엄밀히 나누기는 어렵지만), 무관(武官)이었던 자가 24명으로 제일 많고, 이어서 산채의 두목으로부터 좀도둑까지 합쳐서 도둑이 19명, 이하 거상(巨商)과 장사꾼 12명에 관리(주로 하급 관리)가 10명이다.

또 농민(지주계급) 6명에 배[船] 목수, 대장장이, 석공, 은세공업자 등 기술자가 6명, 건달과 깡패가 5명, 지식인, 부자, 어부가 각 3명, 도사, 사냥꾼, 나무꾼, 하인이 각 2명, 왕족, 거간꾼, 의사, 수의사, 도박꾼, 마부, 병사, 농부(소작인)가 각 1명으로서 그들의 태반은 무법의 난폭자들이다.

3. 제72회에서 제82회까지

양산박에 모여든 송강 등은 처음에는 동관이 이끄는 관군을, 그 다음에는 고구가 이끄는 관군을, 연거푸 격파했다. 그리고 마침내 초안(招安)을 받기까지의 전말을 이야기해 나가는데 먼저 휘종(徽宗)의 총애를 받고 있는 동경(東京 : 開封) 제1의 명기(名妓) 이사사(李師

師)와 송강, 소선풍 시진, 신행태보(神行太保) 대종(戴宗), 낭자(浪子) 연청(燕靑) 등 4명을 합침으로써 이야기의 단서를 열고 다시 이사사를 등장시키어 연청이 이사사를 가운데 두고 휘종과 만남으로써 이야기를 초안으로 결말짓는다. 그 구성에는 묘미가 있다.

초안을 받은 송강 등 108명의 처우에 대하여 고구는 일동을 속임수를 써서 성안으로 끌어들이고 모두 죽여 버리는 것이 국가를 위해 상책이라고 말하지만, 태위(太尉) 숙원경(宿元景)은 그들에게 요(遼)나라를 치게 하고 그 공로를 보아 후하게 대우해 주는 편이 국가를 위한 일이라고 말한다. 이렇게 해서 송강 등은 요나라 토벌에 나서는데 여기서부터 시작되는 통쾌한 무용담은 다시 그 일면을 유지하면서도 차츰 비극으로 돌아선다.

4. 제83회부터 제90회까지

요나라 토벌의 부분이다.

송강을 선봉으로 하고 옥기린(玉麒麟) 노준의를 부선봉으로 편성한 원정군은 단주(檀州)·계주(薊州)·패주(覇州)에서 요나라 군단을 격파하고 유주(幽州)로 쳐들어가서 요나라의 통군(統軍) 올안광(兀顏光)과 싸워 이를 토멸한 다음 야율휘(耶律輝)를 연경성(燕京城)에 몰아넣고 이를 포위했다.

그런데 요나라 우승상(右丞相) 저견(褚堅)이 채경·동관·고구·양전 등에게 뇌물을 보내고 화의를 청했기 때문에 정전하라는 조칙이 내려져 송강은 하는 수 없이 점령했던 여러 고을을 요나라에 돌려주고 개선길에 오른다.

돌아오던 도중, 화화상 노지심이 송강 등과 함께 오대산(五臺山)을 찾아 옛 스승 지진장로(智眞長老)를 만나고 각기 운명을 암시한 게(偈)를 받는다고 하는 삽화라든가, 또 연청(燕靑)이 그전부터 잘 알고 지냈던 허관충(許貫忠)을 만나 산속에 있는 그의 초막에 가서, 공성수명(功成遂名)한 연후에는 은퇴할 궁리를 하는 게 좋겠다는 조언을 듣는 등의 삽화는 전투 장면의 뒤에 애수의 그림자를 떨군다.

동경에 개선한 송강 등에 대하여 휘종은 그 노고를 치하하고, 특히 관작을 수여하도록 준비하라는 명령을 채경·동관 등에게 내렸으나 그들은 이 명령에 따를 생각이 없어서 이리 핑계 저리 핑계를 대며 날짜만 끌고 있는 동안에 하북(河北) 땅에서 전호(田虎)가 반란을 일으켰다.

5. 제91회에서 제110회까지

제100회까지의 10회는 전호 토벌, 제101회 이하의 10회는 왕경(王慶) 토벌이다.

전호 토벌에서는 전호가 고굉(股肱)으로 믿어오는 교도청(喬道淸)과 입운룡(入雲龍)·공손승(公孫勝)의 비술을 모두 동원하여 법술(法術)을 다투는 것이라든가, 전호의 처형인 낭리(郞梨)의 양녀 경영(瓊英)의 활약 등은 아주 재미있다. 교도청은 후일 송강군에 항복하고 공손승을 스승으로 모신다.

경영은 용모가 꽃과 같은 16세 처녀로서 돌팔매질의 명수이다. 왜각호(矮脚虎) 왕영(王英)은 경영과 단기(單騎)로 싸우다가 창으로 정강이를 맞았고 일장청(一丈靑) 호삼랑(扈三娘), 소위지(小尉遲) 손신(孫新), 표자두 임충, 흑선풍 이규, 양두사(兩頭蛇) 해진(解珍) 등등 호걸들도 연이어 이 경영의 돌팔매질로 부상을 당한다.

경영은 낭이의 친딸이 아니다. 10세 때 누군가에게 부모가 죽음을 당한 다음 줄곧 섭청(葉淸) 부부에 의해 키워졌는데, 전호가 반란을 일으켰을 때, 섭청 부부와 함께 반란군에 사로잡힌 것을 낭이가 데려다가 양녀로 삼았던 것이다.

섭청은 그후 경영의 부모를 죽인 자가 전호란 사실을 알고 옛주인의 원수를 갚기 위해 송강과 내통하고, 낭이가 독시(毒矢)를 맞고 의사를 찾고 있음을 기화로 하여 돌팔매질의 달인인 몰우전(沒羽箭) 장청(張淸)과 의사인 신의(神醫) 안도전(安道全) 등 두 사람을, 낭이를 속이고 그 수성(守城)으로 데려간다. 경영이 자기와 같은 정도로 돌팔매질을 할 수 있는 남자가 있으면 시집갈 생각을 하고 있다는 것을 안 섭청은 경영에게 장청과 팔매질 시합을 시킨 다음, 약혼을 시키고 네 명이 공모하여 낭이를 독살한다. 그리고 다시 송강의 군단과 손을 잡고 계략을 꾸미어 전호를 사로잡는다.

전호의 난을 평정하고 동경으로 개선하는 송강 등을 기다리고 있던 것은 채경 등의 음모였다. 채경 등은 송강을 실각시키고자 공모하고, 때마침 회서(淮西) 땅에서 반란을 일으키어 세를 불려 나가던 왕경의 토벌을, 개선 도중이던 송강에게 명한다.

제101회 후반에서 제105회 전반까지는 왕경이 반란을 일으키는 대목까지를 이야기하고 있다. 그 왕경을 토벌하러 가는 송강의 군단은 연전연승하고 마침내 왕경의 본거지인 남풍성(南豊城)을 함락시킨다. 진퇴양난이 된 왕경은 장강(長江 : 양자강)을 건너 도망치려고 어선을 타고자 했다. 그러나 사공에게 들켰고 수군(水軍)의 정장(正將) 혼강룡(混江龍) 이준(李俊)에게 사로잡히고 만다.

왕경 일파를 모조리 평정하고 동경으로 개선하던 도중, 송강은 완주(宛州)의 추림도(秋林渡)라는 선착장까지 왔을 때, 기러기가 열을 흐트리며 날아가는 것을 보고 이상하게 생각하여, 그 까닭을 물으니 낭자(浪子) 연청이 활을 쏘아 연속 수십 마리의 기러기를 잡았다는 것이다. 송강은 그말을 듣자 연청을 불러놓고 따졌다.

"기러기 무리가 열을 지어 가는 것은 서로가 서로를 부르면서 하늘을 날아가기 위함인데, 이는 마치 우리 형제들의 모습과 같다. 네가 그중 몇마리를 쏘아 떨어뜨린 것은 우리 형제 가운데 몇사람을 잃게 되는 일에 비유될 것임이야. 앞으로는 결코 이 인의예지신(仁義禮智信)의 오상(五常)을 범하는 짓, 곧 새를 쏘아 죽이는 짓은 하지 말라."

연청은 한마디도 없이 그 죄를 깊이 뉘우쳤다. 송강은 어쩐지 슬픔이 복받쳐 올라와서 눈에 띄는 것 모두가 슬프기만 했다. 이 삽화도 전투장면 뒤에 비애를 깔아, 송강 등의 운명을 암시하는 복선이다.

동경에 개선한 송강 등에 대하여 논공행상을 했다. 송강과 노준의에 대해서는 각각 보의랑(保義郎)·선무랑(宣武郎)이라는 하급 무임소(無任所) 벼슬이 내려졌는데 그밖의 제장(諸將)에 대해서는 아무 조처도 없었을 뿐 아니라, 채경 등의 모함으로 일동 모두 성밖에서 머물러 있으라는 명령을 받았다. 성안에 들어가는 것조차 금지당한 송강은 화를 냈다. 그것을 본 이규가 말했다.

"형님, 뭘 생각합니까? 양산박에 있을 때 우리는 그 어느 누구에게도 괄시받지 않았을 뿐 아니라 이런 봉변을 당한 일이 없습니다. 형님, 다시 양산박으로 들어갑시다. 양산박에 들어가기만 한다면 우리 세상일텐데……."

제장들 모두가 이규의 생각과 같았지만 송강의 속마음을 헤아리어, 입밖에 내지는 않았다.

때마침 강남의 도적 방랍(方臘)이 윤주(潤州)에 침입했고, 다시 양주(揚州)를 치려고 한다는 정보가 있었으므로 또 송강 등에게 그를 치라는 명령이 떨어졌다.

6. 제111회에서 제119회까지

송강 등의 군단은 윤주·상주(常州)·소주(蘇州)·선주(宣州)·호주(湖州)·목주(睦州)·수주(秀州)·항주(杭州)·흡주(歙州) 등지로 악전고투하며 진군하여 마침내 방랍의 본거지인 청계성(淸溪城)을 함락시켰다. 방랍은 깊은 산속으로 도망쳤는데 노지심이 생포한다.

방랍 일당을 평정한 송강 등은 개선의 장도에 올랐지만 이때 살아서 돌아온 자는 불과 36명 ―. 3분지 2의 장수를 이 싸움에서 잃고 만 것이다.

더구나 돌아오던 길에 항주 육화사(六和寺)에서 노지심은 대왕생(大往生)을 이루고, 목주 전투 때 한쪽 팔을 잃었던 불자(佛者) 무송(武松)은 출가하여 그 절에 머무른다. 또 임충도 중풍에 걸려 그 절에 남았고 양웅(楊雄)은 종기가 나서 죽었으며, 시천(時遷)도 곽란으로 죽었다. 연청은 편지 한 통을 남겨두고 어디론가 사라져 버렸다. 소주에까지 왔을 때는 혼강룡(混江龍) 이준(李俊)이 중풍에 걸렸노라고 거짓말을 하고, 출동교(出洞蛟) 동위(童威), 번강신(翻江蜃) 동맹(童猛) 형제와 함께 남았다가 후일 샴 땅으로 건너간다.

이렇게 해서 다시 9명을 잃고 동경에 돌아온 자는 27명 ―. 일동은 휘종을 알현했다. 휘종은 그들의 공로를 치하하고 각각 관작을 내렸다.

7. 제120회

결말이다.

27명의 호걸들은, 관작이 내려졌건만 그것을 그다지 좋아하는 빛이 없었다. 벼슬을 반납하고 야(野)에 묻힌 사람은, 일단은 임지에 부임했지만 칭병(稱病)하고 물러난 사람과 사령(辭令)을 박탈당한 사람을 포함하여 15명 ―. 나머지 12명 중 정장(正將) 5명, 즉 노준의, 이규, 송강, 화영(花榮), 오용(吳用) 등의 최후 이야기와 그들이 죽은 다음 휘종이 꿈속에서 양산박에 노닐며 송강 등과 만나는 이야기로 소설을 끝마치고 있다.

채경·동관·고구·양전 등 네 사람은 송강 등이 은상을 받고 각각 지방관으로 나간 것이 영 마음에 걸린다. 네 사람은 간계를 꾸미어 여주(盧州) 안무(安撫)로 나가 있는 노준의를 조정에 불러들이고, 음식 속에 수은을 넣어서 술과 함께 주어 취하게 만든다. 임지로 돌아가던 중 노준의는 몸이 말을 안듣게 되어 강물 속에 떨어져서 죽는다.

이어서 네 사람은 초주(楚州) 안무로 나가 있던 송강에게 칙사를 보내어 독주를 마시게 한다. 칙사가 돌아간 다음 송강은 윤주(潤州) 도통사(都統師)였던 이규에게 급사(急使)를 보낸다. 이규가 서둘러 달려오니 송강은 그에게 술을 권하여 취하게 한 다음,

"조정에서는 나에게 독주를 먹이기 위해 사자(使者)를 보낼 것인데 어찌하면 좋겠소?"

하고 묻는다.

"모반을 일으킵시다."

이규가 말하자 송강은,

"좀더 신중히 생각해 보고 거사를 합시다."

라고 말하더니, 이튿날 이규가 돌아갈 때가 되어서야 비로소 칙사가 가져온 독주를 이미 마셨노라고 털어놓았다. 그리고 자기가 죽은 다음에는 그대가 모반을 일으킬 것 같기에 그점이 두려워서 어제 술 속에 독을 타넣었다고 설명했다.

"그런즉 그대도 윤주에 가기 전에 독이 퍼져서 죽게 될 것이오."

송강은 말했다. 두 사람은 눈물을 흘리며 헤어졌고 각각 죽어갔다.

한편 무승군(武承軍) 승선사(承宣使)로 있던 오용과, 응천부(應天府)의 병마도통제(兵馬都統制)로 있던 화영은, 함께 꿈속에서 송강과 이규가 독살당하여 지금은 초주의 남문 밖 요아와(蓼兒洼)에 장사지내져 있다는 것을 알고 각각 요아와로 달려갔다. 그리고 너무 슬픈 나머지 함께 나무에 목을 매고 순사(殉死)했다.

휘종은 이 모든 일이 채경 등 네 사람의 간계에 의한 것임을 알았지만 도저히 손을 쓸 수가 없었다. 어느 날 이사사(李師師)의 집에 갔을 때 꿈속에서 양산박에 갔고 그곳에서 송강 등을 만나 이야기를 들었는데 휘종은 그들의 충의심에 감격한다.

그후 휘종은 태위숙(太尉宿) 원경(元景)의 진언에 따라 송강을 충렬의제령응후(忠烈義濟靈應侯)에 추봉하고 양산박에 사당을 건립했다.

'그후로 송공명(宋公明 : 송강)은 종종 영험을 나타냈는데 그곳 주민들은 사계절 동안 언제나 제사음식을 끊이지 않고 바쳤다. 양산박에서는 바람을 기원하면 바람이 불고, 비를 기원하면 비가 내렸다. 초주의 요아와에서도 또한 영험이 있어서 그 지방 주민들은 두 채의 큰 사당을 세우고 양랑(兩廊)을 만들었다. 그리고 천자에게 주청하여 편액을 하사받아서 걸었고 신상(神像) 36개를 정전에 만들어 세웠으며 양랑에는 72개의 장상(將像)을 세운 다음, 해마다 제사를 지냈는데 만민이 모두 그앞에 부복했다. 오늘날에 이르기까지 그 고적이 남아있다.'

이 긴 이야기는 이렇게 끝을 맺는다.

《수호전》 해설

송나라 휘종 선화연간(宣和年間 : 1119~1125년)에 송강 등 36명이 산동에서 반란을 일으키어 한때는 관군을 크게 괴롭혔지만, 그후 항복했다는 간단한 기록이 《송사(宋史)》에 세 군데 있다. 송강 등의 사건이 있은 지 얼마 안되어 이 이야기가 영웅설화로서 전설화(傳說化)되어, 널리 민중 사이에까지 퍼졌고 그것이 눈사람처럼 굴러가 방대한 설화가 된 점에는, 송강 등의 행동에 대한 민중의 큰 공감이 있었던 것으로 보인다.

  그 행동을 영웅시하고 그 행동에 갈채를 보냄으로써 민중은 통쾌감을 느꼈던 것이다. 즉 이 이야기를 뒷받침하고 있는 것은 부패한 관료정치에 대한 민중의 증오였다고 할 수 있겠다.

  수호 설화가 발생한 것은 북송(北宋) 말기부터 남송(南宋) 초(1127년~)에 걸쳐서인데 그것이 강석(講釋)이 되고 연극이 되어 이어져오는 동안에 이야기는 이야기를 낳아서 처음의 36명 외에 수다한 영웅호걸이 등장하게 된다. 그러다가 108명으로 정리되어 다종다양한 설화가 취사(取捨)됨으로써 현재와 거의 비슷한 형태의 《수호전》이 된 것은 명나라(1368년~) 초기이다.

  그 편자에 대해서는 혹은 시내암(施耐庵)이라고도 하고, 혹은 나관중(羅貫中)이라고도 하며 또는 시내암의 작품을 나관중이 개편한 것이라고도 하는데, 오늘날에 이르러서는 시내암의 작으로 보는 것이 정설로 되어 있다.

  시내암은 강소성 흥화현(興化縣) 사람으로서 원나라 말경 군웅 중 한 사람인 장사성(張士誠 : 1321~1367년)의 난에 참가했었다고 한다.

서유기(西遊記)

중국 사대기서(四大奇書)의 하나. 명나라 중엽, 오승은(吳承恩)의 작이라고 하는 구어소설(口語小說)로 1570년경에 이루어졌다는 책이다.

《서유기》는 100회본인데 ① 손오공(孫悟空)의 탄생, ② 현장삼장(玄奘三藏)의 활동(제9회), ③ 당나라 태종(太宗)의 지옥 순회(제10회, 11회), ④ 서천(西天:인도) 취경(取經)의 여행 등, 4부로 구성되어 있다. 손오공의 대활약으로 삼장법사 등 일행이 차례차례 요괴 등을 격파하고 인도에서 경전을 받아가지고 돌아오는 기상천외의 이야기이다.

《서유기》의 주요 내용

손오공 천계(天界)에서 소란을 떨다

옛날 동승신주(東勝神州) 오래국(傲來國) 화과산(花果山) 정상에 한 선석(仙石)이 있었다. 천지개벽 이래 정수(精髓)에 의해서 물기를 머금더니 어느 날 이 선석이 쪼개지면서 석원(石猿)을 낳았다. 석원은 수렴동(水簾洞)에 무리지어 있는 원숭이들의 왕이 되었고 미후왕(美猴王)이라 자칭했다. 그리고 날마다 제멋대로 굴던 어느 날, 불로장수의 선술(仙術)을 배우겠다며 여행에 나섰다.

그는 선인(仙人) 수보리조신(須菩提祖神)으로부터 '손오공'이란 이름을 지어 받고 열심히 수업을 쌓아서, 72반(般)의 변화술을 위시하여 자신의 털로 작은 원숭이로 변신시키는 신외신(身外身)의 법과 한번 재주를 넘으면 10만 8천 리를 나는, 근두운(觔斗雲)을 불러오는 술을 터득했다.

화과산으로 돌아온 손오공은 동해의 용왕으로부터 신축자재하는 여의금고봉(如意金箍棒)을 빼앗고, 다시 3백여년의 수명이 다하여 유명계(幽冥界)에 연행당하자 여의금고봉을 휘두르며 대소란을 벌였다. 그는 염마장(閻魔帳)을 가져오게 하고 거기에 기록되어 있는 이름을 말끔히 지워 버렸다.

상주문을 받고 사태의 심각성을 알게 된 하늘의 옥황상제는 장수를 보내어 손오공을 잡아오려고 했지만 태백장경성(太白長庚星)의 진언으로, 손오공을 천계에 소환하여 필마온(弼馬溫)을 시키기로 했다. 그러나 손오공은 필마온이 말을 지키는 낮은 신분임을 알게 되자 천계를 뛰쳐나와 제천대성(齊天大聖)이라고 잠칭(僭稱)한다.

마침내 옥황상제는 탁탑이천왕(托塔李天王)과 나타삼태자(哪吒三太子)를 파견하는데 도리어 얻어맞는다. 옥황상제는 격노했지만 태백금성(太白金星)의 진언으로 손오공을 무위무관(無位無官) 제천대성으로 천계에 머무르도록 한다.

얼마 동안 천계에서 놀기에 재미를 붙였던 손오공인데 반도원(蟠桃園) 관리를 명받고는 그곳에서 불로장수의 복숭아를 훔쳐먹은 것을 시작으로 하여 반도대회(蟠桃大會) 때 음식들을 모조리 먹어치우고, 태상노군(太上老君)의 금단(金丹)까지 훔쳐 가지고 하계로 도망쳤다. 그의 거듭되는 행패에 옥황상제는 크게 노하여 10만의 천병(天兵)을 파견하여 화과산을 포위했다. 그리고 구요성(九曜星)·사대천왕(四大天王)을 거듭 보내어 도전했으나 손오공은 백천(百千)의 손오공으로 변신하여 영격했으므로 승부가 나지 않았다.

관세음보살의 추천으로 마침내 현성이랑진군(顯聖二郎眞君)이 등장했다. 그와 손오공은 새로 변하고 물고기로 변하는 등 변환자재, 토지신의 사당으로까지 변신하며 비술(秘術)을 경합했는데 이윽고 손오공은 태상노군에게 금강탁(金鋼琢)을 뺏기고 진군에게 붙잡혔다.

그러나 손오공을 처형하려 했지만 칼도 창도 쓸모가 없다. 그래서 태상노군은 손오공을 금단(金丹)을 달이는 팔괘로(八卦爐) 속에 가두었다. 손오공은 연기 때문에 고생하다가 두 눈이 빨갛게 충혈되어 '화안금정(火眼金睛)'이 되었는데 그 팔괘로에서도 탈출하여 천계는 다시 수라장이 되었다. 옥황상제는 하는 수 없이 석가여래에게 손오공을 굴복시켜 달라고 의뢰했다.

여래는 손오공을 향하여 싱글벙글 웃으며 말했다.

"우리 내기를 하자. 네가 내 이 오른손 손바닥에서 뛰쳐나갈 수 있으면 네가 이긴 것으로 하겠다. 굳이 무기를 들고 싸울 필요도 없어. 네가 이긴다면 옥황상제에게 청하여 옥황상제는 서쪽으로 옮겨 가고 너에게 천계를 양보하라고 하겠다."

손오공은 그 내기를 받아들였다. 한번 재주를 넘으면 10만 8천 리나 갈 수 있는 손오공은 회심의 미소까지 지었다.

"좋소!"

손오공이 쾌히 대답하고 주문을 외자 한줄기 운광(雲光)이 보였고 어느 사이에 손오공의 그림자까지도 사라져 버렸다. 여래가 혜안을 부릅뜨고 살펴보니 손오공은 풍차처럼 바람을 일으키며 전진하고 있었다. 한편 손오공은 신나게 날아가다가 앞을 보았다. 그곳에는 살색깔을 한 다섯 개의 기둥이 서있는 것이었다.

"여기가 아무래도 하늘 끝 같구나. 돌아가서 여래의 보증을 받아 내가 천궁(天宮)의 영소전(靈霄殿)에 앉아야지."

신바람이 난 손오공은 그곳까지 왔었다는 증거를 남기기 위해 털을 한 개 뽑은 다음 진한 먹물을 찍은 붓으로 바꾸어 '제천대성 이곳에서 잠시 노닐다'라고 그 한복판의 기둥에 크게 썼다. 쓰기를 마치자 붓을 다시 털로 바꾸어 꽂고 황송하게도 첫째 기둥 뿌리에 소변까지 보았다.

손오공은 근두운을 불러 타고 순식간에 여래의 손바닥으로 돌아왔고 크게 소리쳤다.

"나는 하늘 끝까지 갔다 왔소이다. 어서 옥황상제에게 천궁을 내놓으라고 하시오!"

그러자 여래가 고함을 쳤다.

"이 오줌싸개 원숭이놈아! 네 놈은 내 손바닥을 벗어나지 못했었어. 네 아래쪽을 보아라!"

손오공이 화안금정을 번득이며 아래쪽을 살펴보니 여래의 중지(中指)에 '제천대성 이곳에서 잠시 노닐다'라고 쓰여 있었고 엄지 뿌리에는 원숭이 오줌 냄새가 아직도 나고 있었다. 깜짝 놀란 손오공은 몸부림을 치며 다시 도망치려고 했지만 여래가 손뼉을 치면서 손오공을 서천문(西天門) 밖으로 내쳤다. 그리고 다섯 손가락을 금(金)·목(木)·수(水)·화(火)·토(土)의 '오행산(五行山)'으로 바꾼 다음, 무난히 손오공을 그 밑에 가두어 두었던 것이다.

삼장법사, 서천(西天)으로 떠나다

손오공이 오행산에 갇혀 있기 무려 5백 년이 지났을 때는 당나라 태종(太宗)의 시대였다. 석가여래는 중생제도를 위해 동토(東土 : 중국)에 삼장의 진경(眞經)을 전하겠다는 생각으로 관음보살에게 긴고아(緊箍兒)를 들려 사자(使者) 탐방의 여행을 떠나게 했다. 대당국(大唐國) 장안(長安)에 들어간 관음보살은 태종이 개최한 수륙대회

(水陸大會)의 책임자로 선출된 유덕한 승(僧) 현장선사(玄奘禪師)를 만났다. 현장은 태종의 칙령으로 삼장법사(三藏法師)란 호를 받고 서토(西土)에 경을 구하기 위해 여행을 떠나게 되었다.

두 사람의 종자를 데리고 국경을 넘어, 쌍차령(雙叉嶺)에 들어간 삼장법사는 웅산군(熊山君)과 인장군(寅將軍)에게 종자들을 잡아먹히게 되자 홀로 오행산에 당도했다. 오행산 밑 돌에 눌려 있던 손오공은 그를 보자,

"스님, 저를 좀 꺼내 주십시오. 그럼 스님을 모시고 서천(西天)에까지 따라가겠습니다."

라며 사정했다. 삼장법사는 오행산 산마루에 붙어 있는 부적을 떼내어 손오공을 꺼내 주었고 손오공은 삼장법사의 제자가 되었다. 종자로 따라가는 손오공은 노상강도를 타살하여 곧 삼장법사의 위기를 구해주는데, 살생을 금하는 삼장법사는 손오공의 머리에 긴고아를 씌우고 말았다.

둘이서 타반산(蛇盤山) 응수간(鷹愁澗)이란 골짜기까지 오자 용이 백마(白馬)를 잡아먹고 있었다. 이 용은 관음보살의 명을 받고 기다리고 있던 참이었다. 용은 그자리에서 백마로 화하여 삼장법사를 태우고 서천으로 향했다.

다음으로 오사장국(烏斯藏國 : 티베트)의 고로장(高老莊)까지 오자, 요괴를 사위로 맞아들이어 곤경에 처한 집에서 묵었다. 내막을 들으니 이 요괴는 귀가 길고 코도 긴 데다가 대식가여서 마치 돼지와 같다는 것이었다. 그 전생은 은하수의 천봉원수(天蓬元帥)였는데 벌을 받고 하계에 떨어질 때 착오로 인하여 돼지의 배 속에서 태어난 저팔계(豬八戒)이다.

손오공을 상대로 하여 살이 아홉 개 달린 써레를 들고 싸웠지만 견디어 내지 못하고 삼장의 제2 제자가 되었다. 이윽고 유사하(流沙河)

까지 오자 목에 아홉 개의 해골을 걸고 머리를 풀어 산발한 요괴와 만났다. 이것이 사오정(沙悟淨)으로서 영소전(靈霄殿)의 권렴대장(捲簾大將)이었는데 죄를 짓고 이 유사하에 유배되어 있었다. 저팔계를 상대로 물속에서 크게 싸웠지만 승부가 나지 않을 때 관음보살의 명령으로 귀순하여 삼장법사의 제3 제자가 된다. 이렇게 해서 삼장법사의 일행 전원이 갖추어졌고 그들은 고난에 찬 구경(求經)의 여행을 계속하는 것이었다.

손오공, 살생을 하고 추방되다

여행을 계속하던 일행은 백호령(白虎嶺)이라고 하는 높은 산에 당도했다. 손오공이 음식을 구하러 간 사이에 미녀로 변신한 요괴가 온갖 교묘한 말로 삼장 일행을 유혹했다. 근두운을 타고 돌아오던 손오공은 그 미녀를 보자, 한눈에 그 정체를 간파하고는 잡담제하고 덤벼들었다. 요괴도 보통이 아니었다. 그는 해시법(解屍法)을 써서 가짜 시체를 눕혀놓고 도망쳤다.

삼장법사는 깜짝 놀라며 손오공을 나무랐다.

"이유도 없이 사람을 죽이다니!"

그때 저팔계도 옆에 있다가 손오공을 힐문했는데 삼장은 긴고주(緊箍呪)를 외어 손오공을 괴롭혔다. 손오공은 사과했다. 그래서 한차례는 화해가 되었는데 요괴가 이번에는 노파로 변신하여 나타났다. 손오공은 요괴에게 일격을 가했고 이번에도 요괴는 시체를 남겨놓은 채 언덕 아래로 도망치더니 노인으로 변신하고 있었다.

손오공은 토지신을 불러내어 감시토록 하는 한편 마침내 그 요정을 타도하니 요괴는 요정의 영광(靈光)을 뿜으며 한 개의 백골이 되고 말았다. 그 백골 위에는 이름이 쓰여 있었으므로 백골부인이란 사실을 알게 되었다. 삼장은,

"역시 요괴였었구나."
라며 중얼거렸지만 저팔계는 또,
"손오공 형은 분명 살인을 했습니다. 스님의 눈을 속이기 위해 시체를 일부러 이런 꼴을 만들어 놓은 것입니다요."
라며 중상했다. 삼장법사는 화가 나서 손오공을 파문하고 말았다. 변명이 안통할 것을 안 손오공은 삼장법사에게 재배하고 눈물을 흘리며 화과산으로 돌아갔다.

한편 길을 재촉하던 일행은 숲속에서 헤매다가 삼장법사는 보탑(寶塔)의 요괴인 황포괴(黃袍怪)에게 붙잡혔는데 보상국(寶象國) 공주(요괴에게 붙잡혀온 부인으로 되어 있다)의 계략으로 풀려나왔고, 보상국 왕을 배알한 자리에서 사정과 형편을 적은 편지를 바쳤다. 사태를 알게 된 국왕은 곧 저팔계와 사오정에게 명하여 요괴를 퇴치케 했으나, 손오공이 빠진 그들로서는 요괴에게 당할 수가 없었고 도리어 사오정은 붙잡힌 몸이 되고 말았다.

한술 더 떠서 요괴는 선비로 변신하고 보상국에 들어가 삼장법사야 말로 공주를 습격하고 당승(唐僧)을 잡아먹은 호랑이의 화신이라고 국왕에게 말하는 한편 물을 끼얹어서 삼장법사를 호랑이로 변신시켰다. 주인인 스님이 고난을 당하고 있음을 안 백마는 원래의 소룡(小龍)으로 화하여 과감하게도 요괴에게 도전했으나 부상을 당하고 도망쳐 왔다. 그때 저팔계가 터벅터벅 돌아왔다. 도망칠 궁리만 하고 있는 저팔계에게 백마가 눈물을 흘리면서 설득하자 저팔계는 하는 수 없어서 화과산으로 손오공을 데리러 갔다.

저팔계는 주저하는 손오공을 교묘한 말로 설득했고 마침내 둘이는 보탑까지 돌아온다. 손오공은 먼저 사오정을 구해내고 자신은 공주로 변신하여 요괴인 황포괴를 기다리고 있었다. 보탑으로 돌아온 요괴는 그것이 손오공인 줄도 모르고, 눈물짓고 있는 공주에게 소중한 비밀

을 털어놓았다. 그러자 한 손으로 얼굴을 살짝 문질러 본성을 나타내 보인 손오공은,

"변해라!"

고 외쳤다. 그순간 삼면육비(三面六臂)의 모습으로 변했고 여의금고봉 세 개를 휘두르면서 요괴의 부하들을 모두 죽였다. 속은 줄 알고 덤벼드는 요괴와 싸우기 5, 60합, 좀처럼 승부가 나지 않았는데, 마침내 '엽저투도(葉底偸桃)'의 자세로 요괴를 무찔렀다.

그런 다음 공주를 안고 축지법을 써서 궁궐로 돌아온 손오공은 호랑이 모습으로 변해 있는 삼장법사를 본모습으로 바꾸어 놓았다. 제정신을 찾은 삼장법사는 손오공에게 고맙다는 말을 연거푸 하면서,

"훌륭한 제자로다. 수고했어. 서방에서 볼일을 끝내고 동토(東土 : 중국)로 돌아가면 훈공 1등으로 상주할 것이야."

라고 말하니 손오공도 웃으면서 다시 일행에 가담했다.

연하여 난을 당하고 손오공은 크게 활약하다

이어서 서쪽으로 여행을 계속하는데 소나무 높은 가지에 어린아이가 매달려 있었다. 그것이 요괴라는 것을 재빨리 알아차린 손오공은 거들떠보려고도 하지 않았지만 삼장법사는 불쌍히 여기어 그것을 구해 주었다. 이 요괴야말로 지난날 손오공과 의형제를 맺었던 우마왕(牛魔王)의 아들인 홍해아(紅孩兒)였다. 홍해아는 삼장법사의 살을 떼어먹으면 연수장생(延壽長生)할 수 있다는 것을 알고 대기하던 참이었다.

엄살이 통하지 않을 것이라고 간파한 홍해아는 공중에서 일진의 선풍을 일으키더니 순식간에 삼장법사를 납치하여 화운동(火雲洞)으로 사라졌다. 한편 손오공은,

"우리 스님은 남의 말을 듣지 않다가 이번에도 스스로 끌려가는 신

세가 되었어. 나도 이제는 더이상 구출해 낼 수 없다구."
라며 일행의 해산을 선언했는데 저팔계도 찬성했다. 그러나 사오정의
만류로 생각을 돌리기로 했다. 손오공은 저팔계와 함께 고송간(枯松
澗) 화운동으로 향했다. 그러나 홍해아가 계속 오륜소차(五輪小車)에
서 뿜어대는 화염 때문에 가까이 다가갈 수가 없었다.

손오공은 동해의 용왕에게 구원군을 요청하고 다시 요괴에게 덤벼
들었다. 손오공의 신호에 따라 용왕 휘하에 있는 수족(水族)들이 요
괴를 향하여 일제히 물을 뿜었는데 이 요화(妖火)는 보통 불이 아닌
지라 꺼질 리가 만무했다. 손오공은 마침내 연기에 휩싸여서 기절하
고 말았다.

사오정과 저팔계의 간호로 정신을 찾은 손오공이지만 만신창이가
되어 움직일 수가 없다. 하는 수 없어, 관음보살의 구원을 청하기 위
해 저팔계를 보냈는데 멍청한 저팔계는 홍해아의 계략에 넘어가 붙잡
히고 만다. 그래서 손오공은 아픈 몸을 무릅쓰고 관음보살에게 구원
을 청하러 가기 위해 근두운을 타고 떠났다.

관음보살은 큰 바다의 물을 모두 거둬다가 보주(寶珠)로 장식한 정
병(淨瓶)에 담아가지고 가서 홍해아를 단번에 굴복시키고 삼장과 저
팔계를 구출해 냈다. 이렇게 해서 홍해아는 관음보살의 제자 선재동
자(善財童子)가 되었던 것이다.

일행은 다시 여행을 계속하여 '대안(對岸)'까지는 대략 8백 리. 예로
부터 여기를 건넌 사람은 드물다'고 하는 통천하(通天河)에 이르렀다.
하룻밤 묵고 갈 집을 구한 진가(陳家)가 영감대왕묘(靈感大王廟)에
지내는 제사에 사람을 제물로 바칠 차례라는 말을 들은 손오공과 저
팔계는 동남동녀로 변신하고, 바쳐질 동남동녀를 대신하여 괴물과 싸
웠지만 그 괴물을 놓치고 말았다.

다음날 아침, 일행이 눈을 뜨자 계절에 어울리지 않게도 혹독한 추

위가 엄습했다. 통천하도 꽁꽁 얼어붙어 있어서 강 건너로 그 얼음을 타고 짐을 운반하는 사람까지 보일 정도였다. 여행을 서두르던 삼장법사는 진가의 노인들이 말리는 것도 뿌리치며 얼음 위를 건너기 시작했다. 그리고 강심(江心)에까지는 무사히 왔는데 돌연 얼음이 갈라지면서 삼장법사는 물속에 빠졌고 괴물에게 붙잡히고 말았다. 강물을 결빙시켜 놓고 대기하던 괴물의 함정에 빠지고 만 것이다.

수중전에 서투른 손오공은 저팔계와 사오정에게 싸움을 맡기고 괴물이 강가에 나오기를 기다렸다가 해치우겠다는 계책을 세웠지만, 성질이 급한 손오공은 괴물이 미처 강가에 올라오기도 전에 몽둥이질을 했다가 그만 놓치고 만다. 저팔계와 사오정의 힘으로는 이 괴물에게 이길 수가 없다.

손오공은 마침내 관음보살의 법력(法力)을 또 빌리기로 한다. 관음보살은 비단 띠를 풀어 대바구니에 맨 다음 반짝반짝 빛나는 금붕어를 잡아올렸다. 괴물의 정체는 바로 이 금붕어였던 것이다. 이때의 상황을 그린 것이 후세에 전해오는 어람관음상(魚籃觀音像)이다. 이리하여 삼장법사 일행은 통천하의 원 주인인 늙은 거북의 등에 타고 강을 무사히 건넜다.

우마왕(牛魔王), 손오공을 크게 괴롭히다

세월은 유수와 같이 지났고 일행은 불길이 타오르는 화염산(火焰山) 난소(難所)에 당도했다. 앞길을 저지당한 일행은 어떻게 해서든 이 불길을 잡지 않으면 안된다. 그곳 노인으로부터 파초선(芭蕉扇)으로 부치면 불이 꺼진다는 말을 들은 손오공은 그 파초선을 가지고 있다는 철선공주(鐵扇公主)에게 빌리러 간다. 그러나 공주는 우마왕의 아내로서 홍해아의 어머니였으니 파초선을 선선히 빌려줄 리 만무했다. 철선공주는 도리어 손오공을 부채로 부쳐서 소수미산(小須彌山)

까지 날려 보냈다.

　손오공은 영광보살(靈光菩薩)로부터 정풍단(定風丹)을 얻어먹고 거센 바람에도 견디어 낼 수 있게 되자, 작은 벌레로 변신하여 공주가 마신 차 속에 섞여들어간 다음 배 속에서 난동을 부린 끝에 파초선을 뺏었지만 그것은 가짜 파초선이었다. 화가 치민 손오공은 우마왕으로 변신하여 안심하고 있는 공주를 속이고 진짜 파초선을 뺏는다. 그러나 우마왕도 도술이 뛰어나다. 그는 저팔계로 변신하여 파초선을 되뺏었다.

　우마왕이 황새로 변하여 공중으로 도망치자 손오공은 해동청(海東靑)이 되어 황새에게 곤두박질하며 덤벼들었고 그 목을 꽉 움켜잡고 눈알을 쪼려고 한다. 우마왕은 그것이 손오공임을 간파하자 얼른 날개를 퍼덕이며 노랑매로 변신하여 반대로 해동청을 잡으려고 덤볐다. 손오공은 오봉(烏鳳)으로 화하여 노랑매에게 덤벼든다. 그러자 우마왕은 백구가 되어 목소리를 길게 내뿜으면서 남쪽으로 날아갔다.

　손오공은 따라잡을 수 없게 되자 날개를 퍼덕이더니 새 중의 왕 단봉(丹鳳)이 되어 더 요란하게 울어댔다. 왕 앞에서는 망동을 할 수 없는 법이다. 백구는 얼른 언덕 아래에 내려왔고 한 마리 향장(香獐)이 되어 한가롭게 풀을 뜯고 있었다. 그것을 본 손오공은 내려와서 호랑이로 화하여 향장을 잡아먹으려고 한다.

　우마왕은 허둥지둥 얼룩무늬의 큰 표범으로 변신하여 호랑이에게 덤벼들었다. 손오공이 이번에는 금색 눈을 가진 사자가 되자 우마왕도 큰곰으로 변신하여 덤벼든다. 그러자 손오공은 데굴데굴 구르더니 거대한 코끼리로 화하여 기다란 뱀과 같은 코로 곰을 말아올리려고 했다.

　우마왕은 피식피식 웃으면서 본모습을 나타내니 그것은 한 마리의 하얀 큰소였다. 머리는 준령(峻嶺)과 같고 두 눈은 번갯불과 같으며 뿔은 두 개의 철탑이고 이빨은 날카로운 칼을 늘어놓은 것 같다. 머리에서 꼬리까지 1천 장(丈) 남짓 하고 발톱에서 등까지는 8백 장이나 되었다. 우마왕은 손오공을 향하여,

"이 버릇없는 원숭이놈아! 이래도 또 덤빌 거냐?"

라며 호통을 쳤다. 손오공도 본모습을 드러내더니 여의금고봉을 꺼내어 옆구리에 대면서,

"늘어나라!"

고 소리쳤다. 그러자 몸길이 1만 장(丈), 머리는 태산과 같고 눈은 일월(日月)과 같이 되었으며, 입은 피의 못[池], 이빨은 흡사 문짝과 같았다. 그는 철봉을 손에 들자 우마왕의 정수리를 향하여 내리쳤다. 우마왕도 뿔을 마구 휘두르며 달려들었다.

이 일전은 실로 준령을 허물고 산을 무너뜨릴 것 같았으며 말 그대로 천경지동(天驚地動)이었다. 이 때문에 모든 신(神)들이 모여들었고 우마왕의 사방팔방을 모두 불병천장(佛兵天將)들이 에워싸고 말았다. 그때 옥황상제의 명령을 받은 탁탑이천왕(托塔李天王)과 나타태자(哪吒太子)가 신장(神將)들을 거느리고 달려왔다. 삼두육비(三頭六臂)로 변신한 태자는 우마왕의 등에 날쌔게 올라타자 참요검(斬妖劍)으로 그 머리를 잘라냈다.

그러나 우마왕의 몸통에서 다시 한 개의 머리가 나왔고, 입에서는 검은 연기를 뿜어내며 눈에서는 금색 빛을 내뿜었다. 태자가 다시 검으로 머리를 치자 우마왕의 머리는 또 생겨났다. 이렇게 반복하기를 10여회 ─ . 마침내 태자는 화륜아(火輪兒)를 꺼내어 소 뿔에 걸고 진화(眞火)를 뿜어내니 활활 불길이 타오른다. 뜨거워서 견딜 수 없게 된 우마왕은 변신하여 도망치려고 했지만 탁탑이천왕이 조요경(照妖鏡)을 비추자 본색을 드러내면서 움직일 수 없게 되어 항복하고 말았다.

손오공이 신장들과 함께 철선공주의 동굴로 쳐들어가자 체념한 공주는 흰옷으로 갈아입고 파초선을 내놓았다. 불타오르던 화염산도 파초선으로 부치니 차츰 불길이 잡혔다. 그리하여 마침내 일행은 이 난소(難所)도 넘을 수가 있었다.

서천에 도착해서도 곤란은 이어지다

서쪽으로 여행을 계속하는 삼장법사 일행은 반사령(盤絲嶺)에서 여요(女妖)를 격파하고 사타령(獅駝嶺)에서는 청사자(靑獅子), 백상(白象), 대붕(大鵬) 등 3대 마왕을 퇴치했으며 비구국(比丘國)에서는 원로(元老)로 둔갑한 요괴를 쳐부수는 등 차례로 난관을 헤치고 나가, 마침내 천축국(天竺國)에 도착했다.

포금선사(布金禪寺)에 찾아가 하룻밤 묵고 가게 해달라고 부탁했다. 그런데 그곳 주지는 천축국의 공주를 숨겨두고 있는데 성(城)안에도 공주가 있다고 했다. 도대체 진짜 공주는 어느 쪽인지 법력(法力)으로 진상을 조사해 달라고 부탁하는 것이었다.

이튿날, 일행은 성안에 들어가 회동관역(會同舘驛)에 숙소를 정하자, 곧 삼장법사와 손오공은 증거를 조회하겠다며 국왕을 알현하러 갔다. 도중에 있는 네거리에는 채루(綵樓)가 있었는데 이 채루에서 공주가 던지는 실 뭉치를 맞은 사나이를 공주의 남편으로 맞아들이는, 당천혼(撞天婚)의 행사가 행해진다고 했다.

때마침 그 밑을 지나가던 삼장법사는 공주가 던진 실 뭉치를 맞고 결혼해야 하는 처지에 놓이고 말았다. 실은 이 공주는 요괴로서 진짜 공주를 납치하여 숨겨두고 삼장법사와 부부의 인연을 맺어, 그 원양진기(元陽眞氣)를 뺏어서 태을상선(太乙上仙)이 되고자 하여 이전부터 준비를 하고 있던 터였다.

손오공을 두려워한 가짜 공주는 손오공 등 종자(從者) 세 명을 출발시키어 결혼 잔치를 준비하는데, 주인의 신상을 걱정한 손오공은 출발하는 척하다가 은밀히 꿀벌로 변신하고 궁중에 숨어들었다. 한눈에 그것이 요정이란 것을 알아차린 손오공은 가짜 공주에게 덤벼들었다. 가짜 공주는 옷을 벗어 팽개치고 절구공이만한 몽둥이를 들어 손오공에게 대항했다. 그들은 한나절이나 공중에서 싸웠는데 손오공이 마침내 여의금고봉 백 개를 움켜잡고 빙글빙글 돌리며 공격하자 견디지 못한 요정은 도망을 쳤고 모영산(毛穎山) 굴에 몸을 숨겼다.

손오공은 토지신을 불러내어 토끼굴을 찾아헤맸다. 마침내 찾아내고, 손오공이 그 토끼굴을 파헤치자 요정은 그 속에서 깡충 뛰어나와 공중으로 도망쳤다. 이렇게 해서 다시 공중전이 시작되었는데, 그때 태음성군(太陰星君)이 오색 구름을 타고 내려왔.

"이 요정은 월궁(月宮)의 옥토끼인데 공주로부터 꾸중들은 것에 원한을 품고 이런 짓을 하고 있으니…… 너그럽게 용서하라."

태음성군은 손오공을 위로하고, 곧 그 옥토끼를 데리고 월궁으로 돌아갔다. 손오공도 궁중으로 돌아왔다. 그리고 진짜 공주가 포금선사에 있음을 아뢰고 국왕과 공주를 대면시켰으며 삼장법사의 위난을 겨우 면케 해주었다.

숙원성취, 진경(眞經)을 손에 넣다

천신만고 끝에 영산(靈山)에 도착한 일행은 목욕을 한 다음 능운도(凌雲渡)를 바닥이 없는 배로 건너, 마침내 목적지인 뇌음사(雷音寺)에 당도하여 석가여래를 배알했다. 여래로부터 위로의 말을 듣고 경권(經卷)을 받은 삼장법사 일행은 기뻐하며 용기를 내어 귀로에 올랐는데, 도중에 그것이 백지 경권임을 알아차리고 당황하여 영산으로 되돌아갔다. 실은 선물을 바치지 않았기 때문에 석가여래의 심부름꾼이 장난을 친 것이었다. 그래서 이번에는 자금(紫金) 주발을 바치고 진경 5천48권을 받았다.

이렇게 해서 팔대금강(八大金剛)의 안내를 받으면서 삼장법사 일행은 구름을 타고 날아올랐다.

한편 일행을 수호해 왔던 오방게체(五方揭諦) 등은 관음보살에게 재난부(災難簿)를 바쳤다. 관음보살이 이 재난부를 자세히 조사해 보니 80번의 재난을 당하고 있었으며, 한 번의 재난이 모자랐다. $9 \times 9 = 81$, 즉 81번의 재난을 받아야 한다는 말에 팔대금강은 삼장법사 일행을 통천하 서안(西岸)에 추락시켰다.

이 일난(一難)을 헤쳐나온 일행은 다시 구름을 타고 장안성 상공에 도착하여 망경루(望經樓)에서 태종을 배알하고 경전 5천48권을 바쳤다. 그리고 통과한 나라들의 증거를 보이니, 태종은 전(殿)에서 내려와 삼장법사의 손을 잡고 위로의 말을 했다.

이어서 일행은 팔대금강의 안내로 구름을 타고 영산에 도착하여 석가여래 앞에 엎드렸다. 이로써 $9 \times 9 = 81$, 즉 81번의 난, 이에 소요된 세월은 14년, 5천48일(경권의 수와 일치한다)이 모두 차게 된 것이다. 석가여래로부터 삼장법사는 전단공덕불(旃檀功德佛), 손오공은 투전승불(鬪戰勝佛), 저팔계는 정단사자(淨壇使者), 사오정은 금신나한(金身羅漢), 백마는 팔부천룡(八部天龍)의 직(職)을 받고 마침내 성불(成佛)했던 것이다.

《서유기》 해설

작자인 오승은(吳承恩 : 1500~1582년)은 자(字)를 여충(汝忠)이라 하고 호를 사양산인(射陽山人)이라 했으며 강소성 회안(淮安) 사람이다. 시재(詩才)도 많아서 《사양선생존고(射陽先生存稿)》등도 있는데, 시험에는 재주가 없었던 듯, 45세 때에야 공생(貢生)이 되었을 뿐이며, 향시에도 합격하지 못했다. 60세경, 절강성 장흥현(長興縣)의 현승(縣丞)이란 낮은 벼슬을 했는데 어쨌든 세간적(世間的)으로는 불우한 일생이었다. 이 책은 만년의 작품이라고 한다.

《서유기》는 물론 초당(初唐)의 고승 현장(玄奘 : 600~664년)에 의한 서천취경(西天取經)의 노고로 가득 찬 여행을 주축으로 삼고 있다. 현장의 체험은 견문록 《대당서역기(大唐西域記)》 12권이라든가, 제자 혜립(慧立)의 《대자은사삼장법사전(大慈恩寺三藏法師傳)》 10권 등에 정리되어 있다. 한편 그의 역사적 장거(壯擧)는 차츰 민간에도 퍼져서 전설화되었으며 기상천외의 공상까지 덧붙여져서 무려 1천 년 후에 오승은의 소설로 결실되었다.

그 사이의 발전과정은 《대당삼장취경시화(大唐三藏取經詩話)》 구전(南定의 소설)과 《영락대전(永樂大典 : 明初의 類書)》 《박통사언해(朴通事諺解 : 조선의 중국어 會話書)》, 양경언(楊景言)의 잡극(雜劇) 《서유기》 6권(明初) 등에서 엿볼 수 있다.

《시화(詩話)》에 등장하는 후행자(猴行者)는 손오공의 전신(前身)으로서 아직은 온순한 종자(從者)였으나 원대(元代)에 들어서면 비약적으로 성장하여 분방한 활동을 시작하며 전체적 구상도 오늘날의 《서유기》에 한껏 접근한 것 같다.

주인공 손오공은 난폭하긴 하지만 솔직하고 용감하여 그 성격은 《수호전》의 노지심(魯智深)·이규(李逵), 《삼국지연의》의 장비(張飛)와 통하는 타입이다. 아마도 이야기로 강창(講唱)되어온 기나긴 도정(道程)에서 서민들의 가장 사랑하는 영웅으로 형상화되어온 것이었으리라. 이 책의 철저한 황당무계함과 기상천외한 재미는 여러 가지 설화를 흡수하여 발전시켜온 서민의 창조력의 소산이다.

오승은은 이런 전승들 위에 유머 넘치는 문장을 더하여 독자적 문학을 만들어 냈던 것이다.

설원(說苑)

구체적인 사례로 사회인의 마음가짐을 깊이 설명한 중국 고대의 처세지(處世智)의 집대성으로 기원전 6년경에 이루어진 책이다.

사람을 비유하여 설명하기 위한 이야기[說]를 모은 것[苑]이란 의미이다. 〈군도(君道)〉〈신술(臣術)〉〈건본(建本)〉〈입절(入節)〉〈귀덕(貴德)〉〈복은(復恩)〉〈정리(政理)〉〈존현(尊賢)〉 등 테마별로 나누어 20권으로 구성하고 각 권두에 그 취지를 설명한 다음 예화를 배열해 나갔다. 현행본에 수록되어 있는 예화와 잠언(箴言)은 도합 약 7백 편이다.

《설원》의 주요 내용

이 책은 나중에 해설에서도 설명하겠지만 천자에게 경계를 줄 것을 주목적으로 한 일화집인데 그 내용은 군주된 자로서의 처신, 신하된 자의 마음가짐, 일반적인 처세술 등, 세 가지로 대별된다. 이하 이 분류에 따라 예화를 한두 가지씩 들어 보겠다.

군주(君主)
우(禹 : 홍수를 다스리고 夏왕조를 열었다고 하는 전설상의 성천자)

임금은, 밖에서 죄인을 만날 때마다 수레에서 내려 이야기를 나누며 눈물을 흘렸다. 우임금의 측근이,
 "그들은 모두 도(道)에서 어긋난 무리들이니이다. 문죄당하는 것은 자업자득입지요. 왜 그런 것을 한탄하고 계시옵니까?"
라고 묻자 우임금은 이렇게 대답했다.
 "요순(堯舜 : 모두 先代의 성천자)시대에는 사람들 모두가 요순의 마음과 같은 마음으로 살면서 누구 한사람도 불의한 짓을 하지 않았소. 헌데 과인이 천자의 자리에 오른 후로는 사람들이 모두 자기들 멋대로의 생각을 하는구려. 어찌 이런 일을 슬퍼하지 않을 수 있으리요."(君道)

 초(楚)나라 장왕(莊王)이 군신(群臣)을 모아놓고 주연을 베풀고 있었다. 잔치가 무르익었을 때 갑자기 불이 꺼졌다. 그러자 캄캄해진 틈을 타서 장왕의 총희(寵姬)를 희롱한 자가 있었다. 총희는 그 사나이의 관 끈[冠纓]을 잡아 나꾸어 뗀 다음 장왕에게 호소했다.
 "전하, 어서 불을 밝히라 이르시고 관 끈이 없는 자를 잡아서 엄벌에 처해 주소서. 어둠을 틈타서 감히 소첩을 희롱한 자이니이다."
그러자 장왕은 껄껄 웃었다.
 "아니다. 죄가 있다면 과인이 술을 먹인 게 죄지……. 아녀자의 정조 때문에 선비를 욕보일 수는 없지."
그리고 장왕은 이런 명령을 내리는 것이었다.
 "오늘은 상하 구별없이 실컷 마시고 취해 봅시다. 그리고 모두 관 끈을 떼 버리시오!"
후일 이 모임을 관영지회(冠纓之會)라고 하였다.
 그야 어쨌든, 그로부터 3년이 지났을 때, 초나라와 진(晉)나라 사이에 전쟁이 일어났다. 그러자 최선봉에 나서서 용감무쌍하게 싸우는

신하가 유난히 장왕의 눈길을 끌었다. 초나라 군사들은 그 장수의 용맹을 보고 힘을 얻어 열심히 싸움으로써 진나라 군사를 격퇴하고 승리를 거두었다. 장왕이 그 장수를 불러놓고 물었다.

"그대와 같은 강용(剛勇)한 장수가 있음을 몰랐던 것은 과인의 잘못이었어. 그런데 과인의 명령도 있기 전에 적군의 한복판에 달려 들어가서 그처럼 용감히 싸운 데는 어떤 이유가 있음직한데……."

그 장수는 자리에 꿇어 엎드리면서 아뢰었다.

"전하, 신은 이미 죽은 몸이었나이다. 3년 전, 전하께오서 잔치를 베푸셨을 때, 술에 취하여 그만 죽을죄를 짓고 말았습지요. 하온데 전하의 은총으로 이렇게 목숨을 부지하고 있는 터인지라 아무 때고 기회만 있으면 목숨바쳐 충성할 것을 맹세해 왔나이다. 그날 밤 관 끈을 맨 먼저 뗀 자는 바로 신이었사옵니다."(復恩)

신하(臣下)

자로(子路 : 孔子의 高弟子. 용맹하기로 이름이 높았다)가 포(蒲) 땅의 대관(代官)이 되었다. 그는 수해에 대비하여 민중을 징발해서 치수공사(治水工事)를 했다. 그러자니 민중들은 고생이 자심할 수밖에 없었다. 자로는 자비(自費)로 각 사람에게 식량 한 상자와 음료수 한 통씩을 나누어 주었다.

이런 소문을 들은 공자는 제자 자공(子貢 : 변설이 뛰어난 수재로 유명했다)을 보내어 그 식량을 거두어들이게 했다. 자로는 화를 내면서 공자에게로 달려왔다.

"선생님, 저는 장마철이 가까워지므로 홍수에 대비하기 위해서 백성들을 징발하여 치수공사를 시작한 것입니다. 그런데 백성들이 너무 가난하여 일을 못할 지경이기에 식량을 나누어 주었습니다. 이런 사정을 잘 아실 선생님께서 자공에게 명하여 훼방을 하시다니

요. 선생님께서는 제가 인(仁)을 행하는 것이 마음에 안드시는 건가요? 인의 도(道)를 허구한 날 가르치시던 선생님이 아니십니까? 저는 선생님의 명령에 따를 수 없습니다."
공자는 대답했다.
"백성들이 굶주리는 처지라면, 어찌하여 주군에게 아뢰어 공적인 구제수단을 강구하지 않는 게야? 그 일을 게을리하면서 사재(私財)로 백성을 구제하려는 것은, 곧 주군을 무시하며 함정에 빠뜨리는 짓이요, 백성들로 하여금 그대만을 고맙게 여기도록 만드는 매명행위(賣名行爲)라고 욕을 먹어도 어쩌는 수가 없지. 즉각 중단하면 상관없겠거니와 만약 그러지 않는다면 머지않아서 실각당하고 말 것이야."(臣術)

처세(處世)
올빼미와 비둘기가 만났다. 비둘기가,
"어디 가니?"
라고 묻자 올빼미가 대답했다.
"동촌(東村)으로 이사가는 거다."
"왜 이사를 가니?"
"내 울음소리를 마을 사람들이 싫어해. 그래서 하는 수 없이 이사가는 거야."
"그럼, 네 울음소리부터 고쳐야겠다. 안고치면 동촌으로 이사가더라도 또 쫓겨날 것이니까."(談叢)

송충이는 누에와 비슷하다. 뱀장어는 뱀과 비슷하다. 그런데 사람들은 누구나 뱀이라든가 송충이를 보면 소름이 오싹 끼친다. 이와 반대로 누에는 아가씨들의 손에 의해 길러지고 뱀장어는 어부들의 손에 의해 기꺼이 잡혀진다. 그것은 왜일까? 어느 것을 잡으면 돈이 되지만 어떤 것을 잡으면 돈이 안되기 때문이다.(談叢)

《설원》 해설

편자(編者) 유향(劉向 : 기원전 77~기원전 6년)은 전한(前漢)의 문헌학자(文獻學者)이다. 《전국책》의 정리·교정자이기도 하며 현존하는 중국 최고(最古)의 서지학(書誌學) 문헌인 《한서예문지(漢書藝文志 : 반고 著)》의 기초를 쌓았다고도 한다. 그는 세속이 점점 부박해져 가고, 외척의 횡포가 더해가는 정정(政情)을 걱정하여 천자를 계고(戒告)하기 위해 《열녀전(列女傳)》을 저술했다.

《설원》도 같은 의도에서 만들어진 책인데, 유향의 편(編)이라고도 하고, 이미 있었던 원전을 그가 교열하여 재편집한 것이라고도 하는 등, 그 성립 구성은 분명히 밝혀져 있지 않다.

그후 당(唐)나라 말기의 오대(五代) 때, 난리를 겪으면서 산일되어 5권만 남았던 것을 송(宋)나라 증공(曾鞏 : 당송팔대가 중 한 사람)의 노력에 의해 20권으로 복원시켜 놓았는데, 그 기사의 대부분은 고서(古書)에서 발췌한 일화와 언설이다. 그런데 원전은 이미 산일된 후였기 때문에 내용 자체가 의심되는 것도 적지아니하다.

안씨가훈(顔氏家訓)

동란 속을 살다 간, 한 지식인이 자손들에게 써서 남긴 인생과 생활의 지침서로 590년경에 이루어진 책이다.

책명은 '안씨(顔氏) 집안의 가훈'이란 의미이다. 구성은 〈서(序)〉에서 〈유언(遺言)〉까지 20편으로 나뉘며, 각 편은 각기 몇개씩의 짧은 절(節)로 이루어져 있다. 여기서는 〈서〉〈교자(敎子)〉〈치가(治家)〉〈풍조(風操)〉의 일부를 소개한다.

《안씨가훈》의 주요 내용

서(序)

효를 다하고 언동을 신중히 하며 이름을 드날리는 일에 대해서는 이미 성현(聖賢)들의 책이 간절하게 가르치고 있다. 시대가 흘러 위진(魏晉 : 3세기) 이후에 쓰여진 것은 중복되어, 옥상옥(屋上屋)과 같은 것이다.

그렇건만 내가 또 이런 책을 만들려고 하는 것은 결코 세상에 모범을 보이려는 엉뚱한 생각에서가 아니라 내 일문(一門)을 제대로 단속하고 자손들을 바르게 훈도하려는 생각에서이다.

우리 안가(顔家)의 가정교육은 원래 엄격한 것이었다. 내가 7, 8세쯤 되었을 무렵에는 두 형의 뒤를 따라다니며 부모에게 아침저녁으로 문안드리기 시작했으며 일상생활 속에서 잠자고 일어남을 절도있게 했었다.

그런데 내 나이 9세가 되었을 때 불행한 일이 생겼고(아버지의 죽음) 일가족이 이산하고 말았다. 형은 고생하면서 나를 길러 주었는데 불쌍하다며 내 응석을 받아주는 것을 기화로 하여 나는 옛 수양서를 읽기는 했지만, 그것보다 오히려 시문(詩文) 짓는 일에 열중했고 친구끼리 어울려 다니며 내 멋대로 행동했다.

18, 9세나 되어서야 공부를 열심히 해야겠다는 생각을 했는데 이미 몸에 익은 게으름 때문에 잘 되지 아니했다. 30세가 넘어서는 그다지 큰 과오를 저지르지는 않았지만 마음과 언행, 이성과 감정의 불일치는 변함이 없었다. 한밤중에 문득 눈을 뜨고는 잘못을 깨닫는다든가, 나중에야 지난 일의 실패를 괘씸하게 생각하는 식이었다.

그래서 여기에 20편의 문장을 써서 너희들 자손에게 '후차지계(後車之戒)'를 삼는 바이다.

교자(敎子) ─ 자제에 대한 교육

길들이기는 일찍부터

갓난쟁이가 남의 표정이나 감정을 분별할 수 있게 되면, 길들이기를 시작하되 꼭 해야 할 일은 반드시 시키고, 해서 안될 일은 단호하게 금지시킬 일이다. 2, 3세가 된 다음에는 체벌을 생각해도 괜찮을 것이다.

세상에서는 보통 어렸을 때는 음식을 위시하여 아이들이 좋아하는 대로 내버려두며 응석을 받아준다. 이렇게 해서 오랫동안 내버려둠으로써 손쓸 수 없는 아이가 된 다음에야 버릇을 고쳐주려고 하는데 이렇게 된 다음에는 아무 효과도 없고 불량한 아이로 키워낼 뿐이다.

부자(父子)관계

부자관계는 엄하게 해야 하는 것이며 너무 소홀히 하면 안된다. 동시에 또 혈육을 나눈 관계인즉 상호 사랑해야 하며 무정해서는 안 된다.

무정하면 애정이 교류하지 못하고, 이와 반대로 관계를 소홀히 하면 관계가 모호해진다.

편애를 삼가라

예로부터 특정한 자식을 편애함으로써 일어났던 폐해의 예는 지극히 많았다. 영리한 자식을 사랑하는 것은 좋지만 그렇지 못한 자식도 똑같이 귀여워해 주어야 한다.

자식들에 대한 애정에 치우침이 있으면 잘되라고 한 짓일지라도 화(禍)의 원인이 된다.

정(鄭)나라 공숙단(共叔段)의 죽음은 그 어머니에게 원인이 있었다. 또 한(漢)나라 조왕(趙王)의 죽음은 그 아버지인 고조(高祖)가 씨를 뿌린 결과이다.

* 공숙단(共叔段) ─ 춘추시대 정(鄭)나라 장공(莊公)에게, 그의 동생 공숙단이 반역을 기도하던 나머지 장공의 토벌로 공숙단은 죽었다. 이는 그들의 어머니인 무강(武姜)이 그들이 어렸을 때부터 공숙단만 편애했던 것이 원인이었다.
* 조왕(趙王) ─ 한(漢)나라 고조(高祖)는 만년에 측실(側室)인 척부인(戚夫人)의 소생 여의(如意)를 편애하는 나머지 후계자로 삼으려는 생각까지 했었다. 이 일을 원망하던 정처 여후(呂后)는 고조가 세상을 떠나자마자 척부인을 학살하고 나이 어린 여의도 독살했다. 여의는 어린 나이에 조왕으로 봉해져 있었다.

치가(治家) — 집안 단속

감화는 위에서 아래로 미친다

감화란 것은 위로부터 아래로 미치는 것이다. 따라서 자애롭지 못하면 자식은 불효하게 된다. 형에게 인정이 없으면 동생은 형을 존경하지 않는다. 남편이 착실하지 못하면 아내는 순종하지 않게 된다.

만약 아버지가 아주 자애로운데 자식이 반항한다든가, 형이 인정이 많은데 동생이 대든다든가, 남편이 착실한데 아내가 내주장을 하는 일이 있다면, 근본적으로 잘못된 일이어서 형벌로 처리하는 수밖에 없으며, 바르게 교도(敎導)하려고 해도 아무 소용이 없다.

근검하되 인색하지 말라

공자(孔子)는 '사치하면 거만해지기 쉽고 검약하면 비루해지기 쉽다. 그러나 거만함보다는 차라리 고루한 것이 낫다(奢則不孫 儉則固, 與其不孫也 寧固)'라고 말했다. 또 '비록 주공(周公 : 周나라 건국의 공로자)만큼 재능이 있어도 그것으로 인하여 오만해지거나, 남을 위해서 쓰기를 싫어하거나 하면 그게 무슨 가치가 있겠는가'라고 덧붙이고 있다.

즉 검약은 좋지만 인색해서는 안된다는 것이다. 검약이란 낭비를 하지 않고 쓸 데는 꼭 쓰는 것을 의미한다. 인색이란 필요한 때에 쓰지 아니하고 곤궁에 처한 사람을 보고도 도와줄 생각을 하지 않는다.

그리고 작금에 이르러서는 다소라도 은혜를 베푼 사람은 오만해지고 검약하는 자는 인색에 흐르고 있다. 은혜를 베풀고도 거만해지지 아니하고 검약하더라도 인색해지지 않는 사람, 이렇게 되어야 할 것이다.

어머니의 책임

여성은 일반적으로 사위를 귀여워하고 며느리는 혹독하게 다루는 경향이 있다.

사위를 귀여워하면 집안의 아들들이 좋아할 리 없다. 며느리를 미워하면 사위들이 업신여긴다. 즉 딸이란 집에서도, 그리고 시집을 가서도 천덕꾸러기가 되기 쉽다. 그것은 모두 그 어머니의 책임이다.

결혼은 거래가 아니다

결혼은 신분이 상응하는 상대를 고르는 것이 우리 안가 가문의 시조께서 정해주신 계율이다. 요즈음 시집보내는 일은 딸을 팔아서 재물을 손에 넣거나 또는 비단에 딸을 파는 듯한 행위가 되고 말았다. 부모의 지위라든가 재산 등을 저울질하며 유리한 쪽으로 혼처를 바꾸자 한다면 장사의 거래와 다를 바 없다.

이렇게 되므로 질이 안좋은 사위라든가 며느리가 생기는 것이다. 욕심에 사로잡히어 부끄러움을 당하는 일이 없도록 주의해야 할 일이다.

빌려온 책

남으로부터 빌린 책은 소중히 다루지 않으면 안된다. 파손된 곳이 있으면 반드시 수리해서 돌려주도록 한다. 이것이 교양이 있는 사대부의 마음가짐이다.

강록(江祿)이란 사람은, 아무리 급한 일이 있더라도 읽던 책은 깔끔히 말아 두지 않고서는(당시의 책은 두루마리로 되어 있었다) 자리에서 일어나지 아니했다. 그래서 그가 다루던 책은 손상되는 일이 없었고, 책을 빌려주는 사람치고 그에게 낯을 찡그리는 일이 없었다.

풍조(風操) — 조심성 있는 몸가짐

헤어짐을 소중히 하라

헤어지기는 쉽지만 다시 만나기는 어렵다. 그러므로 옛사람은 이별을 아주 소중히 했다.

강남지방에서는 전별할 때 눈물을 흘리는 풍습이 있다.

양(梁)나라 무제(武帝)의 아우님이 동부에 있는 군(郡)에 부임하게 되었을 때, 황제에게 작별인사를 하러 갔다. 무제는 눈물을 뚝뚝 흘렸는데 동생은 아무래도 눈물이 나오지 않았다. 그래서 황제의 노여움을 샀고, 그결과 임지에 부임하지 못했다고 한다.

북방에서는 이런 일은 없다. 웃으면서 헤어지는 것이다.

그야 어쨌든 사람 중에는 눈물이 적은 자도 있다. 마음속으로는 슬프게 생각하면서도 눈물이 나지 않는 수도 있을 것이다. 형식적으로 눈물을 강요하는 것은 무리일 것이다.

예(禮)의 참뜻을 모른다

《예기(禮記)》에, '부모의 기일(忌日)에는 즐거운 일을 하지 않는다'란 취지의 말이 기록되어 있다. 이것은 고인(故人)을 그리워하며 슬퍼하는 나머지, 손님을 접대하거나 일을 할 기분이 안든다는 의미인 것이다.

그런 마음이 중요한 것이지, 아무 일도 하지 않은 채, 집안에 틀어박혀 있어야 한다는 것은 아니다. 그런데 세상에서는 부모의 기일에는 집안에 틀어박혀 있으면서 담소(談笑)한다거나 맛있는 음식을 먹는 무리가 있다. 그러면서도 급한 용무로 찾아온 사람을 만나려고 하지 않는다. 예의 참된 의미를 모르고 있기 때문이다.

일목삼악(一沐三握) **일반삼토**(一飯三吐)

옛날 주공(周公)은 '한 번 목욕하는 데 세 차례나 머리칼을 쥐어 짜고, 한 번 식사하는 데 세 차례나 중단하며 입에 든 음식을 토해냈다'고 한다. 즉 목욕을 하다가도, 또는 식사를 하다가도 손님이 오면 짜증 한번 내지 않고 그 손님을 맞아들였다는 것이다.

그만큼 인재를 소중히 하고 무명의 선비라 하더라도 만나보기를, 하루에 70여명이나 인견했다고 한다. 그런데 진(晋)나라 문공(文公)은 찾아온 옛 동료에게 '목욕중이다'라며 만나주지를 아니했는데, 그래서 '머리를 감기 위해 고개를 숙이시더니 마음까지도 뒤집어진 것 같습니다'라는 비웃음을 샀다고 한다(망명생활 19년만에 귀국하여 즉위한 晋文公의 故事. 《좌전》에 실려 있다).

방문객을 문전박대하고 식사를 하는 등의 결례를 하지 않도록 집안 사람들의 교육을 철저히 해두지 않으면 안된다.

《안씨가훈》 해설

'가훈(家訓)'이라고 하면 이 《안씨가훈》을 가리킬 정도로 1천4백년 동안에 걸쳐 읽혀 왔다. 《안씨가훈》은 유교적 교양인의 생활태도와 심지어는 일상생활에까지 영향을 준 책인데 그 저자는 〈서(序)〉에서도 밝혔듯이 남북조시대의 귀족인 안지추(顔之推 : 531~602년?)이며 그 자손들을 위해 써서 남긴 것으로서 교훈이라든가 잡감(雜感)을 집록했다.

5~6세기의 중국은 북방민족인 북조(北朝)와 한족(漢族)인 남조(南朝)가 대립하고 있다가 이윽고 수(隋)나라에 의해 통일되기까지 치란흥망을 반복하는데, 안지추는 이 남북간의 골짜기 틈에서 생애를 보냈다. 그는 남조인 양(梁)나라를 섬기면서 영달의 길을 걸었는

데 서위(西魏)의 침입군에 의해 북방으로 납치되었고, 이윽고는 북제(北齊)에서 중용되어 황문시랑(黃門侍郞)이라고 하는 높은 벼슬에 오른다.

그러나 북제는 북주(北周)에 의해 멸망당하고 마침내 수나라 천하가 된다. 이런 전변(轉變)의 끝없는 정세 속에서 그는 유교로 뒷받침된 보수적 성실성으로 일관했었다.

전 20권의 편명은 그 대략을 소개한 4편 외에 다음과 같다.

〈형제(兄弟)〉〈후취(後娶:再婚에 대해서)〉〈모현(慕賢:좋은 친구를 가질 것)〉〈면학(勉學)〉〈문장(文章)〉〈명실(名實:名聲에 대하여)〉〈섭무(涉務)〉〈성사(省事)〉〈지족(止足:출세욕을 억제할 것)〉〈계병(誡兵:군사에 대해서 함부로 말하지 말 것)〉〈양생(養生)〉〈귀심(歸心:불교에 대한 권유)〉〈서증(書證:古典의 考證)〉〈음사(音辭:音韻論)〉〈잡예(雜藝:書畵·弓術·음악 등에 대하여)〉〈종제(終制:유언)〉.

몽구(蒙求)

상고 때부터 남북조까지의 유명인사들의 언행을 교재로 한 아동 교과서로서 740년경에 이루어졌다는 책이다.

《몽구》는 《주역》의 '몽괘(蒙卦)'에 나오는 '동몽구아(童蒙求我)'란 구절에서 딴 이름이며 아동용 교과서로 꾸며졌는데 모두 596항목이다. 요순(堯舜)시대로부터 남북조시대까지의 저명인사들의 일화가 널리 집록되어 있다.

《몽구》의 주요 내용

손초수석(孫楚漱石)

《진서(晉書)》에 이런 말이 실려 있다.

손초는 태원군(太原郡) 중도(中都) 사람으로서 자(字)를 자형(子荊)이라고 했다. 문장으로는 그와 어깨를 나란히 할 사람이 없었는데 그 반면 기질도 아주 격하여 자칫하다가는 그에게 사람대접을 못받는 게 예사였다.

그래서 그의 향당(鄕黨)에서의 평판은 좋지 못했다. 40세가 지나서야 비로소 진동장군(鎭東將軍) 밑에서 하급관리 생활을 했으며 마지막으로는 도읍 장관에까지 승진했었다.

그 손초가 젊었을 때의 일이다. 그는 산속에 은둔하고 싶다는 생각

을 친구 왕제(王濟)에게,

"돌로 양치질을 하고[漱石] 흐르는 물을 베개삼고 싶다."

고 말했다. 실은 '돌을 베개삼고 흐르는 물로 양치질을 하고 싶다'고 해야 할 말을 착각하여 이렇게 말했던 것이다.

그러자 왕제가 얼른,

"그건 반대로 말한 게 아닌가?"

라며 지적했다. 손초는 이렇게 대답하는 것이었다.

"흐르는 물을 베개삼아 눕겠다는 것은 더러워진 귀를 씻기 위함이고, 돌로 양치질을 하겠다는 것은 더러워진 이를 닦기 위함일세."

학륭쇄서(郝隆曬書)

《세설신어》란 책에 이런 이야기가 실려 있다.

진(晉)나라 학륭은 7월 칠석날, 즉 쇄서폭의(曬書曝衣 : 장마철에 책과 옷 따위를 볕에 말리는 일) 날이 되면 염천(炎天)에 자기 배를 말리곤 했었다.

어떤 사람이 그 이유를 묻자 학륭은 이렇게 대답했다.

"오늘은 쇄서폭의 날인데 나에게는 말려야 할 옷이 없어. 그래서 지금까지 배운 책들이나 벌레먹지 않도록 이렇게 배를 말리는 거라네."

손강영설(孫康映雪)

《손씨세록(孫氏世錄)》이란 책에 의하면 진(晉)나라 손강은 집안이 가난하여 기름을 살 돈이 없었으므로 겨울철 밤이면 언제나 눈빛의 밝기로 독서를 했다고 한다.

손강은 어렸을 때부터 친구를 가리어 사귀었는데 시시한 사람과는 교제하지 않았다는 것이다. 그리고 후에는 어사대부(御史大夫 : 최고 재판소 장관)에까지 벼슬이 승진되었다.

차윤취형(車胤聚螢)

진(晉)나라 차윤은 교주(交州) 남평현(南平縣) 사람으로서 자(字)를 무자(武子)라고 했다.

그는 게으름 피우는 일 없이 꾸준히 학문에 힘을 기울이어 1만 권의 책을 독파하여, 박학다식한 사람으로 명성을 떨쳤다.

집안이 가난했으므로 기름을 살 돈이 없었던 그는 여름철이 되면 누더기 천으로 만든 자루 속에 수십 마리의 반딧불이를 잡아 담고 그 불빛으로 언제나 독서를 했다.

백아절현(伯牙絕絃)

《열자》란 책에 이런 이야기가 있다.

백아는 금(琴)의 명수였는데 종자기(鐘子期)라는 그의 친구는 뛰어난 음악 감상가였다. 백아가 마음속으로 높은 산을 떠올리면서 금을 타면 종자기는 즉석에서,

"실로 좋은 음색이로다. 높이 솟은 태산과 같도다."
라고 말했다.

또 백아가 마음속으로 흐르는 물을 연상하면서 금을 타면 종자기가 말하기를,

"참으로 아름답도다. 유유히 흐르는 대하(大河)와 같구나."
라는 것이었다.

이처럼 종자기는 백아의 마음속을 꿰뚫어보며 맞추었다. 그러므로 《여씨춘추(呂氏春秋)》에는 이렇게 기록되어 있다. '종자기가 죽었다. 그러자 백아는 금의 현(絃)을 끊어 금을 부순 다음 두번 다시 금을 타려고 하지 않았다. 이제 자신의 연주를 이해해 줄 사람이 없다고 생각했던 것이다.'

《몽구》 해설

《몽구》의 제목은 앞에서도 설명했듯이,《주역》'몽괘(蒙卦)'의 '내가 몽매한 사람에게 가르침을 구하는 것이 아니요(匪我求童蒙), 몽매한 사람이 나에게 가르침을 구하는 것이다(童蒙求我)'에서 나왔다. 역사적 교훈가(敎訓歌)의 체재를 취한 아동 교육용 텍스트이다.

당(唐)나라 때의 이한(李翰)이 지었다고 하며 746년의 작품이라고 전한다. 그후 보주본(補注本) 출판이 많았다.

채근담(菜根譚)

간소한 생활 속에서야말로 참되고 충실한 인생이 있음을 강조한 경구집(警句集)으로 1644년경에 이루어졌다는 책이다.

《채근담》이란 '감자와 무와 같은 풍미가 있는 이야기'라는 데서 붙여진 이름일 것이다. 약 4백 년 전에 쓰여진 처세의 경구집으로서 359개의 단문(短文)으로 이루어졌다. 전집(前集) 225개, 후집(後集) 134개로 나누어지며 후집은 특히 한거(閑居)하는 즐거움에 대해서 설명하고 있다.

《채근담》의 주요 내용

전집(前集)
권세라든가 명리(名利)에 욕심내지 않는 사람은 훌륭한 사람이다. 그러나 그런 것을 가까이하면서도 중독되지 않는 사람은 더욱 훌륭한 사람이다.
권모술수를 모르는 사람은 인격자이다. 그러나 그것을 알면서도 악용하지 않는 사람은 더욱 훌륭한 인격자이다.
(勢利紛華 不近者爲潔 近之而不染者 爲尤潔. 智械機巧 不知者 爲高 知之而不用者 爲尤高)(전집 4)

인간은 귀에 거슬리는 말을 듣고 마음에 불만이 일기에, 그것이 숫돌이 되어 인격을 닦고 행동을 제어할 수 있는 것이다. 만약 달콤한 말만 듣고 모든 일이 생각대로만 되어간다면 그것은 독주(毒酒) 속에 자신의 생애를 집어던지는 것과 같다.
(耳中常聞逆耳之言 心中常有拂心之事 纔是進德修行的砥石 若言言悅耳 事事快心 便把此生 埋在鴆毒中也)(전집 5)

기름진 요리에 진짜 맛은 없다. 진짜 맛은 담백한 법이다. 신기하게 보이는 사람은 달인(達人)이라고 할 수 없다. 달인은 눈에 잘 띄지 않는 법이다.
(醲肥辛甘 非眞味 眞味只是淡 神奇卓異 非至人 至人只是常)
(전집 7)

배가 잔뜩 부른 다음에는 맛의 구별을 할 수가 없고, 성교를 한 다음에는 남녀의 관념조차 없어진다. 무슨 일이든 착수하기 전에 나중에 있을 일을 염두에 두면 미혹과 망상(妄想)에 휩싸이지 않고 실체가 분명해져서 어긋나는 일이 없다.
(飽後思味 則濃淡之境都消 色後思淫 則男女之見盡絶. 故人常以事後之悔悟 破臨事之癡迷 則性定無不正)(전집 26)

내가 남에게 베푼 공이 있거든 그것을 염두에 두지 말고, 나의 잘못이 있거든 그것을 염두에 간직하라. 남으로부터 받은 은혜는 잊지를 말고, 남에게 원한이 있거든 곧 잊으라.
(我有功於人不可念 而過則不可不念. 人有恩我不可忘 而怨則不可不忘)(전집 51)

사치하는 자는 아무리 재산이 있더라도 만족하지 못한다. 가난한 자로서 조심하여 여유가 있는 편이 낫다. 재능을 자랑하는 자는 고생을 많이 하고도 남에서 좋은 말을 듣지 못한다. 졸렬하더라도 평안하게 자기 원래의 방법으로 살아가는 편이 낫다.

(奢者富而不足 何如儉者 貧而有餘. 能者勞而府怨 何如拙者 逸而全眞)(전집 55)

고생하는 가운데 기쁨을 얻을 수 있고, 득의(得意)한 때야말로 실의(失意)의 싹이 튼다.

(苦心中 常得悅心之趣 得意時 便生失意之悲)(전집 58)

부귀다, 명예다 하더라도 그중에는 여러 가지가 있다. 인품이나 인덕(人德)에 의해 그것을 얻은 경우에는, 자연 속에서 핀 꽃과 같아서 가만두어도 생육(生育)해간다. 노력에 의해 그것을 얻은 경우에는 화분의 꽃과 같아서 생육되기도 하려니와 고사(枯死)하기도 한다. 권력에 의해 그것을 얻은 경우에는 꽃병에 꽂은 꽃과 같아서 뿌리가 없으므로 얼마 안가서 고사하고 만다.

(富貴名譽 自道德來者 如山林中花 自是舒徐繁衍. 自功業來者 如盆檻中花 便有遷徙廢興. 若以權力者 如瓶鉢中花 其根不植其萎 可立而待矣)(전집 59)

악한 일을 했으면서도 남이 알까 두려워함은 악한 마음을 가지고 있으면서도 일말의 양심이 있기 때문이다. 좋은 일을 했으면서도 남이 알아주기를 바라는 것은 그 마음속에 욕심이 있기 때문이다.

(爲惡而畏人知 惡中猶有善路. 爲善而急人知 善處卽是惡根)(전집 67)

가난한 집이더라도 청소를 깨끗이 하고, 빈궁한 여자라도 몸을 잘 가꾸면 비록 화려함은 없더라도 어딘가 풍아한 품위가 있게 마련이다. 선비는 한때 곤궁하더라도 스스로 품격을 비하시키는 일이 있어서는 안된다.
(貧家淨拂地 貧女淨梳頭 景色雖不艶麗 氣度自是風雅. 士君子 一當愁寥落 奈何輒自廢弛哉)(전집 84)

조용한 환경 속에서 조용한 마음을 유지하는 것은 참된 조용함이 아니다. 참된 조용함이란 격동 속에서 조용함을 가질 수 있음이다. 즐거운 속에서 즐겁다고 생각하는 것은 참된 즐거움이 아니다. 참된 즐거움이란 괴로운 가운데서도 즐거움을 느낄 수 있음이다.
(靜中靜非眞靜 動處靜得來 纔是性天之眞境. 樂處樂非眞樂 苦中樂得來 纔見以體之眞機)(전집 88)

빈궁한 사람보다 돈이나 지위가 있는 사람이 불안한 마음이 강하고, 남보다도 가까운 사람 사이에 서로 미워한다. 인간의 마음은 이처럼 미묘한 것이어서 무슨 일을 하든 간에 냉정한 마음을 잃지 말아야 한다. 그러지 않으면 언제나 시시비비로 고민하게 된다.
(炎凉之態 富貴更甚於貧賤 妬忌之心 骨肉尤猥於外人. 此處若不當以冷腸 御以平氣 鮮不日坐煩惱障中矣).(전집 135)

후집(後集)
산림 속에 은서(隱棲)하는 즐거움을 말하는 사람은 진짜 산림의 맛을 알고 있다고 말할 수 없다. 명예와 이익에 대한 이야기를 싫어하는 사람은 그 명예와 이익을 완전히 잊어버렸다고 말할 수 없다.
(談山林之樂者 未必眞得山林之趣. 厭名利之談者 未必盡忘名利

之情)(후집 1)

자기자신은 경쟁에 나서지 않으면서, 남들이 경쟁에 열중하는 것을 보아도 경멸하지 않는다. 자기자신은 깨닫고 있으면서도 홀로 깨달은 척하지 아니한다. 이런 것이야말로 불교에서 말하는 '법에도 공(空)에도 얽매이지 않음이요, 몸도 마음도 자유로움이다'라는 경지일 것이다.
(競逐 聽人而不嫌盡醉 恬淡 適己而不誇獨醒 此釋氏所謂不爲法 纏 不爲空纏 身心兩自在者)(후집 18)

길은 앞을 다투어 나가면 좁아지지만 한발짝 물러서면 넓어진다. 진한 맛은 금방 물리지만, 담박한 맛은 물리지 않는다.
(爭先的徑路窄 退後一步 自寬平一步. 濃艶的滋味短 清淡一分 自悠長一分)(후집 25)

탈사회(脫社會)라 하더라도 그것은 일상성(日常性) 속에 있는 것이다. 따라서 반드시 인간관계를 끊고 산속에서 은둔하는 것은 아니다. 깨달음이란 것은 마음을 다하는 데 있는 것이다. 따라서 반드시 욕심과 인연을 끊어 마음을 식은 재처럼 차게 하는 것은 아니다.
(出世之道 卽在涉世中 不必絶人以逃世. 了心之功 卽在盡心內 不必絶欲以灰心)(후집 41)

병에 걸려서야 비로소 건강의 고마움을 생각하고, 전쟁이 일어나야 비로소 평화의 행복함을 생각한다. 그러나 이렇게 되면 이미 늦다. 행복해지고 싶다며 안달하는 것이 화(禍)의 근본이 된다. 살고자 하여 초조해하는 것이 죽음을 재촉하는 원인이 된다. 이렇게 되기에 앞서 깨닫는 것이야말로 탁견일 것이다.

(遇病而後 思强之爲寶 處亂而後 思平之爲福. 非蚤智也 倖福而 先知其爲禍之本. 貪生而先知其爲死之因 其卓見乎)(후집 98)

《채근담》 해설

《채근담》의 저자인 홍자성(洪自誠)에 대해서는 사서(史書)나 전기(傳記), 기타 문헌에 전혀 기록된 것이 없는 고로 그의 생애에 대하여, 심지어는 생몰연대조차도 밝혀진 바가 없다.

다만 이 책에 '친구 홍자성이 서문을 써달라고 했다'는 제사(題詞)가 있으며, 그 서명이 명(明)나라 시대의 유학자로서 만력(萬曆) 8년(1580년)에 진사가 되었던 우공겸(于孔兼)이었다는 점에서 그와 같은 시대의 사람일 것으로 보고 있을 뿐이다.

유교와 노장(老莊), 그리고 불교의 사상 등을 혼잡한 대중적 수양서인 이 《채근담》은 청(淸)나라 시대에 이르러 《속채근담(續菜根譚 : 石惺齋)》 《오가채근담(吾家菜根譚)》 등의 작품에 영향을 준 흔적이 역력한데, 실은 중국에서는 그다지 읽혀지지 않은 것 같다. 오히려 우리나라와 일본 등에서 애독되었으며 많은 영향을 주었다.

《채근담》이란 제목의 출처는 송(宋)나라 시대의 은자(隱者)인 왕신민(汪信民)의 '사람이 항상 채근을 씹고 먹을 수 있다면 큰 백사(百事)를 가히 이루리라'고 한 데서 연유한 것이라고 한다. 실로 '청고역련(淸苦歷練) 중에서 재배하여 생육해 나갔다(우공겸의 題詞)'라고 할 수 있겠다.

한 권으로 읽는
東洋古典 41選

| 初版 印刷●2000年 | 7月 | 25日 |
| 初版 發行●2000年 | 8月 | 1日 |

編著者●安 吉 煥
發行者●金 東 求

發行處●明 文 堂
서울특별시 종로구 안국동 17~8
대체　010041-31-0516013
전화　（영）733-3039, 734-4798
　　　（편）733-4748
FAX 734-9209
등록　1977. 11. 19. 제1~148호

●낙장 및 파본은 교환해 드립니다.
●불허복제・판권 본사 소유.

값 10,000원
ISBN 89-7270-617-5　03140

東洋傳記文學選集

小說 孫子
鄭麟永 著/文熙奭 解

小說 칭기즈칸
李文熙 著/高炳翊 解

小說 孔子
宋炳洙 著/李相殷 解

小說 老子
安東林 著/具本明 解

천하일색 양귀비의 생애
小說 楊貴妃
井上靖 著/安吉煥 譯

自然의 흐름에 거역하지 말라
장자의 에센스 莊子
安吉煥 編譯

仁과 中庸이 멀리에만 있는 것이더냐
孔子傳
金荃園 編著

백성을 섬기기가 그토록 어렵더냐
孟子傳
安吉煥 編著

영원한 신선들의 이야기
神仙傳
葛洪稚川 著/李民樹 譯

戰國策
金荃園 編著

宋名臣言行錄
鄭鉉祐 編著

人間孔子
행동으로 지팡이를 삼고
말씀으로 그림자를 삼고
李長之 著/金荃園 譯

필독정선 韓國古典文學
THE KOREAN CLASSICAL LITERATURE

조상의 얼과 겨레의 슬기로
만들어 낸 우리의 고전문학 !!

- 구운몽
- 춘향전 · 심청전
- 장화홍련전
- 옥낭자전
- 흥부전 · 콩쥐팥쥐
- 토끼전 · 장끼전
- 두껍전 · 서동지전
- 배비장전
- 옹고집전
- 이춘풍전
- 옥단춘전
- 운영전
- 가루지기타령
- 홍길동전 · 양반전
- 호질 · 허생전
- 전우치전
- 박문수전
- 최고운전

- 인현왕후전
- 사씨남정기
- 계축일기
- 한중록
- 유충렬전
- 조웅전
- 금오신화
- 금령전
- 화사 · 오유란전
- 창선감의록
- 채봉감별곡
- 임경업전 · 박씨전
- 장국진전 · 임진록
- 숙영낭자전
- 양산백전 · 영영전
- 백학선전
- 주생전

張德順 감수/신국판/전12권